근대 한국의
감리서 연구

해관 감독 기구에서 '지방대외교섭' 관서로

지은이

민회수 閔會修, Min Hoi-soo

서울대학교 인문대학 국사학과에서 문학박사학위를 취득하였으며, 서울대학교 규장각한국학연구원 선임연구원, 책임연구원 등을 거쳐 현재 홍익대학교 사범대학 역사교육과 부교수로 재직하고 있다. 주요 연구로 「조선 개항장(開港場) 감리서(監理署)의 성립 과정(1883~1886)」(『동북아역사논총』 36, 2012), 「개항기 해관(海關) 감독 기관으로서의 조선 감리서(監理署)의 기원과 특성-동아시아 3국의 세관(稅關) 제도에 대한 비교를 바탕으로」(『한국사연구(韓國史研究)』 180, 2018), 「19세기 말 한국에서의 '外交' 용어의 활용 양상」(『진단학보(震檀學報)』 131, 2018), 「한국 근대 『만국공법』 인식의 전통적 기원-'公'과 '公法' 개념을 중심으로」(『한국사학보(韓國史學報)』 81, 2020) 등이 있으며, 주로 개항기 한국의 대외 관계 시스템에 대하여 관심을 가지고 천착하고 있다.

근대 한국의 감리서 연구 해관 감독 기구에서 '지방대외교섭' 관서로

초판인쇄 2024년 5월 20일 **초판발행** 2024년 5월 31일
지은이 민회수 **펴낸이** 박성모 **펴낸곳** 소명출판 **출판등록** 제1998-000017호
주소 06641 서울시 서초구 사임당로14길 15 서광빌딩 2층
전화 02-585-7840 **팩스** 02-585-7848
전자우편 somyungbooks@daum.net **홈페이지** www.somyong.co.kr

값 27,000원 ⓒ 민회수, 2024
ISBN 979-11-5905-875-2 93910

(재)한국연구원은 학술지원사업의 일환으로 연구비를 지급, 그 성과를 한국연구총서로 출간하고 있음.

한국연구총서
118

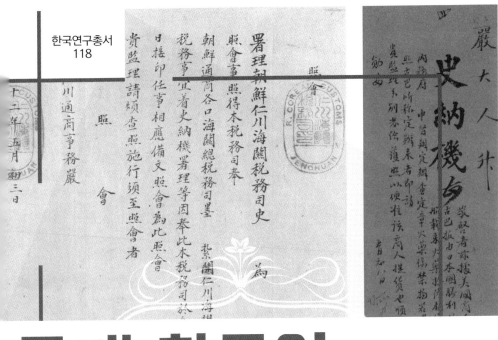

근대 한국의
감리서 연구

해관 감독 기구에서 '지방대외교섭' 관서로

A STUDY ON THE SUPERINTENDENT
OFFICE OF MODERN KOREA

민회수 지음

책머리에

애초에 책의 제목은 부제 없이 그냥『근대 한국의 감리서 연구』로 붙일 예정이었다. 그런데 일단 비슷한 제목으로 한참 전에 출간된 선학의 논저가 있다는 점이 마음에 걸렸다. 해당 서적의 출간으로부터 40여 년이 지나서 나오는 동일한 주제를 다룬 저술이라면 뭔가 차별성이 있어야 한다는 생각이 들었다. 그래서 부제를 달게 되었는데, 사실 제목에 걸맞는 내실을 갖추었다고 보기는 어려운 상태이기에 다소 마음이 무겁다. 솔직히 부제에 등장하는 '지방대외교섭', 곧 본서의 또 다른 키워드라고 할 수 있는 이 용어의 개념에 대해서 아직은 충분하게 설명이 이루어졌다고 생각되지는 않기 때문이다.

'지방대외교섭'이라는 용어를 사용하게 되기까지는 다소간의 우여곡절이 있었으며, 그 시작은 저자의 박사학위 연구 주제 선정과 밀접한 관계가 있다. 개항기 조선의 대외 관계사에 관심을 가지면서 관련 연구사를 정리하다 보니 눈에 띈 현상은 주로 대부분의 연구가 한일 관계사나 한미 관계사 등과 같이 우리나라와 특정 국가와의 관계에 치중되어 있다는 점이었다. 물론 이들이 중심 연구주제가 되는 것은 당연한 일이지만, 대외 관계의 실상 못지않게 중요한 것이 그 '시스템'의 문제라고 생각했다. 이와 관련된 연구들은 상대적으로 많지 않았다.

그래서 개항기 대외 관계의 시스템에 대하여 연구와 자료들을 살피다 보니, 그중에서 통리교섭통상사무아문과 같은 중앙정부 차원의 대외 관계 시스템을 관장하는 기구들에 대해서는 충분치는 않더라도 여러 선학의 성과가 있었다. 그런데 이러한 중앙 차원과는 다른 '외교', 곧 조약 체결에 따라 개방한 개항장을 무대로 하는 또 다른 외교가 눈에 띄었다. 개항장에 거주하면서 상업에 종사하는 외국인들과 관련된 문제에 대한 조선과 외국 간의 교섭이 바로 그것이었다. 이 과정은 주로 해당 개항장에 주재하는 외국 영사들과의 사이에서 진행되었는데, 여기서 조선 측의 대표로 나선 존재가 바로 감리와 감리서였다. 원래 근대적인 관세 징수기관인 해관에 대한 관리·감독의 기능을 갖고 출범한 감리서는 이러한 지방 차원의 외교, 곧 외국인 문제에 대한 관할권을 갖고 외국 영사관과 교섭하는 역할을 수행하였던 것이다.

감리서에 대한 선행 연구를 찾아보니 전혀 없지는 않더라도 상당히 빈약한 수준이었다. 그래서 일단 이 감리서를 소재로 박사논문을 집필하고, 그를 기반으로 하여 개항기 '지방 차원의 외교'에 대한 연구를 추후 진행해 나가기로 하였다. 서울대 규장각에서 관련 자료를 찾아보니 중앙정부와 왕복한 상당히 방대한 양의 문서가 있었다. 그래서 이들 문서를 정리하면서 감리서의 공식·개인 일지 및 해관 관련 문서 등 기타 자료들도 정리해 나갔는데, 이들을 완벽하게 정리한 뒤에 논문을 집필하려면 너무 긴 시간이 소요될 터였다. 그래서 다소 불만족스럽지만 일단 기존에 밝혀지지 않았던 감리서의 제도적 추이 내용을 중심으로 하여 정리하고 추후 저술서를 집필할 때 보완하기로 하였다.

그런데 논문의 집필 과정에서 감리서라는 관서의 성격 규정을 함에 있어 어떠한 용어를 사용해야 하는지가 문제였다. 일단 '지방 차원의 외교'라는 점에 주목하여 '지방외교'라는 용어를 사용하였으나, '외교diplomacy'라는 용어는 현재 모두 국가가 주체가 된 행위를 의미하고 있으며 '지방외교' 역시 지방자체단체가 외국 정부와 행하는 교섭 행위를 의미하는 말로 사용되고 있는 실정이었다. 따라서 일단 학위논문에서는 해당 용어의 사용을 지양하고 '외국인 관할 관서'라는 표현으로 대체하였다. 그러나 중앙정부 차원의 외교중앙외교관서↔외국공사관보다 한 차원 아래의 외교지방차원의 외교관서 : 감리서↔외국영사관를 표현하는 개념은 반드시 필요하다고 생각되어 학위 취득 후에도 이 문제에 대하여 고민을 거듭하였다.

결국 학술지 투고 논문에 대한 심사평에서 힌트를 얻어 이를 '지방대외교섭

Local Foreign Negotiation'으로 명명하기로 결정하였다. 여기서 '대외교섭'은 그 용어 자체가 '외교'의 어원이라고 할 수 있으므로 사실상 같은 뜻이지만, '외교'가 국가 차원의 행위를 뜻하는 용어로 그 용례가 고정되어 있는 것이 현실인 만큼, 이를 감안하여 불필요한 오해를 피하기 위해 이렇게 하였다. 새로운 용어를 사용하려고 한다면 응당 그 개념에 대한 구체적인 설명이나 역사적 사례 등을 제시해야 하는 것이 상식일 것이다. 그래서 '지방대외교섭'의 개념을 설명하고 그 사례를 제시하는 논문들을 몇 편 발표하였으며, 이를 토대로 해당 내용을 보완하고 본서의 제목 또한 이 용어를 사용하여 변경하기에 이르렀다.

하지만 아직 이 용어가 학계의 시민권을 얻었다고 생각하지는 않는다. 투고 논문의 심사평에서도 여러 가지 문제가 지적되었으며, 저자가 사례로 제시한 예들 또한 이 용어의 개념 정립에 충분해 보이지는 않는다. 앞으로 추가적인 사례 발굴과 면밀한 연구를 통해 아직은 다소 설익은 개항기 '지방대외교섭'의 개념이 보다 충실해질 수 있도록 가능한 노력을 경주할 생각이다. 더불어 원래 박사논문을 제출할 때 계획하였던 저술 출판 시 내용 보완 역시 애당초의 계획보다 한참 미치지 못하고 있었음을 고백한다. 일단 부족하나마 여기서 이 주제에 대한 천착의 일단락을 짓고, 모자라고 결핍된 부분은 후속 연구를 통해 보완해 나가고자 한다.

이 책이 세상에 나오기까지는 많은 분의 도움이 있었다. 박사논문 지도교수인 이상찬 선생님께서는 연구계획을 수립하는 과정에서 미비한 점들에 대해 철저하게 지적해 주셨고, 특히 박사논문 작성 시기에 매우 건강이 안 좋았던 저자의 사정을 고려하여 원칙대로라면 불가능했을 기한 연기를 통해 포기하려던 논문 완성을 이끌어주셨다. 이 자리를 빌어 각별히 감사드린다. 학위논문 심사위원장이셨던 권태억 선생님은 놓치기 쉬운 세밀한 부분을 꼼꼼하게 짚어주심과 더불어 넉넉하신 인품으로 심사 과정 전반을 원만하게 이끌어주셨다.

심사위원이신 김태웅 선생님은 저자의 논문에서 나타나는 논리적인 허점이나 내용이 부실한 부분 등에 대해 매섭고 날카로운 지적을 통해 논문의 완성도 제고에 큰 역할을 해 주셨다. 왕현종 선생님은 새로운 자료까지 제공해 주시면서 역시 논문의 수준을 높이는 데 유익한 많은 말씀을 해 주셨으며, 하원호 선생님은 저자에게 이론 공부의 중요성을 일깨워주셨다. 모두 이 자리를 통해 뒤늦게나마 감사의 말씀을 올린다.

아울러 저자가 학위논문을 쓰기 이전에도 공부하는 과정에서 많은 선생님의 지도 편달을 받았다. 석사학위 지도교수였던 정옥자 선생님을 통해 저자는 조선시대에 대한 역사상을 구축할 수 있었다. 비록 지금은 석사 과정에서의 연구 주제였던 사상사에서 이탈한 상태지만, 연구를 하거나 강의를 할 때면 항상 선생님께서 일깨워주신 조선시대사를 보는 안목에 큰 신세를 지고 있음을 절감한다. 그밖에 학부와 대학원에 걸쳐서 지도 편달을 아끼지 않으셨던 김인걸·노명호·문중양·송기호·이태진·정용욱·최병헌·최승희 선생님, 그리고 작년에 고인이 되신 한영우 선생님께도 모두 이 기회를 빌려 감사드린다.

또한 논문의 완성 과정에서 많은 선·후배들께 받은 도움 역시 이야기하지 않을 수 없다. 청주교대의 김종준 선배님은 저자의 학위논문 발표회에서 사회를 맡아 회의를 원활하게 이끄시면서 동시에 논문의 목차에 대하여 상당히 중요하고 유익한 충고를 해 주셨다. 동국대학교의 권기석 선배님과 총신대학교의 홍문기 교수는 책의 제목과 목차 등에 대해 바쁜 일정을 할애하여 꼼꼼히 검토한 뒤 귀중한 의견을 개진해 주셨다. 아울러 서울대학교 국사학과의 근대 개항기 세미나 팀에서 같이 공부했던 오병한 선배님과 한보람 박사, 그리고 규장각의 정진숙 학예연구사 및 김선영 연구원, 국사편찬위원회의 정희찬 편사연구사 등도 저자의 미성숙한 논문에 대해 여러 가지 충언을 아끼지 않으면서 많은 도움을 주었다. 모두 심심한 사례의 말씀을 전한다.

그리고 이탈리아의 베네치아대학에 재직 중인 안종철 선배님과 서울시립대학교의 박준형 교수에게도 특별한 감사를 드리고 싶다. 안종철 선배님은 일찍이 '지방 차원의 외교'에 대한 저자의 관심을 일깨워주셨고, 박준형 교수는 개항기 대외 관계의 시스템에 대한 관심을 막 갖기 시작한 저자에게 감리서의 연구주제로서의 가능성에 대한 중요한 정보를 알려 주어 저자의 논문 주제 선정에 상당한 역할을 하였다. 이분들이 아니었다면 학위논문, 더 나아가 지금 이 책은 나올 수 없었을 것이다. 마찬가지로 늦었지만 감사의 말씀을 드린다.

이 책은 한국연구원의 한국연구총서 지원사업의 결과로 탄생할 수 있었다. 정해진 기간을 여러 차례 넘겼음에도 인내심 있게 기다려 준 연구원과 이승구 과장님을 비롯한 담당 직원분들, 특히 그 과정에서 저자의 사정을 깊이 헤아려 주신 김상원 전 원장님께도 깊은 감사 말씀을 드린다. 더불어 여러 면에서 미완성인 연구를 아담한 책으로 잘 꾸며주신 소명출판 편집부 선생님들께도 역시 이 지면을 통해 감사드린다는 말씀을 전하고자 한다.

마지막으로 학문의 길을 걸으며 제대로 된 가장의 노릇을 하지 못한 저자를 묵묵히 도와주며 집안을 건사해 낸 아내와 부족했던 아빠 노릇에도 잘 자라 준 아들, 그리고 남들은 취업하여 직장에서 자리를 잡을 나이에도 계속 도움을 필요로 한 못난 장남 뒷바라지에 고생하신 어머니와, 당신과 같은 분야의 길을 걷는 모습을 때로는 우려의, 때로는 기대의 눈으로 바라보면서 격려와 편달로 이끌어주신 아버지께 부족하나마 이 책을 바치고 싶다.

2024년 4월
와우산 아래 연구실에서
민회수

차례

들어가며

1. 문제의 제기

조선왕조는 19세기 말 일본과의 조·일수호조규 체결1876을 필두로 미국·영국·프랑스 등 서구 열강들과 잇따른 조약 체결을 통해 전통적인 사대질서事大秩序로부터 근대적인 국제질서인 만국공법 체제萬國公法體制로 편입하기 시작하였다. 그에 따라 서구 문물 수용을 위한 개화정책開化政策이 실시되기 시작하였는데, 수용의 대상은 비단 무기 등을 위시한 과학 기술에만 국한된 것은 아니었으며, 그에 수반한 각종 근대적 제도들 역시 도입의 대상이었다. 그중 이를테면 민주주의 제도 등과 같이 그 중심적인 사상이 전래는 되었지만 당시 조선의 대내적 여건과 맞지 않는 관계로 당장 현실화되지 않은 경우도 있었다. 하지만 당시 개항으로 인해 조선이 가장 시급하게 당면한 경제적 상황이라고 할 수 있는 것이 세계 자본주의 체제로의 편입이라는 문제였고, 적어도 이와 관련된 새로운 제도의 수용은 당시 조선의 처지에서는 선택의 대상이 아니라 필수였다고 할 수 있다.

이렇게 근대에 들어 도입된 서구의 새로운 제도 중 개항을 계기로 이루어진 경제적 변화와 관련된 대표적인 것이 바로 관세 제도였다. 그리고 이 새로운 제도의 운용, 곧 국가 간의 무역에 있어서 수출입 물품에 세금을 매기고 부과하는 역할을 담당했던 기관으로 신설된 것이 해관海關, the Maritime Customs이었다. 그런데 조선은 당시 청淸의 내정간섭하에서 해관의 설립 과정 일체가 청과 그 지시를 받는 묄렌도르프P. G. Möllendorff(穆麟德), 1848~1901에 의해 주도되었고,[1] 창설 이후의 운영도 총세무사總稅務司 및 그 지시를 받는 외국인 세무사稅務司들에 의해 이루어져 정부가 개입할 여지가 별로 없었다는 특수성이 존재한다.

따라서 관세 제도라는 새로운 근대적 요소의 도입에 있어서 조선 입장에서 보여준 대응의 양상을 이해한다는 관점에서 생각해본다면 단순히 해관의 설립과 운용을 살펴보는 것만으로는 불충분하다고 하지 않을 수 없다. 여기서 해관과 더불어 주목되는 존재가 바로 감리監理와 감리서監理署이다. 각 개항장에서 외국인 세무사 중심의 해관을 지휘·감독하기 위해 먼저 임명·설치된 관리가 감리였고, 뒤에 감리를 수반으로 하여 각 개항장별로 독자적 관서로 설치된 것이 감리서였다.[2] 이들 감리·감리서는 조선의 입장에서 볼 때 상대적으로 관련 전문 지식이 일천하여 외국인들에게 일임하다시피 한 관세 징수의 영역에 있어서 사실상의 유일한 통제 수단이었다고 할 수 있다.

그런데 이 감리서는 이러한 해관에 대한 감독기관으로서의 역할 이외의 다른 중요한 임무 역시 수행하였다. 조선이 전통적으로 소속된 사대질서와 새로이 편입된 서유럽적 국제질서인 만국공법 체제가 근본적으로 상이한 시스템인 만큼, 후자로의 편입 과정에서 조선의 대외교섭 시스템 역시 근본적으로 변화하지 않을 수 없었다. 즉 전통시대에 대외 관계를 담당하는 중앙정부의 외교부서는 6조 중 예조禮曹였는데, 1880년 개화정책의 일환으로 통리기무아문統理機務

---

1 조선 해관 창설의 배경과 그 구체적 과정에 대해서는 高柄翊, 「朝鮮 海關과 淸國 海關과의 關係 — '메릴'과 '하트'를 中心으로」, 『東亞文化』 4, 1965a; 夫貞愛, 「朝鮮海關의 創設經緯」, 『韓國史論』 1, 1973 참조.
2 조선 감리서에 대한 선구적 업적으로 李鉉淙, 「監理署 研究」, 『亞細亞硏究』 11-3, 1968을 들 수 있다.

衙門[3]이라는 근대적 정부 기구가 신설되면서 대외 관계의 상당 부분을 떠맡게 되었다. 그 뒤 대외 관계 부분만이 특화되어 통리교섭통상사무아문統理交涉通商事務衙門, 이하 '통서(統署)'로 약칭[4]으로 독립되었으며, 동시에 통리군국사무아문統理軍國事務衙門, 후에 내무부(內務府)로 개칭[5]이라는 기구 역시 대외 관계의 일정 부분을 담당하는 등, 전환기 조선의 외교 시스템은 1894~1895년 갑오개혁기 이후 외부外部가 담당하기까지 상당히 복잡한 변화 과정을 거쳤다.

이러한 개항기 외교 시스템[6]의 실상 및 변화의 추이에 있어서, 중앙의 외교 담당 관서에 관해서는 지금까지 여러 연구들이 있었다. 그런데 이와 더불어 간과할 수 없는 것이 '개항장開港場'의 문제이다. 개항 이후 일본인 등 여러 외국인들이 상업 활동 등을 위하여 조선에 들어오게 되었다. 이들이 거주·활동할 수 있는 공간으로 설정된 곳이 개항장이고, 그중 외국인들의 거주를 위해 규정된 곳이 조계租界였다. 그리고 이러한 개항장·조계 내 외국인들의 활동을 관리·감독한 것 역시 감리·감리서였다. 따라서 외국 정부, 혹은 그 대표권을 위임받은 공사관 등과의 외교활동 전반을 중앙 차원의 외교라고 한다면, 그보다 하

---

3   통리기무아문에 관한 연구로는 全海宗, 「統理機務衙門 設置의 經緯에 대하여」, 『歷史學報』 17·18 합집, 1962; 李光麟, 「統理機務衙門의 組織과 機能」, 『梨花史學研究』 17·18 합집, 1988; 金南信, 「韓末 開化推進機構의 設置와 變遷－總理機務衙門을 中心으로」, 조선대 석사논문, 1988; 郭東憲, 「統理機務衙門의 設置와 活動」, 단국대 석사논문, 1992; 최현숙, 「開港期 統理機務衙門의 設置와 運營」, 고려대 석사논문, 1993 등이 있다.

4   통리교섭통상사무아문에 대한 연구로는 다음의 것들이 대표적이다.
    田美蘭, 「統理交涉通商事務衙門에 關한 研究」, 『梨大史苑』 24·25 합집, 1990; 酒井裕美, 『開港期朝鮮の戰略的外交－1882~1884』, 大阪大學出版會, 2016; 森万佑子, 『朝鮮外交の近代－宗屬關係から大韓帝國へ』, 名古屋大學出版會, 2017; 유바다, 「交隣에서 外交로－統理交涉通商事務衙門 外交의 국제법적 권능과 한계」, 『韓國史學報』 77, 2019 등.

5   통리군국사무아문 및 내무부에 대해서는 한철호의 연구(「統理軍國事務衙門(1882~1884)의 組織과 運營」, 『李基白先生 古稀紀念 韓國史學論叢』 下, 1994; 「閔氏戚族政權期(1885~1894) 內務府의 組織과 機能」, 『韓國史研究』 90, 1995; 「閔氏戚族政權期(1885~1894) 內務府 官僚 研究」, 『아시아문화』 12, 1996; 『한국 근대 개화파와 통치조직 연구』, 선인, 2009)가 있다.

6   근대적인 외교 관서와 이를 중심으로 하는 외교 시스템에 대해서는 김수암의 연구가 참조된다(「세계관 충돌과 1880년대 조선의 근대외교 제도 수용－외무부서를 중심으로」, 『韓國政治學會報』 34-2, 2000; 「韓國의 近代外交制度 研究－外交官署와 常駐使節을 중심으로」, 서울대 박사논문, 2000).

위 레벨인 각 개항장 등지에서 외국인들을 상대하고 그들을 관리·감독하는 차원의 활동은 '지방 차원의 외교'[7]라고 할 수 있는 것이었다.

따라서 관세 제도라는 근대적인 새로운 제도의 도입에 대하여 조선이 행한 대응의 실제의 내용을 파악하고, 역시 일종의 '지방 차원의 외교'로 볼 수 있는 새로운 행정 영역인 외국인에 대한 관할 문제가 개항장이라는 공간을 무대로 진행된 실상에 대해 충분한 이해에 도달하기 위해서는, 감리·감리서의 제도적 추이와 더불어 그 운영의 실태에 대해 면밀히 살펴볼 필요가 있다. 즉 개항을 계기로 새롭게 등장한 감리서라는 관서를 대상으로 그 실체, 변화 과정 및 기능을 고찰함으로써 그 시기 낯선 해관의 관세 제도에 대해 조선이 어떻게 대처하였고, 개항장·조계에서 발생하는 외국인 관련 문제를 어떻게 처리하였는가를 엿볼 수 있다는 것이다. 또한 동아시아 3국이 다 같이 근대적인 관세 제도를 운영했던 만큼, 중국과 일본의 해관 감독체계가 조선의 감리서와 비교해 볼 때 어떠한 유사점과 차이점을 갖고 있는지를 비교 검토함으로써, 동아시아의 근대화에 있어서 조선의 그것이 갖는 특수성의 일면을 밝힐 단서가 제공될 수 있을 것으로 기대된다.

2. 연구 동향과 문제점

감리서와 관련된 연구는 크게 두 가지로 나누어 살펴볼 수 있다. 첫 번째로, 감리서가 해관과 밀접한 연관을 가지고 생겨난 만큼, 해관에 관한 연구에서 감리서를 언급하거나 다루는 경우이다. 종전 해관 자체에 대해 거의 알려진 바가

---

7   이 문제에 대해서는 제2장에서 상술하고자 한다.

없던 상태에서 1960년대 '근대화'에 관심이 나타나면서 한국 근대사 연구가 촉진되었고, '개항' 또는 '개화'와의 관련하에 해관에 대한 고병익의 초창기 연구[8]가 이루어질 수 있었다. 이후 1970년대에 들어 개항 및 개항장과 관련한 선구적 업적[9]의 등장과 더불어 조선 해관의 설립 과정이 밝혀지고 개항기의 관세 문제가 다루어졌던 것인데, 그 속에서 해관과 관계가 깊은 감리서의 존재가 드러나 단편적으로 언급되었던 것이다.

우선 최태호의 경우, 해관의 조직에 대해 논하면서 해관 총세무사와 감리의 이중적 명령구조에 대해 언급하고 있으며, 관세행정 기구 부분에서 간략하게 감리서의 설치부터 폐지에 이르는 과정을 서술하고 있음이 눈에 띈다.[10] 김순덕은 최태호보다 조금 더 적극적으로 감리에 대해 언급하고 있는데, 즉 관세의 관리에 대한 주도권을 시기별로 구분하여 감리가 일시적이고 부분적으로 관세에 대한 관리권을 행사했던 사실을 밝히고 있다.[11] 근래에는 조선 해관의 제2대 총세무사인 메릴H. F. Merrill(墨賢理), 1853~1935의 부임 시기를 대상으로 하여 해관의 각종 제도와 운영 등의 개혁조치 전반을 상세하게 규명하는 연구가 발표되었는데, 여기서도 해관의 직제나 관세 정책 및 선박 관리 등의 제 분야에 걸쳐서 감리서의 역할이 명기되고 있다.[12]

이렇게 해관 연구를 통해 감리서를 언급하는 경우들은 감리서의 애초 창립

---

8 高柄翊, 앞의 글.

9 대표적인 예로 개항장의 상업 문제에 주목한 한우근의 연구가 있다(韓沽劤, 『韓國 開港期의 商業研究』, 一潮閣, 1970).

10 崔泰鎬, 「開港前期의 韓國關稅制度－1880年代를 中心으로」, 韓國研究院, 1976; 『近代韓國經濟史 研究序說－開港期의 韓國關稅制度와 民族經濟』, 국민대 출판부, 1991 참조. 본문에서 언급한 감리서 관련 내용이 수록되어 있는 부분은, 1976년 저서의 경우 165~167쪽, 그리고 1991년 저서에서는 제4장 '協定關稅壓迫下의 關稅行政' 중 제1절 '關稅行政機構' 항목이다.

11 金順德, 「1876~1905년 關稅政策과 關稅의 운용」, 『韓國史論』 15, 1986.

12 진칭, 「1880년대의 조선해관과 메릴(H. F. Merrill)의 개혁」, 서울대 박사논문, 2020. 참고로 상기 연구들 이외에도 부산해관과 관련하여 2000년대에 발표된 김재승, 윤광운 등의 일련의 연구들(제1장에서 후술할 예정임)이 있지만, 여기에서는 감리서와 관련된 내용은 발견되지 않으므로 검토 대상에서 일단 제외하였다.

취지가 해관 감독기관이라는 점을 전제로 하고 있다는 점에서, 후술할 감리서에 대한 단독 연구들이 간과한 부분을 보완하는 측면이 있다. 그러나 이러한 경우들은 어디까지나 해관에 대한 연구 중에서 감리서를 부수적으로 다루는 것에 지나지 않는 까닭에 그 한계 또한 분명하다고 하겠다.

다음 두 번째로 감리서를 주제로 내세워 정면에서 다룬 연구를 들 수 있는데, 그중 감리서에 대한 총체적이고 통시적인 업적으로서 가장 주목되는 것은 이현종의 그것이다. 해관에 대한 첫 연구에 뒤이어 비교적 이른 시기에 발표된 이현종의 「감리서 연구監理署研究」[13]는 당시로서는 전혀 주목 밖의 감리서를 '문호개방' 및 '개항장·개시장'과 연계해 고찰의 대상으로 삼아 그 대강을 다루고자 한 선구적 업적이었고, 그것을 통해 감리와 감리서의 다양한 모습이 드러날 수 있었다.

그러나 이 연구는 거의 갑오개혁기 이후를 대상으로 진행되었고, 1883년 감리서가 해관에 대한 관리·감독 기구로 출발한 점을 간과한 채, '외국인 관계를 원활하게 처리하기 위하여'라는 다소 모호한 설치 목적을 제시함으로써 그것에 대해 충분한 이해를 힘들게 만들었다. 그것은 아마도 이 연구가 주로 『관보官報』나 『한말근대법령자료집韓末近代法令資料集』 및 연대기 기록『고종실록(高宗實錄)』·『승정원일기(承政院日記)』·『일성록(日省錄)』 등들을 이용하였을 뿐, 『부산항관초釜山港關草』 등 규장각에 소장된 감리서와 중앙 통서간의 왕복 문서를 위시하여 다양한 기본 자료에 접근치 못한 데에 연유하는 한계라고 할 수 있다. 하지만 그럼에도 불구하고 감리서에 대한 관심을 외국인 거류지 문제로 옮기면서 그 성과를 '개항장' 속에 수렴시켜 종합 정리한 이현종의 업적은 이 분야의 중요한 성과로 평가받아야 할 것이다.

---

13 李鉉淙, 앞의 글. 이 논문은 이후 출간된 『韓國開港場研究』(一潮閣, 1975) 내에 「開港場 監理署」란 제명으로 재수록 되었다.

감리서와 관련된 초창기 연구 중에서는 이현종의 총괄적 업적 이외에 사례 연구들도 몇 편 존재한다. 우선 각 지역별로 행해진 실례들을 살펴보면, 부산의 외국인 거주지역이었던 조계에 대한 연구에서 적지 않은 분량을 할애하여 부산 감리서의 제도적 변천에 대해 언급하고 있으며, 특히 여기에서는 감리분서監理分署의 문제 등 이현종의 연구에서도 다루어지지 않은 부분이 더러 있어서 주목된다.[14] 다음으로 목포에 대해서는 1903년에 일어났던 부두 노동자 투쟁 당시 일본인들에 의한 감리서의 불법 진입사건에 대해서 그 배경과 전말 등을 한국·일본 사료들을 통해 밝힌 업적과 더불어[15] 목포 감리서의 설립 경위 및 역대 감리의 역임 상황과 그 관할 업무 등에 대해서 비교적 상세히 분석한 연구가 주목할 만하다.[16] 인천에 대해서는 데이터베이스화한 규장각 소장 자료 등을 이용하여 역대 인천 감리의 역임 상황과 관할 업무의 분류별 추이 등을 개괄적으로 다룬 성과가 있으며,[17] 군산의 경우 군산 개항에 대한 연구에서 감리서 문제가 역시 개략적으로 취급되고 있다.[18] 그리고 지역별이 아닌 시기별 사례 연구도 있으니, 1895년에 행해진 감리서의 폐지를 지방 제도 개혁과 연계하여 살펴본 경우가 그것이다.[19]

이러한 초기 연구를 통해 감리서가 개항기 연구의 대상으로서 주목받기 시작하였고, 또한 그 실체가 점차 규명되기 시작했다는 점에서 그것들은 적지 않은 의미를 갖는다고 생각된다. 그러나 전체적으로 볼 때 이 연구들은 몇 가지

---

14 金容旭, 「釜山租界考-特히 日本租界의 性格 및 土地所有關係를 中心으로」, 『韓日文化』 1-1, 1962. 그러나 구체적인 사실 관계에 있어 여러 부분에서 오류를 보이고 있는 한계가 있다.
15 金鍾先, 「暗使日商民 務安監理署 攔入 占據에 關한 考察」, 『木浦大學 論文集』 4, 1982.
16 裵鍾茂, 『木浦開港史 硏究』, 느티나무, 1994.
17 김현석, 「인천항 감리서에 대한 기초적 연구」, 『인천역사』 1, 2004.
18 朴哲佑, 「群山港의 開港에 關한 硏究-1897~1910年을 中心으로」, 원광대 석사논문, 1996. 여기에서 감리서와 관련된 내용은 기본적으로 이현종의 연구를 정리한 토대 위에 군산 관련 내용을 몇 부분 추가하였다.
19 鄭光燮, 「開港期における地方制度-監理署を中心に」, 『上智法學論集』 42-2, 1998.

점에서 그 한계를 지닌다고 말할 수 있다. 우선 1895년 감리서 폐지 이전의 내용이 제대로 밝혀지지 않았다는 사실이다. 이는 특히 감리서와 관련하여 현재까지도 가장 널리 인용되는 이현종의 업적에서 두드러지는데, 총 90여 쪽의 연구 중에서 1895년 이전에 해당되는 부분은 2쪽에 불과할 뿐이다.[20] 따라서 1883년 설치 당시 만들어진 최초의 감리서 규정인 '감리통상사무설치사목監理通商事務設置事目'의 존재도 전혀 언급되지 않음은 물론, 1895년 운영이 중지될 때까지 감리서가 담당했던 업무의 실상이나 그 구체적인 제도적 추이 역시 제대로 규명되지 못하였다.

다음으로 감리서의 제도적 변화 추이를 밝히는 경우에 있어서도, 해당 변화를 가져온 정치적인 배경 등에 대한 심도 있는 추적보다는 단순히 법령 등의 변화 과정 및 내용에 대한 평면적인 분석에 머물렀다는 한계 역시 짚어봐야 할 대목이다. 물론 1970년대 학계의 수준이라는 시대적 한계를 생각해볼 때, 이러한 문제를 이유로 감리서의 존재 자체에 처음으로 주목한 이현종의 연구가 가지는 선구적 성격이 폄하되어서는 안 될 것이다.

이후 한동안 감리서는 학계의 관심에서 잊혀진 듯했다. 그러다가 2000년대 이후에 들어 관련 연구들이 다시 배출되기 시작하였다. 감리서 창설 초창기의 상황 및 휘하 경찰 조직의 창설 경위, 그리고 1894년 갑오개혁기 감리서 일시 폐지의 배경과 더불어 중국의 해관 및 일본의 세관 제도 등과 비교한 해관 감독기관으로서의 감리서의 기원, 감리서의 외교 전담 관서로의 변천 등에 대한 일련의 연구들을 통해 이전까지 제대로 알려지지 않았던 감리서의 많은 실상이 규명되었다.[21]

---

20 李鉉淙, 앞의 책, 1975 중 제3장인 「開港場 監理署」는 총 91쪽인데(28~118쪽), 그중 1895년 이전과 관련된 내용은 29~30쪽의 두 페이지에 걸쳐 서술되고 있을 뿐이다.
21 민회수, 「조선 開港場 監理署의 성립 과정(1883~1886)」, 『동북아역사논총』 36, 2012a; 「開港場 警察의 설치와 운영(1884~1896)」, 『사학연구』 108, 2012b; 「갑오개혁기 개항장 監理署 일시 폐지의

지역별 연구의 경우 특히 부산과 관련하여 송정숙에 의해 감리서의 설치와 변천 과정, 그중에서도 1890년에 재설치된 이후의 다양한 기능이 주목받은 바 있다.[22] 이후 부산 감리서의 직원으로 근무했던 민건호閔建鎬, 1843~1920의 일기 『해은일록海隱日錄』이 새로운 자료로서 발굴되고 그것을 계기로 부산항이 특별히 주목을 받았으며, 특히 기념 논문집 발간을 통해 부산 감리서의 공간적 위치 등 여러 가지 사실들이 규명되기도 하였다.[23] 아울러 1905년 을사늑약 이후 감리서의 업무를 인계받은 이사청理事廳에 대한 한지헌의 연구에서 감리서 문제가 다뤄지기도 하였으며,[24] 인물 연구로서 감리서의 근무를 통해 근대적 외교 인력으로 등장한 유기환俞箕煥[25] 및 무안 감리務安監理로서 열강의 토지침탈에 맞섰던 진상언秦尙彦[26]에 대한 연구 또한 이루어졌다. 그밖에 감리서 휘하 조직인 경찰서警察署를 해양 경찰의 관점에서 조망하는 연구들[27] 및 건축사적인 측면에

배경」, 『한국근현대사연구』 75, 2015; 「1880년대 釜山海關・監理署의 개항장 업무 관할 체계」, 『한국학논총』 47, 2017b; 「개항기 海關 감독기관으로서의 조선 監理署의 기원과 특성 — 동아시아 3국의 稅關 제도에 대한 비교를 바탕으로」, 『韓國史研究』 180, 2018a; 「대한제국기 監理署의 외교전담관서로의 변화」, 『사학연구』 140, 2020b.

22 송정숙, 「조선 개항장의 감리서(監理署)와 기록 — 부산항을 중심으로」, 『한국기록관리학회지』 13-3, 2013.

23 부산근대역사관, 『부산항 감리서 방판 민건호와 그의 일기 해은일록』, 2014. 참고로 이 책에 수록된 감리서 관련 연구들은 다음과 같다. '제II장 개항장 부산과 감리서의 설치' 부분에 수록).
① 송정숙, 「조선 개항장의 감리서(監理署)와 기록 — 부산항을 중심으로」(송정숙, 위의 글을 요약・보완함).
② 민회수, 「1880년대 開港場 監理署의 조직과 업무 영역 확장 — 부산항의 경우를 중심으로」.
③ 전성현, 「동래 감리서 설치 전후 부산의 행정구역 및 도시공간의 변화」.

24 한지헌, 「理事廳의 설치 과정(1905~1907년)」, 『사학연구』 116, 2014; 「1906~1910년 통감부 이사청 연구」, 숙명여대 박사논문, 2017.

25 민회수, 「대한제국기 俞箕煥의 정치활동과 비밀외교」, 『史林』 64, 2018b.

26 민회수, 「대한제국기 務安監理 秦尙彦의 반침략 외교활동」, 『歷史學研究』 77, 2020a. 더불어 복설 이후 감리의 자국민 보호 활동과 사례에 대해서는 민회수, 「1896년 복설(復設) 이후 개항장(開港場)・개시장(開市場) 감리서(監理署)의 관할 업무와 수행 실태」, 『한국연구』 2, 2019 참조.

27 노호래, 「해양경찰사 小考 — 한말 개항장(開港場)의 감리서(監理署)와 경무서(警務署)를 중심으로」, 『한국경찰연구』 10-2, 2011; 최선우, 「개화기(開化期) 근대 해양경찰의 등장과 역사적 함의」, 『한국해양경찰학회보』 4-2, 2014; 「개항장 경찰의 근대성에 관한 연구」, 『한국공안행정학회보』 23-4, 2014.

서 인천 감리서 터를 다룬 성과[28] 등 다양한 측면에서 감리서의 제반 문제들이 다각도로 조명되었다. 그리고 감리서 자체를 다룬 연구와는 다소 결이 다르지만, 조·일수호조규 체결로 인해 만들어진 개항장 행정 체제의 실제 운용 과정을 간행이정間行里程, 내지행상, 검역 등 제반 측면에 걸쳐서 살펴본 연구들도 있는데,[29] 여기서도 감리서가 행한 역할이 일정 부분 서술되고 있다.

이상과 같은 업적들을 통해 이제 감리서 관련 연구는 내용의 양적 측면과 질적 측면 모두에 있어서 어느 정도 궤도에 오르기 시작했다고 생각된다. 그러나 아직 창설 이후 치폐置廢의 진통을 거친 뒤 1906년에 최종적으로 폐지되기까지 총 20여 년에 걸치는 긴 시간 동안 감리서가 관서로서 지니는 성격이 무엇이었고 그 변화 과정은 어떠했는지 등에 대한 총체적·통시적인 상이 명확하게 드러났다고 보기는 어렵다고 여겨진다. 구슬이 서 말이라도 꿰어야 보배라는 말처럼, 개별적으로 이루어진 여러 연구들을 바탕으로 감리서라는 관서가 지닌 총체적인 역사적 성격을 규정할 필요가 있다고 생각된다. 아울러 감리서의 애당초 창설 목적이라고 할 수 있는 해관 감독 기능의 경우 그 정의와 역할이 비교적 뚜렷한데 비해, 감리서의 성격이 변화하면서 갖게 되는 또 다른 기능, 곧 개항장·개시장의 외국인 문제를 총괄하면서 '지방 차원의 외교'를 수행하는 역할에 대해서는 아직 그 구체적인 내용이 다소 모호하다고 판단된다. 이를 보다 분명하게 개념화하는 작업 또한 개항기 한국에서 존속한 감리서의 성격을 총체적으로 규정하기 위해서는 반드시 필요한 과정이라고 여겨진다.

---

28 손장원, 「인천 감리서 터의 구성과 변천 과정 연구」, 『인천학연구』 27, 2017; 김형주·김상원, 「역사의 기억과 장소성을 통한 도시브랜딩 연구-개항장 인천 감리서와 김구를 중심으로」, 『문화교류와 다문화교육』 9-1, 2020.

29 박한민, 「개항장 '間行里程' 운영에 나타난 조일 양국의 인식과 대응」, 『한국사연구』 165, 2014; 「朝日修好條規 체제의 성립과 운영 연구 (1876~1894)」, 고려대 박사논문, 2017; 「갑오개혁 이전 조선 정부의 검역규칙 제정과 개정문제의 대두-「朝鮮通商口防備瘟疫暫設章程」을 중심으로」, 『史林』 72, 2020.

3. 연구의 구성과 이용 사료

이상과 같은 기존 연구사의 성과를 계승하고 한계점을 보완하며 감리서의 실체에 대한 새로운 상을 밝히기 위해 본 글에서는 다음의 내용에 주안점을 두고자 한다. 우선 제도적 측면에서 감리서의 온전한 실체를 구명하고자 한다. 지금까지 상대적으로 연구가 부족한 창설 초창기 감리서의 모습에 대하여, 해관과 관련해 새롭게 발견된 자료를 토대로 제1장에서 그 실상을 재구성함으로써 이 기구의 내용을 구체적으로 밝히려는 것이다. 감리서에 설치된 것으로 사료상 나타나지만, 기존 연구에서는 상대적으로 도외시되었던 경찰·경찰서의 조직에 대해서 갑오개혁 이후의 근대적 경찰 제도와 연계해 살펴보는 것도 감리서의 실상을 이해하는 데 도움이 될 것이다.

그리고 개항 후 격동 속에 설치되어 23년간 존속한 감리서의 추이를 그 시점과 존재 양상 등을 고려하여 크게 3단계로 나누어 고찰하는 접근 방식을 취하고자 한다. 즉 우선 감리서가 독립관서화하며 해관과의 양립체제를 취함과 더불어 개시장 감리서 및 감리분서 등의 설치를 통해 조직이 확장되는 시기를 첫 번째 단계로, 이후 점차 본래 설치 취지인 해관 감독 기능이 유명무실해지면서 그 역할이 변화해가다가 갑오개혁기에 들어서 일시적으로 폐지되는 시기를 두 번째 단계로, 마지막으로 복설된 이후 변화된 기능이 정립되어 가다가 을사늑약 이후 외교권의 박탈로 인해 폐지되는 시기를 마지막 단계로 설정하여 각 단계별로 감리서의 특징과 운영 실태 등을 면밀하게 살필 것이다.

무엇보다 염두에 두려는 부분은 감리서의 기능 변화에 대한 것이다. 애초에 관세를 거두는 해관에 대한 관리·감독의 기능으로 출발한 감리서는 점차 본연의 기능을 상실하고, 대신 외국인들과 관련된 문제를 다루는 외국인 관할 관서로 그 성격이 변화하게 되었다. 이는 구체적으로는 감리가 지방에서 외국의 대표자인 영사領事 등을 상대하게 되는 양상으로 나타났는데, 이는 앞서 언급했 듯이 '중앙 차원의 외교'보다 한 단계 아래인 '지방 차원의 외교'라고 할 수 있 다. 본서에서는 제2장에서 새로운 개념을 제시하여 이를 설명하고자 한다.

본서의 집필을 위해 이용한 사료는 기본적으로 『고종실록』·『승정원일 기』·『일성록』·『비변사등록備邊司謄錄』 등 연대기 기록이 있다. 국가 기구로서 감리서의 존재와 그 변화를 위의 기본사료 속에서 적출하고 확인할 수 있기 때 문이다. 그러나 이들 자료에 나타나는 단편적인 기록만으로 감리서 운영 전반 의 구체적인 실태를 파악하는 것이 불가능함은 분명하다.

따라서 자연히 서울대학교 규장각한국학연구원에 소장된 감리서 관련 1차 사료를 찾지 않을 수 없는데, 다행히 해당되는 다양한 여러 가지 자료에 접할 수 있었다. 먼저 중앙 외교관서인 통서와 지방의 감리서와의 왕복 공문을 모아 놓은 자료들을 들 수 있다. 일례로 1895년 이전까지 통서와 부산, 인천, 원산, 경흥, 회령 등 각 지방 개항장·개시장의 감리서 간 왕복 문서를 모은 규장각 소장 자료 현황을 살펴보면 〈표 1〉과 같다.

〈표 1〉 서울대 규장각 소장 1895년 이전 통서·감리서 간 왕복 문서 모음 자료 현황[30]

감리서 구분	자료명	소장번호 (규장각)	대상 시기	자료 내용
동래(부산) 감리서 (東萊(釜山)監理署)	부산항관초 (釜山港關草)	奎17256	1887~1895	동래(부산) 감리서(東萊(釜山)監理署) ↔ 통서 관문(關文)·첩정(牒呈) 수록
	감리서관첩존안 (監理署關牒存案)	奎18121	1887	동래 감리서(東萊監理署) ↔ 통서 관첩(關牒) 수록
	부첩(釜牒)	奎18089	1890, 1894~1896	부산 감리서(釜山監理署) → 통서 첩정 수록
	동래통안 (東萊統案)	奎18116	1888~1893	동래(부산) 감리서(東萊(釜山)監理署) ↔ 통서 첩정 수록

감리서 구분	자료명	소장번호 (규장각)	대상 시기	자료 내용
인천 감리서 (仁川監理署)	인천항관초 (仁川港關草)	奎18075	1887~1895	인천 감리서(仁川監理署) ↔ 통서 관문·첩정 수록
	인첩(仁牒)	奎18088	1889~1895	인천 감리서(仁川監理署) → 통서 첩정 수록
원산 감리서 (元山監理署)	원산항관초 (元山港關草)	奎18076	1887~1895	원산 감리서(元山監理署) ↔ 통서 관문·첩정 수록
	원첩(元牒)	奎18090	1891~1892	원산 감리서(元山監理署) → 통서 첩정 수록
경흥 감리서 (慶興監理署)	경흥감리관초 (慶興監理關草)	奎18078	1889~1895	경흥 감리서(慶興監理署) ↔ 통서 관문·첩정 수록
	경첩(慶牒)	奎25180	1891~1894	경흥 감리서(慶興監理署) → 통서 첩정 수록
관북(회령) 감리서 關北(會寧)監理署	관첩(關牒)	奎25080	1889~1894	관북 감리서(關北監理署) → 통서 첩정 수록

이외에도 1895년 감리서 복설 이후 목포木浦, 진남포鎭南浦, 군산群山, 성진城津, 창원昌原 등 여타 감리서들과의 왕복 문서들 역시 규장각에 방대한 양이 소장되어 있다. 이 자료들은 여러 지역에 걸쳐 분량도 많고 내용도 다양하지만, 감리서를 철저히 검토하기 위해 반드시 살펴야 할 것들이다. 이것들은 다행히 문서 건별로 개략적인 해제가 서울대학교 규장각한국학연구원 원문검색서비스 사이트https://kyudb.snu.ac.kr에 게재되어 있어 이용이 상대적으로 용이한데, 본서에서는 이를 이용할 경우 당연히 원문 이미지와의 면밀한 대조를 거쳤다.

아울러 감리서의 운영 체제와 방식을 상세하게 이해하기 위해서 일지 형식으로 된 유일한 감리서 자료인 『부산항 감리서일록釜山港監理署日錄』奎18148의 1·2·4에 대한 검토도 필요하다. 그리고 상기의 각 개항장별로 감리서와 통서와의 왕복공문을 모은 자료가 시작되는 시점이 1887년인 바, 그 이전의 내용은 1886

---

30 서명이 '~關草'로 되어있는 자료는 공문 내용을 등사한 것인데 비해, '~牒'으로 되어있는 것은 실제 공문 원문을 합철해놓은 경우에 해당한다.

년의 경우 3개 항구의 문서를 모은 『삼항구관초三港口關草』奎18082, 그리고 그 이전, 곧 해관·감리서 창설 직후에 해당하는 초창기 기록들의 경우, 1884~1885년간 3개 항구 및 지방관들과의 왕복 공문을 모두 모은 『팔도사도삼항구일기八道四都三港口日記』奎18083 역시 참조할 필요가 있다. 이 문서들의 해당 기간을 살펴보면 중간 중간 다소의 공백이 발생하는, 그의 보충을 위해서는 통서의 일지인 『통리교섭통상사무아문일기統理交涉通商事務衙門日記』奎17836, 약칭 '통서일기(統署日記)'를 검토해야 함은 물론이다. 필요할 경우 미국이나 영국, 중국 및 일본 등의 외국 자료들 또한 당연히 검토 대상이 되어야 할 것이며, 아울러 감리서 연구에 있어서 필히 살펴봐야 할 해관 관련 자료들 역시 일정 부분 참조하였다.

또한 문서의 발·수신 주체가 감리서는 아니지만, 중앙정부 부처들 간의 왕복 문서집도 감리서의 제도적 추이 및 그 배경을 밝힘에 있어서 상당히 중요한 의미를 갖는다. 칙령 등에서 보이는 감리서의 제도적 변화에 있어서 그 배경이 그러한 문서들에서 드러난 경우가 왕왕 있기 때문이다. 특히 『외부래문外部來文』奎17770 등 감리서의 상급기관인 외부外部와 관련되어 생산된 문서 모음집들은 보다 직접적으로 이런 문제들과 관련된 기록이라는 점에서 그 중요성은 한층 더 하다고 하겠다. 본서에서는 이 자료들 역시 필요에 따라 다수 활용하였다.

마지막으로 본 글에서는 그간 제대로 알려지지 않았던 개인 일기류 자료인 『부서집략釜署集略』한古朝51-나3[31]을 사용할 수 있었는데, 특히 그 안에 수록된 '감

---

31 『부서집략』은 종친 관료 李鐥永(1837~1908, 호는 敬窩)이 초대 부산 감리로 재직 시에 남긴 기록으로, 현재 국립중앙도서관에 소장되어 있다. 그는 관직이나 외임(外任)을 맡을 때마다 기록한 문서와 일기, 시문(詩文) 등을 "○○집략(集略)"으로 명명하여 정리했는데, 2009년부터 국사편찬위원회에서 이들을 모아서 표점·활자화 과정을 거친 뒤 저자의 호를 딴 『敬窩集略』이라는 이름으로 상·중·하 총3권을 기획하여 '한국사료총서' 제53집으로 간행 중이다. 『부서집략』은 이 중 중권에 수록되어 있는데, 내용상 두 부분으로 나뉜다. 전반부는 감리 재직 시의 일지로서, 재직기간(1883.8~1884. 윤5)동안 매일의 업무 및 서신 왕복 등의 현황을 간략하게 기록하였다. 후반부는 해관 세무사나 일본 영사 등 업무상 상대와의 왕복서신 및 조회문, 그리고 백성들에게 포고한 告示文 등 각종 문서 모음으로 구성되어 있다. 이 책은 연대기류에는 창설 초기 감리서 관련 자료가 상대적으로 부실하다는 문제점을 상당 부분 보완할 수 있다는 점에서 의미 있는 자료라고 할 수 있다.

리통상사무설치사목'은 감리서의 초기 모습을 알려주는 의미 있는 기록이었다. 역시 일기류 자료인 『해은일록』[32]도 활용할 수 있었던 바, 여기에는 부산 감리서의 세부적 운영 상황이 구체적으로 기록되어 있어서 감리서의 실상을 밝히는 데 일정한 도움을 받을 수 있었다.

---

32 전술한 바와 같이 『해은일록』은 1883년 초창기부터 부산 감리서의 서기관으로 근무했던 민건호의 (1843~?)의 일기이다. 그는 1881년 조사시찰단 파견시 이헌영을 수행했고 그 인연으로 이헌영이 부산 감리로 부임하면서 서기관으로 발탁되었다. 이후 1890년에는 부산 감리서의 幇辦으로 승진하였고, 이듬해에는 다대포첨사(多大浦僉使)에 임명되었으며, 대한제국기에는 중추원 의관(中樞院 議官)을 역임하였다. 그는 『동행일록(東行日錄)』이라는 표제로 1881년 조사시찰단 수행 활동 시의 일기를, 『해은일록』이라는 제하로 1883년 감리 서기관 임명 직후부터 1914년까지의 일기를 기록하였는데, 부산근대역사관에서 이들을 탈초 · 국역하여 『부산근대역사관 사료총서』로 간행하였다.

제1장
개항장開港場 감리서監理署의 독립관서화 과정과
조직의 확장·정비

1. 개항기 한국 감리서의 기원

1) 해관海關과 세관稅關 동아시아의 관세행정 기구

감리서의 관리·감독 대상이었던 해관은 근대적인 관세 징수를 위해 개항장에 설치된 기구였는데, 동아시아에서는 조선에 앞서 이미 중국과 일본에 각기 해관·세관이라는 명칭으로 먼저 설치되어 있었다. 따라서 조선 해관의 성격에 대해 이해하기 위해서는 먼저 이들 두 나라의 것에 대한 이해가 선행되어야 함은 물론이다. 그중 먼저 중국의 경우에 대해 살펴보면, 중국 해관의 조직상의 특징을 이해하기 위해서는 먼저 근대의 해관에 이르기까지 관세 제도의 역사와 기원을 살펴볼 필요가 있다.

'관세關稅, Customs, Custom Duties, Tariffs'의 사전적 정의는 '관세 영역을 통해 수출·수입되거나 통과되는 화물에 대하여 부과되는 세금'으로,[1] 일반적으로는 외국에서 수입하는 물품에 매기는 조세라고 알려져 있다.[2] 그런데 그 어원

---

1 국립국어원 표준국어대사전(http://stdweb2.korean.go.kr)의 '관세(關稅)' 항목 참조.
2 관세는 원래 수출세, 수입세, 통과세를 포괄하는 개념이지만 현재는 대부분 수입세만을 뜻하며, 우리

을 생각할 경우, '세稅'는 '세금'이라는 일반적인 뜻이므로, 한자 의미상의 관건이 되는 글자는 바로 '관關'임을 추측할 수 있다. '해관海關'이라는 용어 역시 문자 그대로 해석하면 '바다의 관'이 된다는 점에서 '관'의 의미가 관세, 해관, 세관 등의 기원을 추적함에 있어 보다 본질적이라는 사실을 알 수 있다.

이 '관'의 어원상 뜻을 찾아보면, '가로쇠 나무로 문을 잠그다以木橫持門戶也'라고 되어 있다.[3] 즉 일정한 영역에 출입문을 만들어 내부로 들어오지 못하게 하는 것을 뜻하는 것이다.[4] 따라서 이러한 어원에 의하면 관세는 국가의 일정한 구역마다 관문關門을 만들고 거기를 통과시키면서 거두는 세금을 뜻하는 용어였다고 할 수 있다.[5] 즉 애초부터 관세가 대외무역 개념과 연계된 것은 아니며, 처음에는 자국 영토 내의 통과세를 뜻하는 의미였던 것이다.[6]

이렇게 '관'의 개념은 원래 국제무역을 뜻하는 것이 아니었으며, 따라서 해관에 해당하는 기관의 명칭 역시 청대淸代 이전에는 다른 용어를 사용했다. 당

나라의 관세법령 역시 예외는 아니다('관세법(법률 제15218호)' 제14조, '수입물품에는 관세를 부과한다').

3 許愼, 段玉裁 주, 『단옥재주 설문해자』上-12, 자유문고, 2015.

4 '卡' 역시 비슷한 의미로서, 이 둘을 합쳐 '關卡'이라고 하면 초소나 검문소, 혹은 내륙의 稅關 등을 뜻하기도 하였다.

5 주나라 때에는 물품의 관문 출입을 통제하는 司關이라는 직제가 있어서, 금지 품목은 출입을 통제하고 여타 물품의 통과세를 관장하 였다고 한다. 재물을 가지고 관문으로 통과하지 않을 경우 재물을 압수하고 처벌하며, 관문을 통과하면 표찰을 주어 나가게 했다. 그리고 흉년이나 돌림병 유행 시에는 관문의 세금(關門之征)을 거두지 않았다(『周禮』권4, 「地官司徒 下」, '司關). 이러한 관세 징수 행위는 그밖에 여러 중국 문헌에서도 확인되니, 이를테면 『三國志』「吳書」의 '諸葛恪傳'에는 "납부하지 못한 세금을 면제해주고 관세를 없앴다(原逋責 除關稅)"는 기록이 나온다(陳壽, 김원중 역, 『(正史)三國志』 4, 민음사, 2007, 686~687쪽).

6 사실 서양에서의 관세 역시 처음부터 대외무역과 관련된 것은 아니었으며 중국에서의 관세의 기원과 마찬가지로 통행세, 수수료에 가까운 개념이었다. 서구의 관세는 멀리 고대 이집트에서 그 기원이 시작되며, 크게 제1기 : 수수료시대(고대), 제2기 : 내국관세시대(중세), 제3기 : 국경관세시대(근대 이후)의 3단계로 구분된다고 한다. 이에 따르면 고대 그리스나 로마 등에 해당하는 제1기의 관세는 수수료, 곧 어떤 시설물의 사용에 대한 반대급부적인 성격이 강했으며, 제2기의 중세 봉건제하에서는 국경이 아니라 국내의 통상·교통상의 요지에서 징수되었다고 한다. 따라서 서유럽 역시 17세기 절대왕정단계 이후가 되어서야 근대적 의미의 '무역' 관세 개념에 가까워졌다(朴鐘秀, 『關稅論－理論과 實際』, 法文社, 1992, 4~10쪽).

대唐代에 창설된 '시박사市舶司'가 바로 그것이다.[7] 시박사 제도의 창설 배경은 바로 이 시기에 활성화된 국제무역과 관련이 있다. 즉 역내 조공무역에서 벗어나 해상을 통한 아라비아 반도 제국과의 교역량이 급증하게 되자, 그에 따른 이익을 중앙정부가 관리할 필요성이 대두되었다. 그리하여 전문적으로 대외항해무역 사무를 관리하는 기구로 출현한 것이 바로 시박사였다.[8] 이 기구는 당 현종대玄宗代인 714년개원(開元) 2에 처음 관련 기록이 보이는데,[9] 그 기능이 보다 활성화된 것은 송대宋代에 이르러서였다. 즉 관련 규정인 시박법칙市舶法則이 처음 만들어졌고,[10] 전문 관리를 두는 등 조직 역시 체계화되었다.[11] 이후 시박사는 원·명대에도 존속하였는데, 원대까지는 활발한 해외무역을 관리하는 기구로서의 성격을 유지했다. 그러나 명대에는 해금령海禁令으로 인해 사실상 조공무역 중심으로 해외무역이 진행되었으므로 시박사 역시 그 관리의 기능만을 담당하면서 이전 시기에 비하면 그 기능과 역할이 축소되었다.[12]

그렇다면 전술한 '관'의 개념은 어떻게 된 것일까? 해외무역과 관련된 시박사와는 별도로 내국의 징세 관련 기구들이 별도로 있었는데, 그 대표적인 예가

---

7 시박사에 대한 중국의 주요 연구성과를 살펴보면, 石文濟, 「宋代市舶司的設置與職權」, 『史學彙刊』 1, 1968; 王冠倬, 「唐代市舶司建地初探」, 『海交史研究』 82-00, 1982; 朱江, 「唐代揚州市舶司的机构及其職能」, 『海交史研究』 88-01, 1988; 楊育鎂, 「元代的市舶制度」, 『淡江學報』 33, 1994; 施存龍, 「明代廣州市舶司遷設澳門考」, 『文化雜誌』 34, 1998; 黎虎, 「唐代的市舶使与市舶管理」, 『历史研究』 98-03, 1998; 程皓, 「论元代市舶制度与海外贸易」, 『高等函授学报(哲学社会科学版)』 09-04, 2009 등이 있으며, 일본 학계에서 배출된 성과로는 藤田豊八, 「宋代の市舶司及び市舶条例」, 『東洋学報』 5, 1917; 和田久德, 「唐代における市舶司の創置」, 『和田博士古稀記念東洋史論叢』, 1961; 佐藤圭四郎, 「元代における南海貿易(上)・(中)－市舶司条例を通して観たる」, 『集刊東洋学』 11~12, 1964; 中村治兵衛, 「宋代明州市舶(務)の運用について」, 『紀要』 11, 中央大学 人文科学研究所, 1990 등이 있다. 이밖에도 중국의 대외무역사를 언급하는 무수한 연구들에서 일찍이 시박사 문제가 다루어진 바 있다.

8 강장희, 「宋代 市舶司 制度에 관한 一考－職能과 變化를 中心으로」, 『木浦海洋大學校 論文集』 12, 2004, 212쪽.

9 이원근, 「중국 송대 해상무역관리 기구로서의 市舶司에 관한 연구」, 『해운물류연구』 44, 2005, 171쪽.

10 위의 글, 172~177쪽.

11 위의 글, 177~180쪽.

12 이원근, 「中國에 있어서 中・近代 關稅制度에 대한 歷史的 考察」, 『국제무역연구』 8-1, 2002, 13~15쪽.

명대의 초관鈔關이다. 초관은 운하와 장강에 위치한 주요 상업 요충지에 설치되었으며, 행상行商이 유통하는 상품에 대해 과세하는 전문적인 수세 기구였다.[13] 1429년선덕(宣德) 4부터 중앙정부의 호부戶部와 공부工部에 부속되어 설치되기 시작한[14] 초관은 청대에 들어서며 상관常關, 혹은 각관(権關)으로 계승되었는데, 그 규모나 조직상의 완성도 및 세수稅收 등은 훨씬 커졌다.[15] 그런데 이 상관 제도의 도입과 함께 기존의 시박사 제도 또한 중요한 변화를 맞게 되니, 즉 시박사의 명칭이 '해관海關'으로 변경된 것이다. 여기서 해관은 '해海 + 상관常關', 곧 내륙이 아닌 항구나 해안지역에 위치한 상관을 뜻하는 것으로, 상관의 하위 개념이라고 할 수 있다. 따라서 이는 이전까지는 대외무역의 수세 기구였던 시박사가 내륙의 수세 기구인 초관–상관 계열로 흡수되었음을 의미한다. 해관은 청조가 반청세력의 진압을 계기로 정세가 안정됨에 따라 해금을 해제하면서 1684년康熙 23에 민해관閩海關, 복건성(福建省)의 장주(漳州), 이듬해에 월해관粤海關, 광동성(廣東省)의 오문(澳門)과 강해관江海關, 강소성(江蘇省)의 운대산(雲臺山), 그리고 그다음 해에 절해관浙海關, 절강성(浙江省)의 영파(寧波)을 설치한 것이 시초이다.[16] 전 왕조인 명대의 시박사가 단지 조공무역 관리만을 전담한 기구였던 데에 비해, 해금 이후 청조의 개방적인 정책으로 말미암아[17] 해관은 이전에 국제무역이 활발했던 당·송대 시박사와 유사한 역할을 부여받게 되었다.[18]

　19세기 중반 무렵 해관은 그 근본적인 성격에서 다시금 큰 변화를 겪게 되

13　李敏鎬, 「明代 鈔關稅의 徵收推移와 性格 變化」, 『中國史研究』 21, 2002, 219쪽. 참고로 '초관'이라는 명칭은 창설 초기에는 寶鈔로만 수세했기에 붙여진 이름이었다.
14　위의 글, 242~243쪽.
15　金漢植·鄭誠一, 「淸 前期 常關의 設置와 運用」, 『慶北史學』 21, 1998, 539쪽.
16　이윤희, 「淸前期 海關 設置와 그 意味」, 『歷史敎育論集』 48, 2012, 360~361쪽. 참고로 전근대 해관에 대한 연구로는 郭宗宝, 「市舶制度与海关制度比较」, 『海交史研究』 88-01, 1988; 李金明, 「淸代海關的 設置與關稅의 徵收」, 『南洋問題研究』 67, 1992 등이 있으며, 후술할 근대해관 관련 연구들에서도 전근대의 해관에 대하여 일정 부분 언급하고 있다.
17　이윤희, 위의 글, 373~376쪽.
18　위의 글, 364~368쪽.

었다.[19] 1842년 아편전쟁의 승리를 계기로 영국을 위시한 서구 열강은 청과 불평등조약을 맺고 개항장을 지정하여 무역할 수 있는 권리를 얻었다. 이 개항장을 통한 무역에서 관세 징수의 역할은 중국인 감독監督이 지휘하는 기존의 해관이 관할했는데, 1853년 9월 7일에 유여천劉麗川이 거느린 상해上海의 소도회小刀會가 태평천국군太平天國軍의 진격에 호응하여 상해현성上海縣城을 공격하고 상해를 점령하는 사태가 발생하였다. 상해의 영국조계英國租界 내에 위치하고 있던 강해관은 습격당하고 감독이었던 상해도태上海道台 오건창吳健彰, 1791~1866은 한때 반란군에게 붙잡혀서 강해관의 기능은 정지되었다.[20] 이에 9월 9일 상해 주재 영국영사였던 알코크L. Alcock(阿禮國), 1807~1897와 미국공사 마샬H. Marshall(馬沙利), 1812~1872이 없어진 해관을 대신하여 상해에 출입하는 자국 상선으로부터 관세를 대신 징수했다가 청국군이 상해를 수복하면 거둔 관세를 강해관에 넘기겠다고 선언하여 '임시 제도the Provisional System'가 성립되었다.[21] 이후 오건창은 강해관의 재건을 추진했지만, 소도회 반란이 진압되지 않은 상황에서는 불가하다는 알코크의 반대에 부딪혔고,[22] 임시로 선박에 해관을 설치하려고 시도했지만 이 역시 알코크는 인정하지 않았다.[23] 그러자 오건창은 소주하蘇州河 북쪽 해안에 임시 해관을 설치하였고 미·영·불 3국 영사가 승인하여 1854년 2월 9일자로 5개월여 만에 임시 제도가 폐지되지만,[24] 임시 제도 시절의 무관세 무역

---

19 근대 해관과 관련한 대표적인 연구로는 일본의 경우 高柳松一郎, 『支那關稅制度論』, 內外出版株式會社, 1920; 松澤繁一, 「支那海關制度の歷史的發展(一)-總稅務司制度を中心として」, 『滿鐵調査月報』 19-6, 1934; 岡本隆司, 『近代中國と海關』, 名古屋大学出版会, 1999 등이 있고, 중국의 것으로는 周念明, 『中國海關之組織及其事務』, 商務印書館, 1934; 彭雨新, 『淸代关税制度』, 湖北人民出版社, 1956; 趙淑敏, 『中國海關史』, 臺北中央文物(中華文化復興運動推行委員會主編), 1982; 陳時啓, 『中国近代海关史』, 人民出版社, 2002 외에도 지금껏 방대한 양의 업적들이 생성되었다.
20 方用弼, 「上海 海關의 外人稅務司 創設(1854)에 관한 硏究」, 『人文論叢』 20, 한양대 대학원, 1990, 85~89쪽.
21 方用弼, 「上海 海關의 臨時制度(1853~54)」, 『東洋史學硏究』 39, 1992, 49~50쪽.
22 위의 글, 64쪽.
23 위의 글, 70~71쪽.
24 위의 글, 86쪽.

에 익숙해진 서구의 상인들에 의한 탈세가 지속되어 강해관은 정상화되지 못했다. 이에 오건창은 재차 탈세 방지를 위하여 내륙의 관잡 설치를 시도하지만 역시 관세 징수의 통제권 상실을 우려한 영사들은 조약 위반이라는 명분으로 반대하였다.[25] 이 과정에서 알코크 해관이 영국 조계 내의 원래 위치에서 영업을 개시하는 것에 반대하지 않는다는 등의 조건하에 해관 사무를 외국인이 담당하는 제도 도입을 오건창에게 제의하였다.[26]

이에 따라 1854년 6월 29일 오건창과 3국 영사 사이에 외국인의 해관 임용을 골자로 하는 내용의 전문과 8개 조항으로 구성된 '상해해관징세규칙上海海關徵稅規則'에 대한 합의가 이루어졌다. 중심 내용은 세 영사가 각각 1명의 외국인 세무감독사세(司稅), Inspector을 추천하면 도대道臺가 이들을 임명하여 세무관리위원회稅務管理委員會를 조직하는 것이었다.[27] 그에 따라 각국영사가 추천한 영국의 상해영사관 부영사 웨이드T. F. Wade(威妥瑪), 미국의 중국 주재 공사관 직원 카L. Carr(卡爾), 그리고 프랑스 영사관 통역관 스미스A. Smith(史密斯)가 최초로 외국인 사세로 임명되어 7월 12일 자로 업무를 개시하였다.[28] 이후 애로우전쟁으로 1858년 천진조약天津條約이 체결되면서 개항장이 추가되는 과정에서 외국인 세무감독 제도는 전국으로 확대되었으며, 외국인 세무감독 제도는 세무사稅務司, Commissioner 제도로 변화하였고, 1859년 영국인 레이H. N. Lay(李泰國), 1832~1898가 최초로 총세무사總稅務司, Inspector General에 임명되었다. 이후 1861년 총리각국사무아문總理各國事務衙門, 약칭 '총서(總署)'이 창설되었고, 2년 뒤에 레이의 후임으로 영국인 하트R. Hart(赫德), 1835~1911가 임명되어 수십 년간 청국 해관을 장악하였

---

25 方用弼, 앞의 글, 1990, 100~105쪽.
26 윤정희, 「1854年 上海「外人稅務司」制度 설립 과정에 대한 考察」, 『梨大史苑』 30, 1997, 158쪽.
27 위의 글, 158~159쪽. 윤정희 및 方用弼의 연구에서는 1854년 임명된 稅務監督(司稅)과 이후 제도의 변경에 따라 개칭된 稅務司를 구별하지 않고 있으나, 양자는 엄연히 명칭과 성격이 다르다.
28 方用弼, 앞의 글, 116~117쪽.

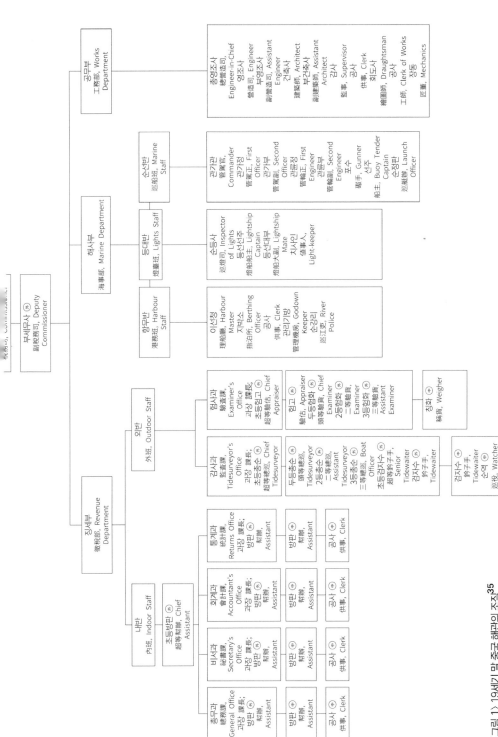

<그림 1〉 19세기 말 중국 해관의 조직[35]

다.[29] 각 지역 해관의 세무사는 중앙의 총세무사가 임명권을 좌지우지 했으며, 명목상 중국인 감독이 총책임자였으나 열강의 힘을 등에 업은 외국인 세무사가 실권을 장악하여 해관 조직은 해관감독서海關監督署, 해관감독아문(海關監督衙門) 혹은 해관감독처(海關監督處)와 세무사서稅務司署로 점차 분리되었다. 이 중 세무사서가 사실상의 해관이었으며,[30] '신관新關' 혹은 '양관洋關, Foreign Customs'으로도 칭하였다.[31] 1864년 6월에 '통상각구모용외국인방판세무장정通商各口募用外國人幫辦稅務章程',[32] 1869년 11월에 '중국해관관리장정中國海關管理章程'이 공포되면서[33] 해관의 조직은 점차 체계화되었는데, 이 시기 중국 해관의 직원과 조직의 실태를 살펴보면 다음의 〈그림 1〉과 같다.

이를 살펴보면 구성원이 중국인과 외국인으로 이원화되어 있으며, 중국인은 대체로 외국인의 지휘를 받거나 업무를 보조하는 역할을 맡고 있음을 알 수 있다. 즉 중국 해관은 중국인과 외국인으로 이원화되어 있으면서 외국인이 중심이 되는 조직 구성상의 특성을 지니고 있었다고 할 수 있다.

중국의 해관이 그 기원을 찾아 올라가면 통행세를 받던 관잡과 해상무역을 전담하는 시박사라는 전통적인 개념에서 시작하는 것과는 달리 일본 세관의 경우 전통과는 단절되며 철저히 근대적인 산물이라고 할 수 있다.[34] 물론 일본

---

29 박기수, 「근대 중국의 해관과 중국구해관사료(中國舊海關史料)(1859~1948)」, 『成大史林』 37, 2010, 56~58쪽.

30 陳時啓, 앞의 책, 142쪽.

31 기존의 常關은 이와 대비되어 'Native Customs'로 지칭되었다.

32 孫修福 主編, 『中国近代海关史大事记』, 中国海关出版社, 2005, 30쪽.

33 위의 책, 40쪽.

34 개항기 동아시아에 도입된 대표적인 근대적 제도라는 위상에 걸맞지 않게 일본의 세관에 대한 연구는 의외로 부진하였다. 물론 개국(開國) 전후 막부의 경제·통상정책에 대해서는 많은 검토가 이루어졌지만, 정작 세관 및 그 전신인 운상소(運上所) 자체에 대해서는 그간 거의 연구가 없었다. 관련 연구로는 정부 차원에서 편찬한 『稅関百年史』 上·下(大藏省 関稅局, 1972)가 대표적이며, 그밖에 安藤平, 『通関制度史』 上·下(日本通関業会連合会, 1973)이 있다. 각 지역별로는 『橫濱稅關沿革史』(橫濱稅關, 1902), 『長崎稅關沿革史』(橫濱稅關, 1902), 『函館稅關沿革史』(橫濱稅關, 1904), 『神戸稅關沿革史』(橫濱稅關, 1904) 『神戸稅関百年史』(神戸稅関, 1969) 등이 있다. 개별 연구논문으로는 吉岡誠也, 「'安政五ヶ国条約'の締結と貿易業務体制の変容－長崎運上所を事例に」(『ヒストリア』 245, 2014)가

도 관세와 비슷한 제도를 찾아보면 멀리 무로마치室町시대에 시모노세키下關를 통과하는 상선에 대해 세금을 징수하였다고 하며, 쇄국하의 나가사키長崎 무역 에서도 보기에 따라서 관세로 규정이 가능한 명목의 세금들을 부과한 경우들 이 있었다고 한다. 그러나 이러한 것들은 모두 근대적인 관세와는 거리가 있 었고,[36] 근대 세관과 직접 연결되지는 않는다.

1853~1854년 미국의 해군제독 페리M. C. Perry, 1794~1858가 군함을 이끌고 일 본에 방문하여 포함외교를 펼친 결과, 막부의 굴복으로 1854년 3월에 최혜국조 관이 적용되는 불평등조약인 미·일화친조약美日和親條約이 체결되어 시모다下田, 하코다테函館가 개항되었다. 이어서 영국영·일화친조약(英日和親條約), 1854.10, 러시아러· 일화친조약(露日和親條約), 1855.2 및 네덜란드난·일화친조약(蘭日和親條約), 1856.1와도 비슷한 조 약들을 체결하였는데, 이후 이들과의 추가 조약을 통해서[37] 관세 및 톤세噸稅에 관 한 협정이 처음으로 마련되었다. 이후 일본은 1858년에 미국·러시아·영국·프 랑스·네덜란드 등 5개국과 '안세이安政 5개국 조약'을 체결했는데, 여기서는 기 존의 최혜국대우는 물론 영사재판권 및 완전한 자유무역을 인정하는 내용이 삽 입되었다. 이에 따라 일본은 관세자주권을 상실하게 되었다.

자유무역의 시대가 열리고 협정관세 체제가 들어섬에 따라 관세를 징수하는 기구가 필요하게 되었는데, 이를 위해 만들어진 것이 바로 '운상소運上所'였다. 이 용어는 1857년 체결된 러·일추가조약에서 처음으로 등장하였으며,[38] 1858년

의존하는 측면이 크기 때문에, 이 절의 일본 세관에 대한 서술 또한 앞 절에 나오는 중국 해관에 비해 상대적으로 소략한 것이 사실이다. 이 부분에 대해서는 저자 역시 비교사적 관점의 연장선상에서 향 후 관심을 가지고 추적해보고자 한다.

35 高柳松一郎, 앞의 책, 169~180쪽의 내용을 바탕으로 하여 작성하였다. 구성원이 외국인일 경우 ㉦로, 중국인일 경우 ㉡으로 표시하였다. 단 경우에 따라 징세부 산하에 내반과 외반 외에 해반(海班, Coast Staff)이 있는 경우가 있는데, 그 직원 구성이나 역할은 해사부의 순선반과 거의 유사하기에 생략하였다.

36 大藏省 關稅局, 『稅關百年史』上, 1972, 54~55쪽.

37 구체적으로 보면, 미·일추가조약이 1857년 6월, 난·일추가조약과 러·일추가조약이 같은 해 10월 에 체결되었다.

38 大藏省 關稅局, 앞의 책, 59~60쪽. 참고로 일본어로 '運上(うんじょう)'은 원래는 중세 봉건시대에

안세이 5개국 조약의 체결 이후 이듬해에 개항장인 나가사키, 요코하마橫浜 및 하코다테에 처음 설치되었다.[39] 이후 추가 개항에 따라 1867년에 고베新戶, 이듬해에 오사카大阪, 그리고 그 다음 해에 니가타新潟에 개설된 운상소는,[40] 조두組頭 이하 해륙취체海陸取締方, 해륙방海陸方, 어수납방御收納方 등의 분과에 조역調役, 정역定役 등의 직원이 근무하는 조직 구성을 갖추고 있었다.[41]

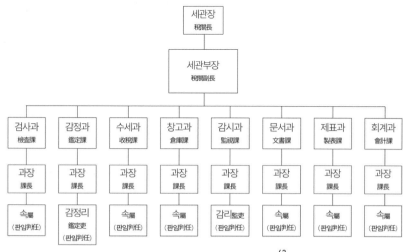

〈그림 2〉 19세기 말 일본 세관의 조직[42]

운상소는 1867년 메이지유신 이후 대장성大藏省으로 소속이 이관되었으며,

영주에게 납부하던 세금을 뜻하는 용어로, 에도시대에는 국가에 바치는 조세 중의 하나를 뜻하기도 하였다. 따라서 運上所는 '세금을 거두는 곳'이라는 의미가 된다.

39 이들 중 나가사키같은 경우는 근대 이전에도 제한적이지만 중국·네덜란드와의 무역이 이루어지던 곳이었으므로, 이의 관리를 위해 '회소(會所)'라는 조직이 존재하였다. 따라서 비록 그 성격은 많이 다르지만, 운상소의 설치는 '항회소(港會所)'라는 중간 단계를 통해 회소와 일정 정도 연계점이 있다. 상세한 내용은 吉岡誠也, 앞의 글, 48~53쪽.

40 大藏省 關稅局, 앞의 책, 136~140쪽.

41 나가사키의 경우로, 보다 상세한 내용은 吉岡誠也, 앞의 글, 61쪽의 〈표 2〉; 62쪽의 〈図 2〉 참조.

42 위의 글, 144~148쪽; 許東賢 편, 『朝土視察團關係資料集』9, 國學資料院, 1999, 9~13쪽을 참조하여 저자가 작성하였다. 참고로 세관의 상황이 모두 일률적이지는 않았다. 일례로 세관부장의 경우 하코다테와 고베에 한정된 직제였다.

1871~1872년 즈음에 번역 투의 용어가 유행하면서 '세관'이라는 명칭도 등장하기 시작하였다. 처음에는 양자가 공문서에 혼용되었으나, 혼동을 피하기 위해 1872년 11월 28일 자로 운상소의 명칭은 폐지되고 세관으로 개칭되었다.[43] 이후 1886년에는 정식으로 '세관관제稅關官制'가 칙령 제7호로 제정되었는데, 그에 따른 당시 일본 세관의 조직 구성을 살펴보면 〈그림 2〉와 같다.

이를 살펴보면 일본 세관은 중국 해관과는 달리 외국인과의 이원 체제가 아니며, 세관장 휘하의 일원적 조직임을 알 수 있다. 앞서 살펴봤듯이 일본 세관의 기원 자체가 중국의 해관이나 외국인 세무사 제도와는 전혀 무관하다는 점에서 이는 어찌 보면 당연한 결과라고 말할 수 있다.

2) 조선의 감리와 중국의 해관 감독

조선 해관의 기원에 대해서 살펴보면, 근대 이전의 한국에서 외국인에게 무역에 따른 과세를 행한 기록에 대해서는 현재 명확하게 알려진 바가 없다. 다만 조선시대 중국과의 교역을 살펴보면, 청과 조선 사이의 변경지역인 의주義州·회령會寧·경원慶源에는 일찍이 연행사절을 통한 공무역과는 구별되는 사무역인 개시開市, 의주：중강개시(中江開市), 회령·경원：북관개시(北關開市)가 진행되고 있었으며, 일종의 밀무역인 후시後市도 출현하였다.[44] 그런데 이 후시책문후시(柵門後市)의 교역 물품에 대한 수세를 담당하는 기관으로 1814년순조 14에 의주에 관세청管稅廳이 창설되어 1880년대까지 운영된 바 있다.[45] 비록 과세 대상이 내국 상인들이었기

---

43 大藏省 関税局, 앞의 책, 142쪽. 현재까지도 일본에서는 이 11월 28일을 '세관의 날'로 지정하여 기념하고 있다.

44 李哲成, 『朝鮮後期 對淸貿易史 研究』, 國學資料院, 2000, 30~35쪽; 고승희, 『조선후기 함경도 상업연구』, 국학자료원, 2003, 121~123쪽.

45 관세청에 대해서는 위의 책, 226~233쪽; 연갑수, 『대원군집권기 부국강병정책 연구』, 서울대 출판부, 2003, 239~253쪽; 李妲俊, 「19세기 中·後半 管稅廳에 대한 정책과 그 성격」, 서울여대 석사논문, 1999 등 참조. 그런데 이 연구들에서 관세청이 한국에 있어서 관세 제도의 맹아와 연계되어 파악되었던 것은 아니다.

에 수입세가 아닌 수출세 개념이며 근대적인 해관과 성격이 다르긴 하지만, 무역과 관련된 과세행위를 관할하는 기관이었다는 점에서 세관의 역사를 언급할 때 그 기원과 관련하여 살펴볼 필요가 있다고 생각된다.[46]

그러나 근대적인 의미에서의 본격적인 관세 징수는 역시 개항 후에 그 씨앗이 싹트기 시작했다. 1876년 조·일수호조규가 체결된 이후 교역 등과 관련된 후속 협상이 수개월간에 걸쳐 진행되었고, 8월 24일에 수호조규 부록 및 부속통상장정이 체결되었다. 그런데 관세에 대한 지식이 없던 조선은 이날 협상대표인 강수관講修官 조인희趙寅熙가 일본 측 대표인 이사관理事官 미야모토 오카즈宮本小一에게 무관세 무역을 허용하는 각서를 교부하고 말았다.[47] 이후 그 문제점을 깨닫고 1878년에 관세 징수를 시도하였으니, 곧 부산 두모진豆毛鎭에 해관을 설치하고 9월부터 수세收稅를 시작한 것이었다. 그런데 일본과의 마찰을 피하기 위해 조선 상인만을 대상으로 했음에도 불구하고 일본은 부산항의 상업이 침체한다는 이유로 이의 철회를 요구하면서 무력시위까지 실행했다.[48] 그 결과 조선 측이 12월 26일 자로 수세를 중단하여 관세징수 시도는 실패로 돌아갔다.[49] 이후로도 비록 불발로 그치고 말았지만 김홍집金弘集과 조병호趙秉鎬를 일본에 파견하는 등 계속해서 문제의 시정을 시도하였다.[50]

그러던 중 1882년에 조·미수호통상조약이 체결되면서 관세 세칙稅則이 제정되었고, 이에 일본 역시 그동안 회피하던 관세 징수 논의를 더 이상 거부할 수 없게 되었다. 그 결과 이듬해 조·일통상장정이 체결되면서 양국 간의 세칙

---

46 세관의 기원과 연관 지어 살펴볼 또 다른 내용은 倭館의 문제인데, 이에 대해서는 후술하고자 한다.
47 『倭使日記』(奎貴16034) 제5책, 「丙子 7월 초 6日 講修問答」. 다만 근래의 연구에 따르면, 당시의 관세 면제는 수입세뿐 아니라 수출세에도 해당하는 것으로 양국 간의 무역 확대에 방점이 찍혀있는 조치로 평가해야 하며, 실제로 양국의 의도대로 이후 무역의 확대로 이어졌다고 한다(김홍수, 「조·일수호조규 부속조약의 재검토」, 『한일관계사연구』 57, 2017, 413~415쪽).
48 金敬泰, 「開港直後의 關稅權 回復問題」, 『韓國史研究』 8, 1972, 99~107쪽.
49 위의 글, 108쪽.
50 夫貞愛, 「朝鮮海關의 創設經緯」, 『韓國史論』 1, 1973, 269~283쪽.

역시 제정되어 관세 징수가 확정되었다.[51] 당시 조선은 임오군란 이후 청의 내정간섭하에 있었으며, 따라서 청이 파견한 묄렌도르프가 주도하여 1883년 부산, 인천, 원산의 3개 항구에 해관이 설치되기에 이르렀다.[52] 앞 절에서 살펴본 바와 같이 당시 청의 해관 제도는 관세 징수를 총괄하는 세무사를 외국인들이 맡고 있었던 것이 특징이었는데, 이것이 조선에 영향을 끼쳐서 해관의 세무사 및 직원들 역시 대부분 외국인으로 충원되었다.

그러면 당시 조선 해관의 조직 구성은 어떠했는가? 조선 해관의 창설 멤버들에 대한 기록이 『한성순보』에 전하고 있는데[53] 아직 초기여서 방대한 청국 해관과 비교하면 구성원이 극히 소략한 숫자였던 것 같다. 이 기사에는 부산, 인천, 원산 등 각 지역 해관의 책임자인 세무사와 그 밑의 직원 각 4~5인 정도의 직함과 명단이 기재되어 있는데, 직책의 명칭을 보면 방판幫辦, 지박소指泊所, 험화驗貨, 검자수鈐字手,[54] 이선청, 기기사機器司 등으로, 앞서 살펴본 청 해관의 그것과 대부분 일치하거나 유사하다는 사실을 발견할 수 있다. 이후 1880년대 중반에 해관과 감리서의 구조 개편이 이루어지는데, 이 시기에 변화한 해관의 조직 구성을 살펴보면 〈그림 3〉과 같다.

이를 보면 내반과 외반으로 구성된 양립 체제는 물론이고 각 지역의 명칭들 역시 대부분 청국해관의 그것과 유사함을 알 수 있다. 결국 조선 해관은 외국인 세무사의 고용뿐만 아니라 그 조직상의 구성면에서도 철저하게 청국의 그것을 모방했던 것이다. 아쉬운 점은, 익히 알려지다시피 해관 창설 이전인 1881년에 조선정부는 조사시찰단朝士視察團 파견을 통해 일본의 세관 제도에 대

---

51 위의 글, 310~322쪽.
52 구체적인 창설일 자를 보면, 인천해관은 6월 16일, 원산해관은 그 다음날인 1883년 6월 17일 창설되었으며, 부산해관은 7월 3일 설치되었다(尹光云・金在勝, 『近代朝鮮海關研究』, 부경대 출판부, 2007, 79~85쪽).
53 『漢城旬報』, 「國內官報」, 1883.12.29.
54 문헌에 따라 영자수(鈴子手)로 기재되어 있는 경우도 다수 발견된다.

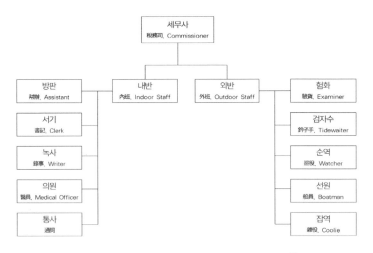

〈그림 3〉 1880년대 중반 이후 조선 해관의 조직구성[56]

해 상당히 꼼꼼히 조사하고 정보를 수집한 바 있다는 사실이다.[55] 만약 해관의 창설을 조선이 주도했다면, 청국과 일본 양국 제도의 장단점을 비교·절충하여 새로운 제도를 만들 수 있었을 것이다. 그러나 현실은 해관의 창설 과정 자체가 묄렌도르프의 독단적 주도하에 이루어졌고,[57] 결국 〈그림 2〉와 〈그림 3〉을 비교하면 알 수 있다시피 일본 세관과는 완전히 이질적이고 상호 간의 접점은 전혀 찾아볼 수 없게 되었다. 다만 일본 시찰이 완전히 헛된 일만은 아니었으며, 시찰 과정에서 생성된 전문 인력들은 이후로도 계속해서 정부의 적재적소에 요긴하게 활용되었다. 그 예를 세관 시찰을 담당했고 해관 창설 이후에는 각기 인천과 부산의 초대 감리에 임명된 조병직趙秉稷, 1833~1901과 이헌영李䥚榮, 1837~1907의 경우에서 찾아볼 수 있다.

---

55 파견 당시 세관 시찰을 맡았던 朝士는 李䥚榮(隨員-李弼永, 閔建鎬), 閔種默(1835~1916, 隨員-閔載厚, 朴晦植), 趙秉稷(隨員-安宗洙, 俞箕煥)이었으며(許東賢, 「1881年 朝士視察團의 활동에 관한 연구」, 『國史館論叢』 66, 1995, 18~22쪽), 이들은 「六港開場」, 「稅關規例」, 「各國稅則」, 「稅關事務」 등 많은 보고서를 남겼다. 구체적인 내용은 許東賢, 『朝士視察團關係資料集』 9~11, 國學資料院, 1999 참조.
56 崔泰鎬, 『近代韓國經濟史 研究序說-開港期의 韓國關稅制度와 民族經濟』, 국민대 출판부, 1991, 136쪽.
57 1883년 해관창설 직전 해관세칙이 제정되는 조·일통상장정 체결과 관련한 업무를 거의 혼자서 했다고 토로한 사실에서 이러한 흔적을 찾을 수 있다(묄렌도르프, 신복룡·김운경 역주, 『묄렌도르프 自傳』 外, 집문당, 1999, 83쪽).

한편 해관의 설치와 동시에 이들에 대한 관리·감독을 위해 3개 항구에 감리가 임명되었다.[58] 즉 1883년 8월 19일 자로 조병직과 이헌영을 각각 부산과 인천의 감리로 차하差下하고, 원산항은 사무가 아직 간단하므로 당시 덕원부사德源府使였던 정현석鄭顯奭이 겸임하도록 한 것이다.[59] 그런데 조선 해관의 시스템이 중국 해관으로부터 독점적인 수준에 가까운 영향을 받았다고 한다면, 그해관을 관리·감독하는 감리 역시 중국으로부터의 영향을 배제할 수 없을 것이다. 전술했다시피 조선의 감리에 해당되는 중국 해관의 직책은 '감독監督'이었다. '감리監理'라는 명칭은 원래 감독·관리한다는 의미 외에 청대淸代에는 그러한 역할을 하는 관리를 뜻하는 일반명사로 사용되기도 했다.[60] 그러나 조선에서는 전통시대에 사용되지 않았던 용어이므로[61] 청으로부터의 영향력을 암시하는 측면이 있다.[62]

이미 언급했지만 청대 해관은 원래 상관의 하나로 개설된 것이었다. 청조는 상관의 책임자인 감독을 때로는 지방관에게 겸임시키기도 하고, 때로는 전임 관리를 파견하기도 하였으며, 이는 청조의 정책에 따라 수시로 변화를 거듭하였

---

58 감리서와 관련하여 갑오개혁 이후의 상황을 중심으로 새로운 연구가 발표된 바 있다(정광섭, 「甲午改革期 監理署의 정체성에 관한 연구」, 『한일관계사연구』 56, 2017). 이 논문은 주로 갑오개혁기에 감리서가 일시적인 폐지와 복설을 거치는 등 제도상 혼란이 있었던 시기를 중심으로 하여 일본의 침략과 연관지어 감리서에 대해 고찰하면서 많은 사실들을 밝혀내는 성과를 올렸다. 그러나 이 논문이 갖는 문제점도 있는데, 일본의 침략에 대한 부정적 시각이 지나친 결과 모든 것을 그들의 음모가 낳은 산물로 보는 식의 무리한 해석이 도출되고 있다는 점이다. 개항장 감리서의 경우 분명히 그 원래 설립 취지가 제대로 구현되지 못한 측면이 크고, 이 부분은 저자 역시 여러 연구들에서 누차 지적한 바 있다. 그러나 그렇다고 감리서 자체가 '일본위정자들의 음모'에 의해 그 제도가 만들어지고 개편되었다는 식의 해석은 과도한 것이라고 생각된다. 그러한 선입견으로 인해 논문의 곳곳에서 사실관계의 오류들이 보이는데 이에 대해서는 후술하고자 한다.

59 『高宗實錄』 권20, 고종20년 8월 19일. 부산과 인천 역시 제2대 이후로는 지방관의 감리 겸직이 관례화 한다.

60 漢語大辭典編輯委員會 編, 『漢語大辭典』 7, 1994, 1449쪽.

61 연대기류나 문집 등 어느 자료에서도 고종대 이전 '감리(監理)'라는 용어를 찾아볼 수 없다.

62 조선 해관의 관리·감독 책임자 명칭을 결정한 배경에 대해서는 명확한 기록을 찾아볼 수 없다. 아마도 완전히 중국의 제도를 모방했다는 혐의를 피하기 위하여 '감독'이라는 중국의 기존 관직명 대신에 '감리'라는 의미는 유사하지만 별개의 용어를 도입한 것이 아닐까 추측된다.

다.[63] 이는 해관 감독의 경우 역시 마찬가지였다.[64] 19세기 중반 해관에 외국인 세무사의 임명 체제가 도입되면서 이 해관의 기존 책임자인 중국인 감독과 외국인 세무사와의 관계 설정이 문제로 떠오르게 되었다. 그런데 사실 1854년 제정된 『상해해관징세규칙上海海關徵稅規則』의 내용을 생각해보면, 애초에 외국인 세무사에 대해 중국인 감독이 지휘권을 행사하는 것은 원천적으로 불가능한 일이었다. 왜냐하면 누구를 임명할지 선정하는 권한 자체가 중국 측이 아니라 외국 영사들에게 있었으며, 감독에게는 세무사를 해임할 권한도 없었기 때문이다.[65]

하지만 아무리 그렇다고 해도, 명분상 중국 땅에 설치된 기관인 해관의 형식상 총책임자가 외국인일 수는 없는 일이었으며, 직제상 중국인 감독의 아래에 외국인 세무사가 위치하는 것은 불가피했다.[66] 그러므로 외국인 세무사가 형식상 상급자인 중국인 해관 감독을 허수아비로 만들고 실질적인 해관 운영권을 장악한 것은 공식적인 제도를 통해서가 아니었다. 그것은 '여러 해 동안의 관습과 상황에 의거한' 변화였다.[67] 이 변화의 과정을 막연하게나마 추적할만한 단서가 되는 자료가 존재한다. 바로 중국 해관의 총세무사가 각 지역 세무사들에게 보낸 서신이다. 「Inspector General's Circulars」라는 이 자료는[68] 상해上海 해관에서 편찬한 『중국 해관의 기원과 발전, 그리고 활동에 관한 사례집

---

63 金漢植·鄭誠一, 앞의 글, 552~560쪽.
64 이윤희, 앞의 글, 368~370쪽.
65 方用弸, 앞의 글, 115~116쪽; 윤정희, 앞의 글, 159쪽.
66 1864년에 제정된 '통상각구모용외국인방판세무장정'에서도 감독 지위의 우선권을 인정하는 내용들이 등장하고 있다. 즉 '모든 공무는 감독의 책임·결정으로 귀속된다'라던가 '세무사는 권력을 과시하고 월권행위를 하여 공무에 지장을 주고 감독이 그 책무에 전념하기 어렵게 하는 지경에 이르게 할 수 없다'는 내용 및 '세무사는 영사가 사건을 교섭할 때 매사를 감독의 책임으로 여겨야 하며, 조금이라도 권한을 침해하여 좋은 성과를 거두려는 마음을 품어 책망과 꾸짖음을 당하는 지경에 이르러서는 안 된다'는 등의 조항들이 그것이다(陳時啓, 앞의 책, 147쪽). 이 규정의 초안을 작성한 이는 외국인 총세무사였던 하트였지만, 이 부분에 대해서는 그도 어쩔 수 없었던 것이다.
67 위의 책, 146쪽.
68 중국어로는 보통 '總稅務司通札'로 번역되며, 오늘날로 비교하자면 일종의 '지휘서신' 정도의 의미로 보면 된다.

Documents illustrative of the Origin, Development, and Activities of the Chinese Customs Service』이

라는 자료집의 일부분으로서, 총서가 발족한 1861년부터 시작하여 총세무사

가 세무사 전체를 대상으로 발송한 서신circular들을 수록하고 있다.[69] 세무사에

게 감독을 무시하고 독단적으로 일을 처리해도 좋다는 식의 직접적인 표현들

은 당연히 찾아볼 수 없으나, 그 의미의 행간을 통해 앞서 말한 '관습과 상황에

따른 변화'의 실체와 요인에 대한 실마리는 얻을 수 있다.

　　1863년 임명되어 1910년 사망하기 거의 직전까지 청국 해관을 지배했던

총세무사는 하트였다. 따라서 이 서신 역시 대부분 하트 명의의 것으로 구성되

어 있다. 그중 해관 감독과의 관계에 관하여 비중 있게 언급한 몇 편이 존재하

는데, 어느 곳에서도 일단 해관의 최고책임자는 '감독the Superintendent'이라는

사실에 대해서 항상 주의를 환기시키고 있다. 이를테면 1864년에 발송한 8호

서신에서도 이 사실이 일종의 전제조건으로 언급되고 있으며,[70] 해관은 중국의

기관이고 그들을 위해 봉사해야 하므로 중국인을 존중할 필요가 있음을 역설

하고 있다.[71] 또한 세무사가 해관의 업무와 관련하여 충고와 조언을 할 수 있지

만, 그러한 것들은 반드시 감독의 요청에 의해서야만 하고, 그것의 수용 여부

도 감독의 결정에 따라야만 한다고 하며 감독에 대한 존중을 강조하였다.[72] 그

러나 다른 한편으로 그는 세무사가 외국인과 중국인 간의 무역에서 준수해야

69　현재 이 자료는 일반적인 국내대학 도서관 등에서는 찾아보기 힘들며, 인터넷 사료 데이터베이스 사
　　이트인 'Adam Matthew Digital'(https://www.china.amdigital.co.uk) 내의 'China : Trade, Po-
　　litics & Culture' 카테고리에 전문이 스캔되어 있다. 해당 사이트와 협약이 체결된 기관의 네트워크
　　로 접속이 가능하다.

70　Statistical Department of the Inspectorate General of Shanghai Customs, "CIRCULAR No.8
　　OF 1864", *Documents illustrative of the Origin, Development, and Activities of the Chinese Customs
　　Service : Volume 1 : Inspector General's Circulars 1861 to 1892*, 1937, p.39.

71　Ibid., pp.36~37.

72　Ibid., pp.38~40. 그런데 해관의 구성원 모두는 중국과는 다른 '보다 진보적 형태의 문명(a civlisa-
　　tion of a progressive kind)'을 대표하고 있다는 사실 역시 망각해서는 안 된다는 오리엔탈리즘적
　　시각 또한 드러내고 있음이 눈에 띈다(Ibid., p.37).

하는 규정에 대한 정확한 지식을 갖추었고, 거기에다 외국인과 중국인 양쪽 모두에 대한 깊은 이해가 가능하므로, 새로 부임해서 현지 사정을 잘 모르는 감독이 그에게 조언을 구하는 것은 자연스럽고 당연한 일이라고 생각했다.[73] 다소 묘한 뉘앙스로 다가오는 이러한 말들이 보여주는 모호함은 대표적으로 다음의 언급에서 찾을 수 있다.

따라서 세무사의 지위는 당연히 감독 지위의 아래이다. 그러나 동시에 그는 개인으로서는 감독의 부하와는 다르다.[74]

이는 상호 모순되는 발언이다. 영어로 표기하면 똑같이 'subordinate'인데, 지위로서는 'subordinate'하지만, 개인으로서는 'subordinate'와 다르다는 말이 무슨 의미인지 이해하기가 쉽지 않으며, 대단히 모호한 표현이 아닐 수 없다. 지금까지 언급한 내용들, 즉 감독이 해관의 최고 책임자이고 세무사는 그 아래 지위임을 인정하고 존중해야 하지만 결코 감독의 부하는 아니며, 해관 감독은 실무에 어두워 보다 전문성과 능력을 가지고 있는 세무사의 충고에 의존하는 게 당연하다는 내용들을 종합하면, 겉으로 나타낼 수 없는 하트의 계산이 대략 그려진다. 다시 말해 명목상 책임자인 감독을 겉으로 존중하는 모양새를 취하고 충돌을 피하면서, 해관 행정의 실무에 있어서는 감독을 따돌리고 사실상 세무사가 장악하는 것을 이상적인 형태로 그리고 있음이 감지되는 것이다. 이러한 속내는 1869년에 발송한 다음의 제25호 서신에서 보다 직접적으

---

73 Ibid., p.38.
74 Ibid.. "The position of the Commissioner is accordingly of necessity subordinate to that of the Superintendent, and, while, at the same time, personally, he differs from the Superintendent's subordinates." 참고로 하트가 초안한 1864년의 '통상각구모용외국인방판세무장정'에서도 이와 비슷한 대목이 나오는데(陳時啓, 앞의 책, 147쪽), 이 역시 앞서 주석에서 언급한 바 있는 이 장정에 등장하는 감독 지위의 우선권을 확인하는 내용과 모순되는 측면이 있다.

로 나타나고 있다.

외교위원회는 문제가 발생하면 북경에 그 해결을 위한 조회가 발송되는 것 보다는 항구에서 조용하고 공정하게 해결되는 것을 훨씬 선호할 것이다. 영사와 세무사가 진행 과정에 대해 동의해도 감독이 다른 견해를 고집하면 조회를 보내는 수밖에 방법이 없다. 하지만 어떤 사건이든지 발생 초기에 아직 자신의 수중에 있을 때, 세무사는 문제의 경중을 잘 따져봐야 한다. 그래서 만약 감독이 알게 되어 서신을 통해 조회해야 할 수준까지 사태가 커질 가능성이 생겼을 때 야기될 문제를 감수할 가치가 있는지에 대해 스스로 결정을 내려야 한다. 지난 10년 동안 일어난 많은 일들은 너무 빨리 문제가 감독 앞에 제기되었을 때 얼마나 악영향이 컸는지를 보여주고 있다.[75]

어느 정도 완곡한 표현을 동원하기는 했지만, 이는 해석하기에 따라서는 감독 모르게 일을 독단으로 처리하라는 주문으로도 읽힐 수 있는 내용이다. 그리고 여기에는 중국인 해관 감독의 역량에 대한 근본적인 불신이 자리하고 있음을 느낄 수 있다. 이렇게 명목상 상급자인 해관 감독을 도외시한 일처리를 위해서는 최소한의 필수불가결한 조건이 필요했으니, 바로 세무사가 감독의 부하로 인식되어서는 안 된다는 사실이다. '지시와 명령'이 가능한 부하로 인식

---

75 "CIRCULAR No.25 OF 1869", Ibid., p.155. "The Foreign Board would infinitely prefer to see question settled, as they arise, quietly and fairly at the ports, rather than have them referred for solution to Peking. Where a Consul and Commissioner are agreed as to the course to be pursued, while the Superintendent persists in holding a different view, there is no help for it : reference is necessary. But in the beginning of any affair, and while it is still in his own hands, a Commissioner should weigh the matter well, and determine for himself whether it is one worth the trouble it may give, if brought to the Superintendent's notice, and thereby exposed to the possibility of becoming, by correspondence, so expanded as to assume the dimensions that necessitate reference. During the past ten years many things have occurred to show how mischievously it acts, if a question is prematurely placed before a Superintendent."

되는 순간 그 '지시와 명령'을 내리는 주체를 무시한 일처리가 불가능해짐은 자명한 이치였다.

따라서 1873년에 보낸 13호 서신을 보면 하트가 이 문제에 대해 민감한 반응을 보이고 있음이 나타난다. 여기서 그는 세무사가 감독에게 '각하His Exc-ellency'라는 호칭을 사용하는 것이 타당하지 않으며, 편지에서도 이 표현은 빼야 한다고 지적하였다. 또 세무사에게 감독이 "이렇게 처리하라고 명령"한 사례를 들면서, 감독은 세무사에게 명령할 수 없다고 강조하였다. 세무사 역시 결코 "감독의 명령을 받들어"라고 말해서는 안 되며, 대신에 "감독과 협의한 결과 도달한 결론은 어떠하다"라고 해야 한다고 하였다.[76] 즉 감독과 세무사의 관계는 결코 상하나 주종, 혹은 상명하달의 그것이 아닌 대등한 관계여야 한 것이며, 이를 통해 궁극적으로 추구했던 것이 상기의 인용문에서 나오는 바와 같이 감독을 무시하는 일처리였음은 물론이다.

이렇게 묵시적으로 세무사들에게 감독을 따돌리라고 부추기는 서신으로 인해 여러 문제들이 발생했던 것으로 보인다.[77] 하트는 1873년에 장문의 24호 서신을 작성하여 발송하는데, 여기서는 바로 위의 것들과는 다소 다른 분위기가 감지된다. 일단 어디까지나 세무사들 및 그 휘하 관원들은 외국인에 불과하며, 본국의 관계 당국을 무시해서는 결코 안 됨을 강조하였다.[78] 그리고 해관 감독의 지위상 우선권에 대해서도, 일이 제대로 처리되지 못했을 때 세무사는 해고되면 끝이지만 감독은 사형까지도 가능한 처벌을 받을 수 있다는 사실을 언급하면서, 감독 지위 우선 원칙의 당위성에 대해 보다 상세하게 설명하고 있

---

76 "CIRCULAR No.13 OF 1873", Ibid., pp.303~304.
77 후술할 24호 서신은 총서가 하트에게 "어디서나 해관 감독과의 협조 작업의 필요성을 깊이 새기며, 또 될 수 있는 한 일체의 오해 야기를 피해야 한다"는 취지의 서신을 세무사들에게 발송하도록 요청하여 작성되었다(陳時啓, 앞의 책, 147쪽). 즉 세무사와 감독 간의 관계에서 여러 문제들이 야기되고 있었던 것이다. 저자는 그 원인이 바로 상기 하트의 애매모호한 서신들이었을 것으로 추정한다.
78 "CIRCULAR No.24 OF 1873", Ibid., pp.312~313.

다.[79] 외국인 세무사와는 책임의 무게가 다르기에 세무사 휘하의 업무 내용에 대해서 감독도 잘 알고 있어야 한다는 대목에 이르면[80] 앞서 1869년 25호 서신의 내용과는 다소 위화감이 느껴지기까지 한다.

그러나 그럼에도 불구하고 세무사는 감독과 어디까지나 '동료colleague' 관계이지 '부하subordinate'는 아니었다.[81] 같은 서신 내에조차 이렇게 모순되는 내용들로 가득했던 것이다. 더구나 이번 서신에서는 해관 조직에 대해 설명하면서 새로운 내용이 등장한다. 즉 해관은 감독이 지휘하는 '기록 부서the Recording part'와 세무사가 지휘하는 '실무 부서the Executive part'로 나뉘며, 주된 업무가 전자는 기록을 작성하고 후자는 세금을 징수한다는 것이다.[82] 해관의 주된 임무인 관세 징수의 영역에서 감독을 완전히 배제하고자 하는 의도가 읽히는 대목이 아닐 수 없다. 전략적으로 모호함을 유지하려는 기조는 이번에도 변함이 없었는데, 이를테면 세무사와 감독 간의 업무 영역이나 직권에 대해 분명한 경계를 요구하는 것에 대해, 하트는 세무사와 감독 사이에 하나로 고정된 경계선을 놓는 것은 불가능한 것이고 또한 불필요한 것이라고 하였다. 그리고 경계선은 언제나 설치하기 어려우며, 경계 문제는 가장 빈번하고 가장 큰 분쟁의 근원이라고 하여 이를 명확히 밝히지 않고 있다.[83]

결국 하트가 총서의 다그침에 의해 겉으로는 해관 감독을 존중하라는 내용으로 읽히는 메시지를 작성했지만, 실제 속 내용은 달라진 게 없었던 것이다.[84] 이렇게 전략적인 모호함을 유지하면서 중앙의 총세무사서에서는 지방 해관의

---

79 Ibid., pp.315~316.
80 Ibid., p.315.
81 Ibid., pp.313~314.
82 Ibid., p.313.
83 Ibid., p.320.
84 하트는 이 장문의 서신 작성을 위해 6개월이라는 시간을 할애했으며, 반복 독해와 수정, 심지어는 재작성까지 거쳤다고 한다(陳時啓, 앞의 책, p.149). 겉으로 총서의 요청에 부응하는 것처럼 위장하면서 실제로는 다른 메시지를 전달하기 위해 얼마나 노력을 기울였는지 느낄 수 있는 대목이다.

세무사들에게 감독으로부터 실권을 장악하라는 무언의 메시지를 전달함으로 써, 서서히 오랜 기간을 거쳐 중국 해관은 외국인 세무사가 전권을 장악하고 해관 감독은 허수아비로 전락한 것이다. 그리고 이것이 바로 앞서 말한 '여러 해 동안의 관습과 상황에 의한 변화'의 실체이다. 하트는 서신 여기저기서 세 무사에게 감독과 '친밀하고 유쾌한 관계friendly and humored relationship'를 유지하 라는 주문을 빈번하게 하고 있는데, 그 속 내용은 '업무상 실권은 빼앗되 겉으 로는 친근하고 깍듯해 보이는 관계'였다고 할 수 있다.

따라서 조선 해관의 세무사와 감리 간에 형성된 이원적·병렬적인 관계의 기원 또한 이렇게 관습적이고 점진적으로 구축된 중국 해관 세무사와 감독간 관계에서 찾을 수 있는 것이다. 메릴이 하트의 지시에 철저히 따른 인물이었음 을 상기하면, 상기에서 살펴본 하트가 구축해간 중국의 모델이 조선에 미친 영 향을 추측할 수 있는데, 다음은 그 실제 한 예이다.

A. 감독과 세무사가 의견 차이가 있으면, 중앙 관서인 아문衙門, 총서–저자 주의 견해 가 알려질 때까지 감독의 견해가 조치를 취하는 기준이 된다.[85]

B. 만약 조선 감독과 어떤 일에 대하여 상의함에 있어 혹시 의견이 다르거나 다소 상호 거슬리는 대목이 나타날 경우에는 급히 신문申文을 갖추어 총세무사에게 문의를 요청하고, 회답을 기다리는 동안에는 잠정적으로 해당 감독의 의견에 따라 처리할 것이며[86]

85　"CIRCULAR No.24 OF 1873", op. cit., p.316. "whenever the Superintendent and Commissioner differ in opinion, the Superintendent's views are to be acted on till the wishes of the head Office, the Yamen, are made known."

86　『總關來申』(奎17829) 제1책, 「12호–通政大夫戶曹參議銜管理海關事務總稅務司 墨賢理(1885.11.3) → 統署), "倘與朝鮮監督會商事件 或有意見不同 稍形抵拒處 宜急備申文 請質總稅務司 於候回文時 應暫 由該監督意見辦理." 이하 발·수신자가 존재하는 공문서가 각주에 기재되는 경우, 이해의 편의상 「문 서 제목(없을 경우 생략)–발신자(발신일 : 서력 기원 아라비아 숫자 표기) → 수신자(수신일)」의 형 태로 표기한다. 단 날짜 자체는 본 문서에 표기된 대로(음력) 기재하며, 양력으로 변환하지는 않는다.

A는 1873년 하트가 발송한 서신 중 일부이고, B는 1885년 메릴이 하트의 명을 받아 조선에 부임하면서 해관의 구조를 개편하기 위해 제시한 세무사 근무 규정인 '세사장정稅司章程'의 내용 중 일부분이다. 원문은 영어와 한문으로 언어 자체가 다름에도 불구하고 내용이 매우 유사한 인상을 준다. 이는 중국 해관에서 세무사와 감독과의 모호한 관계를 구축한 하트의 경험이 메릴을 통한 조선 해관의 운영 과정에서 활용되고 있던 상황의 일면을 보여주는 단서라고 생각된다.

정리하자면, 조선 감리의 모델이라고 할 수 있는 중국의 해관 감독과 외국인 세무사 사이에는 형식과 내용이 괴리된 기형적 관계가 조성되었으며, 이것이 향후 조선에 창설되는 해관과 그 관리 감독을 위한 감리서와의 관계에도 영향을 끼치게 된다고 할 수 있는 것이다.[87]

3) 조선의 왜관倭館과 감리서

조선의 해관·감리 제도에 있어서 중국으로부터의 영향을 받은 세무사와 감리와의 이원체계가 '보편성'의 영역에 해당된다면, 조선 감리서 나름의 '특수성'적인 요소에 대해서도 생각해볼 필요가 있을 것이다. 이 대목과 관련하여 유의할 점 한 가지는, 전근대 조선에서는 일정한 영역을 정해서 외국인들의 거류지로 삼고 무역을 허가하는 개항장 체제와 유사한 경우가 존재했다는 점이다. 바로 부산에 설치된 왜관이 그것이다. 왜관은 조선에 있던 왜인들의 집단 거류지를 지칭하는 용어로, 그 시초는 멀리 고려시대까지 거슬러 올라간다고

---

87 다만 부연할 부분은, 이것이 '중국인 해관 감독 = 선, 외국인 세무사 = 악'이라는 양비·흑백론으로 이어져서는 곤란하다는 점이다. 중국 해관의 외국인 세무사 제도 도입은 결과적으로 밀수와 탈세를 방지하여 세수를 확보한 긍정적 측면이 존재하며(方用弼, 앞의 글, 121~123쪽), 중국인 해관 감독들의 도태 원인에는 근대적인 관세 제도에 대한 지식과 경험의 부족이라는 그들 스스로의 문제 또한 존재하기 때문이다. 물론 그렇다고 해도 이런 사실들이 당연히 한 국가의 관세행정에 있어서 해당 국가의 관원이 부외자로 전락하고 외국인이 업무를 좌지우지하는 상황을 정당화시키지는 못할 것이다.

보는 견해도 있다.[88] 그러나 일반적으로 지칭되는 왜관은 조선 후기의 그것을 뜻한다. 조선후기의 왜관은 임진왜란 이후 1601년에 절영도왜관絕影島倭館이 임시로 설치된 이후 두모포왜관豆毛浦倭館을 거쳐 강화도조약 이후 폐쇄되는 초량왜관草梁倭館에 이르기까지 긴 역사를 갖고 있다.[89] 그런데 왜관의 성격은 기본적으로 왜인들이 거주할 수 있는 제한된 구역을 설치하여 조선인과 왜인의 잡거雜居를 방지하고, 나라의 기밀이 왜인들에게 흘러들어가는 것을 막기 위해 정부의 의도로 만든 특수시설이었다.[90] 따라서 일단 그 형태에서 거류지·조계지 등을 매개로 구성된 개항장과 상당한 유사성을 갖고 있었다.

이와 더불어 왜관의 운영에서 주목할 부분은 정기적인 '왜관개시倭館開市'가 존재했다는 사실이다. 조공무역이나 공무역 등과 구별하여 쓰시마對馬의 상인과 조선 상인 간에 이루어진 사무역을 지칭하는 왜관개시는 왜관의 개시대청開市大廳에서 동래東萊의 감시감관監視監官과 호조戶曹에서 파견된 수세관收稅官, 그리고 동래부東萊府 읍리邑吏 등의 엄격한 통제하에 정기적으로 개최되었다. 여기서 거래된 무역액은 모두 기록되었고, 그에 부과된 세금은 동래부와 호조의 중요한 재원이 되었다.[91] 이는 조선 내에서 상업에 종사한 외국인에게 세금을 징수한 것으로, 보는 관점에 따라서 세관에서의 수출입 관세 부과와 어느 정도 유사한 측면이 있다.

또한 주지하다시피 조선은 일본과 1876년 조·일수호조규를 체결하면서 이것을 근대적인 조약 체제條約體制의 형성이 아니라 구래의 교린 체제交隣體制의 복구로 오해한 측면이 없지 않았는데, 그 연장선상에서 왜관과 일본이 요구한 개항장 거류지를 혼동하는 모습을 보였다는 점에도 주목할 필요가 있다. 일본의

88　張舜順, 「朝鮮時代 倭館變遷史 研究」, 전북대 박사논문, 2001, 15~19쪽.
89　金剛一, 「조선후기 倭館의 운영실태에 관한 연구」, 강원대 박사논문, 2012, 3쪽.
90　위의 글, 121쪽.
91　張舜順, 앞의 글, 104~105쪽.

개항장 거류지 관련 조항의 내용은 제4관에서 나타나는데, 조·일간 협상 당시의 관련 내용을 살펴보면 다음과 같다.

A. 제4관 : 조선국 부산 초량의 일본 공관이 이미 오래 전에 양국 인민의 통상의 장이 되었으나, 지금부터는 종전의 관례를 고쳐서 이번에 새로 수립한 조관條款에 빙준憑準하여 무역 사무를 처리한다. 또 조선국 조정은 제5관에서 지정한 2개 항구를 개항해서 일본국 인민의 왕래와 통상을 허락한다. 해당 장소에서 임차한 토지에 가옥을 짓거나, 소재所在 조선국 인민의 가옥을 임차하는 것 또한 각각 그 편의에 따른다.[92]

B. 제4관 : 이미 통상을 허락했다면 사무가 자연히 이와 같을 것이다. 단, 다른 곳에 관館을 설치하더라도 반드시 일정한 경계의 제한을 둬서 월경越境해 다니지 못하게 해야 한다. 우리 백성과 섞여서 살면 반드시 사단이 발생할 것이니 이는 크게 화호和好를 영구히 하는 방법이 아니다. 또 경계를 몇 리로 정할 것인가의 문제는 필시 지형에 따라서 확정하게 될 것이나, 초량 왜관보다 조금이라도 커서는 안 된다.[93]

A는 협상 당시 일본 측에서 제시한 조규의 초안 중 4관의 내용이며, B는 조선정부 측에서 협상 시 피력한 의견 중 4관과 관련된 부분이다. 사실 왜관의 운영 주체는 조선정부였고, 엄밀히 말해 일본의 쓰시마번對馬藩은 그 사용의 허가를 받은 것에 불과하였다.[94] 그런데 일본 측의 제안을 보면 임차한 토지 내의

---

92 『倭使日記』 제1책, 「丙子 1월 21일 啓下」. "第四款 朝鮮國釜山草梁日本公館 久已爲兩國人民通商之場 自今改革從前慣例 今般以新立條款爲憑準 措辦貿易事務 且朝鮮國朝廷 開第五款所指定之二口 準聽日本國人民往來通商 就該所賃借地面 造器家屋 又賃借所在朝鮮國人民屋宅 亦各隨其便."

93 위의 책, 제2책, 「丙子 1월 26일 啓下」. "第四款 旣許通商 則事勢自然如此 但他處設館 亦必有定界之防限 不可越界行走 與我民雜處 必生事端 大非和好永久之道矣 且所定界限之當爲幾里 似必各隨地形劃定 而不可稍大於草梁館大小耳."

가옥 건축과 조선 인민들의 가옥 임차를 자유롭게 해 달라고 요청하고 있으니, 이는 기존 왜관 체제의 성격에 대한 근본적 변화를 제안한 것임과 더불어 사실상 왜관을 멋대로 접수하겠다는 통보라고 볼 수 있다. 하지만 조선 측의 답변을 보면 이러한 중요한 내용에 대해서는 일언반구 언급도 없이 간단하게 수용하고 있으며, 오로지 관심사는 조선인과 일본인의 분리 및 새 거류지의 영역이 기존 왜관의 그것을 넘지 않는 것에 국한되어 있다. 이미 언급한 바와 같이 왜관의 주요 기능이 양국인의 분리에 있었다는 점을 상기한다면, 이는 조선정부가 일본이 요구한 거류지의 성격을 정확하게 파악하지 못하고 그것을 근세의 왜관으로 자의적인 성격 규정을 하였음을 의미한다.[95]

따라서 이상의 사실들을 종합해 본다면, 조선 입장에서는 결국 1876년 조·일수호조규 체결 이후 아직 새로운 만국공법적 국제질서에 대한 이해가 부족한 상황에서 근대적인 개항장 및 외국인서구 열강들과 조약 체결 이전에는 사실상 일본인 거류지를 전근대 왜관의 연장선상에서 파악하고 있었던 것이다. 따라서 근대적인 관세 징수 역시 왜관 개시무역 시의 세금 징수와 같은 차원으로 보고 있었을 개연성이 매우 높다고 할 수 있다. 이는 새롭게 설정되는 개항장의 행정체계 및 근대적인 관세 징수 체계 역시 기존 왜관의 운영을 염두에 두지 않을 수 없었으며, 결국 개항장의 해관 및 감리서 설치는 외형상으로는 청의 해관 체제가 도입된 것처럼 보이지만, 실질적으로는 조선 후기의 전통적인 왜관 체제에서도 상당히 영향을 받게 될 가능성을 암시한다.

94　조선은 왜관이 들어선 부지를 무상으로 제공하였으며 왜관 내 대다수의 건축물을 건설하였고, 왜관에 체류하는 쓰시마번 관리들에게 여러 명목으로 체류비를 지급하기도 하였다(아이 사키코,「부산항 일본인 거류지의 설치와 형성-개항 초기를 중심으로」,『도시연구-역사·사회·문화』3, 2010, 10쪽).
95　張舜順, 앞의 글, 146쪽. 아울러 내지여행권과 공사의 수도 주재에 대해서는 극렬히 반대한 조선정부가 불평등조약의 대표적인 내용이라고 할 수 있는 영사재판권은 그다지 크게 반대하지 않고 수용하였는데, 이는 과거 일본인들이 왜관에서 범법행위를 했을 때 그 처벌을 모두 일본측 관수(館守)에게 일임하였던 왜관 관례와의 상관성 역시 간과할 수 없다(張舜順,「草梁倭館의 폐쇄와 일본 租界化 과정」,『日本思想』7, 2004, 132~133쪽).

그런데 왜관의 운영체계와 관련하여 동래부사東萊府使의 역할에 주목할 필요가 있다. 왜관의 관련 지방관이라고 할 수 있는 동래부사는 여러 행정을 총괄하였으며, 부산첨사釜山僉使가 그 지시에 따라 하부의 실무 행정을 담당하였다. 동래부사는 왜인의 접대를 위시한 왜관의 여러 업무에 대한 총책임자였으며, 대일 무역에 있어서 회계관리관의 역할을 수행하는 등 경제 분야 역시 예외는 아니었다.[96]

따라서 지방관이 무역 등 경제행위에 대해서도 관리상 총책임자였던 부산 왜관 체제의 특성은 새로이 설치되는 감리 역시 지방관과 무관하기 어려울 것임을 시사하는 바, 이는 해관 감독은 주로 해관의 관세 업무에 대한 관리만을 전담하는 청의 체제와는 근본적으로 다르다고 할 수 있다.[97] 아울러 조선 후기 동래부사가 가지는 위상과 관련하여, 왜관에 관수館守가 있었지만, 그는 어디까지나 쓰시마번의 사자使者 신분으로 조선과 대마번의 외교 현안 문제를 대리하여 처리하는 지위에 불과했을 뿐, 동래부사의 외교 상대는 분명히 쓰시마도주對馬島主였다.[98] 이를 상기한다면 동래부사의 연장선상에서 임명되는 감리 역시 조선 입장에서 개항장 차원의 외교, 다시 말해 개항장의 외국인 관련 업무를 주된 내용으로 하여 각국의 해당 개항장 주재 영사와 상대하는 경우에 있어 조선을 대표하는 자리로 인식될 것임을 의미하는 것이기도 하다. 후술하겠지만 조선의 감리서는 후일 해관에 대한 관리 감독의 기능을 상실하고 개항장의 외국인 관련 업무를 전담하는 관서로 그 성격이 변화하는데, 이러한 변화의 내적

---

96 양흥숙, 「17세기 두모포왜관 운영을 위한 행정체계와 지방관의 역할」, 『韓國民族文化』 31, 2008, 18~25쪽. 물론 앞서 살펴보았듯이 개시(開市) 당시에는 중앙정부의 호조에서 수세관이 파견되기는 했다. 하지만 그 모든 과정에 대한 총책임자로서 역할을 수행한 것은 어디까지나 동래부사였다.
97 물론 청의 경우도 근대 이전에는 해관 감독의 전임제와 지방관 겸임제 사이를 오락가락했던 것이 사실이나(이윤희, 앞의 글, 370쪽), 적어도 외국인 세무사 제도의 발족 이후 근대해관의 시기에 들어서는 해관 감독은 해당 업무만을 전담하는 전임제로 고착되었다.
98 金剛一, 앞의 글, 161쪽.

동인에 있어서 상기와 같은 왜관으로부터의 전통 역시 고려해 볼 만한 요소라고 생각된다.[99]

2. 해관 창설기 개항장 감리제監理制의 실상

1) 개항장 감리의 설치와 해관에서의 업무 규정

그렇다면 이러한 중국의 해관 감독을 모델로 하여 만들어진 조선 감리서 체제의 초창기 실상은 어떠했을까? 앞서 살펴본 대로 1883년 8월 19일에 조병직, 이헌영, 정현석의 인천·부산·원산 감리의 임명조치가 시행된 3일 후인 22일에는 감리 제도 관련 규정인 '감리통상사무설치사목'이 제정되어 명문화되었다. 이 사목은 연대기류에는 구체적 내용이 기재되지 않아[100] 현재까지 감리서 관련 선행 연구에서는 언급되지 않았는데, 통서의 초기草記 기록인『삼항설치사목三港設置事目』奎18013[101] 및『부서집략』,『해은일록』 등에서 이하의 항목별 내용을 찾아볼 수 있다.[102]

---

99 다만 왜관은 조·일간 정치적 대외 관계의 특수한 산물이라는 성격 또한 강하기 때문에, 이를 반드시 제도사적 관점으로만 재단할 수 없는 측면도 존재한다. 이러한 부분 또한 왜관의 감리서에의 영향을 생각할 때 충분히 고려해야 단정적 서술에 따른 오류에 빠지지 않을 것이다.

100 사목의 설치 및 수정 사실만『승정원일기』·『일성록』·『고종실록』의 고종 20년 8월 22일 자 기사에 보이며, 그 내용은 기록되어 있지 않다.

101 『삼항설치사목』은 통서와 부산·인천·원산 3개 항구와의 왕복 공문 내용을 바탕으로 하여 작성된 일지의 草記로, 현재 서울대학 규장각한국학연구원에 소장되어 있다. 대상 기간은 1883년 1월 20일~1884년 4월 11일 사이이며, 매달 10일분 내외의 사실들이 기록되어 있다. 그리고 이 책을 정서(淨書)한 것이『外衙門草記』(奎19487) 1권에 해당되는「別本草記」이다. '3개 항구의 설치 사목'이라는 이 자료의 서명 자체가 바로 '감리통상사무설치사목'을 지칭한 것으로 보이며, 1883년 8월 19일 자에 기재되어 있다.

102 3개 사료에 기록된 사목의 내용은 대부분 같으나,『부서집략』과『해은일록』이 완전히 일치하는 반면,『삼항설치사목』은 이들과는 약간 차이를 보이는데, 본서에서는『삼항설치사목』을 기준으로 하였다. 왜냐하면 8월 22일 자 연대기류 기록들에서 사목이 '수정'되었음을 밝히고 있는 바, 날짜 기준으로 볼 때 19일 자인『부서집략』, 20일 자인『해은일록』과는 달리 22일 자인『삼항설치사목』은 수정된 이후의 것일 가능성이 크기 때문이다. 사목의 명칭은 개인 기록류(『부서집략』·『해은일록』)에는「海

감리통상사무설치사목監理通商事務設置事目[103]

1. 관직의 직함은 '감리監理○○항통상사무港通商事務'로 칭한다.

1. 감리 1원員은 정3품 당상관으로 임명하여 이조吏曹에서 하비下批하되, 원산항元山港은 사무가 아직 간단하므로 우선 덕원부사德源府使가 겸임하여 감독·신칙하게 한다.

1. 3항의 감리는 차례대로 자리를 옮기되, 순서는 원산에서 부산, 그리고 인천으로 한다.

1. 월봉月俸은 동전銅錢 500냥을 한도로 하여 해관의 세금 수입에서 획급劃給한다.

1. 공서公署는 인천은 화도진사花島鎭舍를, 부산의 경우 초량진사草梁鎭舍를 우선 그대로 사용하되, 원산은 부사가 겸직하므로 거론할 필요가 없다.

1. 관방關防은 '감리○○항통상사무관방監理○○港通商事務關防'으로 주조鑄造한다.

1. 문첩文牒의 왕래는 감사監司, 유수留守, 병·수사兵·水使의 경우 상호 동등한 지위 간의 문이文移로, 각 읍에는 관문關文으로 행하며, 오직 정부 및 내·외아문內·外衙門에 대해서만 첩보牒報한다.

1. 장방賑房 한 곳을 해관에 설치하고 장부掌簿 2인을 1인은 본국인으로, 나머지 1인은 외국인으로 하여 (감리) 스스로 임명한다.

1. 서기書記와 서사胥史 등도 모두 (감리) 스스로 임명하며, 직원의 수는 사무의 다소에 따라 적절한 수준만큼 차출한다.

關監理設置事目」, 연대기류에는 '監理事務設置事目'으로 나오는데, 역시 본서에서 기준으로 삼은『삼항설치사목』에 기재된 '監理通商事務設置事目'으로 통일하였다.

103「監理通商事務設置事目」. "一 官啣 以監理某港通商事務爲稱事 一 監理一員 以堂上正三品差出 自銓曹下批 爲實爲兼 元山港 事務尙簡 姑以德源府使兼帶監飭事 一 三港監理 以次移遷 而由元山 移釜山 移仁川事 一 月俸 銅錢五百兩爲率 以海關稅入中劃給事 一 公署 仁川則以花島鎭舍 釜山則以草梁鎭舍 姑爲仍用 元山則府使兼帶 故勿論事 一 關防 以監理某港通商事務關防鑄造事 一 文牒往來 監司留守兵水使 用平等文移 各邑則行關 惟於政府及內外衙門 牒報事 一 賑房一所 設置於海關 掌簿二人 一用本國人 一用外國人 自辟事 一 書記胥史等 並自擇 而員數隨事務繁簡 量宜差出事 一 賑房掌簿及書記胥史等俸金 稅入中量宜定給事"(『三港設置事目』(奎18013), 癸未 8월 22일;『釜署集略』上,「日記」, 癸未 8월 19일;『海隱日錄』I, 부산근대역사관, 2008, 5~6쪽).

1. 장방의 장부 및 서기, 서사 등의 봉급은 세금 수입에서 적절한 수준으로 정하여
  지급한다.

상기 사목의 내용에서 알 수 있는 것은, 우선 감리의 차출이 조정의 정3품
당상관 중에서 이루어졌다는 점에서 당시 정부에서 개항장의 해관 업무를 매
우 비중 있게 생각했다는 사실을 엿볼 수 있다. 감리의 위상을 감사와 유수, 병
·수사와 대등하게 취급하고 있다는 점, 소속 직원에 대한 직권 임명 권한의
부여는 이러한 추측을 뒷받침한다. 3항구의 감리에 대해 상호 순환근무를 원
칙으로 한 사실 역시 해관 및 통상 사무의 전문성을 살리도록 한 조치라는 점
에서 일맥상통한다고 할 수 있다.[104]

아울러 추정할 수 있는 부분은 감리가 해관 조직에 일정한 영향력을 행사하
고 있다는 점이다. 즉 아마도 회계 관련 업무를 담당한 것으로 보이는 장방을
해관 내에 설치하고, 거기서 근무하는 장부에 대해 임면권을 갖고 있으며 그
대상에는 외국인도 포함되어 있다는 점에서, 창설 당시 외국인 중심으로 구성
된 해관에 있어서 감리가 일정한 영향력을 갖고 있었음을 알 수 있다. 더구나
사목의 내용이 감리의 직위와 관서, 월급 및 위상 등 여러 부분에 대하여 세세
하게 규정하고 있으면서 정작 감리가 하는 일, 곧 직무에 대해서는 일언반구
언급이 없는데, 이는 감리의 업무가 해관에 대한 관리·감독이라는 사실이 당
연하게 받아들여졌기 때문으로 추측된다.

그런데 사목의 조항 중 눈에 띄는 부분이 바로 감리가 근무하는 '공서公署'에
대한 언급이다. 문제는 이것을 일반적으로 통용되는 '감리서監理署', 곧 정식 직
제를 갖춘 '공공기관'으로 볼 수 있을지는 다소 의문이다. 왜냐하면 공서를 어

---

104 이러한 순환근무 원칙은 1895년 감리서 폐지 이전에는 지켜진 예가 없으나, 1896년 감리서 복설(復
設) 이후로는 어느 한 곳에서 감리를 역임한 뒤 다른 곳의 감리로 임명받는 경우가 허다하였다.

디에 설치한다는 언급만 있을 뿐 다른 내용들, 이를테면 관할 업무나 직원 편제 및 정부기관과의 관계 등과 같이, 만약 그 '공서'가 일정한 직제를 갖춘 관서일 경우 응당 있어야 할 내용들이 언급되지 않았기 때문이다.

이와 관련하여, 해관 및 감리 등과 관련된 연대기 기록을 추적하다 보면 한 가지 눈에 띄는 사항이 있으니, 흔히 알려진 '감리서'라는 기구의 명칭이 창설 초기에는 보이지 않는다는 점이다.[105] 『승정원일기』・『일성록』・『고종실록』 등의 연대기류 뿐 아니라 『통서일기』를 봐도 초기에는 '감리'라는 말은 자주 등장하지만 '감리서'라는 용어는 찾아볼 수 없다.

그렇다면 개항장에 파견된 감리와 해관의 관계는 대체 어떠했을까? 다음의 내용에서 일정한 시사점을 찾을 수 있다. 우선 당시 관보 역할을 했던 『한성순보』에 해관・감리서 설치 시 관직 명단이 전해지고 있는데, '해관' 항목에 3인의 감리 이름이 적혀 있다는 사실은 정식 관서로 제정된 것은 해관뿐이고 감리서라는 직제는 없었음을 시사한다.[106] 또 1881년 조사시찰단 일행이 일본 시찰의 밀명을 받아 일본에 다녀온 뒤 올린 보고서 중 이헌영이 담당한 세관 관련 항목을 보면, "세관에는 관장關長이 있어 일반 사무와 모든 임무를 총괄하여 관장, 검사하고 감정하며, 세금을 받는 것은 각각 그 과課가 있어서 직무를 분장한다"라고 되어 있다.[107] 여기서 당시 일본 시찰을 통해 조선이 이해했던 세관

---

105 단 『부서집략』・『해은일록』에는 수시로 '본서(本署)'라는 표현이 등장함은 물론, '감리서(監理署)'라는 표현도 나타난다(『釜署集略』上, 「日記」, 癸未 12월 11일 丁巳). 그러나 여타의 연대기류 및 통서의 일지 등에 전혀 없는 표현이었다는 점을 감안하면, 이것은 감리가 거주하는 일종의 공관 형태의 근무공간을 지칭하는 의미로 이해해야 할 것으로 보인다. 즉 '감리가 상주하는 공서'의 줄임말일 뿐으로, 아직 정식 관제로서 해관과 양립 관계를 이루는 공공기관이라는 위상의 의미를 지닌 호칭은 아닌 것으로 여겨진다.

106 『漢城旬報』, 「國內官報」, 1883.12.29. 참고로 해관 세무사 및 직원의 경우 '국내 각세무사(國內 各稅務司)'라는 별도의 항목 내에 각 개항장별로 기재되어 있다.

107 『日槎集畧』 天, 「海關總論」, "日本國海關 卽商稅之攸關 是曰稅關 而一稱海關者 以其設處於海港也 關有關長 管庶務總任 而檢査焉 鑑定焉 收稅焉 各有其課 分掌厥職矣"(『(國譯)海行摠載』 속편 11권, 민족문화추진회, 1977).

의 구조는 중국식의 이중 명령구조와는 달리 본국인 세관장을 중심으로 하는 일원적 형태였음을 알 수 있다.

따라서 설치 사목의 규정에서 보이는 감리의 해관에 대한 영향력과 연계하여 생각해본다면,[108] 처음 해관을 창설하고 감리를 임명할 당시의 시스템은, '감리서'라는 관제는 없었고[109] 감리가 형식상 해관의 총책임자였으며, 그 지휘를 각 항 세무사가 받는 형태가 아니었을까 조심스럽게 추정해볼 수 있다. 또한 당시 해관의 상급기관도 이중구조로 파악하기에는 무리가 있다. 당시 조선 해관의 총세무사 묄렌도르프는 해관 창설 이전에 이미 외교관서인 통서 협판協辦으로 임명된 상태였다.[110] 그런데 협판이 독판督辦 아래의 지위지만 당시 임오군란 이후 청의 내정간섭이 시작되었고 그의 임명이 이홍장李鴻章의 권유에 따른 것이었다는 점에서[111] 사실상 통서의 1인자 역할을 했던 것으로 추정된다. 따라서 세무사와 감리 각각의 상급자인 총세무사와 통서의 책임자가 동일인이었던 것이다.

결국 이러한 논리에 따른다면 조선의 감리 임명 초기의 명령구조는 통서=총세무사에서 감리, 그리고 세무사로 이어지는 단순 하달 구조가 된다. 그런데 과연 이러한 형식과 실상이 실제로 일치했는지에 대하여는 추가적인 검토가 필요하다. 현재로서는 『부서집략』 등 현존하는 초기 감리서의 일지가 모두 부산에 해당되는 관계로 부산의 경우에 대해서만 그 단서를 추적할 수 있다. 이

---

108 『釜署集略』과 『海隱日錄』에 사목의 제목이 '海關監理設置事目'으로 표기되어 있는 사실도 일정한 시사를 줄 수 있으며, 감리 조병직과 이헌영이 통서에 와서 '해관사의(海關事宜)'를 논의했다는 기록도 있다(『統署日記』, 고종 20년 9월 초7일 및 11월 초9일 자 참조).

109 단 『仁川府史』(仁川府廳 編, 1933)에서는 감리가 근무하는 기관을 감리아문(監理衙門)이라고 칭하였다. 그런데 이것이 1883년 감리 임명 직후의 상황을 설명하는 것인지는 명확하지 않다. 더구나 이후에 이어지는 내용에서 감리의 휘하에 서기관·경무관(書記官·警務官) 각 1명, 주사(主事) 5명 및 경찰 업무와 관련하여 총순(總巡) 5명, 순무(巡撫) 60명이 있었다는 기사가 나오는데, '경무관'이라는 명칭은 1894년 이후에 등장한다는 사실에서 미루어볼 때, 이 부분의 서술은 아마도 감리서가 복설된 1896년 이후의 내용일 가능성이 높다고 여겨진다(위의 책, 146~147쪽).

110 『承政院日記』, 고종 19년 12월 5일; 『日省錄』·『高宗實錄』, 고종 19년 12월 5일.

111 묄렌도르프의 고용 경위에 대해서는 高柄翊, 「穆麟德의 雇聘과 그 背景」, 『震檀學報』 25·26·27 합집, 1964 참조.

들 자료를 토대로 부산 초대 감리의 부임 과정과 해관과의 관계 등을 재구성해 보자. 1883년 8월 19일 자로 부산 감리로 임명받은 이헌영은 통서에 나가 11 월까지 부임에 필요한 여러 실무적인 문제들을 협의하면서, 공주公州에 사는 부 사과副司果 한백영韓百永을 해관의 장부掌簿로, 해남海南의 사과司果 민건호와 창녕昌 寧의 유학幼學 서상원徐相元, 그리고 서울에 거주하는 유학幼學 권재형權在衡을 서기 로 내정하였다.[112] 한백영은 해관 사무의 파악 및 장부 정리 등을 위하여 나머 지 일행보다 먼저 부산항에 파견되었으며,[113] 이헌영은 나머지 일행과 함께 11 월 23일에 서울을 출발해서 12월 12일에 부산의 감리 공서에 도착하였다.[114] 당시 부산 해관은 이미 영국인 세무사 로바트W. N. Lovatt(魯富), 1838~1904[115]가 부 임하여 업무를 개시한 상태였는데, 그와는 다음날인 13일 처음으로 만났다.[116] 이후 이듬해 1월 2일에는 '감리통상사무공서監理通商事務公署'라고 외문外門에 현판 을 게시하고[117] 본격적인 업무를 시작하였다. 그중 해관과 관련된 주요 내용들 을 보면 다음과 같다.

우선 이헌영이 가장 먼저 처리한 해관 관련 문제는 당시 일본인에게 대여한

---

112 『釜署集略』上, 「日記」, 癸未 8~11월 참조.
113 『海隱日錄』 I, 7쪽.
114 『釜署集略』上, 「日記」, 癸未 11월 23일 庚子・12월 12일 戊午. 이 '공서'는 앞서의 사목에 규정된 草 梁鎭舍를 지칭한다.
115 로바트는 영국 사우스햄프턴 출신으로, 일찍이 15세에 영국 육군에 입대, 포병대 하사관까지 진급하 면서 인도에서 세포이전쟁, 중국 북경에서 제2차 아편전쟁과 태평천국의 난 등에 참전하였다. 세무행 정을 시작한 것은 1863년부터로, 한구(漢口)・천진해관(天津海關) 등에서 근무하였으며, 1869년 미 국으로 건너가 결혼 후 1870년에 다시 가족을 대동하고 중국으로 와서 1874년까지 구강해관에서 근 무하다가 다시 미국으로 돌아갔다. 1883년 4월에 구강해관에서 친분을 쌓은 묄렌도르프로부터 부산 해관을 맡아달라는 권유를 받고 조선에 들어와 1886년 5월까지 부산해관의 초대 세무사로 근무한 뒤 미국으로 돌아갔다. 1888년에 다시 청국 복주해관으로 복직하였으며, 이후 여러 해관의 근무를 거쳐 1904년 마지막으로 한구해관에서 조류 조사원(Tide Surveyor) 및 항장(港長, Harbour Master)으로 근무 중 66세로 병사하였다(김재승, 「부산해관 개청과 초대해관장 W. N. Lovatt」, 『國 際貿易研究』 9-2, 2003, 8~13쪽).
116 『釜署集略』上, 「日記」, 癸未 12월 13일 己未.
117 위의 글, 甲申 정월 초2일 戊寅.

상태였던 부산 해관의 창고 일부를 다시 돌려받는 일이었다. 이를 위해 해관의 별장別將에게 여러 차례 엄히 분부를 내리면서[118] 관리하고 있음이 눈에 띈다. 그리고 해관에서 분실한 물품들의 소재 및 행방과 관련하여 증인을 불러다가 조사하면서 혐의가 있는 이를 잡아다 구속하였으며, 그에 대한 벌충 비용을 징수하여 해관에 돌려주는 후속 조치를 취하는 역할도 감리가 주도하였다.[119]

기타 해관의 외국인들이 부근에 심어놓은 영국산 뽕나무를 조선인들이 베어 가는 건과 관련하여 해관 별장에게 조사하여 징계하도록 지시한다든가,[120] 해관 부근의 토지 매입 위탁에 따른 토지 소유주 및 가격 등에 대한 조사 시행[121] 및 사망한 외국인 해관원의 장지 선정 문제[122] 등 여러 소소한 문제들에 대해서도 감리가 개입하고 있다.

감리가 해관의 한국인 소속원들에 대해서 유효한 통제권을 장악하고 있었던 것은 분명해 보인다. 앞서 해관 별장들에게 지시를 내리는 내용들이 언급된 바 있는데, 그 이외에도 해관의 사환군使喚軍과 관련한 여러 사항들, 즉 도망친 사환군 관련 및 분징전分徵錢 문제 등에 대해서도 감리가 분명히 통제하고 있음을 알 수 있다.[123] 그 외에도 단오일을 맞아 해관 전체의 휴무를 지시한다던가,[124] 동래부사가 서울에 납부하는 전보전塡補錢을 부산항으로 수송하여 보관하고 수행원이 검칙檢飭하게 해 달라고 요청하자 즉시 해관에 연락해서 일본 선주에게

118 위의 글, 癸未 12월 13일 己未·17일 癸亥·19일 乙丑·2월 초2일 戊申.
119 위의 글, 甲申 정월 12일 戊子·20일 丙申·3월 28일 癸卯;『釜署集略』下, 「書札錄」, '書海關稅務司魯富', 3월 28일·'海關稅務司魯富答書', 3월 28일. 참고로 해관의 물품 분실이 일본인과 관련있는 부분이 있었기에, 이 문제와 관련하여 이헌영은 일본 영사와 조회를 왕복하기도 하였다(『釜署集略』下, 「照會」, '照會日本領事', 甲申 정월 20일·'日本署理領事宮本羆答照會', 明治 17년 2월 26일 / 我曆甲申 정월 晦日 참조).
120 『釜署集略』上, 「日記」, 甲申 정월 13일 己丑.
121 위의 글, 甲申 2월 29일 乙亥.
122 위의 책, 下, 「書札錄」, '海關稅務司魯富書', 3월 30일·'答', 3월 30일.
123 위의 책, 上, 「日記」, 甲申 정월 14일 庚寅·19일 乙未·29일 乙巳·2월 초1일 丁未·초5일 辛亥·초6일 壬子.
124 위의 책, 下, 「書札錄」, '書海關稅務司魯富', 5월 초3일·'海關稅務司魯富答書', 5월 초3일.

맡겨 두도록 조치한 예[125]에서 보듯이 해관 전체의 차원에서도 일정한 수준의 영향력을 행사하고 있었던 것으로 보인다.

그런데 상기의 이헌영이 처리한 해관 관련 사무의 내용들을 보면, 대부분 해관의 업무상 편의를 위한 조치들이며, 정작 해관의 핵심인 관세 징수 관련 내용은 해관의 수입에 대한 단순보고[126] 이외에는 전혀 없다. 이는 관세행정의 지식과 경험이 전혀 없었던 당시 조선으로서는 필연적인 일이었다. 이 때문에 형식상 상급자인 감리는 정작 가장 핵심 업무인 세무행정에 대하여 설치사목에서도 그 임무를 부여받지 못했고 실질적으로도 관여하지 못했던 것이다. 이와 더불어 당시 해관 세무사들이 실세였던 묄렌도르프의 부름을 받아 임명되었다는 사실은 감리와 세무사의 관계가 그 외연적 형식과 실제 내용이 달라지게 하는 요소로 작용하였다. 이를 단적으로 보여주는 예가 로바트가 이헌영에게 보낸 다음의 서신이다.

> 감리대인監理大人 각하께 삼가 아룁니다. 봄날 해가 맑고 상쾌하니 일상이 아름답습니다. 기쁘게 생각하고 송축합니다.
>
> 어제 서울 아문衙門：통서-저자 주의 목참판穆參判, 묄렌도르프에게서 온 서한을 보니, 그 봉피가 모두 뜯어져 있었고 관인官印은 다 헤져 있었으며, 또한 봉투 안의 서한은 모두 개봉되어 읽혀진 상태였습니다. 각하께 청컨대, 이 일을 상세히 조사하고 살펴서, 서한을 열어본 까닭 및 서울의 아문에서 어느 관원에게 공문을 교부하여 이렇게 되었는지를 탐문하여, 조속한 시일 내에 좋은 소식을 주시면 감사드리겠습니다. 날로 평안하시기 바랍니다.[127]

125 위의 책, 上, 「日記」, 甲申 2월 5일.

126 위의 글, 甲申 정월 21일 丁酉 등 참조.

127 위의 책, 下, 「書札錄」, '海關稅務司魯富書', 정월 19일. "監理大人閣下 敬啓者 春日淸爽 料必起居佳吉 爲慰爲頌 去日得接京衙門穆參辦來公文一札 但其封皮皆劈開 其官印破爛 幷札內信書皆開讀 今請閣下

로바트는 형식적으로 이헌영을 '감리대인 각하'로 호칭하며 정중하고 깍듯한 태도를 유지하고 있다.[128] 그러나 내용을 보면, 묄렌도르프와 관련된 문제에서 매우 민감한 반응을 보이며 조사를 요청하는 대목에서 하급자로서의 모습을 찾기는 쉽지 않다.[129]

결국 초기 개항장의 감리와 해관의 관계는 형식상으로는 '감리서'라는 관제 없이 감리가 해관의 총책임자로서 세무사의 상급자로 위치한 구조였을지 모르나, 실질적으로 감리는 해관의 편의를 봐주는 업무를 주로 수행하고 해관에 대해 제한된 통제력을 갖긴 했지만 핵심적인 세무행정에는 거의 관여하지 못했다. 동시에 세무사들과 당대 실세인 묄렌도르프와의 개인적 인연을 바탕으로 한 긴밀한 관계로 인하여, 세무사가 감리와의 관계에서 실질적인 지휘통솔 관계에 놓이지는 못했던 상황이었다고 볼 수 있다. 이는 중국 해관 감독이 명목상의 총책임자였으나 실질적으로 유명무실했던 상황과 비슷하다. 감리서라는 관제가 없었다는 점을 감안해볼 때[130] 초창기 감리와 해관과의 관계를 도식으로 표현하면 〈그림 4〉와 같다.

이는 다시 말해 감리가 총책임자였던 형식과 세무사에 대한 통제권이라는 실질이 괴리된 이중적인 상태였다고 볼 수 있으며, 부산 이외의 여타의 개항장들도 상황은 비슷했을 것으로 보인다.[131]

將此事細査察探 問其人開信之故 幷査問京衙門 交何官員帶公文致此 祈速賜佳音爲荷 卽請日安 正月十九日." 이에 대해 이헌영은 해당 서한이 水營을 경유해 왔다고 밝히면서 조사를 약속하였다(『釜署集略』下,「書札錄」, '答-海關稅務司魯富書', 甲申 정월 19일).

128 『釜署集略』의 일기 부분을 전체적으로 보면, 세무사·해관원들과 감리 간에 여러 차례 선물이 오가는 등 분위기 자체는 그리 나쁘지 않았던 것으로 보인다.

129 개척사(開拓使) 김옥균이 보낸 물품을 잘 보관해달라고 부탁한 데 대하여 난색을 표시한 예에서처럼 로바트가 이헌영의 지시에 항상 따랐던 것도 아니었다(『釜署集略』下,「書札錄」, '海關稅務司魯富書', 2월 초8일). 이에 대해 이헌영은 이전에 부산항에 정박했던 선박의 물품을 보관했던 창고가 있음을 상기시키며(『釜署集略』下,「書札錄」, '答-海關稅務司魯富書', 甲申 2월 초8일), 한 장부를 해관에 보내서 해관 고군(雇軍)에게 잘 지키라고 신칙하였다(『釜署集略』上,「日記」, 甲申 2월 초9일 乙卯).

130 이 부분은 해관 감독 휘하에 해관감독서(해관감독아문, 해관감독처 등으로도 호칭)가 있었던 중국과 다른 측면이라고 할 수 있다(陳時啓, 앞의 책, 2002, 1425쪽).

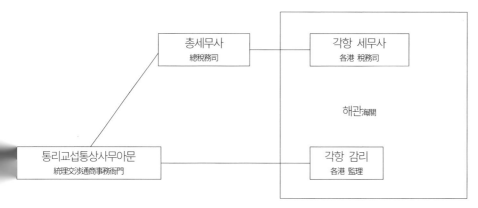

〈그림 4〉 초창기 조선 해관·감리와 중앙 관서의 계통 관계도[132]

2) 감리의 관할 업무와 복합적 위상

개항장에서 감리의 실제 업무 수행의 실태는 감리가 보유하고 있던 여러 종류의 위상에 따라 살펴볼 필요가 있다. 제일 앞 장에서 언급한 것처럼 지방관의 겸직이 조선에서 감리의 주요한 특징 중 하나라는 점을 상기해본다면, 우선 생각해볼 수 있는 감리의 중요한 위상 중 하나가 바로 지방관으로서의 그것이라고 볼 수 있다. 설치사목 중 "감사, 유수, 병·수사와 동등한 자격으로 문첩을 왕래한다"는 조항에서 적어도 위상 면에서는 감리가 지방관과 동등하게 취급되었음을 확인할 수 있다. 이와 관련하여 생각해볼 부분이 감리와 지방관의

---

131 인천항의 경우 1884년 5월 초9일 자 『통서일기』의 "仁川監理牒報 (…중략…) 又牒報 卽奉本衙門關文 日本船千歲丸所載洋鎗 係我政府公貿軍器 特爲免稅事 卽行飭知于稅務司事"라는 대목에서처럼 감리가 세무사를 '신칙(申飭)'한다는 표현이 간혹 등장하고 있다. 그리고 원산의 경우도 세무사의 신상에 대한 사항, 이를테면 휴가를 가게 되어 누구를 대리로 앉힌다던가(『統署日記』, 고종 21년 5월 6일, "元山監理牒報 本港稅務司魏來德 向往上海 而往還間 帶辦羅心本替行稅務事"), 아니면 해관의 세무사 관련 필요 물품의 조달 문제(『統署日記』, 고종 20년 12월 초9일, "元山監理牒報 本港稅務司十一月朔收稅記 修上 海關需用 自七月至十一月下記修上 棧房廠房 一依稅務司所請 待開春修造計料事成冊三件") 등의 사항들이 대체로 감리를 경유하여 통서에 보고·조치되고 있다. 하지만 이에 비해 감리의 세무업무 관할 관련 기록은 상대적으로 잘 보이지 않는다.

132 이 도식은 원래 高柳松一郎가 중국에서 세무행정을 총괄하는 부처인 세무처(Revenue Council)가 창설된 1906년 이후의 구조를 설명하기 위해 제시한 것(高柳松一郎, 앞의 책, 166쪽)을 최태호와 김순덕이 변형하여 조선에 적용시킨 형태이다(崔泰鎬, 앞의 책, 116쪽; 金順德, 「1876~1905년 關稅政策과 關稅의 운용」, 『韓國史論』 15, 1986, 287쪽의 표 참조).

관계 문제인데, 감리 설치사목의 내용 중 초안과 비교하여 수정된 부분에 주목할 필요가 있다. 즉 8월 19일에 제정된 사목의 원안에는 두 번째 항목에서 감리의 정3품 당상관 임명 및 이조의 하비와 원산항의 부사 겸직 내용 사이에 '위실위겸爲實爲兼', 즉 실직實職으로 겸직하게 한다는 내용이 있었는데, 22일에 사목이 수정되면서 이 부분이 삭제된 것이다.[133] 『속대전續大典』에 기재된 조선 후기 지방관의 임명 규정을 보면, 정2품 이상인 관찰사는 중앙관직을 겸직으로 임명하되, 부윤 또는 목사를 겸임한 관찰사는 여기에 해당되지 않는다는 조항이 있다.[134] 이로부터 추정해볼 수 있는 사실은, 애초 초안에 실직 겸직 조항을 만든 것 자체가 당시 정부에서 감사관찰사와 동일한 위상을 부여한 취지에 맞추어 감리를 지방관으로 간주하고 있었음을 보여주고 있으며, 수정 과정에서 이 조항이 삭제된 것은 『속대전』의 관련 조항에 따라 향후 감리에게 부윤 등 지방관을 겸직시킬 의도가 있었다는 말이 된다. 실제로 1895년 감리서 폐지 이전까지 3개 항구 감리 및 해당 지방관 임명 상황을 보면 다음의 〈표 1〉과 같다.

〈표 1〉 감리서 폐지 이전 각 개항장별 감리 및 해당 지방관 임면 현황[135]

부산(釜山)		인천(仁川)		원산(元山)	
감리명 / 재임기간	동래부사 (東萊府使)	감리명 / 재임기간	인천부사 (仁川府使)	감리명 / 재임기간	덕원부사 (德源府使)
이헌영(李鑢榮) 1883.8~1884.6	조병필(趙秉弼)	조병직(趙秉稷) 1883.8~1884.3	박제성(朴齊晟)	정현석(鄭顯奭) 1883.8~1886.3	겸임

133 사목의 기재 날짜를 근거로 수정 이전의 사목 내용은 『부서집략』과 『해은일록』, 수정 이후는 『삼항설치사목』의 것으로 판단하였다.

134 『大典會通』, 권1, 「吏典」, 「外官職」 중 "'續'正二品以上觀察使 京職兼差 兼府兼牧處則否".

135 이 표는 『고종실록』·『승정원일기』·『일성록』 등 연대기 기록과 더불어, 『통서일기』, 『八道四都三港口日記』(奎18083) 등을 토대로 작성되었다. 단 본 표 중 제2대 부산 감리의 성명 부분에 ?가 있는 것은, 1884년 6월에 이헌영이 신병을 이유로 감리직에서 물러난 뒤 통서의 인력을 서리(署理)로 파견한다고 하였는데(『八道四都三港口日記』 제1책, 「甲申 6월 16일 關萊伯 - (1884.6.16) → 東萊府使」; 『統署日記』, 고종 21년 6월 17일), 그 이름이 어디에서도 발견되지 않기 때문이다.

부산(釜山)		인천(仁川)		원산(元山)	
감리명 / 재임기간	동래부사 (東萊府使)	감리명 / 재임기간	인천부사 (仁川府使)	감리명 / 재임기간	덕원부사 (德源府使)
? 4.6~1885.1		홍순학(洪淳學) 1884.4~1885.8	박제성(朴齊晟) 1884.4~1885.5 겸임1885.5~1885.8	이중하(李重夏) 1886.3~1888.12	
병필(趙秉弼) 5.1~1885.4	겸임	엄세영(嚴世永) 1885.9~1888.5	겸임	이위(李暐) 1888.12~1890.윤2	겸임
학진(金鶴鎭) 5.4~1887.3		박제순(朴齊純) 1888.5~1890.9		김문제(金文濟) 1890.윤2~1892.1	
용직(李容稙) 7.3~1889.6		성기운(成岐運) 1890.9~1893.7	겸임	이승재(李承載) 1892.1~1894.7	겸임
영덕(金永悳) 9.6~1891.5	겸임	김상덕(金商悳) 1893.7~1894.8		윤충구(尹忠求) 1894.7~8	
호성(李鎬性) 1.5~1893.6		박세환(朴世煥) 1894.8~1895.5	정인섭(鄭寅燮)	김하영(金夏英) 1894.8~1895.1 (순직)	윤충구(尹忠求)
영돈(閔泳敦) 93.6~1894.8				김익승(金益昇) 1895.1~5	
상언(秦尚彦) 94.8~1895.5	민영돈(閔泳敦) 1894.8~11 정인학(鄭寅學) 1894.11~1895.5				

위의 표를 보면, 일부의 예외를 제외하고는 대부분 감리가 부사직을 겸직하고 있음을 알 수 있다. 1894년 하반기부터 감리와 부사가 별도로 임명되는 경향이 보이는데, 이것은 갑오개혁으로 인한 과도기적 상황에 영향을 받은 것으로 보이며, 그 이외에 감리와 부사가 명확하게 구분되어 있던 것은 엄밀히 말하자면 초대 감리였던 이헌영과 조병직의 경우에 한하고 있다.[136] 따라서 초대 감리 2명의 경우는 일종의 '특별 케이스'로 봐야 할 것이다.[137] 이 둘은 모두 1881년에 개화

---

136 원산의 경우 상대적으로 중요성이 덜하다고 판단되어 아예 처음부터 시종일관 지방관 겸임 체제였던 것으로 보인다.

137 정광섭은 1883년에 해관의 창설과 함께 만들어진 감리서를 조·일수호조규 이후 부산에 부임한 동래부사 홍우창(1819~1888)과 왜학(倭學) 훈도(訓導) 현석운(1837~?)의 연장선상에서 이해하며, 홍

〈그림 5〉 초대 인천 감리 조병직

정책을 위하여 문물 시찰의 밀명을 띠고 일본에 파견되었던 조사시찰단의 일원으로서, 특히 둘 다 세관 관련 부문에 대한 조사를 맡았던 공통점이 있다.[138] 따라서 이 둘의 부산과 인천감리 임명은 조선정부가 해관의 창설 당시 나름대로 매우 의욕적으로 해당 분야의 전문가들을 배치한 특수한 경우에 해당된다.[139] 이들은 당시 고종의 신임을 받던 엘리트였기에(이헌영은 심지어 종친이었다.) 감리로 부임해서도 인근 지방행정 조직의 수장들, 곧 동래부사·인천부사들에 대하여 우위의 위상을 확보할 수 있었다.[140] 하지만 이러한 특수한 경우가 아니라면 지방관들과

우창이 사실상 최초의 감리였다고 보고 있는데, 너무 한·일 관계에만 매몰된 해석으로 보인다(정광섭, 앞의 글, 296쪽). 물론 감리서와 전통시대의 왜관과의 연관성은 여러 면에서 부정할 수 없으며, 저자 또한 본서에서도 언급하고 있는 부분이다. 그러나 영향은 받았다고 하더라도 양자는 엄연히 다르다. 해관이라는 새로운 제도의 창설과 더불어서 새로이 만든 직책에 종친 출신의 관리인 이헌영을 조사시찰단 경험의 평가를 바탕으로 특별히 임명했다면 이것은 기존과는 다른 새로운 제도로 보는 것이 상식적이다. 『부서집략』을 보면 그의 감리 재직 시 부산에 주재하는 업무 관련자들과 교환한 공문들이 수록되어 있는데, 교환 대상은 비단 일본 영사관뿐만 아니라 중국 이사관(理事官) 및 해관의 외국인 세무사 등 다양한 인물들이 망라되어 있다. 따라서 개항장 감리는 한·일 관계만 전담하는 존재가 아니었다는 점에서 기존 왜관의 훈도 등과는 전혀 다르고 구별되어야 할 존재라고 생각된다.

138 이헌영은 조사시찰단 파견 및 복명을 전후하여 일본 나가사키현에 있는 세관의 업무 및 절차에 대해 기록한 『長崎縣稅關規式抄』(奎7679), '各港稅關職制', '稅關慣行方法目錄', '上屋規則', '海關總論', '稅關事務目錄', '日本國稅關各國貿易章程' 등으로 구성된 『稅關事務』(奎2451-2·6888-2·6889-2)와 같은 보고서 및 『朝鮮國輸出入半年表』(奎3182)를 위시한 수많은 세관 사무 관련 문헌을 집필했고, 이를 취합하여 일본 시찰단 파견을 총괄하는 집략류 기록인 『日槎集畧』(국립중앙도서관 소장, 청구기호-古朝63)을 남긴 바 있다. 조병직의 경우 딱히 보고서 등 문건을 남긴 것은 확인되지 않으나, 이헌영, 민종묵과 더불어서 시찰단 파견 당시 세관 시찰의 임무를 띠고 있었던 점은 분명하다 (『日槎集畧』, 人, 「同行錄」, "封書承命 各有所掌事務 而趙準永掌文部省 朴定陽掌外務省 嚴世永掌司法省 姜文馨掌工部省 趙秉稷掌海關 閔種默掌海關 沈相學掌外務省 洪英植掌陸軍省 魚允中掌大藏省 李元會掌陸軍操鍊(미주 : 獨海關則三人同掌)").

139 아울러 앞서 언급한 민건호의 경우 역시 조사시찰단에서 세관을 조사한 이헌영을 수행한 경험이 있는 만큼, 그의 발탁 역시 세무 전문가 기용의 성격이 없지 않다고 하겠다.

의 관계가 애매해질 소지가 많았을 것이다. 따라서 당시 조선정부에서는 이러한 점을 염두에 두고 애당초 설치사목에서 지방관과의 겸직 가능성을 열어두었으며, 이들이 교체된 이후로는 그러한 조치를 실행에 옮긴 것으로 볼 수 있다.[140]

이렇게 지방관의 위상을 지니고 감리가 수행한 업무들의 일단은 실제 문서들로도 확인된다. 이헌영은 부산 감리로 부임 뒤 상민商民과 객주客主들을 대상으로 한 지방관의 고시와 성격이 흡사한 글을 해관에 내걸었으며,[142] 인천 감리로 부임한 조병직 역시 마찬가지였다. 조병직의 포고문을 보면[143] 향후 인천 상민들에 대한 치안 권한을 행사할 예정임을 시사하고 있으며, 지방관이 백성들에게 내리는 훈시와 비슷한 인상을 주고 있다. 실제로 개항 이후 인천에 도둑이 많아지고 상거래가 제대로 보호받지 못하는 상황이 되었는데, 조병직이 부임 이후 순포巡捕를 두고 완전 소탕할 계획을 세우기도 하는 등[144] 감리가 치안 권력을 총괄하는 지방관과 동일한 위상을 가지고 있음은 곳곳에서 드러나고 있다.[145]

다음으로 겸직의 개념이 아닌 어디까지나 감리 본연의 임무 및 그에 따른 위상과 관련된 측면을 생각할 필요가 있다. 초창기 부산·인천·원산 3개 개항장 감리들의 실제 업무 수행 상황을 1884~1885년간 통서에서 3개 항구의 감

---

140 실제로 『부서집략』을 보면 감리 부임 이후 이헌영은 동래부사와의 관계에서 상급자적 위치에 있었던 것으로 여겨지는 대목이 많다.

141 이헌영·조병직 이후의 감리 임명 기사를 보면, 대부분 먼저 부사로 임명된 이후에 감리직을 겸임 발령내는 형태로 인사가 이루어지는 상황, 곧 부사가 주이고 감리가 종인 상태임을 확인할 수 있다.

142 『釜署集略』上, 「日記」, 甲申 정월 초9일 乙酉·2월 21일 丁卯. 고시문의 내용은 『釜署集略』下, '告示文'; '商民輩處'; '客主輩處'; '商賈及行旅等處' 등 참조.

143 『漢城旬報』, 「監理告示」, 1883.11.30.

144 위의 책, 1883.10.31.

145 설치사목에 규정된 공문 왕복의 위계 서열은 이를테면 '札飭三口監理及地方官'이라는 표현 등 감리와 지방관이 동등하게 위상지어졌음을 짐작할 수 있는 사료들을 통해 실례로 입증된다(『統署日記』, 고종 21년 5월 17일, "照覆陳館四度 (…중략…) 一 遴派理事官 前往元山釜山各口駐紮辦理事 即行抄錄貴照會 札飭三口監理及地方官 俾便照章相待 益敦親密 並抄錄 照會各國公使事"). 또한 『仁川府史』에도 감리는 기본적으로 '인민을 통치하는 목민관이면서 동시에 약간의 외교사무를 처리하는 영사의 직능을 부여받은 존재'로 묘사되고 있다(仁川府廳 編, 앞의 책, 147쪽).

리 및 여타 지방관들에게 내려 보낸 공문 모음집인 『팔도사도삼항구일기』奎
18083에서 살펴보면 다음의 〈표 2〉와 같다.

〈표 2〉『팔도사도삼항구일기』 중 통서에서 3항 감리에게 보낸 공문 일람[146]

개항장	날짜	내용	분류		
인천	1884.5.5	일본 치토세마루(千歲丸)가 들여오는 양쟁(洋鎗) 1자루에 대한 면세조치	면세 (16건) - 인천 : 14 원산 : 2	해관 관업무 (39건) - 인천 : 2 부산 : 7 원산 : 8 (중복 포함)	
인천	1884.5.7	일본 치토세마루(千歲丸)가 들여오는 탄환 100개에 대한 면세조치			
인천	1884.5.12	미국 선박이 들여오는 양쟁(洋鎗) 몇 자루에 대한 면세조치			
인천	1884.5.17	일본 선박에 실고 들어오는 양창 500자루에 대한 면세조치			
인천	1884.8.4	미국에서 구입해 들여오는 양쟁(洋鎗) 등에 대한 면세조치			
인천	1884.8.17	계동(桂洞)의 왕참의(王參議)가 가지고 가는 보따리 등에 대한 면세조치			
원산	1884.9.20	원산항으로 나가는 미곡(米穀)의 면세조치			
인천	1884.9.24	내아문주사 변수(邊樹)가 귀국 시 가지고 들어오는 물품에 대한 면세조치			
인천	1884.9.28	치토세마루(千歲丸)에 실고 들어오는 물품에 대한 면세조치			
인천	1884.10.16	일본 선박 치토세마루(千歲丸)에 실고 들어오는 담요에 대한 면세조치			
인천	1885.2.18	미국 선박을 통해 실고 들어오는 우마(牛馬) 등에 대한 면세조치			
인천	1885.4.3	일본에서 들여오는 사진전계(寫眞典械) 등 물품에 대한 면세조치			
인천	1885.5.12	중국 상인이 운송한 미곡의 면세조치			
원산	1885.7.8	원산항을 통해서 일본으로 방출되는 미곡의 면세 기간을 3개월 연장할 것			
인천	1885.7.10	일본 선박을 통해서 들어오는 주연등(酒烟燈) 등에 대한 면세조치			
인천	1885.7.22	일본 조계지역 재해복구비 가운데 부족분을 마련하기 위해 운송해 오는 강화세미(江華稅米) 1,700석에 대한 면세조치			
인천	1884.4.29	중국 상인의 범선에 대한 양화진 진입을 허가하니 인천항 통과를 허용할 것	관세 행정 (8건) - 인천 : 4 부산 : 3 원산 : 1 (중복 포함)		
부산	1884.5.13	영국 화륜선이 장사를 위해 왕래하는 규칙을 원산과 인천의 예에 따라 시행하고 보고할 것			
인천	1884.5.17	중국총판상무(中國總辦商務)의 공문에 따라 세무사에 훈칙하여 화물 품목에 착오가 없으면 화물을 가지고 항구를 나갈 수 있도록 할 것			
인천	1884.5.23	해관 세무사에게 조회해 알려서 병으로 죽은 중국 병사의 시체를 실고 가는 중국 선박을 검사하지 말고 통과시키도록 할 것			

장	날짜	내용	분류
산	1884.5.28	부산항의 중국 상인 화물세 징수를 영국과 독일의 세칙에 준하여 하도록 할 것	
港)	1884.6.26	일본 거류 상인의 관세를 영국과의 조약에 근거해 징수하도록 세무사에게 조회할 것	
창	1884.9.23	일본 상인의 화물세를 영국과의 조약에 준해서 부과하도록 세무사에게 알릴 것	
창	1884.10.4	일본 상민의 균첨(均沾)은 세칙 이외의 조항에 대해 영국과의 조약에 준하게 하도록 세무사에게 알릴 것	
천	1884.7.17	인천 감리서 건축 비용 부족액을 세무사에게 조회하여 세입(稅入)에서 옮겨서 사용하고 자세하게 보고할 것	
천	1884.7.17	인천 감리서에 설치한 순검 10명에게 지급할 비용을 세무사에게 알려 관세 중에서 사용하고 자세히 보고할 것	
산	1884.10.16	포청종사관(捕廳從事官) 침의완(沈宜琓)에게 원산 해관에서 보관 중인 경비로 제반 비용을 지급하고 액수를 자세히 보고할 것	관세 사용 (8건) – 인천 : 3 부산 : 3 원산 : 2
산	1885.1.13	해관에 유치된 돈 가운데 5,000양(兩)을 원산항 기민(飢民) 진휼에 충당할 것	
산	1885.1.28	세무사에게 알려 일본공사관에서 한국 표류민에게 지급한 경비를 해관 세입 중 일부로 지급하도록 할 것	
산	1885.2.24	일본영사관에서 한국 표류민에게 지급한 보상 비용을 본상(本商) 항류미(恒類米) 500석 중에서 지급할 것	
산	1885.3.5	일본영사관에서 한국 표류민에게 지급한 보상 비용은 세무사에게 알려 해관세 중에서 지급하도록 할 것	
인천	1885.7.20	일본 조계지역이 천재로 재해를 입었으니 이를 구호하기 위한 비용을 정부와 해관의 세입 중에서 지급할 것	
원산	1884.5.11	원산항 세무사의 함흥·영흥 등 여행을 위해 호조(護照)를 작성해 주고 각읍에 관칙(關飭)하여 방해됨이 없도록 할 것	해관 편의 (4건) – 인천 : 2 원산 : 2
인천	1884.6.13	해관의 수축 비용을 서양인 세무사 등과 협의하여 보고할 것	
원산	1884.8.23	통서에서 번역생(繙譯生) 류종륜(柳鍾倫)을 파견하니 세무사에 조회하여 경비를 지급토록 할 것	
인천	1885.5.14	인천항 해관 휴무일자 재확인 후 일본영사관에 통보할 것	
원산	1884.5.27	해관의 세입 중에서 1883년 10월을 시점으로 감리의 월별 봉급을 제외하고 보고할 것	세입 보고 (3건) – 원산 : 1 인천 : 2 부산 : 1
인천 부산	1885.2.4	인천항과 부산항 해관의 세입 및 사용 경비 등을 속히 보고할 것	
인천	1885.2.14	인천항에서 징수한 1884년도 세금과 사용 액수를 속히 보고할 것	

개항장	날짜	내용	분류	
			(중복 포함)	
원산	1884.4.18	일본인이 통행할 수 있는 거리를 확장할 때 한계로 정한 100리를 넘지 말 것		
인천	1884.5.9	중국 이사관 및 영국 영사관과 회동하여 조계지역의 순검(巡檢)을 협상할 것		
인천	1884.5.16	각국 조계 내 2등 토지에 대한 경매를 3·4등지의 경매에 준하여 시행할 것		
인천	1884.5.17	인천항 미국 영사관 건물의 대지로 중국 상인 조계지역 북변(北邊)의 4면 50방씩을 협정하였으니 해관에 알릴 것		
인천	1884.5.24	인천항 각국 조계장정 내 5관(款)에서 전(廛)자를 고칠 것		
인천	1884.6.1	일본 조계지역의 부두공사에 대해 일본 영사와 협상하여 완성할 것		
부산	1884.6.16	인천구화상지계장정(仁川口華商地界章程) 1책을 보내니 중국 이사관(理事官)과 의논한 후 이에 근거하여 부산항에서 적용할 장정을 마련할 것		
인천	1884.6.26	일본 조계 내 도로 수리에 따른 비용을 통서를 거쳐 협상 할 것	조계 (20건) - 인천 : 15 부산 : 4 원산 : 5 (중복 포함)	외국○ 관련 업 (43건 - 인천 : ○ 부산 : ○ 원산 : 1 (중복 포
부산	1884.7.10	부산항의 일본인 조계를 확대할 때 100리를 넘지 않도록 할 것		
인천	1884.7.11	일본 조계지역 도로 수리건을 통서를 거쳐 해관에 신칙할 것이니 시행하도록 할 것		
인천	1884.8.12	개정한 인천 제물포조계장정을 보내니 이에 따라 시행할 것		
인천	1884.8.16	영국총영사가 조회한 부두공사를 장차 시행하겠다는 뜻으로 조회할 것		
원산	1884.9.20	원산항 조계지역 내 순찰·경찰 업무를 강화하여 의외의 변이 없도록 할 것		
3항	1884.10.14	일본공사와 협의한 일본인간행리정약조부록(日本人間行里程約條附錄)을 송부하니 이에 따라 시행할 것		
원산	1885.4.22	일본 조계지역 내 민(民)의 전답(田畓) 대금을 세무사에게 알려 해관의 세입 중에서 지급할 것		
3항	1885.5.10	인천 조계지역 내 토지에 대한 독일인의 구입을 허가하되 늑매(勒買)하는 경우가 있으면 금지할 것		
인천	1885.5.13	독일 상인의 토지 경매를 허가할 것		
인천	1885.6.7	독일인이 요청한 경매를 즉시 시행하도록 할 것		
인천	1885.7.3	상해에서 간행된 인천항 독일 지계 양식이 곧 도착할 것이니 이를 통보할 것		
인천	1885.8.11	별도로 인원을 선발해 부두 및 조계지역의 도로 등을 보수하고 비용을 보고할 것		

장	날짜	내용	분류
1	1884.5.9	중국 산동 어민이 백령도에서 위협받은 일의 조사를 위해 파견한 인원에 대한 대우를 지체 없도록 할 것	영사교섭 (16건) - 인천 : 13 부산 : 4 원산 : 5 (중복 포함)
	1884.5.17	중국총판상무(中國總辦商務)에서 파견하는 이사관을 우대할 것	
	1884.5.28	만기가 된 이화양행(怡和洋行)의 회표(匯票) 1장을 보내니 일본영사관에 통보하여 결제해 주도록 할 것	
천	1884.6.13	이화양행(怡和洋行)의 회표(匯票) 2장을 보내니 일본영사관에 통보하여 결제해 주도록 할 것	
천	1884.6.14	일본인의 제주도 전복 채취에 대한 일본 영사의 회신을 해당 지방관에게 통보할 것	
천	1884.8.13	김성문(金聖文)의 빚 독촉과 관련한 공초(供草)를 보내니 일본영사관에 알려 대질 조사하게 할 것	
항	1884.8.28	중국총판상무가 보낸 조회를 첨부하여 보내니 영사·이사관·세무사에 통보하여 일체 시행할 것	
천	1884.9.13	일본영사에게 조회하여 김성문(金聖文)이 일본인 카가와 이와키치(賀川巖吉)에게 지급할 돈을 받아가도록 할 것	
천	1885.2.14	영광군(靈光郡)의 일본 상인이 임시 맡겨 두었던 물품을 돌려주도록 관문(關文)을 보내니 이를 일본영사관에 조회할 것	
항	1885.2.14	조선의 영절(令節)과 각국 절진일(節辰日)에 공무를 정지한다는 것을 3개 항구 주재 영사관과 해관 등에 통보할 것	
천	1885.2.18	각국 영사관에서 인천항으로 보내는 빙표(憑票)가 있으면 통서에 속히 보고한 후 날인하여 내려보낼 것	
인천	1885.2.24	이건혁(李建爀)·송병준(宋秉畯) 등에게 선박 대금을 속히 청산하도록 독촉하겠다고 일본영사관에 회신할 것	
원산	1885.3	방출되는 미곡에 대한 면세의 기한을 다시 연기하기가 불가하다고 일본영사관에 회신할 것	
인천	1885.3.3	독일공사관 건물의 3개월 비용 은양 45원(元)에 대한 표지를 보내니 도착 즉시 세창양행에 통보하여 징수한 뒤 통서로 올려보내도록 할 것	
부산	1885.3.27	일본영사관에서 집조 발급을 요청하면 부산 감리인을 사용해서 발급할 것	
원산	1885.5.7	미곡 면세의 기한을 6개월 연기한다는 뜻으로 일본영사관에 회신할 것	
인천	1884.1.15	일본 군대가 주둔할 관청을 마련할 것	기타 (7건) -
	1884.1.16	외국인으로 호조(護照)를 소지하고 유람하다가 국경에 도착한 사람은 무사히 월경(越境)하도록 잘 호송할 것	

개항장	날짜	내용	분류
인천 원산	1884.4.18	일본인이 청원한 어물 말리는 장소를 조계 밖 미경작(未耕作) 토지로 허가할 것	인천 : 6 부산 : 1 원산 : 2 (중복 포함)
인천	1884.8.14	인천항 소재 각국인이 소지한 화폐를 조사하여 연전(鉛錢)과 양철전(洋鐵錢)은 제외하고 통용시킬 것	
인천	1884.9.18	각 나라와의 장정을 조사하여 일본 상인의 경매 절차를 시행할 것	
3항	1885.1.13	일본인의 간행리세(間行里稅)를 전처럼 시행할 것	기타 (5건) - 인천 : 5 부산 : 1 원산 : 1 (중복 포함)
인천	1884.12.4	해를 당한 일본인 시신을 수색하여 찾을 것	
인천	1884.1.3	인천부 및 경찰관(警察官) 소속 교졸 등을 인천항 사환(使喚)으로 돌아가면서 근무하도록 하겠으니 형편을 보고할 것	
인천	1884.6.13	덕적진(德積鎭) 여도(厲島)에서 압수한 사주(私鑄) 기계 등을 전환국(典圜局)에 보내고 사주한 자들의 죄를 다스릴 것	
3항	1884.6.22	본국 상인으로 중국 내지에 들어가 무역하는 경우 빙표(憑票)를 소지토록 할 것	
3항	1884.8.1	민간에서 유통되는 전(錢)을 회수하여 한성부에 수납하고 전주(錢主)의 성명·거주지·납부 액수 등을 보고할 것	
인천	1885.5.12	객주에게 구문(口文)의 징수를 위해 김한성(金漢城) 등을 파견하니 무리들이 방해하는 일이 없도록 할 것	

아울러 상기 도표에서 나타나고 있는 항목별 처리 업무의 건수 현황을 살펴보면 아래의 〈표 3〉과 같다.

〈표 3〉 1884~1885년간 3항 감리의 업무 처리 건수 현황

		부산	인천	원산
해관 관련 업무	면세		14	2
	관세 행정	3	4	1
	관세 사용	3	3	2
	해관 편의		2	2
	세입 보고	1	2	1
외국인 관련 업무	조계	4	15	5
	영사교섭	4	13	5
	기타	1	6	2
기타		1	5	1

---

146 감리 및 그 휘하 직원들의 임면이나 봉급 문제 등 조직의 자체 운영과 관련된 내용들은 제외하였다.

감리의 관할 업무로 우선 생각해볼 수 있는 것이 바로 애초에 감리직의 설치 근거가 되 관에 대한 총책임자로서의 위상에 따라 처리한 해관 관련 업무이다. 그런데 전술했다시피 조선의 세관 경험이 일천한 관계로 실질적인 세무 행정에 관여하기 어려웠으며, 따라서 엄밀한 의미에서 해관에 대한 관리·감독권을 행사했다고 보기는 어렵다. 하지만 감리도 제한적이나마 관세 관련 업무를 수행하였다. 우선 각 해관에서 거두어들이는 수출입 관세의 수세 상황을 중앙정부에 보고하는 임무를 맡았는데, 1884년 2월 3일에 부산감리 이헌영이 1883년 10~12월분의 수출입 세금 내역을 보고한 것을 시작으로,[147] 이후 각 항 감리들은 정기적으로 1개월~수개월 정도에 해당하는 관세 내역을 통서에 보고하고 있다. 비단 관세 내역이 아니더라도 해관의 무역과 관련하여 보고할 사항이 있으면 그때그때 처리하기도 하였으며, 정기적인 수출입 관세 보고 이외의 관세행정에 감리가 통서의 명을 받아 관여하는 영역 역시 제한적으로나마 존재하였다.

그런데 상기의 표들에서 살펴보면 해관 관련 업무 처리의 현황에서 주목할 만한 부분이 두 군데 있다. 우선 관세의 사용 부분이다. 기본적으로 관세의 징수는 물론 그 관리 역시 세무사의 몫이었지만, 감리직의 설치 이후 점차 시간이 지남에 따라 그때그때 필요한 경비들을 감리가 통서의 명을 받아 해관의 관세 수입으로 충당하는 경우들이 더러 생기고 있다. 이는 애초에 감리 및 조선정부가 관세행정에 어두웠던 상황에서 점차 벗어나고 서서히 세무 행정에 간여하기 시작하는 상황으로 볼 수 있다. 하지만 그 사용처는 대부분 해당 지역 감리서의 경비라던가 외국 영사관에서 빌린 돈의 상환 등 주로 현지에서의 수요에 대한 임시방편에 그치고 있으며, 매사에 세무사의 양해를 얻어야 하기에 조선정부와

---

147 『統署日記』, 고종 21년 2월 초3일. "釜山監理牒報 自癸未十月至十二月三朔出入口稅金實數 成冊六件上送事."

감리가 주도적으로 관세 수입을 관리한다고 보기는 어려운 상황이다.[148]

그리고 관세행정에서 감리가 주도권을 갖는 부분이 바로 면세 조치와 관련된 영역이었다는 사실이다.[149] 이 경우 주로 정부의 공공재로 사용되는 물품에 대한 관세의 면제 건이 대부분이었는데, 정부의 공공재인 만큼 수도 서울에 가까운 인천이 그 주된 수입 창구였기에 면세 조치의 대부분의 경우가 인천에 집중되어 있음을 알 수 있다.

마지막으로 앞서 이헌영의 경우에도 살펴본 바와 같이 해관의 원활한 업무 처리를 위한 각종 지원 조치 역시 감리 및 소속 관원들이 수행하였다.

해관과 관련된 부분 다음으로 감리가 담당한 중요한 업무가 바로 개항장의 외국인들에 대한 관리와 관련된 그것이다. 이는 크게 몇 가지로 나눠볼 수 있는데, 우선 외국인 거주지역, 곧 조계와 관련된 업무를 그 첫 번째로 생각해볼 수 있다. 조계 관련 조약으로는 1876년 조·일수호조규 체결 이후 일본과 맺은 '부산구조계조약釜山口租界條約'1876.12.17이 그 효시이다. 이후 1883년 3개 항구의 해관 설치에 즈음하여 '인천항일본조계조약'1883.8.30이 체결되었고, 청국과도 1882년의 조·청상민수륙무역장정 체결의 후속 조치로 1884년 3월 7일자로 '인천구화상지계장정仁川口華商地界章程'이 발효되었다. 그리고 동년 8월 15일에는 미국, 영국, 일본, 청국 등 4개국의 인천 제물포 조계 관련 규정인 '인천제물포각국조계장정'이 공포되는 등, 1883~1884년에 걸쳐 잇달아 개항장 중 인천의 조계 관련 규정들이 제정되었다.

상기한 조약 중 조계지의 사무와 관련한 감리의 역할이 가장 구체적으로 적

---

148 경우에 따라서 관문(關文)의 내용 중에 세무사에 알린다는 부분이 생략된 경우가 있으나, 이것이 세무사를 따돌리고 관세 수입을 조선 측이 좌우지했다는 증거가 되기는 어렵다고 생각된다.

149 물론 이 역시 형식상으로는 세무사에게 조회한다는 단서가 붙어있긴 하지만, 그와 관련하여 세무사와 갈등이 있었다는 기록이 보이지 않는 점으로 볼 때, 적어도 개항장 감리제 도입 초창기에는 면세조치의 영역은 감리의 고유권한으로 인정하고 세무사가 간섭하지 않는 불문율이 존재했던 것 같다.

시되어 있는 것은 '인천항일본조계조약'이다. 그 대략적인 내용을 살펴보면, 여러 항목에 걸쳐서 조계 내의 각종 공사에 대한 관리·감독 및 지세地稅와 기타 각종 경비에 대한 수납 및 관리 등에 대한 관할을 일본 영사관과 협동 및 분담을 통해 수행하도록 규정되어 있다.[150] 이러한 조약상의 규정 등을 근거로 하여 감리는 조계 구역의 제정에 관한 협상 관련 작업은 물론,[151] 실제 조계 내에서 발생하는 여러 문제에 대한 처리에 이르기까지 각종 행정업무를 수행했던 것이다.

다음으로 외국인 관리 문제와 관련하여 감리가 수행했던 또 하나의 중요한 업무는 이 개항장 외국인들의 생명과 재산 보호를 임무로 하는 각국 영사들을 상대하고 이들과 교섭하는 것이었다. 당시 개항장에는 일본 측 외교기관으로 영사관領事館이 설치되었고 그 대표로 영사가, 중국의 경우 상무서商務署 설치후 분판分辦이 대표로 있었는데,[152] 조선의 감리는 조선정부 및 중앙외교관서인 통서의 위임을 받은 관리라는 입장에서 이들을 상대하였다. 그 내용은 금전 문제가 주가 되고 있으며,[153] 기타 다양한 안건들에 대하여 영사관 등과 교섭하였다. 그리고 감리는 조선정부의 위임을 받아 외국의 외교 사절에 대한 접대 업무 역시 담당하기도 하였던 것이다.[154]

아울러 위의 〈표 3〉를 통해 알 수 있듯이, 감리제 도입 초기 업무 관할 실태의 지역적인 특성이라면, 근대 이전 왜관의 전통을 이어받아 일본인이 가장 많이 거주하고 있던 부산항보다 상대적으로 인천이 업무상으로 훨씬 바쁜 인상

---

150 『仁川口租界約條』(全23005); 『高宗實錄』 권20, 고종 20년 8월 30일 참조.

151 이헌영의 경우 당시 조선측 대표자의 입장에서 부산 상무서 분판이었던 진위혼(陳爲焜)과 조계 획정과 관련하여 여러차례 협상을 벌였음이 기록으로 확인된다(『釜署集略』 下, 「照會」, '大淸奏派辦理釜山通商事務官陳爲焜 照會' 참조).

152 일본·중국의 영사관·상무서 조직 및 운영에 관한 내용은 『개항기의 재한 외국공관 연구』(동북아역사재단, 2009)에 수록된 「개항기 재조선 일본공관 연구」(하원호) 및 「개항기 주한 중국공관 연구-청일전쟁 이전 시기(1833~1894)를 중심으로」(이은자)를 참조할 것.

153 자세한 사항은 본서 부록의 〈표 1〉 참조.

154 이 부분과 관련한 내용은 제2장에서 '지방대외교섭'이라는 개념을 통해 보다 상세히 다루어질 것이다.

을 주고 있다는 점이다. 이는 아직 민간인을 중심으로 하는 개항장의 상업이 본궤도에 오르기 이전 상황이라 개항장의 주된 업무가 정부 주도의 사업이 그 중심을 이루고 있기에 상대적으로 수도에 가까운 인천에 집중되고 있는 것으로 보인다.

3. 관세 수입 관할권의 이관과 감리서의 독립

1) 메릴의 해관 총세무사總稅務司 부임과 관세 수입 관할권의 감리 귀속

조선 해관의 시스템에 근본적인 변화가 오기 시작한 것은 1885년에 묄렌도르프의 후임 총세무사로 메릴이 부임하면서부터였다. 묄렌도르프는 이른바 '조·러밀약사건'의 여파로 1885년 7월 27일음력 6.16에는 통서 협판에서, 그리고 9월 4일음력 7.26에는 총세무사 자리에서조차 해임되었다. 당시 청국의 총세무사였던 하트에 의해 그 후임자로 인선된 것이 하트가 매우 신임하던 심복으로 당시 청국 총세무사서의 한문문안 부세무사漢文文案 副稅務司, Acting Assistant Chinese Secretary로 재직 중이던 메릴이었다.[155]

주지하다시피 부임 직전에 메릴은 북양대신北洋大臣 이홍장李鴻章으로부터 조선 해관의 사무 처리에 있어 중국해관의 방식에 따를 것', '모든 사무의 처리에 있어 오로지 북양대신과 조선 통리아문의 지시에만 따를 것', '중국이 조선 속번屬 藩을 보호하는 취지를 위반해서는 안되며, 다른 나라의 간섭을 받지 말 것', '메릴은 중국 해관원이므로 그 봉급 등은 북양대신이 정해 조선에 통보할 것', '중국의 총세무사는 북양대신과의 합의하에 언제든지 메릴을 소환할 수 있음' 등 5

---

155 高柄翊, 「朝鮮 海關과 淸國 海關과의 關係－「메릴」과 「하트」를 中心으로」, 『東亞文化』 4, 1965a, 5쪽, 崔泰鎬, 앞의 책, 92쪽.

개조로 구성된 훈령을 받았다.[156] 이는 메릴의 조선 해관 총세무사 부임이 청이 조선에 대한 종주권 확보 수단으로서 조선 해관을 청국 해관에 통합하고자 꾸민 계획의 일환임을 보여주는 것이다.[157]

메릴은 묄렌도르프가 해임된 1885년 9월 초부터 이미 부임 준비를 시작했으며, 10월 3일에는 인천항에 도착하였고, 20일에는 총세무사에 정식으로 취임하였다. 그가 가장 먼저 행한 작업은 각항 세무사

〈그림 6〉 조선 해관의 제2대 총세무사 메릴

들의 교체였다. 즉 조선 해관 장악 작업의 일환으로서 전임자 묄렌도르프의 측근이 중심이었던 세무사들을 몰아내고 그 자리에 하트의 측근들을 대거 임명하고자 한 것인데, 이 문제에 대하여 당시 통서 독판으로 재직 중이던 김윤식金允植과 1885년 10월 초순 정도에 만나 상의했던 것으로 보인다.[158] 메릴은 이때 합의된 사항을 한 달여 뒤인 11월에 통서에 정식 공문으로 보냈다. 그 내용을 살펴보면 세무사 교체 외에도 주목할 만한 내용이 담겨있다.

이전까지 해관 각 항구에서 징수하는 세은稅銀은 모두 세무사 소관이었는데, 1개월 전에 총세무사가 귀 독판을 면회하여, 필요 이상으로 많은 사사인司事人을 정리해

---

156 『淸季中日韓關係史料』(이하 '中日韓'으로 약칭) 4, 「附件」 문서번호 1063,, 1944~1945쪽 참조.

157 高柄翊, 앞의 글; 崔泰鎬, 앞의 책, 89~97쪽 참조. 이와 관련하여 구체적으로 메릴이 취한 정책의 일례를 살펴보면, 조선 해관의 무역 현황을 담은 연감을 청국 해관의 그것과 합간(合刊)하여 부록으로 내도록 조치하였는데(『總關來申』 제1책, 「13호－通政大夫戶曹參議銜管理海關事務總稅務司 墨賢理(1885.11.7) → 統署」 참조). 이는 마치 조선 해관이 청국 해관의 부속적 존재인 것과 같은 인상을 대외적으로 주고자 하는 의도였다.

158 『總關來申』 제1책, 「7호－通政大夫戶曹參議銜管理海關事務總稅務司 墨賢理(1885.10.13) → 統署」.

고한 뒤 응분의 보상비용의 정산이 모두 완료됨을 기다려, 이전의 법규가 폐단이 많은 관계로 새로 특별히 제정한 판법辦法에 따라, **각 항구의 세항稅項은 조선 감독이 처리하고,** 각 항구의 (해관) 소요 비용 등은 감독을 경유하여 매월 세무사에게 일정 액수의 은銀을 발급하는 방안을 세웠음. 현재 숫자만 많고 쓸모없는 사사인들은 반 수 이상 정리해고하였고, 상응하는 수고비 발급은 연말까지 청산할 수 있음. 이에 총세무사는 내년 1월 1일부터 각 항구에서 징수하는 진구進口·출구出口 세은을 모두 **통리아문統理衙門에서 위임한 감독에게 귀속시켜** 세무사가 발급한 험단驗單을 수납收納하고, 각 항구 해관의 매월 경비는 감독이 세관稅款 중에서 각 항구 세무사에게 발급하도록 할 예정임. (…중략…) 이상에서 기초된 바를 잘 살펴서 **각 항구에서 걷은 진구進口·출구세出口稅는 모두 조선 감독이 통괄하여 수납하고,** 선초船鈔와 벌관罰款은 모두 각 항구 세무사가 수납하며, 각 항구 감독이 매월 세무사에게 발급해야 할 경비는 원산 1,000원元, 부산 1,500원, 인천 2,500원, 총세무사서 1,200원임.[159]

개항장의 감리가 실제 수세收稅에 제대로 관여하지 못했다는 사실은 이미 언급했거니와, 수세는 물론 거두어들인 관세의 예치[160]에서도 감리는 국외자였고[161] 모든 업무는 세무사에 의해 이루어졌다. 따라서 당시 재정 문제가 절실했

---

159 위의 책, 「12호-通政大夫戶曹參議銜管理海關事務總稅務司 墨賢理(1885.11.3) → 統署」. "通政大夫戶曹參議銜管理海關事務總稅務司墨賢理爲申呈事 竊向來海關各口所徵之稅銀 俱歸於稅務司經手徵收 一月前 總稅務司面會貴督辦 擬俟多出之司事人裁撤後 應賞之酬費 俱已發完 再將以前之規矩作經 從新另立辦法 以各口稅項 由朝鮮監督經手 各口薪水等費 由監督 按月發給稅務司一定之銀數 現在多出無用之司事人 多半裁撤 應發之酬資 到年底卽可以淸結 所以總稅務司擬 自明年正月初一日起 各口所徵之進口出口稅銀 俱歸於理衙門所委之監督 按稅務司所發之驗單收納 至各口海關上按月之經費 擬由監督 於稅款項下發給各口稅務司 (…중략…) 按擬以上所擬 各口所徵之進口出口稅 統由於朝鮮監督收納 所徵之船鈔罰款 統由於各口稅務司收納 各口監督按月發給稅務司經費 在元山一千元 在釜山一千五百元(미주 : 在仁川海關之經費二千五百元 總署之經費一千二百元)."

160 해관에서 거둔 관세 수입은 1884년 2월에 묄렌도르프와 일본국립제일은행 사이에 「해관세취급조약」이 체결된 이래 세무사 명의로 동 은행에 예치되고 있었다(金順德, 앞의 글, 313쪽).

161 단 앞 장에서 언급한 바와 같이 1884년 중·후반 이후로 중앙의 명을 받은 감리가 세무사의 협조하에 관세 수입의 전용을 시행하는 경우가 더러 있었으나, 이것은 대부분 해당 개항장 내부의 수요 충당용으로 제한적인 경우라고 봐야 할 것이다.

던 조선으로서는 이러한 상황, 곧 정부가 새로운 재원이라고 할 수 있는 해관세를 마음대로 처리하지 못하는 상황에 불만이 있었을 것으로 보인다.

그런데 메릴은 이같이 조선정부가 아쉬워할 만한 대목에 대해 조선에 이익이 되는 방향으로 처리하도록, 다시 말해 해관에서 징수하는 관세 수입에 대한 관할권을 조선의 감리가 갖도록 하는데 합의한 것이다.[162] 그가 조선에 부임한 근본 목적은 조선 해관의 청국으로의 예속화로, 결코 조선의 이익을 위한 것이 아니었음은 명백하다. 그렇다면 위의 합의 사항은 메릴의 목표 달성을 위한 특정한 조치를 조선정부가 양해하는 것에 대한 반대급부라는 추론이 가능하다. 여기서 의문 사항이 두 가지 생기는데, 첫째는 그 메릴이 제시한 조건은 대체 무엇이며, 두 번째는 그것이 해관세의 98% 정도를 차지하는 수출입 관세 수입[163]에 대한 관할권과 맞바꿀 정도의 가치가 있었느냐는 점이다.

메릴과 김윤식이 나눈 대화의 내용이 기록된 자료가 전해지지는 않기 때문에, 그 조건이 무엇인지 확실하게 밝히기는 어렵다. 그런데 위의 공문에 첨부문서 형식으로 되어 있는 총 12개 조항의 '세사장정稅司章程'[164]을 통해 그 내용

---

162 그간의 해관 및 감리서 관련 연구에서 이 사료를 언급한 경우는 더러 있으나, 본 글에서 주안점을 두는 대목, 곧 메릴의 제안에 의해 조선의 감리가 관세 관할권을 갖는다는 내용을 언급한 경우는 없었다. 지금까지의 관련 연구 중에서 감리의 관세 수입에 대한 관할권 획득을 지적한 경우는 金順德의 연구가 유일하다(金順德, 앞의 글, 313~316쪽). 여기서는 그 시발점을 메릴과 일본국립제일은행사 이에 관세 관련 정식 계약에 체결된 1886년 12월 이후, 곧 1887년부터로 파악하고 있고, 그 동인 역시 조선과 일본의 이해관계에 초점을 맞춤으로써, 이 사료, 곧 '메릴의 제안 혹은 메릴과 조선의 합의'라는 가장 중요한 부분의 언급이 빠져있었다는 한계가 있다.

163 인용 사료 중 세무사가 담당한다는 '선초(船鈔)'는 입항하는 선박에 한해서 종량법에 따라 부과되는 톤세(噸稅)를 의미하는데, 이는 약간의 수수료 징수에 지나지 않았으며, 벌관(罰款) 수입은 더욱 미미했을 것으로 보인다.

164 사실 해당 첨부문서 위에 제목이 없다. 따라서 이 규정은 그간 연구자들 사이에서 '세무사 근무규정' 등으로 편의상 명명되어 왔는데, 당시 기록들을 보면 위의 규정이 여러 종류의 명칭으로 언급되고 있다. 즉 '세사장정(稅司章程)'(『總關公文』(奎17830) 제1책, 「督辦交涉通商事務 金允植(1885.11.25) → 總稅務司 墨賢理」), '總稅務司章程'(『咸鏡道關草冊』(奎18073) 제1책, 「乙酉 11월 18일 關三港口 - 統署(1885.11.18) → 三港口」), '墨總稅務司章程'(『海隱日錄』 I, 471쪽), '海關新章程'(『咸鏡道關草冊』 제1책, 「乙酉 12월 23일 關釜山監理 - 統署(1885.12.23) → 釜山監理」) 등이 그것인데, 이 책에서는 세무사의 근무규정으로 구성된 내용의 성격상 '세사장정'으로 통일해 표기하고자 한다.

을 추정해볼 수 있다. 이 중 해당 '조건'의 추론과 관련이 있어 보이는 일부 항목의 내용을 추출해보면 다음과 같다.[165]

세사장정稅司章程

1. 각 항구에 세무사를 둔 취지는, 해당 항구의 감독을 바르게 보좌하여 총세무사 관할에 속하는 통상通商 세초稅鈔를 대신 거두어들이고, 또한 총세무사가 수시로 신칙申飭하여 내려보내는 할당 사무를 받들어 처리하게 하는 것임. (세무사는) 각종 공공의 사무에 대해서 총세무사의 시유示諭를 들어야 하고, 만약 조선 감독과 어떤 일에 대하여 상의함에 있어 혹시 의견이 다르거나 다소 상호 거슬리는 대목이 나타날 경우에는 급히 신문申文을 갖추어 총세무사에게 문의를 요청하고, 회답을 기다리는 동안에는 잠정적으로 해당 감독의 의견에 따라 처리하도록 함. 아울러 자신의 소견을 건별로 기록하여 제출함은 물론, 불가피하게 따라야 했던 (조선 감독의) 처리 방법이 자신의 의견과 어떻게 다른지에 대해 일일이 명백하고 상세히 기록할 것.

    (…중략…)

1. 한 항구의 세무를 담당하는 직책은 그 책임이 막중하니 총세무사가 신칙을 내려 허가한 경우 이외에는 정말 부득이한 일을 당한 경우가 아니라면 담당 세구稅口를 떠나서는 안 됨. 정말 곤란한 경우라서 타인에게 책임을 맡겨야 할 경우

---

165 『總關來申』 제1책, 「12호−通政大夫戶曹參議銜管理海關事務總稅務司 墨賢理(1885.11.3)→統署」. "一 各口立稅務司之意 卽欲匡輔該口監督 代收屬於總稅務司分應經理之通商稅鈔 亦爲承辦總稅務司隨時所飭派應辦之事 各種公事務 以總稅務司之示諭是聽 倘與朝鮮監督會商事件 或有意見不同 稍形拒抵處 宜急備申文 請質總稅務司 於候回文時 應暫由該監督意見辦理 並宜將已所見之各件錄出 兼將已所俯從之辦法 緣何與已意不同之理 一一明白詳錄 (…중략…) 一 爾職司一口稅務 責任綦重 除有總稅務司飭派允準外 非遇萬不得已之事 不可離所司稅口 果屬出於萬難推諉 須一面備文會知 理本口稅務之監督 一面將署中分所應司之事務 托委妥員代案 復一面將事之備細情由 申呈於總稅務司 (…중략…) 一 凡各口岸所徵之稅款 並一切出入帳目 應由各口稅務司 以漢英文 按三月之期 申報於總稅務司署 漢文一件 由總稅務司申送於統理交涉通商事務衙門."

는 우선 문서를 갖추어 본 항구의 세무 감독에게 알리고, 다음으로 담당 사무는 적임자에게 위임하여 대리하게 하며, 또한 일의 사유를 세세히 적어 총세무사에게 올릴 것.

（…중략…）

1. 각 항구에서 거둔 모든 세관稅款의 출입 장목帳目은 각 항구 세무사가 한문漢文과 영문英文으로 3개월마다 총세무사서總稅務司署에 보고하며, 한문 1건은 총세무사를 경유하여 통리교섭통상사무아문에 보낼 것.

이 장정은 세무사의 근무 규정을 최초로 명문화했다는 의미가 있다. 그런데 상기의 첫째 항목에 대하여 기존 연구에서는 '광보해구감독匡輔該口監督, 해당 항구 감독을 바르게 보필하여'이라는 구절에 주목하여 감리가 세무사보다 상위에 있다는 위상 관계를 명문화했다는 의미를 지닌 것으로 이해하였으며, 다만 그러한 규정과 실제는 전혀 달랐다는 식으로 해석하고 있다.[166]

그러나 첫 항의 전체 내용을 읽어보면 오히려 이는 각 개항장 세무사들의 지휘권을 총세무사로 확실하게 귀속시키고 감리의 간섭을 배제하려는 의도를 지닌 조항임을 알 수 있다. 일단 세무사의 존재 의의 자체를 '총세무사 관할에 속하는 관세를 대신 징수하고, 총세무사가 수시로 지시하는 업무를 처리하는 것'으로 못 박은 것이다. '해당 항구의 감독을 바르게 보좌'한다는 것은, 해관 설치 장소가 조선 영토이므로 조선인 감리가 명목상으로 서열이 높다는 예우에 불과하며, 일종의 수식어 정도 비중밖에는 없는 대목이다. 또한 세무사는 각종 사무에 대해서 총세무사의 의견을 반드시 들어야 함은 물론이다.

조선 감리와 의견 차이가 있을 경우, 앞서 말한 '예우 차원의 위상'을 생각

---

166 崔泰鎬, 앞의 책, 114쪽.

한다면 조선 감독의 견해에 따를 수밖에 없으나, 그 경우에도 그것은 어디까지나 '해당 사항에 대해 총세무사에게 문의한 뒤 그 회답이 도착할 때까지'로 한정하고 있다. 그리고 그렇게 자신의 견해 및 양자 간 차이점 등을 상세히 적어 제출하라는 것은, 감리가 위상이 높다는 이유로 세무사의 업무에 간섭하거나 지휘권을 행사하려는 시도에 순순히 응하지 않겠다는 자세를 시사한다.

그밖의 항목들을 보면, 세무사는 근무지의 외출도 총세무사의 허가를 받아야 하며, 관세 징수 장부 중 영어본은 당연히 총세무사에게, 그리고 한문본조차 총세무사를 경유하여 통서에 제출토록 하고 있다. 즉 세무사에 대한 총세무사의 철저한 지휘통제권을 명문화시키고 있다는 점이 이 규정의 가장 큰 특징이라고 할 수 있다.

결국 메릴이 의도한 것은, 조선 해관을 청국에 부속시키기 위한 계획의 일환으로, 각 해관의 장악을 위하여 실무 담당인 세무사를 조선 감리에게서 완전히 분리시키고 자신의 휘하 통솔권을 명백히 함이었던 것이다. 다시 말해 이미 언급했던 것처럼 형식과 실제가 달랐던 당시 조선 해관 조직 구도의 이중성을 타파하고, 명실상부 청국 해관과 같이 감리-통서와 세무사-총세무사의 이원화 구조로 개편하는 것이었다.[167] 그리고 그 반대급부로 그간 조선 측이 행사하지 못했던 수출입 관세 수입에 대한 관할권은 감리에게 귀속되었다는 사실을 상기 문서는 시사하고 있다.

그렇다면 과연 세무사에 대한 통제권 강화가 각 개항장 관세의 대부분을 차지하는 수출입 관세 수입의 관할권을 포기하면서까지 이루어야 할 가치가 있

---

167 여기서 메릴과 묄렌도르프의 입장 차이에 유념할 필요가 있다. 외교 관서인 통서의 협판을 겸직하고 있었던 묄렌도르프로서는 형식적으로 감리가 세무사를 통제하는 시스템하에서도 해관에 영향력을 행사함에 별다른 문제가 없었을 것이었지만, 그렇지 못했던 메릴로서는 구조 자체를 이원적으로 바꿀 필요가 있었을 것이다. 그리고 사소한 문제이긴 하나, 메릴이 김윤식에게 보낸 공문 및 그 부속문서 등에 이미 조선에서 사용 중인 명칭인 '감리'가 아닌 중국 해관의 명칭인 '감독'으로 표기된 것도 청국의 영향을 일정 부분 느끼게 해주는 요소라고 할 수 있다.

는 목표였는가? 이에 대하여 우선 메릴 파견 당시 해관 운영의 실상에 대해 검토해볼 필요가 있다. 조선 해관이 창설 작업부터 청의 깊숙한 입김하에 놓여 있었음은 익히 알려진 바와 같다. 그런데 청이 일본의 해관 침투를 사전에 예방하고 청의 경제적 진출을 용이하게 하는 임무를 부여하여 파견한 묄렌도르프는 청국 상인의 무역 활동에 하등의 혜택을 주지 못하는 등 청의 기대에 부응하지 못했다.[168] 더구나 청의 초상국招商局 등이 경합했음에도 불구하고 1884년 2월의 '해관세취급조약海關稅取扱條約' 체결을 통해 관세의 관리를 담당하는 기관으로 일본국립제일은행이 선정되는 등[169] 묄렌도르프 재임기의 조선 해관은 그의 '전제적專制的인' 운영으로 인해 청국 해관과의 관계는 사실상 단절되어 있다시피 하였다.[170] 따라서 묄렌도르프의 해임은 이러한 현상의 타파에 있어서 좋은 기회였을 것이다. 그러나 그가 임명한 각 개항장의 세무사가 건재한 상황에서 조선 해관의 장악은 요원한 것이니만큼, 이들을 정리하고 각항 세무사에 대한 통제력을 강화하는 것이 조선 해관 예속화에 있어 당시 제일 시급한 과제였음은 분명하다고 하겠다.

다음으로 당시 조선 해관의 세관 수입이 그다지 크지 않았다는 점을 염두에 둘 필요가 있다.[171] 1886년 기준으로 해관 총수입은 160,278원이었는데, 그중 수입세가 132,797원, 수출세가 24,812원, 그리고 톤세가 2,709원이었다.[172] 그런데 이러한 해관 수입이 우선 용도로 사용되는 지출 출처는 바로 해관 자체의

---

168 金順德, 앞의 글, 313쪽.
169 그 이유로는 우선 1882년 해관 창설자금 조달을 목적으로 초상국으로부터 차관을 들여올 때 청이 관세 수입을 비롯하여 담보를 지나치게 까다롭게 설정하는 등 조선 입장에서 굴욕적인 조건을 제시하였던 점(金正起, 「朝鮮政府의 淸借款 導入(1882~1894)」, 『韓國史論』 3, 1976, 431~435쪽)과 더불어, 당시 조선 재정이 극도로 궁핍한 상황에서 일본국립제일은행과 계약할 경우 24,000元의 차관이 제공된다는 점도 고려 대상이 되었을 것으로 추정된다(金順德, 앞의 글, 313쪽).
170 高柄翊, 앞의 글, 9쪽.
171 단 이는 당시의 계속적인 흉작과도 연관이 있다.
172 崔泰鎬, 앞의 책, 259쪽의 〈표 I-40〉 '海關別收入構造' 참조.

유지 비용이었다. 앞서의 문서에서 메릴은 수세 관할 권한을 감리에게 넘기는 대신 각 항구 해관의 유지 비용을 매월 정기적으로 세무사에게 지급하도록 하고 있다. 그 액수는 원산항 1,000원, 부산항 1,500원, 인천항 2,500원, 그리고 총세무사서 1,200원 등 도합 매월 6,200원이며, 1년으로 환산하면 74,400원에 달하여, 동년도 전체 해관 수입의 절반에 가까운 약 46%에 육박한다. 따라서 지급이 보장된 해관 유지비의 두 배 정도 되는 금액에 대한 관할권을 해관 지배력 확보를 포기하면서까지 양보할 수 없다고 생각했으리라고는 믿기 어렵다.

마지막으로 고려해야 할 사항이라면, 외국으로부터 들여오는 차관과 해관의 관세 수입과의 관계이다. 이와 관련하여 메릴이 1889년 4월에 하트에게 보낸 서한에 주목할 필요가 있다. 여기서 그는 '조선정부의 외채를 해관 수입을 담보로 하고 청이 모두 인수함으로써 사실상 조선 해관을 완전히 장악하고, 결국 조선정부가 이를 감당하지 못할 것이므로 청국이 조선 해관을 인수하는 형식을 취하면 대단히 자연스럽게 해관을 병합함은 물론 그 과정에 있어서도 청국이 종주국으로서 조선에 은혜를 베푸는 것처럼 보일 수 있지 않겠느냐'는 의견을 피력하고 있다.[173] 그리고 이에 덧붙여 관세 징수를 감리가 아닌 세무사가 하도록 명시해야 함을 지적하고 있는데,[174] 이는 결국 자신의 부임 시 행한 관세 관리권의 감리 부여 조치를 이전으로 되돌림을 뜻하는 것이다.

여기에서 알 수 있는 사실은 차관을 통해 관세 수입에 대한 통제력을 획득하는 것이 가능하고 실제 청의 조선 해관에 대한 정책이 그러한 방향으로 전개

---

[173] "Merrill to Hart", *Merrill Letter Book* Vol.1, 1887.3.15(朴奉植, 「'메릴' 書翰」, 『金載元博士回甲紀念論叢』, 1969, 6쪽의 내용에서 인용). 참고로 메릴과 하트의 서한집은 현재 미국 하버드대 허프턴도서관(Houghton Library)에 각각 *Merrill Letter Book, Sir Robert Hart, Transcript of Letters*라는 타이틀로 소장되어 있으며, 본서에서는 高柄翊 · 朴奉植 · 金順德 등의 연구에 인용된 내용을 활용하였다. 이 문서들에 대한 간략한 해제는 高柄翊, 「海外所在의 近代韓國關係史料 몇 가지」, 『歷史學報』 26, 1965b 참조.

[174] 朴奉植, 앞의 글, 6쪽.

되었다는 점으로서, 관세 수입의 관리에 대한 통제력은 차관 도입을 통해 얼마든지 손에 넣을 수 있음을 시사한다. 결국 그들은 모든 과정을 언젠가 해관의 권한을 모두 장악하기 위한 수순의 차원에서 보고 있었던 것이다. 실제로 이후 청 차관을 볼모로 한 조선 해관의 장악은 현실화되었다는 점에서 볼 때[175] 메릴의 입장에서 관세 수입의 관할권과 해관 지배력 강화의 맞교환은 당시 상황에서 충분히 가능했을 것으로 여겨진다.

다음으로 의문시되는 점은, 과연 이것을 메릴이 자발적으로 제안한 것인지, 아니면 조선정부에서 반대급부를 요구해서 그렇게 된 것인지의 여부 문제이다. 이 역시 정확한 대화기록이 없는 이상 몇 가지 증거에 입각하여 추론할 수밖에 없는데, 그와 관련하여 주목되는 자료가 바로 조·영수호통상조약 체결 이후 조선정부의 정보 제공 요청에 따라 영국 측에서 참조하라고 보내준 청국 해관 관련 규정이다.[176]

중국해관조정절략中國海關條程節略

대중국 해관의 관원과 서역은 두 부류로 나뉘는데, 하나는 세무사와 그 이하로, 서양인으로 충원되는 문서 담당 요원들이고, 하나는 감독 관원과 문서 및 각종 역사役事 담당 요원 등으로, 세무사 및 그 이하 모든 서양인들은 화물을 조사하는 직책을 맡고 영문 장부를 대조·검토하는 직위를 맡는다.

---

175 이에 대해서는 다음 장에 감리서의 해관에 대한 관리·감독의 실상을 언급하는 부분에서 보다 상세히 다루고자 한다.

176 高麗大學校 亞細亞問題硏究所(이하 '亞硏'으로 약칭) 編, 『舊韓國外交文書』 13, 「英案 1」, 문서번호 252, 1968, 152쪽. "中國海關條程節略 : 大中國海關官員書役 分作兩班 一爲稅務司與以下以西人充書爲役者等 一爲監督官員及書與役等 其稅務司及以下諸西人 職在査驗貨物 核對英文帳目 其中國官員及書吏等 職在核對漢文帳目 一 凡爲稅務司者 皆通韓言漢文 以便利于公務 一 客商之貨納稅一切單票 槪以漢英文合書之 由稅務司與中國官員等會同核驗 以杜弊端 一 切所納稅款及銀錢出入 槪由監督派官銀行擧行 其稅務司及諸西人均不經手 (…중략…) 一 每月俸祿及薪水工食等項 悉由監督撥發稅務司處 當堂發給諸人 各行畫領簽字."

1. 무릇 세무사는 모두 한어漢語와 한문에 능통하여 공무에 편리하도록 한다.

1. 객상客商의 화물에 대한 납세의 일체 단표單票는 대개 한문과 영어로 함께 기록하고 세무사와 중국 관원 등이 회동하고 대조·검토하여 폐단을 방지한다.

1. 거두어들이는 일체의 *세관稅款* 및 은전銀錢의 출입은 대체로 감독의 관원 파견을 통해 은행이 관장하며, 세무사 및 모든 서양인들은 일체 관여하지 않는다. (…중략…)

1. 매월 봉록俸祿 및 신수薪水·공식工食 등의 항목에 해당하는 비용은 모두 감독을 경유하여 세무사에게 지불하며 발급받은 모든 이들은 각기 영수증에 서명한다.

이는 중국 해관의 이원적 지배구조를 압축적으로 보여주는 문서로서, 따라서 이를 건네받은 조선은 늦어도 1885년 하반기에는 그러한 이중체계에 대하여 어느 정도 알고 있었을 것이다.[177] 그런데 상기 항목 중 세 번째를 보면, 해관의 관세 수입에 대해서 세무사는 관여하지 않고 중국 측 감독이 은행에 예치하는 것으로 되어 있다. 따라서 조선으로서는 관세 수입에 전혀 감리가 손을 대지 못하던 당시의 상황이 중국 해관의 그것과는 다르다는 사실 역시 인지했을 것이다.

한편 메릴의 입장에서도 청국 해관식으로의 개편을 명분으로 삼는 이상, 관세 관할권만 다르게 하자고 주장할 명분이 없었을 것이다. 위의 항목 중 해관 소요 비용이 감독을 통해 매월 세무사에 지급된다는 사실 역시 앞서 살펴본 메릴의 공문에서 합의된 사항과 정확히 일치한다는 점에서 볼 때, 결과적으로 메릴과 김윤식 사이에 합의된 내용은 조선 해관의 청국 해관 형식으로의 개편이었던 것이다.[178]

---

177 이와 관련하여 조선이 이렇게 청의 이중적 해관지배구조에 대해서 들어서 알고 있었다는 사실과, 조선 해관의 이러한 이중구조로의 개편이 메릴 재임기간 중의 어느 시점에 이루어졌을 것이라는 추정이 金順德의 연구에서 각주의 내용으로 간략하게 제시된바 있다(金順德, 앞의 글, 287쪽의 주석 70 참조).

또한 하트가 메릴에게 지시를 내리면서 주의를 준 사항이 '조선 측에서 해관 체제의 개편을 통한 청국의 속방화 의도를 알아채지 못하게 신중하고 은밀하게 일을 진행시켜 나가라'는 대목이었다는 사실[179]에서 볼 때, 메릴이 자신의 목적 달성을 위해 조선정부를 압박하는 형태로 일을 추진해 나갔으리라고 보기는 어렵다.

따라서 이상으로 미루어 볼 때 양측의 의도가 맞아 떨어져서, 해관의 체제를 개편하면서 한편으로는 세무사에 대한 총세무사의 지휘를 강화하는 한편, 다른 한편으로는 조선의 감리에게 관세 수입에 대한 관할권을 부여하는 방식으로 비교적 큰 충돌 없이 모양새 있게 타결이 되었으리라고 여겨진다.[180]

2) 감리서의 독립 기구화와 해관과의 병립

감리가 관세 수입 관할권을 갖게 되는 한편, 세무사에 대한 총세무사의 지휘권이 강화된다는 것은 결과적으로 감리와 세무사가 사실상 각 개항장에서 병렬적인 지위에 놓이는 구조상의 변화를 의미한다. 그런데 이러한 구조적 변화와 따로 떼어 놓고 생각할 수 없는 것이 조직의 확대, 곧 직원의 증가 및 시설의 확충 등에 관한 문제이다.

먼저 직원의 증가 문제부터 살펴보기로 하자. 다음의 기사에서 감리가 처음

---

178 정광섭은 이에 대해 '중국과 무리하게 비교한 결과'로 평가하였다. 즉 청국과 같은 이원화 구조는 형식상에서만 그렇지 실질적으로는 묄렌도르프의 권한이 절대적이었기 때문에 의미가 없으며, 이런 비교는 자칫 조선 해관을 근대화된 제도로서 '짜맞추기 하는' 오해의 여지가 있다고 보았다(정광섭, 앞의 글, 297쪽). 그런데 저자의 연구는 바로 그 묄렌도르프가 절대적 권한을 행사하다가 메릴로 교체된 이후 일어난 변화를 다룬 것이다. 다시 말해 시간상 전혀 맞지 않는 언급이라고 할 수 있다.

179 구체적으로는 하트가 메릴에게 세무사들의 위치 이동에 대한 내용을 지시하면서, "이런 식으로 하면 보다 덜 내정간섭 같아 보일 것(This way of working it will look less like interference or dis-location)"이라고 말하고 있다(Hart to Merrill, *Hart Letters*, 1889.2.19; 高柄翊, 앞의 글, 18쪽의 내용에서 인용).

180 김윤식의 분명한 친청(親清) 성향으로 미루어보더라도 메릴이 압박을 가하거나 김윤식이 그에 저항하여 조선의 권리를 강변하는 형태로 양자간 협상이 이루어졌을 것으로 보이지는 않는다.

임명된 지 한 달 여 뒤에 감리의 보좌진을 인선하였다는 사실을 알 수 있다.

> 또 해당 항구의 설치 사목 중에서 감리에 보좌가 없을 수 없으니, 본 아문衙門(통서-
> 저자 주)의 주사 중 1명을 파견하고, 서기書記·장부掌簿 중 입사入仕하지 않은 이들을
> 해조該曹로 하여금 구전口傳하여 군직軍職에 붙여 첨입籤入시키도록 계啓할 것.[181]

즉 통서의 주사 중 1인을 감리 보좌역으로 임명하고, 기타 실무진들은 서기
·장부 중 보직이 없는 이들에게 맡기게 했던 것이다.[182] 설치사목에서 규정된
'장방賑房의 장부 및 서기, 서사胥史' 중 실제 기록에서 확인되는 것은 장부와 서
기이다. 감리 임명 초기에 부산에서는 해관의 장부로 한백영을, 서기로 민건
호, 서상원, 권재형을 임명했음은 살펴본 바 있다. 인천의 경우 해관의 장부가
팽한주彭翰周, 김상오金相五, 변달邊燵의 3인 모두 조선인이었다는 기록이 있으며,[183] 전
체적인 직원 인원의 변동 상황을 정확히 파악하기는 어려우나, 그 대략적인 추
이를 보면 〈표 4〉와 같다.

〈표 4〉 1883~1886년 1월간 3개 항구 감리 보좌 요원의 임면 현황[184]

		1883년	1884년	1885년	1886년
부산 (釜山)	장부 (掌簿)	한백영 (韓百永)	1884~1885년 중 어느 시점에서 한백영이 서기관으로 직책 변경	한백영이 병환으로 사임, 후임에 유공환(兪公煥) 임명(7월)	김익승(金益昇, 1월 추가 임명)
	서기관 (書記官)	민건호 (閔建鎬) 서상원 (徐相元)			

---

181 『統署日記』, 고종 20년 9월 20일, "又以該港設實事目中 監理不可無幇副 以本衙門主事中 一員派送 及書
記掌簿未入仕者 令該曹口傳 付軍職 付籤入啓事".
182 그런데 『부서집략』 등을 통해서 볼 때, 이러한 파견이 실제로 이루어졌는지 여부는 확실하지 않다.
183 『釜署集略』 上,「日記」, 甲申 4월 18일 壬戌.
184 『고종실록』·『승정원일기』·『일성록』 등 연대기 기록 및 『부서집략』, 『통서일기』, 『팔도사도삼항구일
기』 등을 토대로 작성. 원산의 경우 자료에 장부가 아니라 '장무관'으로 표기되어 있어서 그에 따랐다.

		1883년	1884년	1885년	1886년
		권재형 (權在衡)			
	경찰관 (警察官)			최석홍 (崔錫弘, 10월 추가 임명, 부산첨사(釜山僉使) 겸직)	
인천 (仁川)	장부 (掌簿)	팽한주 (彭翰周) 김상오 (金相五) 변달(邊燵)	어느 시점에서 팽한주가 서기관으로 직책 변경		
	서기관 (書記官)		변석운 (邊錫運, 7월 추가 임명) 팽한주가 병환으로 사임, 후임에 유기환(兪箕煥) 임명(12월)	김가진(金嘉鎭, 7월 추가 임명) 장재두(張在斗, 8월 추가 임명)	신재영(申載永, 1월 추가 임명)
	경찰관 (警察官)		김굉신 (金玄臣, 4월 추가 임명, 화도진(花島津) 별장(別將) 겸직)		
원산 (元山)	장무관 (掌務官)	이명선 (李鳴善)	이명선(李鳴善)이 병환으로 사임, 후임으로 윤병수(尹秉秀) 임명	어느 시점에서 윤병수가 서기관으로 직책 변경	
	서기관 (書記官)			박의병(朴義秉, 10월 추가 임명) 정현철(鄭顯哲, 12월 추가 임명)	안영수(安寧洙, 1월 추가 임명)
	경찰관 (警察官)			박의병(朴義秉, 10월 추가 임명, 서기관 겸직)	

〈표 4〉를 보면, 1885년 하반기부터 1886년 초에 이르는 기간 동안 각 항구의 서기관 신규 임명이 급증하고 있음을 알 수 있으며, 그 시기가 이미 살펴본 메릴의 해관구조 개편 기도와 일치한다는 사실은, 결국 감리서의 구조 변화에 따른 조직 확대의 일면으로 이해할 수 있을 것이다.

한편 감리 휘하 인원의 확충과 관련하여 주목해야 할 또 다른 존재가 바로 개항장 경찰관警察官이다.[185] 기록상으로 개항장의 경찰관이 처음 등장하는 때는 1884년고종 21이다. 그해 7월 24일 자 『승정원일기』에서는 다음과 같이 기록하고 있다.

> 또 통리교섭통상사무아문의 말로 아뢰기를 "화도진 별장別將 김굉신金宏臣을 인천 항의 경찰관으로 임명하여 감리로 하여금 사무를 구관句管하도록 하는 것이 어떻겠 습니까?" 하니, 윤허한다고 전교하였다.[186]

이것이 개항장의 경찰관 설치와 관련된 최초의 기록인데, 문제는 그 배경이나 구체적인 정황은 전혀 언급되지 않고 있다는 점이다. 이와 관련하여 생각해볼 수 있는 부분이라면, '인천항의 감리로 하여금 사무를 구관하게 한다'는 언급에서 이 직책이 개항장의 감리서와 연관성이 있을 것으로 추정되는 측면이다. 앞서 살펴본 바 있는 '감리통상사무설치사목'의 내용 중 감리 휘하 직원의 편제는 장부, 서기, 서사 등으로 구성되어 있으며 경찰관에 대한 언급은 나오지 않는 점에서 볼 때, 적어도 감리 임명 당시에는 '경찰관'이라는 직책은 공식적으로는 없었던 것으로 보인다.

그런데 이 사목에서 경찰관과 관련하여 주목할 부분이라면 바로 감리가 근

---

185 이 경찰관은 1894년 경무청 체제 발표 이후 만들어진 근대적 경찰 제도하의 경무관과는 다르다. 갑오개혁 이전의 경찰관에 대해 언급한 노호래의 연구는 주로 『고종실록』의 임면기사를 인용하였는데, 제도의 설치 배경이나 운영 등에 대한 구체적인 분석은 누락되었다는 한계를 갖는다(노호래, 「해양 경찰사 小考-한말 개항장(開港場)의 감리서(監理署)와 경무서(警務署)를 중심으로」, 『한국경찰연구』 10-2, 2011, 70~72쪽). 한편 孫榮祥의 연구에서도 1894년 7월 14일 자로 '경무청관제(警務廳官制)'가 공포된 이후 여러 관서에 흩어져 있던 경찰 업무가 경무청으로 이관되는 과정을 서술하면서, 8월 6일에 각 개항장 감리서 소속이던 경찰관을 경무관(警務官)으로 개칭하고 경무청 산하에 배치하였다는 언급이 있지만, '개항장 감리서 소속 경찰관'의 실체에 대해서는 전혀 언급되지 않고 있다(孫榮祥, 「갑오개혁 이후 近代的 警察制度의 정립과 운영」, 『韓國史論』 53, 서울대 국사학과, 2007, 325~326쪽).

186 『承政院日記』, 고종 21년 4월 21일. "○○又以統理交涉通商事務衙門言 花島津別將 金宏臣 仁川港警察官差下 使監理事務句管 何如 傳曰允."

무하는 공서公署에 관한 대목, 곧 '공서의 경우 인천은 화도진사를 부산의 경우 초량진사를 우선 그대로 사용하되, 원산은 부사가 겸직하므로 거론할 필요 없음'이라는 항목이다. 이로부터 바로 첫 경찰관의 임명 당시 근무지인 화도진이 감리의 근무처소로 사용되고 있었음을 알 수 있다. 따라서 인천감리의 관할 업무가 증가함에 따라서, 감리가 근무 관사로 사용하는 화도진에서 원래는 그 본연의 업무인 별장직에 종사하고 있던 김굉신을 급한 대로 차출하여 감리 업무를 보조하게 한 것이 인천항 경찰관의 효시인 것으로 보인다.

다음으로 생각해볼 부분은 경찰관에게 부여된 업무의 구체적인 내용이다. 정부 차원에서 임명 절차를 마친 후 실제 업무 당사자들인 별장 김굉신과 인천감리 조병직에게 통보한 내용을 살펴보면 그 일단이 드러나 있다.

> 화도진 별장에게 내린 관문 : 이하 상고相考할 것. **각국의 조계에 인원을 파견하여 순포巡捕 등을 전담하여 관할하도록 하지 않을 수 없는 바**, 본 아문통서에서 해당 진의 별장을 경찰관으로 하여 해당 항구인천항의 감리가 관장하도록 하는 건을 계품啓稟하여 윤허를 받았음. 이에 발관發關하여 알리니, 사후에 경찰 등의 사안은 일체 감리사무監理事務의 지휘를 받음을 삼가 유념하여 거행하도록 할 것.[187]

이미 살펴본 바와 같이 감리의 중요한 역할 중의 하나가 바로 이 조계 관련 사무였으며, 1883~1884년에 걸쳐 잇달아 인천항의 조계 관련 규정들이 제정되고 있던 상황이었다. 따라서 1884년 당시 폭주하기 시작한 조계 관련 업무

---

187 『八道四都三港口日記』제1책,「甲申 4월 22일 關花島鎭別將−統署(1884.4.22) → 花島鎭別將」, "相考事 各國租界 不可無派員 專管巡捕等節 本衙門原經啓稟 以該鎭別將警察官 使該港監理句管事允下矣 玆以發關知照 嗣後警察等事 一聽監理事務指揮 惕念擧行宜當者". 참고로 같은 날짜에 대동소이한 내용으로 인천감리에게도 공문이 발송되었다(『八道四都三港口日記』제1책,「甲申 4월 22일 關仁川監理−統署 (1884.4.22) → 仁川監理」"相考事 各國租界巡捕等節 不可無派員 本衙門專管 故原經啓稟 以花島鎭別將 金玄臣 警察官差下矣 使該港監理句管事允下矣 玆以發關知照 須卽知委察任之地宜當者").

를 감당하기 위하여, 그중 '순포巡捕', 곧 순찰과 치안 유지 관련 사항에 특화된 전담 요원으로서 경찰관이 임명된 것으로, 업무 수행에 있어서 감리의 사무지휘를 받음을 명시하여 지휘계통을 분명히 하고 있다.

그렇다면 '경찰관'이라는 명칭의 기원은 무엇일까? 일차적으로 생각해볼 수 있는 대목은 당시 일본이 조선의 개항장에 도입한 경찰 제도이다. 일본은 1876년 조·일수호조규 체결 이후 일찍부터 개항장의 거류민 중에서 몇 명을 선발하여 치안 유지 등 경찰에 준하는 직무를 수행하게 하였다. 1880년 이후에는 공사관·영사관이 개설됨에 따라 정식으로 일본에서 '경부警部'·'순사巡査' 등의 직위를 가진 경찰관을 개항장에 파견하여 공관의 경비와 거류지의 경찰 업무를 맡도록 하였다.[188] 따라서 1884년경이면 이러한 일본의 경찰 제도가 개항장에 도입된 지 일정한 시간이 경과한 뒤인 시점이므로 자연스럽게 조선에 있어서 참조할 대상이 되었을 것으로 보인다.

이와 더불어 생각해볼 수 있는 점이라면, 1880년대에 개화파가 주장하고 관심을 갖던 근대적 경찰 제도 도입 논의 역시 일정한 관련이 있었던 것으로 추정할 수 있다. 즉 1881년 조사시찰단의 일본 문물 시찰시에 근대적 경찰 제도 역시 관심의 대상이 되었으며, 이후 보다 구체적으로는, 박영효朴泳孝가 1882년 12월 한성판윤漢城判尹에 임명된 뒤 한성부에 순경부巡警部 신설을 시도한 바 있다.[189] 비록 박영효가 얼마 뒤에 광주유수廣州留守로 옮겨가면서 결과적으로 실패로 끝났지만, 이러한 개화파들의 근대적 경찰 제도에 대한 관심은 이후로도 지속되었다.[190] 따라서 1884년 4월이 갑신정변 이전이라는 시점을 감

---

188 하원호, 「개항기 재조선 일본공관 연구」, 『개항기의 재한 외국공관 연구』, 동북아역사재단, 2009, 45~46쪽.
189 『高宗實錄』권20, 고종 20년 1월 23일.
190 보다 구체적으로 살펴보면, 김옥균이 1884년 7월 3일 『한성순보』를 통해 '治道略論' 16개 항을 발표하면서 巡檢 설치를 필두로 하는 근대적 경찰 제도에 대한 구상을 발표한 바 있고(金玉均, 「治道略論」, 『金玉均全集』, 亞細亞文化社, 6~7쪽), 같은 해 7월 24일에는 박영효의 일본 수신사행 당시 수행원 중

안한다면, 이 시기의 경찰관 임명은 이러한 개화파의 근대적 경찰 제도에 대한 관심의 반영으로도 조심스럽게 추정해볼 수 있다.

이 개항장의 경찰관 임명은 이듬해인 1885년에 나머지 두 곳부산,원산으로 확대되었고,[191] 이후 조·청상민수륙무역장정 체결에 따른 청과의 상무商務를 위하여 회령會寧을, 러시아와 육로통상장정陸路通商章程을 체결1888.7.13하고 이와 관련하여 경흥慶興을 개시장開市場으로 정하고, 각각 관북 감리서關北監理署, 1885.9.17와 경흥 감리서慶興監理署, 1889.8.5를 설치했는데, 이들에도 역시 추후에 경찰관이 임명되었다. 1894년 '경무청관제警務廳官制' 발표로 경무관警務官으로 개칭되기 이전까지 각 지역별 경찰관 임명 현황을 살펴보면 다음의 〈표 5〉과 같다.[192]

〈표 5〉 1894년 '경무청관제' 공포 이전 개항장·개시장 경찰관 임면 현황

	개항장								
	인천(仁川)			부산(釜山)			원산(元山)		
	기간	성명	비고	기간	성명	비고	기간	성명	비고
1	1884.4~ 1890.4 (순직)	김굉신 (金玄臣)	화도진 별장 겸직	1885.10~ 1886.10	최석홍 (崔錫弘)	부산 첨사 겸직	1885.10~	박의병 (朴義秉)	원산항 서기관 겸직
2	1890.4~ 1894.7	우경선 (禹慶善)	인천항 서기관 겸직	1886.10~ 1893.5	박기종 (朴琪琮)	전(前) 동지(同知)			
3	1894.7~	이명건 (李命健)	전(前) 문안(文案)	1893.5~	정석규 (鄭錫圭)	전(前) 첨정(僉正)			

하나였던 전라도 남원의 유학(幼學) 오감(吳鑑)이 상소를 통해 '재판과 경찰의 법' 확립을 주장하였다(『承政院日記』, 고종 21년 7월 24일). 개화파들의 경찰 구상은 1884년 10월 당시 갑신정변의 혁신 정강 중에서 '순사제도(巡査制度)의 설치' 관련 항목으로 구체화되었으며, 정변의 실패 이후에도 일본 망명시 박영효가 작성한 것으로 추정된 '건백서(建白書)'에 순청(巡廳) 설치를 언급하면서 다시금 이에 대해 언급하고 있는데, 이상과 같은 개화파의 경찰 제도에 대한 관심은 기본적으로 전통적인 포도청이 치안 유지에 있어서 조직상 여러 측면에서 부족하고 기능을 제대로 다하지 못한다는 인식에서 비롯되었다. 이와 관련된 보다 자세한 내용은 孫榮祥, 앞의 글, 311~322쪽 참조.

191 원산항의 경우 경찰관 임명 이전에 조계지역 내 순찰과 경찰 업무 강화의 지시를 내리기도 하였다(『八道四都三港口日記』제2책,「甲申 9월 20일 關元山監理-統署(1884.9.20) → 元山監理」, "爲相考 事 今月十八日 接到日本公使照會一度 玆以粘尾下送 而本道歉荒旣甚 搶攘之患 勢所必至 租界之內 尤不 容不嚴加隄備 巡捕警察等節 預先措處 無有意外之患宜當者").

개시장					
회령(관북 감리서)(會寧(關北監理署))			경흥(慶興)		
기간	성명	비고	기간	성명	비고
1	1890.윤2~1892.12	진홍구 (陳洪九)	전(前) 장부관(掌簿官)	1890.12~	박희양 (朴熙暘)	유ㅎ
2	1892.12~1893.9	박희병 (朴羲秉)	유학(幼學)			
3	1893.9~	김기채 (金器宋)	전(前) 원산항 서기관			

이러한 인원의 충원과 더불어 생각해봐야 할 것이 '공간', 곧 감리와 직원이 근무하는 공서의 신축이나 확장 등과 관련된 문제이다. 이 감리 공서는 경우에 따라 '감리소監理所',[193] '감리공소監理公所'[194] 등으로 호칭되기도 하였으며, 단순히 근무 공간 이외에도 경우에 따라 해관 소요 물자의 보관에 이용되기도 하였다. 설치사목에 따라 처음에 부산감리 공서는 초량진사[195]를, 인천 공서는 화도진사[196]를 사용했는데, 그중 인천의 경우 1884년에 공서 건축에 관한 기사[197]가

---

192 〈표 5〉는 연대기 기록인 『고종실록』, 『일성록』, 『승정원일기』 및 서울대 규장각한국학연구원 소장 각종 감리서 관련 기록들을 참조하여 작성하였다.

193 『統署日記』, 고종 20년 11월 19일, "釜山監理下往後 辦察官所屬條 自明年爲始 付監理所事"; 11월 20일, "東萊府留實海關所需錢零條 沒數割送于釜山監理所事 發關該府(미주: 釜山關防及米突尺紙樣印札板幷付送于監理所)".

194 『漢城旬報』, 「仁川口租界約條追錄」(1883.12.20), 중 제4조 참조.

195 초량진은 부산 왜관이 있던 곳으로, 보다 구체적으로 감리 공서로 쓰인 건물은 판찰소(辦察所)였다. 판찰소는 판찰관(辦察官, 왜관 훈도(訓導)가 개칭된 명칭)이 집무했던 곳으로, 이곳에서 1886년까지 감리 업무가 수행되었다(『東萊統案』(奎18116) 제3책, 「辛卯 정월 牒 제1호 – 東萊監理(1891.1.12) →統署」).

196 화도진은 현재 인천광역시 동구 화수동에 위치하고 있으며, 1878년(고종 15) 8월 27일 御營大將 申正熙에게 명하여 인천과 부평에 진지와 포대를 축조하도록 하였고(『高宗實錄』 권15, 고종 15년 8월 27일), 이듬해 7월 1일 완공하여 인천에 축조된 것을 화도진, 부평에 축조된 것을 延喜鎭으로 지칭한 것이 그 효시이다(『高宗實錄』 권16, 고종 16년 7월 1일). 이후 화도진은 1882년에 들어와 5월에는 조미수호통상조약, 6월에는 영국, 독일과의 수호통상조약 체결 장소로 활용되기도 하였다. 같은 해에 연희진은 혁파되고 화도진은 훈련도감으로 이속되었으며(『高宗實錄』 권19, 고종 19년 6월 28일), 이후 금위영을 거쳐(『高宗實錄』 권19, 고종 19년 10월 8일), 다시 총용청으로(『高宗實錄』 권19, 고종 19년 10월 22일) 소속이 변경되었다.

197 『統署日記』, 고종 21년 7월 16일. "仁川監理牒報 本署營造之役方張 初次劃下錢二萬兩 業已告罄 銅錢限二萬兩又先劃下事 一 本署設立巡捕十名 使之擧行事 一 日本租界沿海道路修築一事 方飭海關措辦 從速修

발견되는 것으로 미루어볼 때, 화도진사에서 독립하여 별도의 건물에서 집무를 보기 시작한 것으로 추정된다.

이상과 같이 인원의 확충[198] 및 공간의 확장 등을 배경으로 하고, 거기에 감리-세무사 간 관계 및 감리의 관할 업무에 구조적 변화가 생긴 것을 계기로 감리서는 '감리의 근무 공서'에서 관제상의 정식 관서로 독립하게 되었다. 그 증거로 제시할 수 있는 것이 '감리서監理署' 명칭이 명기된 새로운 장정의 제정이다. 이 '감리서 신장정監理署 新章程'은 통서에서 제정 후 1885년 11월 18일 자로 3개 항구에 내려보냈으며,[199] 부산의 경우 12월 1일에 수령하였고[200] 원산은 2일 자로 수령 확인 보고가 올라왔다.[201] 총 14관으로 구성된 이 장정은 전문이 관련 사료에 기재되어 있지 않아 그 정확한 내용을 현재로서는 알기 어렵지만, 그 일단을 추측할 수 있는 단서들이 있다.

우선 이 장정이 감리서의 월급 규정 및 앞서 나온 '세사장정'과 더불어 3개 항구에 하달되었다는 점에 주목할 필요가 있다. 주지하다시피 '세사장정'의 주 내용은 총세무사의 세무사 통제에 기반한 해관·감리 이원 체제로의 개편이었으며, 그 과정에서 감리에게 관세관리권을 부여하는 것이었다. 이를 감안하면 이 '감리서 신장정'은 그러한 개편의 결과 해관과 이원 체제를 이루며 정식 관

完之意. 照覆該領事官事."

198 참고로 『增補文獻備考』에 감리서의 조직과 관련하여 "(고종) 27년(1890)에는 각 항구에 서기관을 두었는데 인천에 5인, 부산·원산에 각각 4인, 경흥·회령에 각각 2인이며, 세 항구에는 또 幇辦 1員을 두었다"(『增補文獻備考』, 권216, 「職官考」, '相府-統理機務衙門')는 언급이 있다. 이는 각 항 감리서에 두는 서기관의 인원이 확정된 것이 1890년이라는 의미일 뿐, 1890년에 한꺼번에 이들을 임명했다는 뜻은 아닌 것으로 보인다(김현석, 앞의 글, 184쪽).

199 『咸鏡道關草冊』제1책, 「乙酉 11월 18일 關三港口-統署(1885.11.18)→三港口」. 이 장정 역시 '港口章程'(『海隱日錄』I, 471쪽), '各港口向來應行章程'(『咸鏡道關草冊』제1책, 「乙酉 11월 18일 關三港口-統署(1885.11.18)→三港口」), '감리서 신장정'(『統署日記』, 고종 22년 12월 22일) 등 사료마다 명칭이 다르게 표현되는데, 역시 그 성격을 가장 압축적으로 나타내주는 '감리서 신장정' 명칭으로 통일하고자 한다.

200 『海隱日錄』I, 471쪽.

201 『統署日記』, 고종 22년 12월 초2일.

서로 독립하게 된 감리서의 관제를 규정하는 내용일 것으로 추정할 수 있다.

정식 관서로서 감리서가 거듭나게 되면서 관할 업무의 성격도 바뀌게 되었는데 이러한 정황 역시 확인되며,[202] 그 '업무 변화' 및 장정 내용의 핵심이 바로 관세관리권의 행사였음은 '해관의 관세를 올해 1월부터 감리서에서 관할한다는 취지로 장정을 내려 보냈다'는 언급[203]에서 확인할 수 있다. 한편 장정의 제정과 더불어 감리서의 월급 지급 규정 역시 상세하게 규정되었다.[204] 이 또한 1883년의 설치사목에서 '세금 수입에서 적정한 수준만큼 지급한다'고 막연하게 정한 것과 비교해볼 때 감리서가 관제상 정식 관서로 탈바꿈했음을 보여주는 증거라고 하겠다.

그리고 이렇게 감리서가 관세관리권의 획득을 계기로 감리서 명칭이 명시된 장정을 제정하고 해관과 병렬적인 관제상 정식 관서로 독립하게 된 시점은 아마도 관세 수입 관할권의 획득 기점인 1886년 1월 1일음력로 추정된다. 여러 가지 간접적인 정황들이 있지만,[205] 무엇보다 신장정 및 월급 지급 규정 제정을 계기로『통서일기』 등 공적 기록에서 보이기 시작하는 '감리서' 명칭이 1886년부터 관찬 연대기류에서도 보이기 시작한다는 점을 지적할 수 있다. 감리서 관헌들의 임명과 관련된 1885년과 1886년의 기사들을 이하와 같이 비교해 보면, '감리서' 명칭의 유무에서 양자가 뚜렷이 대조되고 있음을 알 수 있다.

---

202 1885년 12월 6일에 부산항 서기관 민건호가 휴가를 얻으려고 했으나 '(감리서의) **사무가 변경되어**' 실패했으며, 이튿날 재차 간청하여 얻어냈다고 한다(『海隱日錄』 I, 475쪽).

203 『三港口關草』(奎18082) 제1책, 「丙戌 정월 8일 關三港口－統署(1886.1.8) → 三港口」. "爲相考事 海關稅錢 自今年正月爲始 自監理署照管之意 已有章程下送者是在果."

204 구체적인 내용은 『咸鏡道關草冊』 제1책, 「乙酉 10월 22일 關三港口－統署(1885.10.22) → 三港口」의 부속문서 참조.

205 우선 부산·인천·원산 3개 항구의 감리서와 통서의 왕복문서 모음집으로, 개항장의 공문만을 취합한 것으로는 가장 오래된 문헌인 『삼항구관초』가 1886년 1월 1일 자에서 시작하고 있다는 사실에서 간접적인 시사를 받을 수 있다. 또한 민건호가 거절된 휴가를 재차 신청하면서 감리서 업무의 변경이 '1월부터'임을 상기시키고 있다(『海隱日錄』 I, 475쪽).

1885년 기사

① 7월 9일 : 교섭아문의 주사로 안종수安宗洙와 김영완金永完을, 인천항 **감리서기관** **監理書記官**에 김가진金嘉鎭을 임명함 : 모두 해당 아문에서 모두 요청하는 계를 올려 차하差下한 것이다.[206]

② 8월 7일 : 교섭아문 주사로 김익승金益昇 등을, 인천항 서기관으로 장재두張在斗를 임명함 : 해당 아문에서 계啓하여 이르기를, 유학 김익승·안영수安寧洙·신재영申載永을 모두 본 아문의 주사로 추가 임명하도록 요청하였고 이를 허락하였다. 또 계하여 이르기를, 전 판관判官 장재두張在斗를 **감리인천항서기관監理仁川港書記官**으로 임명하도록 요청하였고 이를 허락하였다.[207]

1886년 기사

① 1월 27일 : 교섭아문의 주사로 이시렴李時濂 등을 임명함 : 해당 아문에서 계하여 이르기를, 본 아문의 사관司官 이시렴·강재륜康載倫·정병하鄭秉夏·정병기鄭秉歧·박영소朴永疏와 사용司勇 팽한주를 모두 본 아문의 주사로 추가 임명하도록 요청하였고 이를 허락하였다. 또 계하여 이르기를, 전 주사 김익승과 유학 우경선禹慶善을 인천해관의 **감리서監理署** 서기관으로, 전 주사 신재영을 부산해관의 **감리서監理署** 서기관으로, 그리고 전 주사 안영수를 원산해관의 **감리서監理署** 서기관으로 추가 임명하도록 요청하여 이를 허락하였다.[208]

---

206 『日省錄』, 고종 22년 7월 9일. "差下交涉衙門主事 安宗洙金永完 仁川港監理書記官 金嘉鎭 : 該衙門竝啓 請差下也."; 『承政院日記』, 고종 22년 7월 9일.

207 위의 책, 고종 22년 8월 7일. "差下交涉衙門主事 金益昇等 仁川港書記官 張在斗 : 該衙門啓言 幼學金益 昇安寧洙申載永 竝本衙門主事 請加差下 允之 又啓言 前判官張在斗 監理仁川港書記官 請加差下 允之."; 『承政院日記』, 고종 22년 8월 7일.

208 위의 책, 고종 23년 1월 27일. "差下交涉衙門主事李時濂等 : 該衙門啓言 本衙門司官李時濂康載倫 鄭秉 夏鄭秉歧朴永疏 司勇彭翰周 竝主事加差下 允之 又啓言 前主事金益昇 幼學禹慶善 仁川海關 監理署書記 官 前主事申載永 釜山海關 監理署書記官 前主事安寧洙 元山海關 監理署書記官 請竝加差下 允之."; 『承 政院日記』, 고종 23년 1월 27일.

②1월 28일 : 이조吏曹가 구전口傳 정사政事를 하여, 인천해관의 **감리서**監理署 서기관
에 김익승을 단부하고, 부산해관의 **감리서**監理署 서기관에 신재영을 단부하고,
원산해관의 **감리서**監理署 서기관에 안영수를 단부하였다.[209]

이렇게 해서 '형식과 실제의 괴리'로 대표되는 감리와 해관의 이중적 관계
가 1886년부터 감리서라는 독립 관서를 매개로 해관-감리서의 양립 체제로
바뀌게 되었다. 그런데 이러한 양립 체제를 손상시킬 우려가 있는 사건들이 발
생하자 메릴은 단호하게 대응하였다. 일례로 1885년 겨울에 있었던 인천 해관
에서의 청상淸商의 해관 순감巡監 폭행사건은 그 기원이 순감의 절차에 따른 정
당한 조사에 청국 상인들이 응하지 않으면서 시비가 붙게 된 것이었고, 청국인
들이 스스로 폭행당했다고 주장하며 문제를 삼았다. 이에 대해 이홍장은 통서
독판 김윤식에게 인천감리를 신칙하여 청국 상인을 폭행한 순감을 엄히 다스
리라고 조선정부에 통보하는데, 메릴은 그 부당성을 강변하면서 처벌 불가를
강력하게 역설하였다.[210] 정당한 법 집행에 대한 말도 안 되는 트집을 비판한
것이었지만, 동시에 분명히 세무사의 지시에 따른 해관 관원에 대한 감리의 개
입을 차단하려는 의도가 있었던 것 역시 사실이다.

또한 메릴의 해관 장악을 위한 기존 외국인 해관원 해임 조치에 대하여, 원산
항 감리가 해고대상 중 1인이 일을 잘하고 조선인 직원들에게 세무를 가르치고
있는 관계로 꼭 필요하기에 그를 해고할 수 없다고 주장하고, 그에 따라 통서에
서 유임조치를 취한 바 있다.1885.12.26~27 메릴은 역시 이에 대하여, 그해고 사
유는 세무사의 지시 불복종이고 세무사 관련 사항은 총세무사 소관이므로 관여

---

209 『承政院日記』, 고종 23년 1월 28일. "吏曹口傳政事 仁川海關 監理署書記官 單金益昇 釜山海關 監理署
書記官 單申載永 元山海關 監理署書記官 單安寧洙."
210 『總關來申』제1책, 「稅字 제26호-通政大夫戶曹參議衙管理海關事務總稅務司 墨賢理(1885.12.26) →
統署」.

하지 말도록 감리를 신칙하라고 강력하게 요청하였으며[211] 결국 김윤식은 그 요청을 수락한다. 메릴은 이에 대해 사의를 표하면서, 동시에 감리의 세무사 관할 영역 간섭에 대하여 재차 불만을 표명하고 재발 방지를 촉구하고 있다.[212]

이상의 과정을 살펴볼 때, 결국 어찌보면 감리서의 독립기관화는 청의 조선 속방화 정책과 궤를 맞추어 이루어진 셈이다. 따라서 일단 악화된 재정 상황의 타개라는 관점에서 관세 수입의 자율관할권 획득은 조선정부로서 당장에는 반가운 일이었겠지만, 보다 긴 호흡으로 보면 이는 청의 강제 차관 도입으로 마무리되는 조선 해관 지배의 전 단계 수순으로 볼 수도 있는 만큼 그 한계 또한 명백하다고 하겠다. 그러나 다른 한편으로는 형식상으로 감리가 해관의 총책임자라고 하더라도 실질적으로는 감리가 그를 통제하지 못하던 상황에서 관세 수입에 대한 자유 관할권을 획득하고 독립기관으로 서게 된 점은 개항장 행정의 발전으로 평가할 만한 부분이라고 생각된다.

4. 개항장·개시장開市場 감리서의 기구 증설과 조직의 정비

1) 개시장 감리서의 창설과 징세·감리 업무의 겸무

관세 수입 관할권의 보유를 계기로 독립 관서화한 감리서는 외국과의 추가적인 통상조약 체결과 더불어 개항장을 매개로 벌어지는 상업활동의 규모가 커짐에 따라 증설 및 조직의 확대 과정을 밟게 되었다. 그 결과 부산·인천·원산의 3개 개항장 이외에 추가로 의주, 회령, 경흥 등 북쪽 국경지대에 위치한

---

211 위의 책, 「稅字 제27호 – 通政大夫戶曹參議銜管理海關事務總稅務司 墨賢理(1885.12.28) → 統署」. 참고로 이 공문의 원문 말미에는 발신일이 11월로 기재되어 있으나, 12월의 오기로 보인다.
212 『總函拾遺』(奎17833) 乾, 「總稅務司 墨賢理(1885.12.28) → 督辦交涉通商事務 金允植」(亞硏 編, 「海關案 2」, 『舊韓國外交關係附屬文書』2, 문서번호 1960, 1972, 885~886쪽).

이른바 '삼관三關'에 설정된 개시장開市場, Open Market[213]에도 감리서가 설치되었는데, 이들 중 의주와 회령은 주로 청, 그리고 경흥은 러시아와의 통상을 위해 설정된 곳이었다.

그런데 여기서 주목할 부분은 의주와 회령에 설치된 개시장은 3개 항구에 설치된 개항장과는 근본적으로 그 성격 자체가 다르다는 점이다. 우선적으로 염두에 두어야 할 부분이 근대 이전의 무역과의 연관성이다. 청과 조선 사이의 변경지역인 의주·회령·경원에는 일찍이 연행사절을 통한 공무역과는 구별되는 사무역인 개시開市가 진행되고 있었다.

의주지역에는 일찍이 조선의 요청으로 1593년선조 26 조선과 명 사이에 중강개시中江開市가 시작된 바 있다. 이후 광해군대에 후금의 흥기興起와 명의 쇠퇴로 사실상 유명무실해졌다가 청대에 들어 1628년인조 6에 개시에 관한 제반 절차가 결정되고 무역이 시작되었다. 그러나 조선의 교역 회피로 사실상 중단 상태에 들어갔다가 1646년인조 24에 다시금 청에서 개시를 요청하였다. 이에 이듬해인 1647년인조 25부터 2월 15일과 8월 15일의 연 2회에 걸쳐 개시가 시작되었고, 이후 일종의 밀무역인 후시後市도 출현하게 되었다.[214]

회령과 경원에는 청대 이후로 북관개시北關開市가 개설되었다. 북관개시는 기본적으로 만주지역 여진인의 생필품을 조달하기 위해 청이 요구한 것으로, 영고탑寧古塔 여진인은 회령에서, 그리고 고이객인庫爾喀人은 경원에서 교역하기로 약정하고 호시규정互市規定을 마련하였다. 이후 1638년인조 15부터는 회령개시가

---

213 일반적으로 개시장은 개항장과는 달리 항구가 아닌 곳에 설치되는 교역 장소로 알려져 있는데, 사실 개항장의 본질 자체가 '치외법권을 지닌 외국인의 거주·통상을 위하여 특별히 개방한 시읍(市邑)'으로, 항구만을 지칭한 개념은 아니다. 따라서 한·중·일 3국 중에서 '개시장'이라는 용어를 공식적으로 사용하는 경우는 일본이 유일하였다(孫禎睦, 『韓國開港期 都市變化過程研究』, 一志社, 1982, 59~60쪽). 그러나 본서에서는 일단 '항구에 설치된 교역 장소 = 개항장, 비항구지역의 경우 = 개시장'이라는 통례를 따르도록 한다.

214 李哲成, 앞의 책, 30~35쪽.

1년에 1번씩, 1645년부터는 2년에 1번씩 열리기 시작하였다.[215]

그러나 이 개시는 교역 대상품의 불공평성과 더불어 청의 관리 및 상인들의 숙식비 일체를 비롯하여 지불하는 막대한 비용과 영접 등에 필요한 노고 때문에 조선 입장에서는 기피 대상이었다. 특히 회령과 경원의 개시에서 비용 문제로 인한 폐단이 극심하였으며, 따라서 이 두 곳의 개시 폐지는 조선 후기 개시무역이 전개된 이래 조선 측으로서는 일종의 숙원사항이었다.[216]

이 문제는 어윤중魚允中이 1882년 청에 문의관問議官으로 파견되어 통상문제의 협상을 시도할 때 같이 제기되었다. 어윤중이 전달한 고종의 자문咨文에서 핵심 내용은 ① 개해금開解禁과 통상장정 체결, ② 북관개시의 혁파 및 그에 따른 공궤供饋의 폐지, ③ 파사주경派使駐京, ④ 사대사행事大使行의 폐지 등이었는데, 이는 결국 청과의 전통적인 사대질서를 폐기하려는 의도로 청에게 받아들여져 북관개시의 공궤 폐지 문제를 제외하고는 대부분 거부되었다.[217] 그나마 북관개시의 문제도 청 측에서 회령·경원 중 회령의 폐지에는 반대하여 결국 회령개시는 존속되고 경원개시만 폐지되었다.[218] 이후 청이 임오군란 발발 후 진압을 명분으로 내정간섭을 시도하면서 전통적인 속방 관계에 가탁하여 조선을 식민지화하려는 의도를 드러낸 것은 주지하는 바와 같다.[219]

의주와 회령의 개시는 바로 이러한 청의 간섭정책의 결과물로 탄생하게 된 '조·청상민수륙무역장정'1882.10.17 체결 중 제5조에서 개시 대상 도시로서 압록강 건너편의 의주조선와 책문柵門, 청 및 도문강圖門江 건너편의 회령조선과 혼춘琿春, 청을 지정하고 세관과 관잡關卡 설치를 명문화한 데서 비롯된 것이었다. 단 이미

---

215 고승희, 앞의 책, 121~123쪽.
216 김종원, 『근세 동아시아관계사 연구—朝淸交涉과 東亞三國交易을 중심으로』, 혜안, 1999, 302~303쪽.
217 具仙姬, 『韓國近代 對淸政策史 硏究』, 혜안, 1999, 62~64쪽.
218 김종원, 앞의 책, 309쪽.
219 具仙姬, 앞의 책, 64쪽.

폐지했던 개시를 그대로 다시 부활하는 것이 아니라, 기존 개시의 폐단이 관원의 주관에서 비롯되었음을 명시하면서 민간에 의한 자율적 방식으로 개편하고, 정기적으로 개최되는 방식 역시 상설 시장의 형태로 전환할 것임을 분명히 했다.[220] 이는 보기에 따라서는 사대질서하의 전근대에 이미 존재하던 의주와 회령의 개시무역이 일종의 개량 과정으로 거쳐서 존속되는 것으로 이해할 수도 있는 것이다.

이후 그에 따른 후속 조치로서 조선에서 이듬해인 1883년 1월에 이미 조·청상민수륙무역장정 체결 논의 과정에서 문의관으로 활동한 바 있는 어윤중을 서북경략사西北經略使로 파견하여[221] 이들 도시에서의 개시와 관련된 장정 체결을 추진하였다. 어윤중은 2월 25일에 중국 측 대표인 동변병비도東邊兵備道 진본식陳本植과 의주·책문 개시 문제를 의논하였고,[222] 그 과정에서 중국 측 개시 장소가 책문 대신에 중강中江으로 변경되었으며, 3월 14일에 전문 24조의 '봉천여조선변민교역장정奉天與朝鮮邊民交易章程, 이하 의주장정(義州章程)'이 체결되었고,[223] 5월에는 회령·혼춘의 개시 논의를 위하여 중국 측 대표인 형부낭중刑部郎中 팽광예彭光譽와 회동한 뒤[224] 6월에 전문 16조의 '길림조선상민수시무역장정吉林朝鮮商民隨時貿易章程, 회령장정(會寧章程)'이 체결되었다.[225]

이들 장정의 내용 중 세관 관련 부분을 살펴보자. 먼저 의주장정의 경우 관세 징수 및 세관 등과 관련된 사항들이 규정된 조목은 5~10조 및 13조인데, 특히

---

220 『中國朝鮮商民水陸貿易章程』(奎23400) 제5조 참조(『高宗實錄』 권19, 고종 19년 10월 17일 기사에도 수록).
221 『從政年表』 권3, 고종 20년 癸未 정월.
222 위의 책, 고종 20년 癸未 2월.
223 '中江貿易章程'이라고도 칭한다. 구체적인 내용은 『柵門互市改移中江與朝鮮義州邊民隨時貿易章程』 (奎26109);『高宗實錄』 권20, 고종 20년 12월 3일 참조.
224 宋炳基, 「吉林·朝鮮商民隨時貿易章程' 譯註」, 『史學研究』 21, 1969, 195쪽.
225 '會寧貿易章程'으로 불리기도 한다. 장정의 내용은 『吉林朝鮮商民陸路貿易章程』(奎23401);『高宗實錄』 권21, 고종 21년 5월 26일 참조.

13조에서 이들 도시에서의 무역이 개항장의 그것과는 다름을 명시하면서, 조선 측 세금 징수의 주체가 의주부윤義州府尹임을 밝히고 있다. 회령장정에서는 관련 규정이 보다 구체화되었다. 즉 제1조에서 회령과 강을 사이에 둔 화룡골和龍峪 연강沿江 일대에의 세무국稅務局 설치, 제5조에서 조선 종성鍾城의 맞은편 강안江岸에의 분잡分卡 설치 및 총국總局으로부터의 관리 파견을 명시하고 있으며, 제7조 이후로 세금 징수와 관련된 구체적인 사항들에 대하여 규정하고 있다.

그런데 상기의 장정들에서 눈여겨볼 대목이 있으니, 그 내용을 압축적으로 보여주는 것이 아래에 나오는 회령장정의 서문이다.

조선은 오랫동안 번국藩國으로 있으면서 힘써 조공을 바쳐 왔다. 이제 두 나라의 변경에서 진행하던 무역의 옛 규례를 수시로 진행하는 무역으로 고치니, 이는 중국이 속국을 우대하는 취지이다. 길림·조선무역장정을 정하는 것은 각국의 통상장정과는 상관이 없다.[226]

즉 장정을 통해 개설되는 개시는 어디까지나 전근대 동아시아의 사대질서 체제하에서 황제국인 중국과 제후국인 조선 사이에 이루어지는 것으로, 만국공법 체제하 개항장에서 이루어지는 무역행위와는 근본적으로 다르다는 것이다. 이렇게 조·청간 장정을 통해 개설되는 개시가 개항장의 그것과 다르다는 사실과 더불어 청과 조선의 예속 관계가 강조되는 표현들은 의주장정에서도 나타나고 있다. 특히 의주장정에서는 개시장과 개항장의 차이를 강조하는 대목이 1, 10, 13조의 무려 3개 조항에서 계속하여 나타나고 있으며, 청과 조선의 종속 관계 또한 14조와 23조에 걸쳐 거듭 언급되고 있다.[227]

---

226 『高宗實錄』권21, 고종 21년 5월 26일. "朝鮮久列藩封 勤修職貢 今於兩國邊界 改互市舊例 爲隨時交易 係中國優待屬邦之意 擬立吉林朝鮮貿易章程 與各國通商章程 兩不相涉."

이는 결국 조선과 청의 관계가 행여나 개시무역을 계기로 근대적인 만국공법에 입각한 관계로 대외적으로 인식될 가능성을 차단하기 위한 조치라고 할 수 있다. 사실 개시장을 설정하고 세관을 설치하여 관세를 징수하는 행태가 보기에 따라서 개항장에서의 관세 징수 행위와 형태적으로 유사하다고 간주할 가능성이 있었다. 해관을 매개로 하는 개항장에서의 관세 징수 행위가 기본적으로 상호 평등한 입장에서 조약을 체결하는 만국공법 체제라는 대전제하에서 이루어진다는 사실을 생각해본다면, 청의 입장에서는 조·청간의 개시무역 역시 만국공법적 관계에 기반하여 이루어진다는 인상을 대외적으로 줄 위험성이 없지 않았다고 할 수 있다. 장정에서의 종속 관계 강조 및 개항장과의 차이 부각은 이러한 위험성을 원천적으로 제거하기 위한 것이었다.[228]

다음으로 이렇게 개시하게 된 의주·회령의 구체적인 감리 임명 과정을 보면, 먼저 의주의 경우 3월에 체결된 장정이 효력을 발휘하기 시작한 것은 조선 정부가 청으로부터 이 문제와 관련한 자문을 수령한 1883년 10월경부터로 여겨진다.[229] 이후 12월 22일 자로 일찍이 일본에의 제1차 수신사 파견으로 유명한 당시 의주부윤 김기수金綺秀에게 감리의주통상사무監理義州通商事務의 겸직 조치가 내려졌으며,[230] 실질적으로 관세 징수가 시작된 것은 1884년 4월양력 5월 경

---

227 특히 제23조의 경우 조선과 청의 지방관리들 사이에 개시와 관련하여 공문을 오갈 때 청에 대해서 반드시 '천조(天朝)' 혹은 '상국(上國)'이라는 표현을 써야 한다고 규정하고 있으며, 비슷한 내용이 회령장정의 제15조에도 나타나고 있다. 이들 조항에 따르면 '중동(中東)'·'중조(中朝)' 등의 표현은 물론 심지어『大淸會典』에 규정된 '중외(中外)'라는 표현도 절대 쓰면 안된다고 하여, 조선이 중국에 예속적인 존재라는 사실에 의구심을 갖게 할 일체의 단서를 남기지 않으려는 모습을 보이고 있다.

228 그런데 이러한 청의 입장에 조선 측 협상 대표였던 어윤중도 적극 동조하는 모습을 보이고 있는 점으로 볼 때, 장정에 해당 조항들이 삽입된 것은 청의 강요에 의해서만은 아니었던 것으로 보인다(韓國學文獻研究所 편,『魚允中全集』, 亞細亞文化社, 1979, 461쪽).

229『高宗實錄』권20, 고종 20년 12월 1일 참조. 따라서『고종실록』에 이 장정의 체결이 12월 3일 자 기사로 게재된 것은, 아마도 조·청간 대표간의 실제 장정 타결이 아니라 조선과 청 정부 간의 공식적 인증으로 효력을 발휘하기 시작한 날짜를 기준으로 한 것으로 보인다.

230『承政院日記』, 고종 20년 12월 22일. 이와 관련하여 최태호는 처음에는 의주에 감리가 임명되지 않았고 의주부윤으로 하여금 업무를 수행하게 하다가 1887년이 되어서야 감리 겸직 조치가 내려졌다고 했는데(崔泰鎬, 앞의 책, 186쪽), 사실과는 다소 차이가 있다.

부터였던 것으로 보인다.[231]

회령의 경우 통상장정 체결 자체도 의주와 비교하여 약간 늦기는 했지만, 감리 임명을 포함한 실질적인 후속 조치는 훨씬 더 지체되었는데, 문제는 주로 청 측의 사정에서 기인했던 것 같다. 즉 1883년 6월에 장정이 체결되고 11월 말에 청의 총서에 정식 보고가 올라간 뒤[232] 이듬해 2월에는 개시 이전에 변경 주민들의 임의적 무역행위 금지와 관련하여 길림장군吉林將軍과 경원부사慶源府使 사이에 조회가 왕복하는 등[233] 1884년 초까지 회령장정의 시행을 위하여 일련의 사전 준비 작업이 진행된 듯하다. 그러나 이후 한동안 이와 관련된 언급 자체가 없다가 무려 1년여가 지난 1885년 3월이 되어서야 다시 이와 관련하여 독리상무위원督理商務委員 파견 문제가 거론되기 시작하였고,[234] 5월에 이홍장이 조선정부에 길림독리상무吉林督理商務 파견을 통보했다.[235] 이에 대응하여 조선 측에서도 9월 17일 자로 회령부사 서형순徐珩淳을 감리관북육로통상사무監理關北陸路通商事務로 임명하였다. 아울러 청 측에서 분국分局을 추가 설치하고 수세收稅하고 있는 혼춘 관할의 강변 나루 어귀 일대가 경원지역과 국경을 접하고 있는 관계로 조선 역시 경원에 세무 분국을 설치하고 경원부사에게 회령 감리의 지휘하에 수세를 관할하도록 조치하였다.[236] 실제로 수세 업무가 시작된 것은 중국 측에서 파견한 독리상무의 부임 이후인 1886년 1월 2일부터였다.[237] 그리고 회

---

231 위의 책, 185~186쪽.
232 『中日韓』 3, 문서번호 790, 1250쪽.
233 위의 책, 문서번호 825, 1336쪽; 문서번호 830, 1343쪽.
234 위의 책, 4, 문서번호 980, 1763쪽. 이러한 지연은 아마도 1884년 8월에 베트남의 지배 문제를 둘러싸고 청·불전쟁이 발발하여 청이 조선과의 무역문제 등에 신경을 쓰기 어려웠던 사정도 하나의 이유가 아닐까 생각된다.
235 위의 책, 「附件」, 문서번호 996, 1828쪽. 조선정부가 이 자문을 수리한 것은 7월 16일이었다(『高宗實錄』 권22, 고종 22년 7월 16일).
236 『高宗實錄』 권22, 고종 22년 9월 17일. 참고로 같은 날의 『승정원일기』 기사에는 회령부사의 이름이 李珩淳으로 되어 있는데 이는 오기이다.
237 崔泰鎬, 앞의 책, 186~187쪽. 결국 회령의 경우 감리 임명이 1885년에, 세관 업무 실시는 1886년 초부터 시행된 것인데, 李鉉淙의 연구에서는 회령 감리서의 개설 시점을 경흥의 그것과 같이 1889년

령장정 제5조에서 규정된 바와 같이 종성의 강 너머에 청 측의 세무 분국이 개설되어 업무를 실시함에 따라 그에 대한 대응으로 종성에도 분국을 설치하기에 이르렀다.[238]

이상에서 의주와 회령의 개시장 설치 및 감리 임명 과정을 살펴보았는데, 1895년 감리서의 일시 폐지 시점까지 이들 개시장의 감리 임면 현황을 보면 〈표 6〉과 같다.

〈표 6〉 1895년 감리서의 일시 폐지 이전 개시장 감리의 임면 현황

	의주(義州)			회령(관북) (會寧(關北))		
	감리명	재임기간	비고	감리명	재임기간	비고
1	김기수 (金綺秀)	1883.12~1884.6	의주부윤 임명 : 1883.5	서형순 (徐珩淳)	1885.9~1886.2	*직함명이 '감리관북육로통상사무 (監理關北陸路通商事務)' 로 표시
2	이도재 (李道宰)	1884.6~8	감리 겸임 발령기사 無	김재용 (金在容)	1886.3~1887.3	
3	이헌영 (李𨯶永)	1884.8~1886.2		이정래 (李正來)	1887.3~1889.1	
4	홍승오 (洪承五)	1886.3~1887.3		홍은모 (洪殷謨)	1889.1~1890.윤2	
5	김재용 (金在容)	1887. 3~1889.12	감리 겸임 발령기사 無	홍시형 (洪時衡)	1890.윤2~1892.9	
6	김철희 (金喆熙)	1889.12~1891.10		김명기 (金命基)	1892.9~감리서 폐지 시	감리임명 : 1894.7 *직함명 '감리회령통상사무 (監理會寧通商事務)' 로 표시
7	민병한 (閔丙漢)	1891.10~1893.3				

으로 기술하였고(李鉉淙, 『韓國開港場研究』, 一潮閣, 1975, 29쪽), 기타 감리서 관련 사례 연구들 역시 대부분 이현종의 그것을 인용하고 있음이 눈에 띈다(崔泰鎬의 연구 제외). 이는 아마도 『증보문헌비고』에 잘못 기재된 관련 내용을 인용함으로써 생긴 현상이 아닐까 한다(『增補文獻備考』 권216, 「職官考」, '相府－統理機務衙門' 참조).

238 『高宗實錄』 권23, 고종 23년 7월 14일.

의주(義州)			회령(관북)(會寧(關北))		
감리명	재임기간	비고	감리명	재임기간	비고
조만승 (曺萬承)	1893.3~1894.3	감리 겸임 발령기사 無			
이근명 (李根命)	1894.3~감리서 폐지 시				

그러면 이들 개시장 설치된 감리서의 조직 및 운영 체계는 어떠했을까? 우선 회령의 경우 감리를 처음 임명하면서 관련 규정을 제정하였고, 현재 해당 문서가 전해지고 있다. 그 내용을 살펴보면 이하와 같다.[239]

1. 회령부사會寧府使 감리관북통상사무監理關北通商事務가 이미 어명을 받들어 임명되었는데, 경원慶源 분국分局의 관할 이외에도 국가와 지역을 막론하고 (통상 관계로) 분국을 개설하는 경우 관북 지방은 모두 회령 감리의 관할로 귀속된다

1. 경원부에 설치하는 분국은 혼춘渾春의 서쪽 강나루 지역과 서로 상대하며, 해당 부사가 분국의 수세 업무를 관할하되 감리의 지시를 듣는다.

1. 관북 지방은 3개 항구와 비교할 때 개항의 장소에 차이가 있기에 모든 사안마다 일일이 서에 직접 보고하는 것은 형편상 불편하므로 상무商務와 관계된 모든 사안은 해당 감리가 안무영按撫營에 직접 보고하여 상의·처리하고 안무영을 통

---

239 『咸鏡道關草冊』제1책, 「乙酉 9월 17일 關按撫營-統署(1885.9.17) → 按撫營」 내 부속문서. "一 會寧府使 監理關北通商事務 旣奉旨差下 除管轄慶源分局外 再有何國何地設有分局 如係關北地方 皆歸會寧監理管轄 一 慶源府設置分局 與渾春之西涉江渡口相對 該府使管分局收稅之務 聽監理知委 一 關北比三口開港處有異 事事直報于統署 勢所難便 凡係商務 該監理直報于按撫營 妥爲商辦 由按撫營轉報統署 遇有緊要重大事件 該營飛報統署 一 稅局屬員 由營本府妙選 可堪人差定 修報統署 一 設局時初頭所費 營本府爛商措劃 修報統署 慶源分局 一體照辦 一 監理關防祇受後 由按撫營 修報于政府統署 行文知會于八道四都 由該監理署 行文知會于三港及吉林督理商務 監理差出分局派定之由 亦行知照于吉林督理商務 一 每日出入稅項 每當日終 慶源分局 修成冊報于會寧監理 會寧監理 並會稅項某稅幾許 入貨某稅幾許 統計一日幾許 局內月費幾許 公用幾許 統計用下幾許 時在幾許 昭詳逼別 一 監理及分局諸屬員月俸 與稅局使役等月給 稅收入中多寡 量宜磨鍊以報 而諸事務從精略 冗員冗費 一切勿爲擧論 一 此次下送章程一冊 火速謄出幾卷 分送兩局 飭令兩局 多謄幾本 使屬員及疆界來往商民等 人人傳習 使曉能知章程中事 毋敢違犯干咎.

해 통서로 전보轉報하도록 하되, 긴급을 요하는 중대 안건의 경우에는 안무영에서 통서로 신속히 보고한다.

1. 세무국 소속 직원은 안무영을 통해 회령부에서 적합한 인사를 선발하여 임명한 후 정리하여 통서에 보고한다.

1. 세무국 설치 초기의 소요 비용은 안무영과 회령부가 잘 상의하여 조치한 뒤 정리하여 통서에 보고하며, 경원 분국 역시 일체 똑같이 처리한다.

1. 감리의 관방關防을 수령한 후 안무영을 통해 정부·통서로 보고하고 팔도八道·사도四都에 공문을 보내서 알릴 것이며, 해당 감리서를 통해 3개 항구 및 길림독리상무에게도 공문으로 알려주되, 감리를 임명하고 분국을 지정하는 사유 역시 길림독리상무에게 조회로 알려주도록 한다.

1. 일별 수·출입 관세는 당월 말에 경원분국에서 회령 감리에게 문서로 보고하며, 회령 감리는 회령의 항목별 세금 액수, 수입 화물의 항목별 세금 액수, 1일 총계 액수, 세무국 내의 월별 필요 비용 액수, 공용公用 액수, 지급한 총 비용 액수 및 현재 잔액 등을 모두 상세히 밝히고 핍별逼別한다.

1. 감리 및 분국 소속 직원들의 월봉月俸 및 세무국 사역使役들의 월급은 세입의 많고 적음을 살펴서 적절한 만큼 마련한 뒤 보고할 것이며, 모든 사무는 될 수 있는대로 정확·간략하게 하여 쓸데없는 낭비 인원이나 비용은 일체 거론하지 않는다.

1. 이번에 내려보내는 장정 1책을 속히 여러 부 등사하여 양 세무국에 나누어 보내고 양 세무국에 신칙하여 여러 부를 등사해서 소속 직원 및 변경지역에 왕래하는 상민商民들 모두가 장정의 내용을 확실히 이해할 수 있게끔 익히게 하여 함부로 위반하거나 과실을 범하는 일이 없도록 한다.

상기의 절목에서 알 수 있는 사실은, 우선 회령 감리에게 북쪽 변경지역에 설치되는 관세 징수기관분국을 포함을 관할할 수 있는 대표성을 부여했다는 사실이다. 아울러 개항장 감리의 경우 중앙의 통서에 대해 직접 보고하는 체계였던데 비해 회령 감리는 '불편함'을 이유로 안무영을 경유하는 방식을 취했다는 점도 특기할 만하며, 그 결과 안무영이 인사 및 예산 및 기타 행정 등에 간여하고 있음이 눈에 띈다. 그런데 이 방식은 상기의 절목이 제정된 이듬해인 1886년 4월 19일 자로 다른 개항장의 경우처럼 감리가 직접 통서에 보고하는 체계로 환원되고 있다.[240] 애초에 안무영 경유 방식을 택한 것은 수도 서울에서 멀리 떨어진 거리의 문제 때문이었을 것으로 보이는데, 아마도 실행 과정에서 거리상의 문제는 해결되었을지 몰라도 안무영을 경유하는 보고 체계 자체의 번거로움 및 비효율성이 노출되었기 때문일 것으로 추정된다.

다음으로 의주의 경우 『만세규칙灣稅規則』奎26183이라는 기록이 주목된다.[241] 이 문서는 크게 세 부분으로 나뉘어 있다. 우선 처음에 나오는 '만부상세灣府商稅 계초啓草'는 의주부윤이 통서에 보낸 보고서로서 세청稅廳, 세무국(稅務局) 설치의 취지를 밝히고 있다. 다음으로 세청에 소속된 관원의 수와 월봉月俸 내역이 기재되어 있다. 이를 통해 의주에 설치된 세무국의 조직 실태를 유추해볼 수 있다. 그에 따르면 우선 세청의 경우 공해公廨는 압록강 변에 위치한 것을, 그리고 관사는 의주부 동쪽의 것을 그대로 쓴다고 하였다.[242] 따라서 세무국을 설치했다고 하더라도 별도의 시설로 독립된 것이 아니라 의주 감리가 겸직하고 있는 부사직府使職에 딸려있는 부청府廳의 시설을 그대로 사용했다는 사실을 엿볼 수 있

---

240 『高宗實錄』 권23, 고종 23년 4월 19일.
241 『만세규칙』 내에 기록 연대와 관련된 언급이 없기 때문에 작성 시점을 구체적으로 알기는 어렵다. 그러나 판심에 '統理交涉通商事務衙門' 표시가 있는 점으로 보아 1883~1894년 사이에 작성된 문서이며, 제일 처음에 나오는 「灣府商稅 啓草」에 따르면 과거 우리나라가 상정(商政)을 알지 못하여 오직 의주에서만 중국과 통상을 하였는데 해로(海路)가 열리고 외국과 통상을 하게 된 이후로 의주를 통한 무역이 거의 없어져서 의주의 재정이 어렵게 되었다는 내용 등이 있는 점으로 볼 때, 이 문서는 의주가 개시장으로 지정된 후 감리로 임명된 의주부윤이 제작한 관세 징수와 관련된 문건임이 확실하다.
242 『灣稅規則』, "稅廳(미주 : 公廨 在鴨江邊 官舍 在灣府東) 並仍用."

다. 이는 애초에 감리가 원래 부사직을 수행하던 상황에서 겸직으로 임명되었다는 사실과 더불어 감리직의 지방관직에의 부속성을 보여주는 예라고 하겠다. 그리고 세청의 근무 인력을 보면, 감리 휘하로 관세관管稅官·부세관副稅官 각 1명씩에 서기書記 2인, 그리고 검세檢稅 1인 및 중국어 구사 가능자로 임명되는 검화檢貨 2인과 통인通引·사령使令 등 차역差役 10명, 그리고 불법 월경에 대한 감시 임무를 겸하는 순검巡檢 20인 등으로 구성된 나름의 규모를 갖춘 조직이었음을 알 수 있다.[243]

그런데 지금까지 언급한 규정 및 절목들을 살펴볼 때 가장 눈에 띄는 점이라고 한다면, '감리서'라는 기관 명칭이 잘 보이지 않는다는 사실이다. 물론 부산·인천·원산의 3개 개항장의 경우에도 창설 초기에 감리서라는 명칭을 찾아볼 수 없으며, 이것이 감리서가 별도의 관서로서 해관에서 독립하지 못한 상황임을 보여주는 증거임은 이미 언급한 바 있다. 그러나 앞 장에서 살펴보았다시피 1886년을 기점으로 감리서는 독립관서화했으며, 따라서 북쪽 국경지대의 세관 설치와 관련한 감리서 명칭의 부재는 그와는 다른 이유에서 비롯되었다고 할 수 있다. 실제로 개시장에서 관세를 징수하는 절차를 살펴보면 그 이유가 드러난다. 이를 보다 구체적으로 살펴볼 수 있는 기록이 바로 『만세규칙』의 마지막 부분에 등장하는 세금 징수 관련 규정으로, 그 내용은 다음과 같다.[244]

---

243 위의 책 참조.

244 위의 책, 「稅廳規則」. "一 稅銀并於我商徵收 我民之買彼貨者 買者納稅 彼民之買我貨者 賣者納稅 使商民議價時 計稅售賣 一 稅金以銀徵收(미주: 我民若只有錢 亦許代納) 一 稅銀 令商會典守 俾免虧欠 勿計利殖 一 稅官只檢察稅政 不得以稅銀經手 一 稅廳前設關 凡外貨到關 商人 先將貨單 呈驗檢貨所 檢畢着署 給原單(미주: 若無原單 則另開新單 着署以給) 送書記所 登號簿 着署還給 商人 乃入檢稅所納稅 乃入關 到商棧售賣 買子必幷甲受賣 及夕必到稅廳査准(미주: 若不行査准 必招致議罰) 一 內貨出關 商人 先將貨單姓名 呈驗檢貨所 檢畢着署 送書記所 登號簿 着署還給 商人乃出關 過江口 巡檢必驗單放行 一 小商 必就商會所 登名納稅 以便稅政 一 貨物不由關者 巡檢必察禁 不准由他經放行 一 官役俱不得私索情例 犯者議罰罷汰."

세청규칙稅廳規則

1. 세은稅銀은 모두 우리나라조선 상인에게 징수하니, 우리나라 상민商民이 상대국 물건을 구입하는 경우 구매자가 세금을 납부하고 상대국 상민이 우리측 물건을 사는 경우는 판매한 쪽에서 세금을 납부하며, 상민들이 가격을 의논할 때에 세금을 계산하여 판매하게끔 한다.

1. 세금은 은으로 징수한다우리나라 상민이 만약 화폐만 있을 경우 대납을 허용한다.

1. 세은은 상회商會로 하여금 관할하게 하여 액수 부족을 면하게 하되, 이식분利殖分은 계산하지 않는다.

1. 세관稅官은 단지 세정稅政을 감독할 뿐 세은을 손수 취급할 수 없다.

1. 세청 앞에 관關을 설치하고 모든 외국 물품이 관에 도착하면 먼저 상인이 물품 목록을 화물 검사소에 제출하며, 검사가 끝나면 서명하고 원 목록만약 없을 경우에는 특별히 새로 목록을 만들어 기재하여 발급한다을 발급한 후 이를 서기소書記所에 보내 호부號簿에 등록하고 서명한 뒤에 되돌려주면 상인은 검세소檢稅所에 가서 세금을 납부한 뒤 입관入關한다. 상잔商棧에 도착하여 물건을 판매할 경우 구매자는 반드시 물품 목록을 아울러 수매受買하고 저녁이 되면 반드시 세청에 가서 조사를 받아야 한다만약 조사가 시행되지 않을 경우에는 반드시 소환 후 논의를 거쳐 처벌한다.

1. 국내 물품이 출관出關하는 경우 상인은 우선 물품 명단과 (상인 본인의) 성명을 화물 검사소에 제출하며, 검사가 끝나면 서명하고 서기소에 보내 호부에 등록하고 서명한 뒤에 되돌려주면 상인이 출관하는데, 강어귀를 지날 때 순검이 반드시 (물품) 목록을 검사한 뒤 통과시켜준다.

1. 소상小商은 반드시 상회소商會所에 가서 이름을 등록하고 세금을 납부하여 검세檢稅에 편의를 기한다.

1. 물품이 관을 통과하지 않는 경우는 순검이 반드시 조사하여 엄금하며, (물품이 관 이외의) 다른 경로로 통과하는 것은 허용하지 않는다.

1. 관역官役들은 모두 개인의 사욕을 탐할 수 없는 것이 정례情例이며, 이를 위반하는 자는 논의를 거쳐 처벌하고 파직시킨다.

이 규정에서 다음의 두 가지 중요한 사실을 알 수 있다. 우선 관세 징수의 과정에서 외국인 세관원이 등장하지 않는다. 이는 이미 언급한 감리서의 존재 여부와 관련된 부분으로서, 실제 관세 징수의 과정이 조선인들에 의해 주도되고 외국인들이 개입하지 않음을 시사한다. 이것은 수장인 총세무사 및 소속 직원들 중 상당수가 외국인으로 충원된 해관이 관세 징수 업무를 담당하고 조선인인 감리가 지휘하는 감리서가 그 업무에 대한 관리감독을 시행하는 개항장의 관세행정과는 대비된다. 따라서 의주의 경우 엄밀히 말하면 감리가 이끄는 관세 징수 기구는 개항장의 해관에 해당하는 '세무국' 혹은 '세청'이 정식 명칭이고, 해관의 관리·감독을 전제로 하는 감리서라는 개념은 존재하기 어렵다고 볼 수 있다.[245] 결국 개항장의 해관 / 감리서 이원체계와는 달리 의주 등 개시장의 관세행정은 통서-(안무영-)감리세청 = 세무국 = 감리서로 이어지는 1원체계였던 것이다.

이렇게 의주를 비롯한 개시장들의 관세 징수 및 관리가 내국인들에 의해 수행되고 외국인들이 참여하지 않게 된 이유로 다음과 같은 것들이 지적되고 있다. 우선 이들 개시장의 교역량과 관세 수입의 규모 자체가 적었고 관세율체계도 홍삼을 제외하면 일률적으로 5%로서 지극히 단순했을 뿐 아니라, 수출입 물품의 종류도 개항장처럼 다양하지 않아 관세행정 수행에 어려움이 적었다. 교역대상국 역시 개항장과 달리 청·러시아에 국한되어 있어서 외국인들의 관심 대상으로부터 멀어진 측면이 있었다.[246]

---

245 그러나 실제로는 세무국·세청이라는 표현과 함께 감리서라는 호칭도 관용적으로 사용된 것으로 보인다.

그러나 무엇보다 가장 중요한 이유는 결국 앞서 언급한 바와 같이 개시장의 무역은 조선시대 이래로 내려오던 전통적인 변경지역의 개시를 계승하였으며, 주최 측인 청과 조선 모두 이것이 전통적인 사대질서하의 종속 관계를 바탕으로 이루어지는 행위라고 인식하고 강조했다는 사실이다. 따라서 개항장의 무역과는 애초에 다른 체계로 인식했기에 외국인 세무사를 둘 이유가 없었다. 특히 청의 입장에서는 행여 상호 평등한 만국공법적 개념으로 오인받을 수도 있는 외국인 세무사로 구성되는 개항장의 해관식 체제는 반드시 피해야 할 대상이었던 것이다.

결국 개시장의 관세 징수 시스템은 개항장과는 달리 일원적이라는 사실이 가장 큰 특징이 된 것이다. 그렇다면 감리의 유래가 세무 행정을 담당하는 해관에 대한 관리·감독에서 비롯되었음을 생각해볼 때, 개시장의 경우 감리가 직접 세무 행정을 담당하는 관계로 '감리'라는 명칭은 그 속성에 적합하지 않으며 '세관장'·'세청장' 등으로 호칭하는 것이 적절하지 않냐는 의문이 들 수 있다.

그런데 이 부분과 관련하여 주목할 부분이 상기 '세청규칙'의 제3~4항으로서, 바로 관세 담당 관헌들은 단지 관세 징수의 과정을 감독하는 임무를 수행할 뿐 실제 관세 자체에는 손을 대지 못하도록 못박았다는 사실이다. 그리고 이 관세 징수를 직접 취급하는 주체로 설정한 것이 상인들의 모임인 상회로서, 이들에게 관세 취급권을 부여한 이유는 '액수 부족의 예방', 곧 통화 관리에 대한 상인들의 전문성을 평가한데 따른 것이었다. 그리고 '이식분을 계산하지 않는' 것은 업무에 대한 일종의 반대급부로서, 관세 수입을 운용하여 이익금이 생길 경우 이것을 상회의 몫으로 허용한다는 의미로 보인다.

---

246 崔泰鎬, 앞의 책, 189쪽.

따라서 의주의 감리는 상회가 주도하는 관세 징수에 대한 관리·감독이 주된 임무였던 것이다. 즉 개항장의 그것과 비교해볼 때 행정적으로는 해관/감리서의 이원체계가 아닌 세무국 혹은 세청이라는 단일 기구로 일원화되어 있었다. 그러나 실제 업무 관할의 내용상으로 볼 때 개항장의 경우처럼 관세행정 자체가 아닌 그 관리·감독이 감리의 주 임무이고, 외국인 위주의 해관이 수행했던 관세 징수 및 관리 등의 영역은 민간의 상회에게 자율성을 부여한 나름의 독특한 체제를 갖고 있었다고 할 수 있다.[247] 의주와 비슷한 시기에 개시장을 설치하고 감리를 임명한 회령 역시 유사한 체제를 유지했을 것으로 보인다.

결국 중국과의 변경지역인 의주·회령에 설치된 세무국을 중심으로 한 관세행정은 기본적으로 중국과의 전통적 사대 관계의 규정을 받되, 어느 정도는 변형 과정을 거친 일종의 '과도기성' 관세행정 체제 형태를 띠었다고 볼 수 있다. 더불어 전근대의 개시가 정기적인 개최를 원칙으로 했던 데 비해 장정 체결을 통해 새롭게 도입된 개시장 무역은 상설 시장의 형태로 전환되었다는 점에서, 제한적이지만 만국공법 체제하의 개항장 체계의 영향도 일정 부분 생각해볼 수 있을 것이다.

지금까지 살펴본 의주·회령의 경우는 주로 청과의 교역을 위하여 설정된 데 비해, 경흥은 러시아와의 통상을 목적으로 조성된 개시장이었다. 경흥이 개시장으로 지정된 근거인 '조·러육로통상장정陸路通商章程'은 기본적으로는 청의 간섭에 대응하여 러시아에 접근하려는 조선의 입장 및 부동항 획득 등을 위한 남하정책의 일환으로 조선에 접근하려는 러시아의 이해관계가 상호 부합한 결

---

247 이렇게 된 데에는 애초에 조·청상민수륙무역장정에서도 밝히고 있듯이, 의주·회령 등에 대한 개시의 배경 자체가 과거 양국 변경지역에서 있었던 互市를 모두 관원이 주관하여 폐해가 많았다는 문제의식에서 출발하였으며, 이의 시정을 위해 개시의 성격을 '변경 백성들의 왕래 교역(邊民隨時往來交易)', 곧 민간인 중심의 무역으로 한정하였던 점이 하나의 주요 이유로 작용하지 않았나 싶다(『中國朝鮮商民水陸貿易章程』 제5조 참조; 『高宗實錄』 권19, 고종 19년 10월 17일 기사에도 수록).

과물이었다. 러시아는 일찍이 1884년 조·러수호통상조약 체결 당시부터 육로 통상에 관심을 기울였으니, 조약 체결 당시 러시아 측 전권 대표를 맡았으며 이듬해 8월에 대리 공사 겸 총영사의 자격으로 8월에 조선에 부임한 베베르К.И. Вебер가 9월에 조약 비준서 교환 시에 이미 이 문제를 제기하기 시작하였다.[248]

그러나 당시에는 거문도사건의 여파 등으로 조선정부가 협상에 응할 처지가 되지 못했으며, 이후 장정의 조항을 논의하는 과정에서 세칙이나 이민 국적 및 범죄인 인도 등 여러 가지 분야에서 양국 간 이견이 맞섰다. 그러한 현안들이 타결된 이후로도 문장이나 문구의 수정 등이 거듭되어 조약이 최종 체결되기까지는 근 3년여의 시간이 걸렸다.[249] 1888년 7월 13일 자로 전문 9조로 구성된 장정이 체결되었는데 1조의 내용에 따라 기존의 인천·원산·부산·한성·양화진 외에 경흥부慶興府가 개시장으로 개방되었다.[250] 이어서 관세 징수 등 통상 업무 관장을 위하여 이듬해인 1889년 8월 5일 자로 경흥부사慶興府使 김우현金禹鉉이 경흥육로통상사무감리慶興陸路通商事務監理로 임명되었고,[251] 11월 4일에 업무를 개시하였다.[252]

---

248 이듬해인 1886년 9월 20일(양력 10월 17일) 자로 베베르가 김윤식에게 육로통상조약 체결 지연에 대해 항의하는 내용의 서한을 보냈는데, 그 내용 중에 1885년 조약 비준 당시에 두 사람이 이 문제를 누차 상의했다는 언급이 나온다(亞研 編,『舊韓國外交文書』17(俄案 1), 문서번호 34, 1967, 14~15쪽. 이하『구한국외교문서』중의 동일도서를 재인용할 경우 '『俄案』1'의 형태로 표기). 참고로 조선·러시아 간의 육로통상조약 체결 문제는 묄렌도르프 역시 일찍부터 후원하고 있었던 문제로서, 당시 묄렌도르프는 '조·러밀약사건'의 여파로 통서 협판 및 해관 총세무사에서 해임된 상태였지만 귀국 이전에 이 문제에 대하여 베베르에게 도움을 주었다고 한다(李陽子,「韓露의 接近과 通商章程의 체결 경위에 대하여」,『東義史學』창간호, 1984(김종원·이양자,『조선후기 대외관계 연구』, 한울, 2009에 재수록. 이하 쪽수는 이 책을 기준으로 함), 192쪽.
249 각각의 세부 현안들에 대한 상세한 논의 과정은 위의 글, 197~199쪽 참조.
250 조약의 전문 내용은『朝俄陸路通商章程』(奎15303);『高宗實錄』권25, 고종 25년 7월 13일 참조. 원래 베베르가 제시한 초안에는 경흥은 물론 두만강 연안 100리를 전부 개방하도록 되어 있었으나 청의 간섭 등을 거쳐 삭제되었다. 초안의 내용은『陸路通商章程』(奎23257) 참조.
251 『高宗實錄』권26, 고종 26년 8월 5일. 김우현은 1895년에 감리서가 일시적으로 폐지될 때까지 교체 없이 계속 재임하였다.
252 『慶興監理關草』(奎18078) 제1책,「己丑 11월 초9일 慶監報－慶興監理(1889.11.9)→統署」.

경흥에 설치된 개시장의 경우, 의주·회령과는 달리 러시아와 조약을 통해 체결한 만국공법적 관계가 기반이 되어 설치된 것이었다. 하지만 같은 북쪽 변경지역에 설치되어서인지 그 체제는 개항장과는 달리 두 개시장의 그것과 유사하게 되었으며, 외국인 세무사 역시 존재하지 않고 감리에 의한 일원적 세무행정 체제였다. 여기에서 경흥의 개시장의 경우는 거꾸로 기본적으로 만국공법 체제에 기반한 바탕에 사대질서 체제의 영향을 받게 된 경우라고 말할 수 있다.

2) 개항장 감리분서監理分署의 설치와 민사民事·상무商務 분장체계의 형성

기왕에 부산·인천·원산의 개항장에 설치되어 있던 감리서의 경우, 1886년의 독립관서화 이후 조직의 확장 과정을 밟게 되었으니, 그 시발점은 부산이었다. 주지하다시피 개항장의 감리는 해당 지방관부사을 겸임하고 있었으며, 따라서 감리로서 근무하는 감리서와 지방관으로서 근무하는 지방관청의 위치 문제는 직무 겸임에 있어서 중요한 문제가 아닐 수 없었다. 그런데 이 문제에 있어서 부산은 인천, 원산 등 여타의 개항장과는 다른 특수성을 갖고 있었다.

1880년대 당시에 감리서와 지방관청의 위치 현황에 대하여 살펴보면, 우선 원산의 경우 1883년에 감리가 처음 임명되면서부터 시종일관 감리가 덕원부사를 겸임하는 체제였다. 따라서 별도의 감리서 관사를 만들지 않았던 만큼[253] 부사직과 감리직 수행을 위한 이동 근무 문제에는 해당되지 않는 경우였다고 할 수 있다. 문제는 인천과 부산인데, 1883년의 '감리통상사무설치사목'에서 명기된 바와 같이 처음에 인천은 화도진지가, 부산은 초량진지가 감리공서로

---

253 원산 감리 겸 덕원부사였던 정현석의 1887년 9월 18일 자 정부 보고에서 당시 원산항에 미비한 시설로서 부두·화물 창고 및 해관 세무사와 서양인 직원들의 근무 처소와 더불어 항구의 '공서(公署)'를 들고 있으며, 이 때문에 외국인 등에 대한 접대 장소는 물론, 감리와 서기관·번역관 등 감리서 직원들의 근무·거주 장소가 없다는 언급에서 적어도 이 시점까지 별도로 감리서 시설을 만들지 않았음을 알 수 있다(『德源府啓錄』(奎15117) 제2책, 「丁亥 9월 18일 謄報政府內務府統衙巡兵」).

지정되었다. 이 중 인천에 대해 보다 자세히 살펴보면, 일단 감리직을 겸임했던 인천부사의 집무처였던 인천도호부청仁川都護府廳, 현재 위치는 인천시 미추홀구 매소홀로 553[254]과 화도진현재 남아있는 터의 위치는 인천시 동구 화도진로 114과의 직선거리는 대략 7킬로미터 정도이다. 그리고 이후 1884년에 감리서가 화도진에서 분리되어 별도의 관서를 신축하는 과정에서 약 1킬로미터 떨어져 있는 부지현재 인천 감리서 터로 알려져 있는 곳로 이전하였는데,[255] 이 신축 감리서 부지와 인천도호부청간의 거리는 약 6.5킬로미터 정도 떨어져 있다. 이 정도 거리는 물론 아주 가깝다고 보기는 어렵지만, 상대적으로 부산에 비해서는 그 형편이 나은 편이다. 부산의 경우 동래도호부東萊都護府가 소재했던 곳으로 추정되는 동래부 동헌東軒이 위치한 곳현재 행정구역으로 부산광역시 동래구 명륜로112번길 61과 감리서가 있던 초량진, 곧 두모진 해관 터오늘날 부산진세무서 및 수정초등학교 자리[256]와는 직선거리로 거의 9킬로미터 가까이 떨어져 있다.[257] 따라서 동래부사를 겸하는 부산 감리가 항시 왕복하면서 집무하기가 인천과 비교하여 상대적으로 다소 불편한 감이 없지 않았다. 이 때문에 부산 감리서의 경우 1886년에 분서分署가 만들어졌다. 이 분서는 일본전관거류지 내에 임시로 설치되었던 것으로 보이며,[258] 이후 이듬해 8월 28일에 정식으로 감리분서의 설치 및 시무 지시가 하달되기에 이르렀다.[259]

---

254 인천은 1459년(세조 5)에 세조의 妃인 자성왕후 윤씨의 외향(外鄕)이라는 이유로 도호부로 승격되었다. 인천도호부청사의 건축 시기는 정확히 알려져 있지 않으나, 객사를 보수하는 과정에서 발견된 지붕의 기와에서 나온 '康熙 16년'이 적힌 銘文으로 볼 때 1677년(숙종 3)에 중수되었음을 알 수 있다. 구체적인 건물 구성은『仁川府邑誌』(1899)를 통해 짐작해 볼 수 있는데, 현재는 객사의 일부와 19세기 초 건물인 동헌 그리고 연대 미상의 창고만 복원되어 남아있는 상태이다.

255 주소는 인천시 중구 신포로 46번길 5로, 현재 신포스카이타워아파트가 자리해 있다.

256 전술한 바와 같이 '감리통상사무설치사목'에서는 부산 감리서의 경우 초량진사를 그대로 사용하도록 규정했는데, 이 초량진사는 두모진 水軍萬戶營의 관아이자 바로 1878년 수세를 시도했던 두모진 해관의 판찰소(辦察所)였다(전성현,「동래 감리서 설치 전후 부산의 행정구역 및 도시공간의 변화」,『부산항 감리서 방판 민건호와 그의 일기 해은일록』, 부산근대역사관, 2014, 175쪽).

257 실제 도보로 이동할 경우 거리는 10킬로미터가 훨씬 넘을 것으로 추정된다.

258 『監理署關牒存案』(奎18121),「同日(윤4월 초6일) 外衙門了－東萊監理署(1887.윤4.6)→外衙門」.

259 『釜山港關草』(奎17256) 제1책,「同月 同一(8월 28일) 關釜港－統署(1887.8.28)→釜山監理署」. 그리고 나중에 이 감리서와 분서를 합쳐서 새로운 청사가 1892년 현재의 봉래초등학교 자리에 신축되

〈그림 7〉 1900년대 초반 인천 감리서 원경

　분서의 설치와 더불어 감리서 조직의 확장과 관련하여 중요한 변화라면 방
판幇辦[260]이 임명된 것이었다. 이 역시 그 시발은 부산이었다. 부산은 근대 이전
에도 왜관이 설치되어 있어서 많은 일본인들이 거주하고 있었고 상행위 또한
활발하였다. 따라서 1876년 조·일수호조규 체결 이후 일본인들의 대조선 상
업활동에 있어서 중심 거점이 되었다. 그런데 1883년 해관 창설 이후 부산항
거주 일본인의 수는 1883년에 1,780명, 1884년에 1,750명, 1885년에 1,896
명, 1886년에 1,957명으로 완만한 증감세를 보이다가 1887년에 2,208명, 이
듬해인 1888년에 2,957명으로 급증하기 시작하고 있다.[261] 따라서 1887년경
을 기점으로 하여 부산항을 무대로 하는 일본인의 상업 활동 규모가 갑작스레
커졌고, 이는 개항장을 통제하는 감리서의 업무 부담 증가로 이어졌을 것이라

　　었다(송정숙, 「조선 개항장의 감리서(監理署)와 기록 — 부산항을 중심으로」, 『한국기록관리학회지』
　　13-3, 2013, 261쪽).

260 이 '幇辦'이라는 용어는 원래 중국어로(幇办(bāngbàn)) '조수, 부관 보좌관'(명사) 혹은 '도와서 처
　　리하다, 보좌하다'(동사)라는 의미이며, 조선의 전근대 문헌에는 전혀 등장하지 않는다. 따라서 '監
　　理'와 마찬가지로 기본적으로 그 어원이 중국으로부터 기원한 직책으로 판단된다.

261 林承豹, 「開港場居留 日本人의 職業과 營業活動 — 1876年~1895年 釜山·元山·仁川을 中心으로」, 『弘
　　益史學』 4, 1990, 149쪽의 표 참조.

고 추정할 수 있다. 이러한 일본인 인구의 급증은 인천, 원산 등 여타 개항장의 경우도 마찬가지였으나, 전체 규모라는 측면에서 볼 때 1887년을 기점으로 부산의 경우 기존의 감리서 조직으로 일본인 상권을 통제하기에는 다소 무리가 생기게 되었다.

따라서 그러한 업무 분담의 과중화 해소를 위하여 1888년 1월 29일 자로 통서 주사 유기환兪箕煥을 감리의 업무를 보좌하는 방판으로 임명하여 감리분서에 상주를 지시하였으며,[262] 동시에 방판의 임무와 관련된 5개 항의 속장정續章程을 제정하였다.[263] 이후 방판의 임명은 여타의 개항장으로 확대되어 통서 주사 정대영丁大英, 윤현구尹顯求, 정병기鄭秉岐를 각각 인천, 원산, 부산 감리서의 방판으로 임명했으며,[264] 1889년 11월 6일에 속장정을 보완하여 방판의 임명 및 업무 권한에 대하여 총 7개항의 규정으로 이루어진 『삼항방판장정三港幇辦章程』이 제정되기에 이르렀다. 그 내용을 살펴보면 다음과 같다.

삼항방판장정三港幇辦章程

1. 3개 항구의 방판을 본 아문통서-저자 주 의 주사 중에서 근무 일수가 오래된 순서로 임명하여 파견하되 특별히 본직을 그대로 유지할 수 있게 하며, 임기는 20개월로 정할 것.

2. 각 개항장에 이미 분서를 설치하였는데 감리가 상주할 수 없어서 민사民事와 상무商務를 동시에 신경쓰기 어려우므로 특별히 방판 1원員을 파견하여 분서에 상

---

262 『承政院日記』, 고종 25년 1월 29일. 그러나 『釜山港監理署日錄』 奎18148의 1·2·4에서 보면 일지 집필 시작 시점인 1888년 1월 첫날부터 유기환이 이미 방판으로 근무한 것으로 기록되어 있음을 알 수 있다.

263 『統署日記』, 고종 25년 2월 초6일 자; 『釜山港關草』 제1책, 「關釜港－統署統署(1888.2.6) → 釜山監理署」. 이 속장정 5조는 이하 언급되는 '삼항방판장정(三港幇判章程)'의 수정·보완 이전 초기 형태라고 할 수 있다.

264 『承政院日記』, 고종 26년 11월 5일·6일.

주하면서 상무의 처리를 돕도록 하되, 만약 교섭사건의 사안이 중대할 경우에는 감리에게 상세히 보고하고 원만하게 타결되도록 힘쓸 것.

3. 각 개항장 감리의 관방關防 또한 항상 분서에 보관하여 방판이 대리로 결제하게 해서, 왕복 공문의 등사·결제에 편의를 기하도록 하여 신속히 처리하고 지체되는 일이 없도록 할 것.

4. 각 개항장 감리 이하 서기 등의 관리들은 기존의 제도를 준수하고 직무를 분담하여 성실히 업무를 처리할 것이며, 방판은 감리를 도와 함께 상의하여 업무를 처리하고 서기는 또한 방판의 감독과 충고를 존중하여 서로 격려하면서 전심전력으로 공무를 수행할 것.

5. 각국 영사들이 무역을 병행할 수 없는 것이 통례인 만큼 각 개항장의 방판과 서기, 경찰관 등도 모두 경영을 빙자한 밀매 행위를 금하여 공무에 해를 끼치지 않도록 할 것.

6. 방판이 분서에 상주하며 상무의 처리를 돕다가 병환이나 사고로 휴가를 얻는 등의 경우, 사유를 기록하여 통리아문에 제출한 뒤 처분에 따라 시행할 것.

7. 본 장정 내에 미진한 사안이 있으면 다시 참작하여 추가할 것.[265]

이 장정에서 특기할 내용은, 감리가 분서에 상주할 수 없으므로 민사와 상무에 지장이 초래되기에 방판에게 상무를 전담시킨 것이다. 이를 계기로 이후 '민사 : 감리, 상무 : 방판'의 이원적 업무분장 체계가 형성되었다고 할 수 있으

---

[265] 『三港幇辦章程』(奎23487). "一 三港幇辦 以本衙門主事 久勤鱗次 啓下派送 而特令仍帶本職 瓜期以二十 朔爲訂事 一 各港旣設分署 監理不得常駐 民事商務 碍難兼顧 另派幇辦一員 常川駐在分署 勤辦商務 遇有 交涉事件 案情重大 轉詳監理 務盡妥洽事 一 各港監理關防 亦常留之分署 令幇辦替行掌印 以便繕蓋 往復 公文 迅辦無滯事 一 各港監理以下書記等官 遵照舊章 分掌其職 認眞妥辦 該幇辦 協同監理商辦 該書記 亦 聽幇辦董勸 交相勉勵 悉心奉公事 一 各國領事之不得兼行貿易 則係通例 各港幇辦 以及書記警察等官 均 不可藉營私販 免致害公事 一 幇辦常駐分署 勤辦商務 遇有實病事故告暇等事 具由呈統衙門 准覆施行事 一 本章程内 遇有未盡事 宜再行酌增事." 참고로 이 내용은 『仁川港關草』(奎18075) 제3책, 「關三港－統署(1890.1.29)→三港」에도 첨부문서로 수록되어 있다.

며, 따라서 방판이 감리서의 실질적 업무를 담당하는 경우가 많아지게 되었다.[266] 실제로 이후 각 개항장 감리서의 방판은 감리 서리로 임명되고 활동하는 경우가 많이 보인다.

방판의 부임에 따라 개항장 업무가 정돈되기 시작했으며,[267] 이후 개시장의 설치에 따라 방판 임명 역시 개시장으로 확대되어 경흥 감리서의 방판으로 전前 부사府使 신국희申國熙가 임명되었다.1892.5.12[268] 그리고 그간 일정한 정원이 없던 각 개항장·개시장 감리서 서기관의 정원이 확정되는 등[269] 감리서 조직의 확장과 더불어 제도의 확립이 이루어지게 되었다. 이상의 내용을 바탕으로 1895년 이전에 조직이 어느 정도 확립된 상황에서 각 개항장·개시장별 감리서의 구성 인원 현황을 살펴보면 다음 〈표 7〉과 같다.

〈표 7〉 1895년 이전 각 개항장·개시장별 감리서의 인원 구성

	개항장			개시장		
	부산	인천	원산	의주	회령	경흥
감리	1	1	1	1	1	1
방판	1	1	1	1	1	1
서기관	4	5	4	2	2	2
경찰관	1	1	1	1	1	1

그런데 여기서 추가로 생각해볼 부분이 바로 경아전京衙前의 문제이다. 경아전은 조선시대에 행정 기구 말단에서 문무관리의 지휘를 받아 문서 작성과 전곡錢穀의 출납 등 행정 실무를 담당하는 아전, 곧 구실아치를 의미하는 것으로, 녹사錄事

---

266 『부산항 감리서일록』을 살펴보면, 감리가 지방관을 겸임하는 경우, 감리서에 출근하는 날은 거의 없으며, 사실상 방판에 의한 감리 업무의 대행 체제가 구축되어 있음을 알 수 있다.
267 『海隱日錄』 II, 부산근대역사관, 2009, 1888.8.2, 355쪽.
268 『慶興監理關草』 제1책, 「壬辰 5월 12일 關慶監−統署(1892.5.12) → 慶興監理」.
269 구체적으로는 인천이 5명, 부산 및 원산은 각 4명, 그리고 회령, 의주, 경흥이 각 2명으로 정해졌다(『統署日記』, 고종 27년 윤2월 27일 자).

와 서리書吏를 비롯하여 조예皂隸와 나장羅將 등 다양한 아전이 이에 해당되었다.[270] 이들은 1880년대 들어서 개화정책이 실시되고 근대화 추진 기구들이 확대되어 감에 따라 그 숫자도 이전 시기에 비해 늘어나고 역할도 확장되어 갔다.[271]

이 문제를 감리서와 관련지어 살펴볼 경우, 1883년의 설치사목에서 감리에 의해 임명권이 규정된 서사胥史의 경우가 바로 이 경아전에 해당되는 것으로 보이는데, 그 실제 임명 기록은 보이지 않으며, 관찬 기록이나 『통서일기』 등에 감리서 근무 경아전에 관한 기사는 나타나지 않는다. 그러나 『해은일록』에서 보면 부산 감리서에서 회계서리를 두고 있었다는 사실이 나오는 등[272] 감리서 역시 실제 세부적인 실무들은 이들에 의해 운영된 영역이 분명히 있었을 것으로 여겨진다.

---

270 왕현종, 「한말~일제하 경아전의 관료진출과 정치적 동향」, 『韓國近代移行期 中人研究』, 연세대 국학연구원, 1999, 106쪽.
271 위의 글, 119~124쪽.
272 『海隱日錄』 I, 1883.3.16, 534쪽.

제2장

감리서의 관할 업무 변화와 일시적 폐지

1. 감리서 소관 업무의 변화

1) 해관 관련 업무 수행의 실상과 통상·외국인 관련 업무의 다양화

감리서가 독립관서로서 출발하게 된 기점이 바로 관세에 대한 관리권을 행사하기 시작한 때였던 만큼 독립관서화한 이후 이전과 가장 크게 달라진 부분도 바로 이 부분이라고 할 수 있다. 따라서 1886년 1월 1일을 기점으로 개항장의 관세를 감리가 관리하게 된 이래 해관에서 징수한 수출입 물품의 관세를 감리가 중앙에서 지시하는 기관으로 수송하는 경우가 많이 등장하게 된다. 그 최초의 예는 1886년 3월 25일 자로 통서에서 인천 감리에게 내린 명령으로, 인천항의 세은稅銀을 전보국電報局의 월비月費로 획송劃送하라고 지시하고 있다.[1] 이후로 그 외에도 육영공원育英公院, 경리청經理廳, 직조국織造局, 제중원濟衆院, 전운국轉運局 등을 비롯한 여러 기관으로 해관에서 거둔 관세가 감리의 관할하에 이동되는 모습이 자주 보인다.

1　『三港口關草』(奎18082), 제1책, 「丙戌 3월 25일 關仁港－統署(1886.3.25) → 仁川港」.

그러나 이렇게 감리에 의해 행사되는 관세에 대한 관리권은 청과 일본에 의한 반강제적 차관 도입으로 인해 제한적일 수밖에 없었다. 조선에서 해관의 관세 수입은 가장 중요하고도 확실한 재원으로서, 정부가 대외차관에서 담보로 제공할 수 있는 유일한 재산이었으며, 따라서 청·일 및 구미 열강 각국은 조선에 차관 대여 시 거의 예외없이 관세 수입을 담보로 요구했다.[2] 그 결과 관세 수입의 상당 부분이 차관에 대한 원리금 상환에 쓰임으로서 그 자유로운 운용이 제약을 받게 되었다.[3] 특히 1892년에 성립된 이른바 '제1·2차 동순태同順泰 차관'의 결과, 관세 수입 중 청에서 제공한 차관의 원리금 우선 상환의 원칙을 명문화시킴으로서 관세 수입의 선취권을 보장받기에 이르렀다.[4] 그리고 이에 따라 감리의 관세관리권 행사에도 일정한 제약이 생기게 되었다. 즉 동순태 차관 도입을 계기로 관세의 관리도 우선 세무사 명의로 일본국립제일은행에 입금되어 청의 차관을 상환한 뒤 다시 감리 명의로 입금하는 방식으로 변경되어, 일정 부분 세무사의 통제를 받게 되었던 것이다.[5]

결국 시간이 갈수록 늘어나는 청과 일본으로부터의 부채에 대한 원리금 상환에 해관의 관세 수입이 우선적으로 사용되는 비중이 늘어남에 따라 개항장의 관세 수입에 대해 조선 측이 행사하는 자율 재량의 폭은 점점 줄어들 수밖에 없었던 것이다. 청의 간섭과 일본의 침투라는 정치적 상황이 감리로 대표되는 조선 측의 관세관리권 행사에 제약을 가하는 요인으로 작용했다고 할 수 있다.

---

2 이미 해관 창설 자금의 확보를 위한 제1차 招商局 차관(1882)부터 관세가 담보로 설정되고 있다(金正起, 「朝鮮政府의 淸借款 導入(1882~1894)」, 『韓國史論』 3, 1976, 430쪽).

3 일례를 들자면, 1893년 부산항의 관세 수입에서 제2차 동순태 차관에 대한 원리금 상환액이 차지하는 비율은 최고 44%에서 최저 18%, 평균 31%에 달하였다. 이처럼 관세 수입은 차관의 원리금 상환에 그 상당 부분이 우선적으로 사용되었기에, 애초에 의도하였던 이른바 '개화자금', 즉 유학생파견비, 고용외국인 급료, 정부기관경비 보조, 병원 등 각종 근대적 기관 운영 등에 충당되는 비율은 상당히 낮을 수밖에 없었으며, 조직적인 개화자금화는 불가능했다(金順德, 「1876~1905년 關稅政策과 關稅의 운용」, 『韓國史論』 15, 327~328쪽).

4 金正起, 앞의 글, 472~473쪽.

5 金順德, 앞의 글, 314쪽.

따라서 사실상 감리는 관세 수입금의 예치를 비롯한 관리 영역 이외에는 애초의 임명 취지대로 해관에 대한 관리·감독권 행사는 계속해서 요원한 상황이었던 것이며, 시간이 지날수록 그나마 갖고 있던 권한마저 축소되는 양상을 보인다. 즉 감리서가 해관과 양립 체제를 형성하여 감리의 세무사에 대한 통제가 사실상 불가능해짐에 따라, 관세의 징수 문제에 있어서 이전까지는 관행적으로 감리 고유의 업무로 여겨졌던 부분에 대해서 해관 측에서 제동을 걸기 시작한 것이다. 그 대표적인 부분이 바로 면세 문제이다.[6] 감리와 세무사의 관계는 대체로 큰 갈등 없이 유지된 것으로 보이나, 면세 문제에 있어서만큼은 세무사가 총세무사의 지시를 명분으로 감리의 면세 조치 요청에 불응하는 경우가 더러 발견된다.

사실 특정한 물품에 대한 면세는 원칙적으로 국가 공용 물품에 한하지만, 실제로는 사적인 용도로 사용하는 물품도 국가 공용품인 것처럼 면세를 받는 경우가 허다하였다. 그러한 관행에 불만을 갖고 있던 총세무사 메릴은 1886년 6월 19일 자로 통서에 공문을 보내서, 국가 공용품을 실은 선박이 항구를 출입할 경우 반드시 적재 화물의 목록을 감리에게 보고한 뒤 조사하여 전단傳單이 발급된 경우에만 세무사가 확인한 후 면세가 가능하도록 하자고 제안하였다. 아울러 감리가 전단을 발급하면 관官·사운私運을 막론하고 완세完稅·면세로 나누며, 세무사가 매 3개월마다 감리가 발급한 전단과 대조 작업을 거쳐서 면세한 화물의 목록을 총세무사에게 보고하고, 만약 감리가 발급한 전단의 목록 중에 의심스러운 것이 있으면 세무사가 해당 화물을 해관에 잠정적으로 억류시키고 감리와 함께 조사하도록 하였다.[7]

---

6   메릴 재직기 면세 문제와 관련된 해관의 주요 동향에 대한 상세한 내용은 진칭, 「1880년대의 조선해관과 메릴(H. F. Merrill)의 개혁」, 서울대 박사논문, 2020, 141~150쪽 참조.

7   『總關來申』(奎17829) 제1책, 「稅字 제56호-通政大夫戶曹參議銜管理海關事務總稅務司 墨賢理(1886.6.1. 9)→統署」.

이러한 조치 이후에도 유사한 문제는 계속 발생하였다. 1886년 9월에는 육영공원 교사가 휴대한 옷과 짐짝 25상자에 대해서 이들이 공용 물품이라고 하면서 이미 거둔 21상자의 세금을 돌려주고 나머지 4상자에 대해서도 면세를 요청하였다. 이를 인천항 세무사가 조사해보니까 사적인 용도가 분명한데도 감리가 통서의 관칙關飭을 내세워 공용물이라고 우겼다. 이에 대해 당시 총세무사 서리는 해당 물품에 대해 통서에서 제대로 조사해보지도 않고서 성급히 면세 결정을 내렸다고 비판하면서 이 문제에 대해서 세무사가 조사한 후 처리하도록 요청하였다.[8] 그 뒤 메릴은 11월에 기기국機器局 위원 조희연趙羲淵이 인천항으로 가지고 온 기계 19상자에 대한 면세조치 요청 처리를 알리면서, 이후로 면세 대상 공용물의 경우 감리가 직접 면세단免稅單을 발급하고 이를 세무사에게 제시하여 처리하게 하도록 제안하기도 하였다.[9]

그는 거듭된 면세 관련 문제 발생에 아예 이와 관련된 면세와 관련된 권한을 세무사가 행사하도록 제도를 바꿔야 한다고 생각한 것으로 보인다. 즉 이듬해인 1887년 2월 17일 자로 이후 해관 진출구進出口 품목의 면세 여부는 공문에 의하지 말고 세무사가 처리하도록 하는 조치가 내려졌는데[10] 이는 메릴의 거듭된 요청에 의해 이루어진 것으로 추측된다.[11]

이렇게 기존의 감리 업무 영역 일부에 대해 세무사가 관할 권한을 행사하게 된 경우는 또 있다. 조선인으로서 서양식 화륜선火輪船을 매입하는 경우 조선기호朝鮮旗號를 내걸고 감리의 관할에 속하는 것이 통례였는데, 실제 조선인이 직접 화륜선을 운항하지 않는 사례가 있어 탈세의 우려가 있으므로 이를 막기 위

---

8 위의 책, 제2책, 「稅字 제70호-署理總稅務司 何文德(1886.9.21) → 統署」.
9 위의 책, 「稅字 제78호-總稅務司 墨賢理(1886.11.18) → 統署」.
10 위의 책, 「稅字 제90호-總稅務司 墨賢理(1887.3.27) → 統署」.
11 이러한 결정을 내린 배경에는 국가 공용물품의 범위가 애매한 데에서 기인하는 여러 가지 문제점 또한 일정 부분 작용하고 있었다(진청, 앞의 글, 143쪽).

해 1886년 8월에 '조선인치용화륜협판등항선척장정朝鮮人置用火輪夾板等項船隻章程'이 마련되었다.[12] 이 장정에서 감리는 조선인의 서양식 선박 매입시 통보를 받고 선계船契 등을 조사하는 역할을 맡고 있는데제1조, 해당 선박이 실제로 조선인과 관계가 있는지 조사하는 과정제2조 및 각종 규정을 위반한 조선 국적 선박에 대하여 처벌하는 과정제11조 등에 있어서 세무사와 공동으로 일을 처리하도록 규정되었다. 즉 조선인 선박에 대한 관리 및 통제에 있어서 조선인 감리가 외국인 세무사와 업무를 공동으로 분담하게 된 것이다.

물론 상기의 문제 제기가 나름의 타당성과 합리성에 기초하고 있으며,[13] 이들을 둘러싼 갈등이 크게 일어나지 않았던 것은 사실이지만,[14] 결국 이러한 과정들은 세무사에 의해 감리 고유의 업무에 대한 침해가 일어났다는 사실을 반증하는 것이라고 할 수 있다. 이는 앞서 언급한 관세관리권 행사의 제약과 더불어 감리서의 해관 감독기관으로서의 기능이 사실상 제대로 작동하지 못하였음을 보여주는 것으로, 그 원인의 기저에는 청의 내정간섭과 조선 해관 장악 시도가 존재함은 물론이다.

따라서 감리서는 점차 원래 설립 취지였던 해관에 대한 관리 감독의 기능보다는 현실적으로 비중이 점차 커지는 통상 관련 및 외국인 관할 업무 쪽으로 보다 특화되게 되었다. 각 개항장의 무역량이 증가함에 따라 통상 관련 업무가 많아지고, 이에 감리서의 증설 및 조직 확장이 이루어졌다는 점은 이미 밝힌

---

12 위의 책, 「稅字 제65호－總稅務司 墨賢理(1886.8.10) → 統署」. 아울러 같이 제정된 '雇用工人之章程' 제4조를 보면, 선상에서 수수인(水手人)이 불법을 저질렀을 때에는 세무사를 거쳐 감리와 영사 등이 처리하도록 되어 있는 조항도 있다.

13 공용물품이 아닌데 불합리하게 행하는 면세에 대한 문제제기는 나름 합리적인 것이며, 조선인 국적 선박의 탈세 문제 역시 시정되어야 할 사항임은 분명하다.

14 '갈등'까지는 아니어도 일정한 수준의 '긴장'은 존재하였다. 일례로 일본인들의 인천 근해 어업에 대한 허가 문제에 대해 인천 감리는 절대 안된다는 입장인 반면, 총세무사는 융통성있게 처리하여 '體恤之意'를 보여주자는 쪽으로 의견이 상반되었다. 이에 통서에서는 해당 사안에 대해 인천 감리와 세무사가 먼저 회동하여 협의한 뒤 일본 영사와 타결하여 처리하도록 지시하고 있다(『總關公文』(奎 17830) 제2책, 「督辦交涉通商事務 趙秉式(1888.4.9) → 總稅務司 墨賢理」).

바 있다. 그런데 감리의 업무 증가는 단순히 그 양이 많아졌을 뿐만 아니라, 통상량의 증가는 이전까지와는 다른 새로운 임무를 감리로 하여금 관장하게 만들기도 하였다. 그 대표적인 예가 바로 회사의 관리와 운영 문제로, 보다 구체적으로 말하자면 개항장의 특성과도 일치하는 선박 관련 업무였다.

조선정부는 1880년대 여러 방면에 걸친 개화정책을 추진하면서 기선의 도입에 의한 해상운수의 발전 역시 도모하였는데, 그 시초는 1883년에 단행된 통리기무아문의 통서로의 조직 개편이었다. 즉 통서 산하에 4사司 1학學이 있었는데, 이 중 우정시郵程司가 운수·도로 및 전보·역전驛傳·철로 등과 더불어 "수륙통운水陸通運의 제반 사무를 담당하며, 관변官辨·상변商辨을 막론하고 장정을 논의하고 타정妥定하며 법을 만들어 보호하고 점차 널리 보급"하는 역할을 맡았다.[15] 이후 정부 주도로 관·민의 양면에서 해운사업 진흥을 위한 정책이 추진되었다.

그중 우선 관 주도 부분에 대해서 살펴보면, 초창기 정책의 방향은 주로 세곡稅穀 운송을 비롯한 관용 목적을 위주로 기선汽船을 도입하고자 했다. 정부에서 직접 구입하기에는 재정 형편이 여의치 않았으므로 우선 외국 기선회사에게 운항권 특허를 내주는 방식으로 진행하였다. 그러다가 1885년 7월에 전운서轉運署를 설치하고 1년 후인 1886년 7월에 기선을 구입하여 전운국이 세곡운송을 전담하게 함으로써 관영해운업 진흥 정책이 본격적으로 추진되기 시작하였다. 이후 1893년에 해운기업 이운사利運社를 창설하여 일반 화물 및 여객운송도 시작되었다.[16] 다음으로 민간 부분에 있어서는 기선을 이용한 해운업이 1886년 8월에 대흥회사大興會社가 창립되면서 시작되었지만 1년여 만에 실패로

---

15 『統理交涉通商事務衙門章程』(奎21783). "一 設郵程司 掌運道如電報·驛傳·鐵路及水陸通運諸事 無論官辨商辨 允議妥定章程 設法保護逐漸推廣."

16 羅愛子, 「開港期(1876~1904) 海運政策과 官營海運業」, 『梨大史苑』 28, 1995, 229~233쪽.

끝났고, 이후 한강, 낙동강 등지의 민영 운수회사가 설립되었다.[17]

감리의 역할과 관련하여 주목할 만한 부분이 바로 이 민영 운수회사이다. 즉 낙동강 일대의 기선을 이용한 운수사업을 목적으로 설립된 전찰회사電察會社가 1888년에 남연회사南沿會社로 개칭된 바 있는데,[18] 다시 그 이듬해인 1889년에 기선회사汽船會社로 이름이 바뀌면서 정부 차원에서 장정을 만들어 제도를 정비하기에 이르렀다. 1889년 4월 13일 자로 공포된 '기선회사장정汽船會社章程'에 따르면,[19] 장정의 작성 취지로 "화물 운반에 있어 판선板船과 기선의 빠르기는 하늘과 땅 차이로 상로商路의 흥왕興旺 여부는 여기에 달려 있기에, 내외항內外港의 상원常源을 확보하기 위해서 기선회사를 창설한다"고 밝히고 있다. 뒤이어 회사의 역할과 구성 등에 대하여 총 12개 조항의 항목이 나열되어 있다.[20]

그런데 그 내용에서 감리의 역할이 상당한 비중을 차지하고 있다. 즉 회사의 운영과 관련하여 중요한 사항은 중앙의 통서에 보고하여 처리하되, 상대적으로 작은 사안은 감리서에서 알아서 자체적으로 처리하도록 하고 있어 부산 감리서가 회사 운영에 상당한 권한을 쥐고 있음을 알 수 있다. 뿐만 아니라 원래 민간회사였음에도 이름을 바꾸고 장정을 마련하여 정비하는 과정에서 그 관할 주체가 부산 감리서가 됨은 물론, 감리서 직원인 정현철鄭顯哲, 민건호와 경찰관 박기종朴淇琮이 간사인幹事人으로 참여하기까지 할 정도였다.[21]

다음으로 개항장의 객주에 대한 관리와 관련된 업무를 지적할 수 있다. 개항장 객주는 국내상인과 외국상인 간의 무역에서 매매 주선을 담당하는 무역시

---

17 羅愛子, 「開港期(1876~1904) 民間海運業」, 『國史館論叢』 53, 1994, 69~73쪽.
18 『東萊統案』(奎18116) 제1책, 「關-統署(1888.7.20) → 東萊監理署(1888.8.2)」.
19 『釜山港關草』(奎17256) 제1책, 「己丑 4월 13일 關釜監-統署(1889.4.13) → 釜山監理署」.
20 『汽船會社章程』(奎18135) 참조.
21 『釜山港關草』(奎18077) 제3책, 「東萊府觀察使池錫永質稟書-東萊府觀察使 池錫永(1895.10.13) → 外部大臣 金允植」. 그런데 이 중 박기종의 경우 실질적인 경영자로서, 일본으로부터 小汽船을 구입할 때도 그의 명의로 하였다고 한다(羅愛子, 앞의 글, 74쪽).

장의 상인층이었다.[22] 비록 1885년 이후에 외국 상인들이 직접 내지의 행상들과 접촉하는 내지행상이 확대되면서 그 위상이 흔들리게 되긴 했지만,[23] 여전히 개항장 무역의 큰 축을 담당하고 있었다. 이들 객주의 관리 역시 감리의 몫이었다. 1889년부터 인천을 시작으로[24] 원산,[25] 이듬해에는 부산에서[26] 객주에게 영업세營業稅를 징수하기 시작했는데, 비록 시행 실무는 객주두목客主頭目들의 자율에 맡겨졌지만, 그 전체적인 관리·감독은 감리가 담당하였다. 아울러 25 객주를 각읍各邑에 분속分屬하도록 한 규정의 혁파[27] 등과 같이 개항장 객주 체제의 개편과 관련된 사항도 감리가 책임을 지고 실시하였다. 이러한 객주 관련 업무들은 대체로 통서의 지시를 통해 관련 권한을 위임받아 행하는 것이었지만, 때에 따라 인천 감리가 객주들의 개항장 상업 독점을 우려하는 보고를 하고 있는 예[28]에서와 같이 현장 실무 담당자로서 중앙에 제도의 개선을 건의하는 경우도 더러 존재하였다.

그리고 역시 객주와 일정 부분 관련이 있는 역할로서 개항장의 상행위 질서 유지와 관련된 영역이 있다. 그 일례로 두형斗衡, 곧 도량형의 문제를 들 수 있다. 당시 충청도에서만 수백 종의 두형이 사용될 정도로 도량형이 통일되지 않은 상황을 악용하여 청국과 일본 상인들이 구매시에는 후한 두형을 사용하고 판매시에는 박한 것을 사용하는 식의 농간을 부리는 폐단이 날로 심해지고 있었다.[29] 이에 정부에서는 1889년에 인천항에 균평소均平所를 설치하도록 하였

---

22 나애자, 「개항후 외국상인의 침투와 조선상인의 대응」, 『1894년 농민전쟁연구』 1, 역사비평사, 1991, 180쪽.

23 『仁川港關草』(奎18075), 184쪽.

24 위의 책, 제2책, 「己丑 9월 19일 關仁港 – 統署(1889.9.19) → 仁川港」.

25 『元山港關草』(奎18076) 제1책, 「己丑 10월 25일 關仁港統署 – 統署(1889.10.25) → 元山監理署」.

26 『東萊統案』 제2책, 「關 – 統署(1890.3.20) → 東萊監理(1890.4.6)」. 규장각 원문정보보서비스(https://kyudb.snu.ac.kr)에는 3월 17일 발송, 4월 5일 도착으로 날짜가 잘못 기재되어 있다.

27 위의 책, 「關 – 統署(1890.6.8) → 東萊監理(1890.6.23)」; 『仁川港關草』 제3책, 「庚寅 6월 초8일 關仁監 – 統署(1890.6.8) → 仁川監理」 참조.

28 『仁牒』(奎18088) 제1책, 「牒 – 監理仁川港通商事務(1889.12.1) → 統署」.

고,[30] 별 효과가 없자 1890년에는 균평회사均平會社를 설립하고 관련 장정을 제정하였다.[31] 감리는 이 회사의 설립 및 장정 제정의 과정을 감독한 것은 물론이거니와, 얼마 지나지 않아 이 회사의 운영 역시 다소의 문제가 생기자 정부의 지시에 따라 아예 감리가 직접 두형 문제를 관장하게 되었다. 즉 감리서에서 기존의 균평회사 제작 두형을 완전히 폐기하고[32] 두형을 똑같이 20본本을 만들어 도장을 찍은 후 객주들에게 나누어 주고 철저히 감독하도록 한 것이다.[33]

이러한 예들을 통해서 개항장을 위시한 상업의 발달에 따라 감리의 통상 관련 업무 역시 다양해지는 양상의 일단면을 살필 수 있다. 그런데 이러한 다양화 양상은 비단 상업 부문만이 아니라 개항장의 외국인 관련 업무에 있어서도 확인된다. 제1장에서 살펴본 바와 같이 감리는 기본적으로 각국 영사들을 상대하면서 외국인 거주지인 조계와 관련한 각종 사무를 처리하였다. 이는 감리서가 독립관서화한 이후도 마찬가지였는데, 이 시기에 이르면 조계 관련 사무에 있어서 하나가 추가된다. 즉 신동공사紳董公司에 조선 측 대표로 참여하게 되는 것이다.

신동공사는 '관리조계사무신동공사管理租界事務紳董公司'라는 명칭으로 1883년 조·영수호통상조약의 제4관 제3항에 처음 등장한 이래 '신동회사紳董會社'1883년 조·독수호통상조약 제4관 제3항, '신동회의紳董會議'1884년 '인천구화상지계장정' 제6조 등의 명칭으로 나타나고 있다. 이는 각국 조계에 있어서 해당국 대표들로 구성된 일종의 행정자치 조직이라고 할 수 있다. 1884년의 '인천제물포각국조계장정'에서 이 신동공사와 관련하여 독립된 조항이 등장하는데제5조, 그에 따르면 신동공사는 조

---

29 나애자, 앞의 글, 199쪽.
30 『仁川港關草』제2책, 「己丑 8월 19일 關仁港－統署(1889.8.19) → 仁川港」.
31 위의 책, 제3책, 「庚寅 정월 초8일 關仁川港－統署(1890.1.8) → 仁川港」. 이 회사는 부산과 원산에도 설립되었다(『釜山港關草』(奎17256) 제1책, 「庚寅 정월 초8일 關元釜兩港－統署(1890.1.8) → 元山·監理署」 참조).
32 『釜牒』(奎18089) 제1책, 「牒－釜山監理署(1890.4.20) → 統署」.
33 『東萊統案』제2책, 「關－統署(1890.4.12) → 東萊監理(1890.4.20)」；『仁川港關草』제3책, 「庚寅 4월 12일 關仁釜港－統署(1890.4.12) → 仁川·釜山港」.

선에서 파견한 칭직관稱職官 1명 및 영사관과 거류민 중에서 3명을 선정하여 구성되었다.[34] 이 신동공사는 각종 규정의 심의를 비롯하여 조계 내 주관酒館의 설치 등 각종 인허가 관련 업무, 인부의 파견 등을 관장하며 넓게는 치안 유지를 담당하고 사법권을 행사하기까지 하는 큰 권한을 지닌 조직이었다. 1884년에 규정된 각국공동조계가 실제로 설치된 것이 1887년이므로 신동공사도 이때부터 실제로 기능하기 시작하였는데,[35] 관련 규정에서 칭직관으로 언급되는 조선 측 대표로는 당연히 개항장 행정의 최고책임자인 감리가 참여하여 활동하였다.

　이상의 조계와 관련한 신동공사의 사무는 기존에 존재하던 업무 영역이 형태가 바뀐 경우에 해당하겠지만, 새로 생겨난 경우도 존재한다. 외국인의 출·입국과 관련한 사무를 그 예로 들 수 있다. 외국인이 조선에 입국하여 통행할 수 있기 위해서는 오늘날로 말하면 입국사증VISA과 비슷한 호조護照를 발급받아야 했다.[36] 호조의 발급 주체는 원래 통서였는데, 이를테면 부산의 일본 상인이 영사를 통해 감리에게 신청하고, 감리가 통서에 보고하여 호조를 받는 것은 엄청난 행정 낭비가 아닐 수 없었다. 따라서 호조 발급 건수가 증가함에 따라 부산의 경우 1885년 3월부터,[37] 인천의 경우 1887년 윤4월부터[38] 감리가 통서 대신 직접 호조를 발급하도록 제도가 개편되었던 것이다. 아울러 이러한 제도 정비와 함께 '외국인 접객 지침'이 마련되어 외국인의 호조 휴대에 대한 단속

34　『高宗實錄』권21, 고종 21년 8월 15일. "仁川濟物浦各國租界章程 (…중략…) 一 管理租界事務者 一爲朝鮮所派稱職之官 一員 一爲各與國在租界內租賃地基人民之各本領事官 竝由租界內所受租地基人民之中遵照該管官員定章 選擇三人協同 該管官員與朝鮮官員 一竝作爲管理租界事務紳董公司."

35　박정현, 「19세기 말 仁川과 漢城의 중국인 居留地 운영 체제」, 『東洋史學硏究』113, 2010, 180~181쪽. 참고로 신동공사가 업무를 개시한 정확한 기록은 불분명하나 1888년 10월의 기록에 신동공사가 언급되고 있는 사실에서(『總關來申』제3책, 「稅字 제151호－嘉善大夫戶曹參判銜管理海關事務總稅務司 墨賢理(1888.10.18) → 統署」 적어도 이 시기 이전에는 영업을 시작했을 것으로 보인다.

36　개항기 조선의 호조에 대해서는 민회수, 「개항기 査證으로서의 '護照' 제도의 도입과 운영」, 『歷史學報』229, 2016 참조.

37　『八道四都三港口日記』(奎18083) 제2책, 「乙酉 3월 27일 關釜山監理－統署」(1885.3.27) → 釜山監理」.

38　『九道四都關草』(奎18079) 제2책, 「丁亥 윤4월 초2일 關九道四都－統署(1887.윤4.2) → 9道·4都」; 『仁川監理署牒呈』(奎24460) 참조.

이 강화되기도 하였다.[39]

이상에서 살펴본 통상 및 외국인과 관련된 감리 업무의 다양화는 앞서 살펴본 조직의 확장과 맞물려서 외국인 관할 관서로서 감리서의 전문성을 강화시키는 방향으로 나아갔다고 볼 수 있다. 하지만 아직까지는 관세관리권을 매개로 하는 해관에 대한 관리·감독 역시 감리·감리서의 주된 업무 중 하나였다. 따라서 종합하면 1886년 독립관서화한 이후 갑오개혁기에 일시적으로 운영이 중지되기 이전까지 감리서의 관서로서의 성격은 해관에 대한 관리·감독기관과 외국인 관할 관서로서의 양면을 모두 갖고 있되, 전자의 경우 애초에 제한성을 갖고 있었을 뿐더러 시간이 갈수록 사실상 유명무실화되어, 후자의 비중이 점차 높아져가는 상황으로 정리할 수 있을 것이다.

2) 경찰 기구의 분리와 치안 기능의 강화

감리서의 조직과 더불어 소관 업무의 확장 과정을 논하면서 경찰 관련 사항을 빼놓고 지나가기는 어렵다. 앞서 1884년에 감리서의 하부 조직으로 경찰관이 임명되었다는 사실을 밝힌 바 있었는데, 그 담당 업무는 구체적으로 어떠하였을까? 우선 애초의 임명 취지대로 조계 관련 사무의 담당이 본연의 업무였던 것으로 보이는데, 그것이 '순포巡捕'의 역할에 특화되지는 않았던 것 같다.[40] 보다 구체적으로는 각 개항장에서 협의를 거쳐 작성된 조계 지도의 보관과 같은 단순한 업무에서부터,[41] 조계의 확장을 비롯한 공사 등에 대하여 일본 등 외

---

39 민회수, 「개항기 조선의 외국인 통행증[護照] 단속-1887년 '외국인 접객 지침'의 하달을 중심으로」, 『韓國史學報』 66, 2017a 참조.
40 물론 이를테면 1884년 8월에 인천항에서 조계 내의 외국인들이 소지한 화폐를 조사하여 鉛錢과 洋鐵錢을 제외하고 유통시키도록 조치하는 업무와 같이 넓은 의미의 치안 유지에 해당되는 임무를 수행한 경우가 더러 있다(『八道四都三港口日記』 제1책, 「甲申 8월 14일 關仁川監理-統署(1884.8.14) → 仁川監理」, "本港所在各國人排揀劣錢中 鉛錢洋鐵錢外 公鑄錢可以行用者 已飭地方官 眼同警察官 再行揀出 以別官私 而其已揀私錢外 凡係公鑄錢 雖或微薄 皆可行用 到卽曉喻港內商民 無或疎忽間斷之地宜當 揀錢之役 必費多日 本公署屬官派送 眼同警察官 輪回看檢 無或疎忽間斷之地宜當者").

국과 협상 시 조선 측 대표를 맡거나,[42] 더 나아가서 조계지에 대한 각국과의 공동 관리업무에 있어서 조선 측 대표로 참여하는 등[43] 보다 책임 있는 중책을 담당하기도 하였다.

한편 경찰관은 이러한 본연의 조계 관련 업무 이외에도 기타 감리서의 각종 직무에 동원되었다. 처음 임명 당시 감리의 지휘 감독을 받는다는 언급이 명시되어 있었고, 실제로 현전하는 유일한 감리서 일지인 『부산항 감리서일록』을 봐도 경찰관이 감리서 소속의 직원임은 분명해 보인다.[44] 따라서 감리서 소관의 업무 중 많은 부분이 경찰관에 의해 수행되었다. 그 구체적인 내용에 대해서 살펴보면 대략 다음의 〈표 1〉과 같다.[45]

〈표 1〉 갑오개혁 이전 개항장·개시장 경찰관의 감리서 보조 업무 수행 현황

분류	날짜	감리서	업무 내용
각종 운송 업무	1885.7.20	인천	전선 가설에 필요한 파마유(巴馬油)를 탑재한 선박의 인도
	1885.7.27	인천	전선 가설에 필요한 파마유(巴馬油)의 전국(電局) 이송
	1885.9.9	인천	전환국 사용 물품의 하역 시 감독·관리
	1887.10.29	부산	전환국 교사(敎師)의 신수비(薪水費) 운송
	1885.9.28	인천	박문국 사용 주자판(鑄字板) 운송
	1885.10.3	인천	직금기계(織錦機械) 운송
	1885.12.29	인천	상해(上海)서 일본삼릉공사선(日本三菱公司船)에 싣고 온 직조(緞絲) 1,000냥(兩)을 잔주(棧主)로부터 인수 및 보관
각종	1887.12.6	인천	남전보국(南電報局)에서 사용할 전선 기계를 세창양행(世昌洋行)

---

41 『仁川港關草』제1책, 「戊子 10월 초6일 關仁港－統署(1888.10.7) → 仁川港」.

42 위의 책, 제5책, 「壬辰 윤6월 23일 關仁港－統署(1892.윤6.23) → 仁川監理」.

43 이를테면 인천항 경찰관을 인천항 조계의 관리조계사무(管理租界事務)로 임명한 경우 등이 있다(『總關來申』제7책, 「稅字 제272호－嘉善大夫戶曹參判銜署總稅務司 史納機(1892.4.6) → 統署」; 위의 책, 「壬辰 5월 13일 關仁港－統署(1892.5.13) → 仁川監理」 등 참조).

44 이 책에는 1888년 5월 이후로 매일매일 부산 감리서의 직원 출근 및 근무 상황이 기록되어 있는데, 대부분 '監理□□□ 在萊府 制判○○○ 書記官△△△ 警察官×××仕進'과 같은 식으로 기록되었음을 확인할 수 있다.

45 이하의 표는 『부산항관초』제1～2책, 『內各司(關草)』(奎18148) 제1책, 『팔도사도삼항구일기』, 『咸鏡道關草冊』(奎18073) 제1～2책, 『총관내신』제2책, 『總關去函』(奎17832) 제2책, 『동래통안』제3책, 『慶興監理關草』제1책, 『인천항관초』제5～7책 등을 근거로 하여 작성됨.

분류	날짜	감리서	업무 내용
			으로부터 인수
	1891.5~6	부산	부산항에 왕래하는 조선 선척(船隻)에 대한 수세(收稅)·경리청 납부
	1892.5.23	인천	경리청에서 구매한 양창과(洋槍) 탄환(彈丸) 등의 군기(軍器)를 타운선(佗雲仙)에 전촉하여 무도(貿到)
운송 업무	1892.6.19	인천	세창양행의 기계를 세창양행과 상의하여 변매(變賣, 전매(轉賣))
	1892.11.6	인천	소유 규비(規費)의 영납(領納)
	1893.9.4	인천	대내(大內)에 필요한 석탄의 가치(價値) 1,000원(元)을 해관으로부터 인수
	1893.9.12	인천	관문각비(觀文閣費) 양합(兩合) 2,400원(元)의 은표(銀票) 수령
	1894.4.29	인천	대내역소(大內役所) 건축비(建築費) 1,546원(元)을 화공두(華工頭)에게 전급(轉給)
해관 관련 업무	1885.8.22	인천	인천항 해관의 중건 관련 업무 수행
	1885.9.14	인천	해관 세은(稅銀)의 역소(役所) 이송(移送)에 대한 확인 및 보고
	1885.10.5	인천	해관 및 부두의 공사 소요 대금에 대한 추가 청구
기타 업무 보조	1887.윤4.17	인천	강화부(江華府) 소무(所貿)의 동모(銅帽) 4궤(櫃)에 대한 면세 요청 공함(公函) 발송
	1890.1~3	원산	주원산항(駐元山港)일본영사(日本領事) 히사미즈(久水)와 함께 함경도에서의 황두(黃豆) 방곡령이 해제되었음을 도민들에게 홍보
	1891.2~6	경흥	러시아인의 무산(茂山) 목료(木料) 문제에 대한 협상 (러시아어 능통을 이유로 담당)
	1893.12.2	인천	집조(執照) 관련 업무를 감리로부터 이관받아 전담

위의 표를 보면 우선 경찰관은 감리서 소관의 각종 운송 업무를 담당하고 있으며, 그 대상은 여러 가지 다양한 물품 및 화폐들이었음을 알 수 있다. 특히 그중 주목할 부분은 해관에서 거두어들인 관세 수입금이었다. 전술했다시피 1886년을 기점으로 관세 관리권을 감리서가 행사하게 되었는데, 그에 따라 해관에서 징수한 세금을 여러 기관으로 이동시키는 과정의 실무를 경찰관이 맡았던 것이다.

다음으로 아무래도 감리서가 해관 감독기관으로 출발한 만큼 해관과 연계된 일이 없을 수 없는데, 이와 관련된 업무 역시 경찰관이 담당한 기록이 더러 보인다. 또한 상기의 두 가지 이외에도 외국과의 협상을 위시한 다양한 업무들 역시 경찰관의 몫이었다고 할 수 있다.

이렇게 개항장의 경찰관은 애당초 감리서 조직의 일부로 만들어진 관계로, 그 조직상의 변화 역시 감리서의 그것에 궤를 맞춰서 진행되었다. 개항장 경찰서는 앞에서 살펴본 바와 같이 1886~1887년에 걸쳐 감리서 분서가 만들어지고 방판이 임명되는 등 감리서의 조직이 확장되고 정비되는 가운데 그로부터 분화된 것으로 추정된다. 인천항 감리서의 경우, 경찰관이 근무하는 처소를 별도로 '경찰소警察所'라고 호칭하는 통례가 있었던 것으로 보인다.[46] 그러나 경찰관의 소속 관서가 감리서와 별도로 설립되었음이 사료에 비교적 명시적으로 나타나는 첫 번째 예는 부산항의 경우에서 발견된다. 즉 이하 1886년 12월 14일 자로 부산항 경찰관이 통서에 보고한 내용 및 그에 대한 제음題音에서 그 단서를 엿볼 수 있는 것이다.

부산항 경찰관 보고 : 관방關防은 철로 주조하여 내려보내고 규칙을 작성한 절목을 내려보내며 문부文簿의 명색名色 3인과 순포巡捕 10명에 대한 추가 배치를 거행하는 건에 대하여 아울러 처분을 기다림.

제음 : 경찰규칙은 매우 좋으니 그대로 시행할 것이며, 관방은 당연히 다시 주조하여 보내고, 처소處所의 경우 감리서에 문의하여 형편대로 처리하되, 순포 이외의 추가 배정 명색을 지금 갑자기 논의하기 어려운 것은 인천과 원산에는 없기 때문임. 사후에 만약 보고할 일이 생기면 우선 감리서에 보고하여 전보轉報토록 할 것.[47]

---

46 『八道四都三港口日記』제2책, 「乙酉 2월 13일 關警察所-統署(1892.윤6.23) → 釜山港警察所」.

47 『三港口關草』제2책, 「丙戌 12월 14일 釜山港警察官報題-釜山港警察官(1886.12.14.) ↔ 統署」. "關防以鐵鑄下送 規則成節目下送之地 而文簿名色三人 隨從三名 巡捕十名 又排置擧行事 並伏俟處分事 題內 警察規則甚好 依此施行 而關防當改鑄而送 處所則問議於監理署 從長區處 巡捕之外 加定名色 今難遽議 仁川元山之所無 嗣後如有所報之事 先報監理署 以爲轉報之地事."

여기서 당시 개항장의 경찰관 직제와 관련된 절목으로 된 규칙이 처음 제정되었음을 알 수 있다. 아울러 순포 등 인원의 추가 배정과 더불어 '처소'의 문제가 언급되고 있다는 점에서, 개항장 경찰관의 근무 관서가 감리서로부터 분리되면서 동시에 확장되고 있음을 시사한다. 단 이 모든 과정을 어디까지나 감리의 통제하에 둠을 명시함으로써 경찰 조직에 대한 감리서의 지휘권을 분명히 한다는 점 역시 전제하고 있다.

이후 1887년 1월 20일 자로 경찰 조직 관서 건축에 소용되는 목재 공급 요청과 관련한 기록이 보이는 등,[48] 여러 정황으로 보아 부산항의 경찰 조직 분리는 1887년 1월 중에 행해진 것으로 추정된다.[49] 초창기에 이 부산항의 분리된 경찰 조직은 주로 '경찰소警察所'로 호칭되었고, 이후 '경찰서警察署'와 혼용되다가 나중에 경찰서로 점차 관용화된 것으로 보인다. 그리고 부산항 경찰서의 건축 부지는 일본 조계지 내에 있는 나카노中野와 마츠오松尾라는 사람의 소유지를 매입하여 사용하였고,[50] 2월에는 중앙에서 관방이 내려오는 등[51] 점차 감리서의 경찰 조직이 정식으로 독립화되는 과정을 밟아나갔다.

문제는 경찰서 직제 도입에 따른 필요 경비로서, 당시 조선정부의 재정이 극도로 열악하였던 까닭에 전남 완도와 통영에서 재배하는 우뭇가사리牛毛加土里, 牛毛加沙里에 대한 영업세 관리권을 부산항 경찰서에 부여하여 해결하고자 하였다.

---

48 『監理署關牒存案』(奎18121), 「同日(1월 20일)影島別將了－東萊監理署(1887.1.20) → 影島別將」. 참고로 본 문서 중 "본항 경찰관이 이미 창설되었음(本港警察官 今旣刱設矣)"이라는 대목의 '警察官'은 '警察所'의 오기로 보인다.

49 이와 관련하여 『통서일기』나 각종 감리서 관초 등의 사료에서 부산항의 경찰 조직 창설을 명시적으로 보여주는 기록은 없다. 그러나 이를 설명해주는 사후의 기록들이 존재한다. 이를테면, 1889년 동래 감리의 보고에서 인용된 부산항 경찰관의 언급에 의하면 '부산항 경찰소의 창설이 1887년 1월임(本所港內刱設 自丁亥正月日爲起)'을 명시하고 있다(『東萊統案』제2책, 「牒 제43호－東萊監理(1889.11.3) → 統署(1889.12.20)」. 참고로 이 문서는 규장각 원문검색서비스(https://kyudb.snu.ac.kr)에는 발신일이 10월 3일로 잘못 기재되어 있다).

50 『監理署關牒存案』, 「2월 초7일 日領事了－東萊監理署(1887.2.7) → 日領事」.

51 위의 책, 「同日(2월 15일)始錄－統署(1887.2.15) → 東萊監理署」.

그런데 이는 시작부터 여러 문제를 야기하였다. 우선 일본 영사가 조약에 위배된다는 이유로 이에 반대하였다. 그 이유는 영업세 징수 대상의 물품은 반드시 관에서 채취를 허락하는 문적文籍을 발급받아야 하므로 그렇게 하는 경우 자유로운 매매가 제한되기 때문이라고 하였다.[52] 이에 대하여 조선 측에서는 일본 역시 영업세 명목으로 징수하는 비슷한 경우가 있음을 상기시키면서, 우뭇가사리 영업세는 물품에 매기는 것이 아니라 채매採賣하는 사람에게 징수하므로 조약 위배에 해당하는 사항이 없다고 반박하였다.[53] 동시에 전라감영에 도고명색都賈名色을 혁파하고 누구든 매매를 원하면 막지 말라고 지시하여 일본 측의 반발에 대해 배려하는 모습을 보이기도 하였다.[54]

이렇게 우여곡절 끝에 우뭇가사리 영업세로 부산항 경찰서 운영비를 감당하기 시작하였는데, 이는 순탄하게 진행되지 못하였다. 그 주된 이유는 채민採民의 잠매潛賣, 모리배들의 작간作奸, 그리고 이교배吏校輩의 침탈 등이었다.[55] 그 결과 경찰서 운영비용을 제대로 충당하지 못해 창설 이후 근 3년이 되어 가는 시점에서 벌써 '외국인들에게 운영비 조로 빌린 차관이 40,000여 냥에 이르고 지방支放이 끊어진 지 오래되어 하솔下率들이 흩어지는 지경'에 이르렀다고 한다.[56] 급기야 1891년에는 아예 우뭇가사리 영업세에 대한 소관 주체를 경리청經理廳으로 이전시키기에 이르는데,[57] 이후로 계속하여 경찰서 운영에 있어서 부족 비용

---

52 『全羅道關草』(奎18068) 제1책, 「丁亥 2월 20일 關完營統營—議政府(1887.2.20) → 完營‧統營」. 조약에 위배된다고 하는 것이 구체적으로 어느 조약의 어느 항목에 해당하는 것인지는 명확하지 않으나, 추정해보건대 조‧일수호조규 제9관의 "양국이 우호 관계를 맺은 이상 피차의 백성들은 각자 임의로 무역하며 양국 관리들은 조금도 간섭할 수 없고 또 제한하거나 금지할 수도 없다(兩國旣經通好 彼此人民 各自任意貿易 兩國官吏 毫無干預 又不得限制禁阻)"라는 자유무역 보장 및 관(官)의 불간섭 보장 관련 조관을 의미하는 게 아닐까 생각된다. 아마도 당시 일본인들의 우뭇가사리 수요가 일정 수준 있었기 때문에 일본 영사가 이와 같이 반대 의견을 개진한 것으로 여겨진다.

53 위의 글.

54 위의 책, 「丁亥 2월 30일 關完營統營—議政府(1887.2.30) → 完營」.

55 위의 책, 제3책, 「至月(12월) 11일 關完營—議政府(1887.12.11) → 完營」; 「同(1월) 28일 關完營—議政府(1888.1.28) → 完營」 참조.

56 『東萊統案』제2책, 「牒 제43호—東萊監理(1889.11.3) → 統署(1889.12.20).

및 부채에 대한 청산 요청이 거듭되는 한편 극심한 재정난으로 인한 통서의 거부가 지속되고 있다.[58] 이러한 재정의 악화 상황은 경찰서 건물의 증축 문제에서도 엿볼 수 있으니, 창설 3년 만인 1890년에 벌써 관사가 기울어져 무너질 지경에 이르러 보수비용 2,000원元의 세항稅項으로부터의 획발劃撥 허용을 요청하였다.[59] 이후로 지속적으로 낡은 건물의 보수 및 개축 비용 등을 요구하고 있으나, 역시 대부분 예산 문제로 인해 긍정적인 회신을 받지 못하고 있다.[60]

그러나 사안의 심각성을 환기시키는 지속적인 요청 때문이었는지 부산항 경찰서의 신축은 1891년 하반기에는 확정되었던 것으로 보이며, 감리분서의 신축과 동시에 진행되었던 것 같다. 9월 17일에 통서로부터 두 관서경찰서·감리분서의 신축과 관련된 비용 3,000원의 지급이 통보되었고,[61] 10월 13일에는 공사비 중 1,500원을 세은에서 전용하도록 하는 지시가 하달되었다.[62] 기존 건물들은 원래 위치가 일본 조계 내였던 관계로 일본 상인 타니키 사부로谷喜三郎에게 매도하였으며,[63] 1892년 경상감사 이헌영의 장계에서 동래부東萊府 사하면沙下面 신초량新草梁 신지信地 내에 감리서와 경찰서의 이건 예정지 소재 전답에 대한 부세 면제의

---

57 『釜山港關草』 제2책, 「辛卯 4월 傳令警察官-統署(1891.4) → 警察官」. 본 문건에서는 우뭇가사리 영업세가 경찰서 운용 비용 보충에 전혀 도움이 되지 못한 이유로 모리배들의 방해와 더불어 경찰서에 이에 대한 전담 인원이 없었다는 점 또한 지적되고 있다.

58 『東萊統案』 제4책, 「牒 제44호-釜山監理(1891.5.27) → 統理衙門」;『元牒』(奎18090) 제1책, 「牒-監理釜山港通商事務 金(1891.5.29) → 統署」(『원첩』은 원산 관련 문서 모음집인데, 부산 관련 공문이 실수로 섞인 듯하다);『釜山港關草』(奎17256) 제2책, 「辛卯 6월 초8일 釜監報 44호-釜山監理署(1891.6.8) → 統署」;『東萊統案』 제5책, 「牒 제43호-釜山監理(1892.8.25) → 統理衙門」;『釜山港關草』 제3책, 「又報 43호-釜山監理署(1892.9.9) → 統署」;「壬辰 10월 28일 釜監報 53호-釜山監理署(1892.10.28) → 統署」.

59 『東萊統案』 제2책, 「牒 제10호-東萊監理(1890.윤2.9) → 統署」.

60 위의 책, 제3책, 「牒 제1호-東萊監理(1891.1.12) → 統署」;「牒 제12호-東萊監理(1891.2.6) → 統署」;『釜山港關草』 제2책, 「辛卯 정월 18일 釜港報 제초 1호-釜山監理署(1891.1.18) → 統署」;「辛卯 8월 20일 釜港報 61호-釜山監理署(1891.8.20) → 統署」; 위의 책, 제4책, 「牒 제61호-釜山監理-釜山監理(1891.8.13) → 統理衙門」.

61 『釜山港監理署日錄』(奎18148의 2) 제8책, 1891.9.17 戊寅.

62 『釜山港關草』 제2책, 「辛卯 10월 13일 關金-統署(1891.10.13) → 釜山監理署」.

63 『釜山港監理署日錄』 제8책, 1891.11.9 己巳.

요청이 있었고 그에 대한 윤허를 받았음이 확인된다.[64] 이를 통해 볼 때 부산항의 경우 감리분서와 경찰서의 전면적인 신축 및 이전이 진행된 것으로 보인다.[65]

　한편 부산항 이외의 경찰서 건립 상황을 살펴보면, 원산의 경우 처음 어느 시점에 독립적 기구로서의 경찰서가 건립되었는지는 명확하지 않다. 다만 경찰서가 애초에 해관 내 부두가 있는 요충지에 있었는데, 제대로 된 공해公廨가 없고 협소하여 외국인 접대시에 활용하기 어려울 정도였다. 1891년 여름의 장마로 인해 누수가 진행되어 그나마 사용하지 못하게 됨에 따라[66] 중건 비용으로 500원元의 획하劃下를 통서에 요청하였다.[67] 이후에도 1893년과 1894년에 여러 차례 추가적인 중건 및 보수비용이 요청되고 있는데,[68] 이 역시 일부는 거부당하는 등 당시 경찰서 운영의 열악한 상황을 짐작할 수 있다. 인천의 경우 경찰서 창설과 관련한 분명한 기록은 없으나, 앞서 언급한 바와 같이 경찰관의 관소를 관용적으로 경찰소, 경찰서 등으로 호칭한 것으로 보인다. 개시장인 경흥은 1890년 12월에 경찰관을 임명한 뒤 이듬해인 1891년 1월에 경찰서 설치를 비롯한 내용을 조목으로 만들어 지시하고 있다.[69]

　이상에서 경찰서의 설치 관련 추이를 부산항을 중심으로 하여 간략하게 살펴보았다. 그러면 그 조직은 어떠했을까? 이와 관련하여 일단 살펴볼 만한 내용이라면, 감리서와 관련하여 일제 때 편찬된 『인천부사』에 간략하게 언급된 대목을 들 수 있다. 그에 따르면, 감리가 근무하는 기관을 감리아문이라고 하였고, 감리아문 내에는 경찰서, 감옥 등이 있었으며, 감리의 휘하에 서기관 1

64　『承政院日記』, 고종 29년 11월 10일.
65　다만 그 이후의 관련 기록이 없어서 이전 작업의 정확한 진행 상황은 알 수 없으며, 전술한 바와 같이 1892년에 감리분서와 본서가 합쳐진 청사가 신축되기에 이른다.
66　『元牒』 제1책, 「牒－監理元山港通商事務(1891.10) → 統署」.
67　『元山港關草』 제2책, 「辛卯 10월 5일 元報－元山監理署(1891.10.5) → 統署」.
68　위의 책, 제3책, 「同日(2월 19일) 又報－元山監理署(1893.2.19) → 統署」; 제4책, 「甲午 5월 11일 元監報－元山監理署(1894.5.11) →統署」; 「甲午 6월 18일 元監報－元山監理署(1894.6.18) → 統署」.
69　『慶興監理關草』 제1책, 「辛卯 정월 19일 關慶興－統署(1891.1.19) → 慶興監理」.

명, 경무관 1명, 주사 5명 및 경부警部인 총순總巡 5명, 순무巡撫 60명이 있었다고 한다.[70] 여기서 개항장의 경찰 업무와 관련하여 총순과 순무 등의 직제가 있었음을 알 수 있다. 그러나 이 기록은 기본적으로 경찰서의 직제가 아니라 감리서의 그것에 대한 내용이며, 갑오개혁기 근대적 경찰 제도 성립 이전의 내용인지 이후의 것인지도 명확하지 않다는 점에서[71] 불완전하다는 한계를 지닌다.

문제는 경찰서의 설치와 관련하여 조항으로 구성된 절목이 현재 남아있는 것이 없기 때문에 그 내용을 상세하고 정확하게 파악하기 어렵다는 점인데, 이와 관련하여 다음과 같은 기록들에서 그 대략의 단서를 찾아볼 수 있다.

A. 후축삭경비後逐朔經費

사용 대상	용도	금액
조검감관 2명	급료	20양(兩)
서사 2명		40
대청직 2명		30
도순포 2명		40
순포 8명		120
조검선격 2명		40
주방고자 1명		15
주방하전 1명		10
중국이사부 수직 순포 1명	추가 급료 및 땔감·기름 비용	10
순사, 순포 등	8회분 식대	140
순포들	봄, 가을 피복비 및 땔감, 기름, 종이, 붓, 먹 등의 비용	100
	합계	565

---

70 仁川府廳 編,『仁川府史』, 1933, 147쪽. "監理衙門內には警察署, 監獄等があり, 'カムニ'の下に書記官一名, 警務官一名, 主事五名, 警部たる總巡五名, 巡撫六十名あり."
71 '경무관'이라는 명칭으로 미루어 볼 때 갑오개혁 이후의 내용에 대한 설명일 가능성이 높다.

B. 영록조관另錄條款

1. 경찰직의 응행각절應行各節은 다른 항의 경찰 예에 따라 담판擔辦할 것.

1. 경찰관의 관소館所는 세관稅關이 설치된 곳으로 하고 주접駐接할 곳을 별도로 둘 것.

1. **경부警部, 근반跟伴, 청차聽差, 순포巡捕 등**을 정액定額에 따라 임명하여 사역使役 제 공에 편리하게 할 것.

1. 경관의 월봉 20원元 및 공비公費 등의 항목은 세은稅銀 중에서 취하여 매달 지불 할 것.

1. 미진한 조항은 살펴서 분명히 보고할 것.

A는 1891년 5월에 부산항 경찰서의 추가 운영비용을 요청하며 부산 감리가 통서에 보낸 공문에 부속된 문서로 추가 소요 경비의 내역을 기재한 것을 표로 재구성한 것이다.[72] B는 1891년 통서에서 개시장 경흥에 대하여 경찰서 설치 를 지시하면서 해당 업무 관련 사항을 조항으로 만들어 첨부한 문서의 내용이 다.[73] 일단 B부터 보면, 강조된 부분이 경찰서의 직제와 관련된 것으로 추정되 는 내용이다. 당시 개항장의 경찰서가 앞서 언급한 바와 같이 갑오개혁기 이후 의 총순에 해당되는 것으로『인천부사』에 기록된 경부와 더불어, 일반적으로 그에 딸린 시종 정도의 지위로 파악되는 근반과 청차, 그리고 순찰 담당의 실 무 요원인 순포로 구성되었음을 보여준다. 다음으로 A를 살펴보면, 서사書寫, 대청직大廳直, 주방고자廚房庫子·주방하전廚房下典 등은 명칭에서 미루어 볼 때 문

---

72 『元牒』제1책, 「牒-監理金山港通商事務 金(1891.5.29) → 統署」.

73 『慶興監理關草』제1책, 「辛卯 정월 19일 關慶興-統署(1891.1.19) → 慶興監理」, "另錄條款 一 該警察 職內 應行各節 均照他港警察例 擔辦事 一 該警察官館所 以稅關建置處 另設駐接事 一 該警(원문에는 京 으로 되어 있으나 오기로 추정됨)部跟伴聽差巡捕等 應使役 量宜定額 以便供役事 一 該警官薪費 每個 月二十元 及公費等項 應就稅銀中 按月酌撥事 一 未盡條件 酌商報明事." 참고로 앞에서 살펴본 바와 같 이 개시장에 설치된 세관은 개항장의 해관과 달리 일원적인 체계로 세관과 감리서가 하나로 일치된 상황이었던 바, 두 번째 항목에 나오는 경찰서의 관소를 세관이 설치된 곳에 둔다는 내용의 조항은 이러한 배경에서 이해해야 할 것이다.

서의 등사나 관사·주방의 관리 등 잡무 담당으로 추정되며, 순포를 지휘하는 도순포都巡浦가 있었음을 알 수 있다. 또한 순사라는 명칭도 언급되는데, 아마도 별도의 직위였다기보다는 순포의 별칭일 가능성이 높다고 생각되며,[74] 이 순포는 『인천부사』에서 언급되는 순무巡撫에 상당하는 직위로 보인다. 특히 그중에서 중국 이사부의 순찰 담당 인원이 별도로 배정되었음을 알 수 있다. 그리고 조검감관照檢監官과 조검선격照檢船格은 선박에 대한 조사 업무를 담당하던 인원일 것으로 추정된다.

이상의 여러 자료에서 나타나는 편린들을 토대로 개항장 경찰서의 일반적인 조직 체계를 상정해보면, 우선 수뇌부로는 총책임자인 경찰관 휘하에 '경부'로 지칭되는 중간 간부갑오개혁 이후에 총순으로 개칭와 그에 딸린 근반과 청차, 그리고 순찰 등 실무적인 업무를 담당하는 순포순사로도 지칭. 후에 '순무'로 명칭 변경가 여러 명, 그리고 그 총지휘를 맡은 도순포가 있었다. 그리고 선박에 대한 검사 업무를 담당하는 조검감관과 그에 딸린 선격, 그리고 기타 각종 잡무를 담당하는 서사, 대청직, 주방고자·주방하전 등을 보유한 나름대로 일정한 규모를 갖춘 조직이었던 것으로 상정할 수 있다.[75]

그리고 그 구체적인 시설의 현황과 관련해서는 〈그림 1〉의 '경찰관서도警察官署圖'가 있는데,[76] 이는 현재 전하는 갑오개혁 이전 개항장 경찰관서의 도면으로는 유일한 것으로, 죄인의 구속수감용으로 보이는 구류간拘留間 등 시설의 존재와 더

---

74 부산첨사(釜山僉使) 최석홍이 처음으로 부산항 경찰관에 임명되었을 때, 즉시 '특별히 훈련된 순사' (別鍊巡査) 10명을 휘하로 파견하라는 공문이 내려온 점에서 미루어보면(『咸鏡道關草冊』 제1책, 「乙酉 11월 초2일 關釜山港−統署(1885.11.2) → 釜山港」), 경찰관 휘하의 순찰 업무를 담당하는 직책의 명칭으로 '순사'도 사용되었음을 알 수 있다. 또한 순사라는 명칭 자체가 갑오개혁 이전 감리서 관련 왕복문서철에 거의 등장하지 않는 점으로 미루어 볼 때, 아마도 순포가 정식 명칭이고 별칭으로 순사도 사용된 정도가 아닐까 생각된다.

75 물론 이러한 내용을 갑오개혁 이전의 모든 개항장·개시장에 일률적으로 적용하기는 어려울 것이며, 이 점은 아래에 언급되는 경찰서의 관사 구조와 관련해서도 마찬가지이다.

76 해당 자료는 1894년 6월 3일에 원산 감리가 통서에 원산항 경찰서의 준공을 보고하면서 공사비 1,000원(元)의 충당을 요청하는 내용의 공문인 『元山監理署牒呈』(奎24349)에 첨부되어 있다.

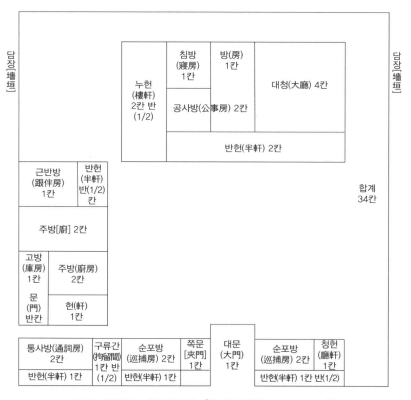

〈그림 1〉 경찰관서도(警察官署圖), 『元山監理署牒呈』(奎24349) 참조.

불어 건물 배치상의 특성 등에서 경찰관서로서의 특징을 보여주고 있다.[77]

이상과 같이 개항장의 경찰관 관련 조직은 경찰서 창설을 필두로 확장되면서 일정한 직제를 갖추게 되었으며, 그에 따라 경찰관이 담당하는 고유 업무 역시 일정 수준 변화되었다. 앞서 언급하였다시피 경찰관 임명의 취지가 조계지 내의 순찰 활동을 위한 것이었던 만큼, 적어도 그 애초의 목적은 근대적인 치안 유지기관으로서의 경찰 제도와 맥이 닿는 측면이 있다. 그러나 지금까지 살펴본

---

77 〈그림 1〉을 보면 원산항 경찰서 관사의 경우 문간체에 외부로 툇간을 두는 것이 특징인데, 이는 주로 대민 업무를 담당하는 경찰관서의 성격이 반영된 것으로 추정된다(전봉희 외, 『한국 근대도면의 원점-서울대 규장각한국학연구원 소장 근대 측량도와 건축도(1861~1910)』, 서울대 출판문화원, 2012, 608쪽).

바와 같이, 실제적인 운영의 측면을 살펴보면 개항장 경찰관이 맡은 직무는 어디까지나 감리서 소속 직원으로서 감리서의 여러 업무에 대한 보조가 주를 이루었으며, 초창기 조계 관련 업무도 딱히 치안 유지에 특화된 측면은 보이지 않는다. 따라서 경찰관의 실제 운영은 처음에는 근대적인 경찰 제도에서 규정되는 경찰의 그것과 그다지 부합하지는 않았다고 할 수 있다. 그러던 것이 경찰서 창설 이후 경찰관 담당 고유 업무에서 치안 유지와 관련된 측면이 강화되어 가기 시작한다.

그 구체적인 실상을 살펴보면 다음과 같다. 우선 경찰관이 담당하게 된 업무에서 주목할 만한 부분이 바로 개항장에 왕래하는 선박에 대한 감시이다. 인천항의 경우 1885년 말에 항구에 정박하는 외국 국적 선박의 승선 인원에 대하여 해관에서 경찰서에 인원을 파견하여 조사하라는 지시가 있었음을 볼 때,[78] 해관과 감리서 소속 경찰서의 협조로 외국 선박에 대한 감시가 이루어지고 있었던 것으로 보인다. 이러한 선박 감시는 밀수 등을 위한 외국 선박의 침투를 방지하기 위한 것으로서, 이후 1888년 12월에 해관 총세무사 메릴의 건의로 마포麻浦에 전담 관리를 주재시켰다.[79] 해당 기관의 명칭은 마포사험국麻浦査驗局으로 명명되었으며, 이듬해인 1889년에는 마포에 출입하는 선박이 지켜야 할 규정이 장정의 형태로 제정되었다.[80] 이렇게 외국 선박에 대한 출입 관리는 대체로 해관이 주도하였으나,[81] 부산항 경찰관이 선박에 대한 조사·기록을 위하여 김성민金性玫과 박한순朴漢淳을 조검감관照檢監官으로 임명, 파견한 경우와 같은 예도 있었다.[82]

---

78 『咸鏡道關草冊』 제1책, 「乙酉 11월 23일 關仁港-統署(1885.11.23)→仁港」.

79 『高宗實錄』 권25, 고종 25년 12월 10일.

80 장정의 구체적인 내용은 『暫定船集前往麻浦章程』(奎23488); 『麻浦章程』(奎23489) 참조.

81 1888년 12월에 처음으로 마포에 선박 감시를 위해 파견한 인원은 인천항 서기관인 邊錫運과 부산항 방관 유기환, 그리고 원산항 서기관인 팽한주로서 모두 해관 관리들이었다(『高宗實錄』 권25, 고종 25년 12월 10일).

그러나 해관 주도의 마포사험국이 담당한 선박 검사 업무가 외국 국적 선박의 침투 감시가 중심이었다면, 개항장의 경찰관이 담당한 그것은 내국인의 외국 국적 선박에의 무단 승선 여부가 중심이었다. 해당 업무에 대한 최초의 공식적인 지시 하달은 통서에서 1888년 3월 24일 자로 3개 항구에 내려 보낸 이하의 공문에 나타나고 있다.

상고할 것. 현재 들건대 본항本港에 진출한 일본 윤선輪船 편으로 우리나라의 신상紳商이 빙표憑票도 지니지 않고 함부로 윤선에 올라 유람이나 통상을 핑계대며 일찍이 외국에 다니는 자가 있는데, 개중에는 흉악하고 정견定見이 없는 무리들이 많아 일을 만들기 쉬우므로 부득이 사전에 단속을 신칙申飭하지 않을 수 없는바, 이에 발관發關하니, 관문關文이 도착한 이후로 만일 우리나라 사람이 공무와 관계됨이 확실하지 않더라도 본서本署의 빙표를 휴대한 경우 및 바다 건너 외국과 무역을 하고 자본을 운영하면서 상표商票를 소유함이 추호도 의심할 바 없는 경우를 제외하고는 대체로 멋대로 윤선에 탑승하는 것을 허용하지 말 것이며, 두 번째로, 외국에서 승선해 오는 사람들 역시 경찰관으로 하여금 여행의 이유를 철저히 조사하도록 하고, 모든 윤선 편으로 왕래하는 우리나라의 관인官人과 상인들에게 하나하나 신고를 받아 성명, 거주, 그리고 왕래의 이유에 대하여 사실을 파악하고 문건을 작성하여 매달 보고하게 할 것.[83]

위의 공문은 주로 일본 국적의 화륜선을 타고 내국인들이 멋대로 해외로 유

---

82 『監理署關牒存案』, 「윤4월 13일 到付－釜山港 警察官 → 東萊監理署(1887.윤4.13)」. 물론 이와 같은 경우는 특수한 예에 해당된다고 봐야 할 것이다.

83 『仁川港關草』 제1책, 「2월 24일 關三港－統署(1888.2.24) → 三港」 "相考事 現имп 本港進出日本輪便 我國紳商 不帶憑票 擅自附輪 或稱游覽 或稱通商 前往外國者 類多兇無定見 易致滋事 此不容不豫爲檢飭 妓以發關 關到卽後 遇有我國人 除非確係因公携帶本署憑票及出洋貿易資本經紀領有商票十分無疑外 槪 不准放行附輪 再 有自外國搭來者 亦令該警察官 盤問旅行因由 徹底根究 以備稽查 而凡輪便往來我國官商 一一捧現告 姓名居住及因何往來 認眞備案 以爲逐朔報來宜當者". 유사한 취지의 공문이 부산항에 별도로 내려오기도 하였다(『東萊統案』 제1책, 「關－統署(1888.2.24) → 東萊監理署」).

람하는 경우가 빈발하자, 통서에서 통행 허가증인 빙표를 소유하지 않은 경우 특수한 예외를 제외하고는 외국적 선박에 승선할 수 없게끔 강력한 금지조치를 취하면서, 이의 위반 여부를 단속하기 위해 개항장의 경찰관으로 하여금 외국적 선박에 대한 조사를 담당하도록 각 개항장의 감리서에 지시한 것이다. 이 지시 이후 적어도 3월 1일부터 실제로 각 개항장의 경찰관은 항구에 드나드는 선박에 대한 조사를 실시하고 그 내용을 문서화했던 것으로 보인다.[84] 규장각 한국학연구원에는 상기 조치의 직후 시점인 1888년 3월 이후에 해당되는 시기에 인천항에서 작성된 문서가 3건 전해지고 있다.[85] 이 문서들을 살펴보면, 기본적으로 입출항한 선박의 국적과 종류, 출입일시와 승선 인명을 기록하면서, 승선 인원에 대해서는 성명, 직책, 나이, 원거주지, 여행목적, 여행허가증빙표, 후에 집조(執照)로 명칭 변경을 발급한 기관, 보증인 등의 성명에 이르기까지 상세하게 기재되어 있음은 물론, 단체 여행의 경우 대표자의 성명과 동반 인원수까지 명기되어 있다.

또한 이러한 조사 과정에서 실제로 경찰관은 빙표도 없이 출국을 시도하는 경우를 적발해내기도 하였다. 이를테면 부산항 경찰관 박기종이 인천항으로부터 부산항에 돌아와 정박한 일본 선박 히고마루에 빙표 없이 서양인과 함께 승선하여 일본 나가사키로 가려던 서울 정동(貞洞) 거주의 박준상(朴準祥)을 붙잡아 구류한 것과 같은 경우가 그것이다.[86] 그리고 이상과 같은 선박에 대한 조사 과정

---

84 1888년 3월 1일 자로 인천항 경찰관이 일본 선박 히고마루(肥後丸)의 출발시 빙표를 조사하여 문서로 만들었다는 기록이 있다(『仁川港關草』 제1책, 「同日(4월 6일) 仁港關－統署(1888.4.6) →仁川港」).
85 보다 구체적으로 해당 문서의 서지사항을 살펴보면 다음과 같다.

문서명	소장번호(규장각)	대상 시기	작성자	문서분량
仁川港警察所商船憑票摘奸成冊	奎26195	1888.3~1889.12	김굉신	21책
仁川港警察署商船憑票摘奸成冊	奎20230	1892.4~1893.1	우경선	1책(64장)
仁川港警察署商船執照摘奸成冊	奎26196	1893.2~1893.11	우경선	10책

86 『東萊統案』 제1책, 「牒－東萊監理署(1888.6.10) →統署(1888.7.10)」.

에서 승선 인원과 관련된 문제가 아닌 화물 운송 관련 감시 작업 등에 경찰관이 참여하는 경우도 있었다. 이를테면 1890년 통서에서 부산항 소재 외국 상인의 물품에 대한 선적 및 이동시에 모군募軍 두목頭目과 패장牌將이 분실하는 경우가 있으므로 특별히 도감검都監檢으로 김순기金舜基를 파견하여 이를 전담하게 하면서, 그 단속 절차에 대해서는 경찰서에서 별도로 신칙하도록 지시하고 있음이 눈에 띈다.[87]

그런데 경찰관의 관할 구역인 개항장은 기본적으로 물품의 수출입을 위시한 상행위가 일상적으로 발생하는 곳이므로, 상행위의 기본 질서를 문란시키는 행위들, 이를테면 절도라던가 세금의 탈루 등과 같은 문제에서 자유로울 수 없었다. 개항장 경찰관의 치안 유지 업무가 강화되어감에 따라 이에 대한 관할 역시 중요한 업무 중의 하나가 되었다. 물론 앞서 살펴본 두형 문제 등에서 볼 수 있는 바와 같이 상행위 질서 유지의 총책임자는 어디까지나 감리였으나, 경찰관 역시 그 소속 직원으로서 실무에 관여하게 되었다. 경찰관의 업무에 있어서 이러한 상행위 질서 유지 임무가 차지하는 위상에 대하여, 동래 감리가 1889년 11월에 통서에 보낸 공문에서 그 일단을 엿볼 수 있다. 즉 부산항 경찰서 창설 이후 갈수록 악화일로에 처하게 된 재정 상황에 책임을 느끼고 경찰관 박기종이 사임을 요청했는데 그에 대해 동래 감리가,

항구의 사무가 몹시 많고 상화商貨가 구름처럼 모이는 가운데 잠루潛漏를 경집警戢하고 투도偸盜를 사찰査察하는 것은 소홀히 할 수 없는 책무이며, 일본어에 능통하고 외국의 사정에 익숙하지 않은 이는 감당할 수 없음.

---

87 『釜牒』제1책, 「牒-釜山監理署(1890.8.16) → 統署」; 『東萊統案』제2책, 「關-統署(1890.7.6) → 東萊監理(1890.8.23)」.

이라 하며 그의 체직을 받아들이지 말고 종전처럼 업무를 보게 할 것을 통서에 요청하고 있다.[88] 여기서 당시 부산항의 경찰서 창설 이후 2년 정도가 경과한 시점에서 경찰관 본연의 업무가 '잠루潛漏, 몰래 새는 것, 세금 탈루'를 단속하고 받아내며 투도偸盜, 절도를 조사·순찰하는' 것, 곧 탈세와 절도를 단속하는 것으로 인식되고 있었음을 보여준다. 실제로 인천항 경찰관 우경선禹慶善은 통서의 명으로 이러한 사항에 대한 단속을 위해 관할 구역인 인천항을 벗어나서 황해도와 평안도를 시찰하기까지 하였으며,[89] 중국 상인의 화물을 훔친 절도단 두목에 대한 체포령이 인천항 경찰관에게 내려지기도 하였다.[90] 이러한 상행위 질서 유지 업무와 관련하여, 비록 치안 유지의 임무와는 성격상 거리가 다소 있긴 하지만, 기본적으로 감리 소관 사항이었던 객주들로부터의 영업세 징수에 대한 관리도 경찰관이 일부 담당하였던 흔적이 보인다.[91]

마지막으로 보다 직접적으로 근대적 경찰 본연의 치안 유지 업무와 연결 지을 수 있는 부분은 아무래도 각종 형사사건에 대한 조사 및 처벌 등의 임무일 것이다. 이와 관련해서도 1890년에 그 실례를 찾을 수 있다. 즉 이화춘李化春이라는 사람이 부산 감리서에서 선혜청에 납부할 성주미星州米 대전代錢을 훔쳐 간 사건이 그것이다. 이를 살펴보면 경찰관이 피의자는 물론 그 주변 인물 등에 대해 수사를 하고 있으며,[92] 범인 본인이나 연좌율이 적용된 사촌 및 매부 등이 경찰서에 구속되는 등,[93] 개항장의 경찰 조직이 관할 구역의 형사사건에 대하

---

88 『東萊統案』제2책, 「牒－東萊監理(1889.11.3) → 統署(1889.12.20)」. "港務殷旺 商貨雲集 警戢潛漏 査察偸盜 不可曠責 若非通日語嫻熟外情者 莫可承辨."

89 『平安道關草』(奎18072) 제5책, 「甲午 정월 초8일 關畿營－統署(1894.1.8) → 箕營」; 『京畿關草』(奎18067) 제5책, 「甲午 정월 초10일 關畿營－統署(1894.1.10) → 畿營」 참조.

90 『仁川港關草』제4책, 「辛卯 4월 일 傳令警察官－統署(1891.4) → 警察官」.

91 『仁牒』제1책, 「牒－仁川港 警察官(1889.10.22) → 統署」; 위의 책, 제2책, 「己丑 10월 24일 仁港警察官報－仁川港 警察官(1889.10.24)→統署」 등 참조. 이런 예들은 어디까지나 경찰관이 감리의 업무를 대행하는 경우로 봐야 할 것이다.

92 『東萊統案』제3책, 「牒 제61호－東萊監理(1890.11.15) → 統署」.

93 위의 책, 「關－統署(1890.10.5) → 東萊監理(1890.11.8)」. 규장각 원문검색서비스(https://kyud-

여 수사, 구속 등의 권한을 가지고 해당 업무를 실행하고 있음을 엿볼 수 있다.

이상에서 개항장 경찰 조직의 확장과 그에 따른 업무의 다양화 양상을 살펴보았다. 요컨대 개항장 내 경찰관을 필두로 하는 경찰 조직이 경찰서로 독립되는 조직의 확장과 맞물려서 그 관할 업무 또한 다양화되었고, 그와 동시에 감리서의 업무 보조 등이 중심이 되던 초창기 상황과 달리 치안 유지를 위주로 하는 근대적인 경찰의 그것과 유사한 형태로 진화해 나갔다고 할 수 있다.

2. 개항기 조선의 '지방대외교섭地方對外交涉' 개념과 감리서

1) '외교外交'와 '지방대외교섭'

독립관서화한 이후 감리서가 맡게 된 가장 중요한 기능이라고 한다면, '지방 차원의 외교 관서' 역할이라고 할 수 있을 것이며, 앞 장에서 독립관서화 이전의 시점에서도 이미 일본의 영사 등을 상대하면서 '지방 차원의 외교' 역할을 수행하였음을 지적한 바 있다. 그런데 현대 사회에서 '외교'라고 하면 보통 '국가'가 주체로 상정되며, 따라서 지방관을 겸하고 있던 감리가 외교를 수행한다고 하면 무언가 현재의 시점에서는 어색한 느낌이 든다. 그러므로 이 문제를 제대로 논하기 위해서는 먼저 '외교'나 '지방 차원의 외교' 등의 개념에 대한 면밀한 검토가 필요하다고 생각된다.

주지하다시피 '외교'를 의미하는 영단어 'diplomacy'는 '접는다'는 뜻의 고대 그리스어에서 유래한 단어로, 원래 '공문서'의 뜻으로 사용되었다.[94] 한편 현대의 'diplomacy'의 의미, 즉 국제사회에 있어서 행위자들 간에 이루어지는

---

b.snu.ac.kr)에는 발신일이 11월 5일로 잘못 기재되어 있다.

94 董德模, 「東洋에 있어서의 傳統外交의 槪念－韓國의 傳統外交를 중심으로」, 『세계정치』 8-1, 1984, 42쪽.

교섭 행위라는 뜻으로 서유럽에서 나폴레옹전쟁 전에 활용되던 용어는 현재에는 '협상'을 뜻하는 'negotiation'이었다.[95] 오늘날의 용례와 비슷한 뜻의 'diplomacy'는 영국의 보수주의 정치가였던 버크E. Burke, 1729~1797가 처음 사용하였다고 한다. 즉 그가 1796년에 집필한 『국왕 시해당과의 평화에 관한 서한 Letters on a Regicide Peace』에서 최초로 출현하였고, 나폴레옹전쟁을 거치며 점차 널리 쓰이게 되었던 것이다.

이에 대응되는 동아시아의 '외교'의 경우를 살펴보면, 그 최초의 출현과 관련하여 고대 중국의 경전인 5경 중 하나인 『예기禮記』 내의 「교특생郊特生」 편에서 '인신무외교人臣無外交', 즉 '남의 신하된 자는 외교하는 일이 없다'는 내용이 처음으로 나오고 있다.[96] 이는 전근대 중국의 군주제에 있어서 정상적인 군주와 신하간의 관계와는 다른 경우, 즉 신하 자신이 군주로 받드는 상대가 아니라 다른 제후를 모시거나 혹은 개인적으로 만나는 행위를 뜻하는 것이기에 비정상적이고 터부시된 행태로 치부되었다. 따라서 이는 군주에게서 명령이나 재량권을 부여받지 않은 신하가 다른 나라와 교섭하는 행위를 금지하는 개념으로서, 동아시아의 군신 관계에 있어 일탈행위로 규정된 것이었다. 그러므로 당연히 이후로도 이 용어의 상기 부정적 의미는 전근대에는 계속해서 바뀌지 않고 유지되었으며, '외교'라는 표현은 단독으로 나타나지 않고 반드시 '인신무외교'나 '인신의무외교人臣義無外交' 등의 표현으로 등장하였다.

상기 의미로서의 '외교'가 일반적인 국가 관계의 의미, 다시 말해 'diplomacy'의 번역에 등치되는 것으로 바뀐 것은 19세기 후반으로 들어서였다. 마틴W. A. P. Martin(丁韙良), 1827~1916이 서양 국제법 서적을 한역漢譯하는 과정에서 많은 서

---

95 金容九, 「외교 개념 연구」, 『학술원논문집(인문·사회과학 편)』 50-1, 2011, 248~249쪽.
96 『禮記』, 「郊特生」. "朝覲大夫之私覿 非禮也 大夫執圭而使 所以申信也 不敢私覿 所以致敬也 而庭實私覿 何爲乎諸侯之庭 爲人臣者無外交 不敢貳君也."

구의 학술용어들이 한자어로 번역되었는데, '외교' 또한 이 과정에서 나타나게 되었다. 그가 가장 처음 번역한 책은 『만국공법萬國公法』1864이었는데 여기서는 아직 이 용어가 나타나지 않고 'diplomacy'가 '주지공론지학住持公論之學'으로 번역되었으며,[97] 프로이센 출신의 국제법 연구자 마르텐스Charles de Martens (馬爾頓), 1790~1863의 저술을 한역한 『성초지장星軺指掌』1876에서 처음으로 사용되었다.[98] 그러나 이는 아직 지식인 전반에 크게 파급된 수준은 아니었던 것으로 보인다.

그런데 이 시점에 이미 일본에서도 이 용어가 쓰이고 있었음이 주목된다. 잘 알려진 바와 같이 근대 이전 일본은 중국 중심 사대질서에서 어느 정도 벗어나 있었기 때문에 '인신무외교'의 터부 관념에 그다지 얽매이지 않았던 것 같다. 일본에 있어서 이 '외교' 용어의 사용은 외무성外務省 창설과 관련이 있다. 즉 1870년 6월 10일에 제정된 '외무성법칙外務省法則'에서 그 휘하 부서로서 문서를 담당하는 문서사文書司 내의 3과課 중에서 번역통변飜譯通辯 및 기록편집記錄編輯과 더불어 '외교서한外交書翰'이라는 명칭이 보이는데,[99] 이것이 일본에서 '외교'라는 말이 공식 기록에 처음 등장하는 경우이다. 여기서 '외교'는 '외국교제外國交際'의 줄임말로서, 전통적 사대질서의 '인신무외교'와는 무관한 것이었다.

이상에서 중국 및 일본에서의 '외교' 용어의 기원에 대해서 살펴보았는데, 그렇다면 조선의 상황은 어떠했을까? 조선 역시 기본적으로는 중국과 같이 터부로서의 '인신무외교' 개념이 전근대에 여실히 작동하고 있었다. 다만 명분적 측면이 아니라 실질적인 상황은 18세기 정조대 이후부터 점차 변화해갔다. 청 건륭제乾隆帝의 생일 축하를 위해 정조는 전례 없는 별사別使의 파견을 실시하는 '진하외교陳賀外交'를 벌였으며, 이러한 계기들을 통해 외교 사신의 사적인 교제

---

97 金容九, 앞의 글, 255쪽.
98 위의 글, 255~256쪽.
99 外務省百年史編纂委員會 編, 『外務省の百年』, 上, 1969, 62~63쪽.

를 제한하는 관념은 점차로 금이 가기 시작하였다.[100] 이와 같은 경향은 19세기로 들어오며 더욱더 확대되었고, 특히 병인양요 등을 비롯한 19세기 후반 대외적 위기에 직면하게 되자 이유원李裕元-이홍장 간 서신 왕래에서 보듯이 우회를 통해 '인신무외교'의 원칙이 사실상 붕괴하고 '인신외교'로 전환되는 모습을 보인다.[101]

이러한 상황에서 '인신무외교'는 사신의 개인적 외교 교섭을 금지하는 본래의 의미에서 점차로 조선이 서구의 통상요구에 대하여 거절하는 명분으로 그 개념이 다소 변화하게 되었다. 그리고 이러한 과정에서 조선에서의 '외교'의 정의는 사대질서 구성원과의 관계에서 일어나는 '개인 차원의' 일탈 행위에서 사대질서 밖에 존재하는 서양 제국과의 '국가 차원의' 통상 관련 문제로 대상 및 주체가 조금씩 변경되었던 것이다. 그러나 여전히 '외교'가 터부의 대상이었다는 점에서는 전통적 관념의 연장선상에 있었다고 할 수 있다.[102] 즉 '외교'가 '인신무'라는 구절이 앞에 첨부된 상태로 사용되면서 '금지 대상'이라는 본질은 동일한 것이 개항 당시까지의 상황으로, 적어도 1870년대까지는 조선에서 '외교' 용어가 'diplomacy'의 번역에 해당되는 근대적 의미의 일반적 국가 간 관계를 지칭하는 개념으로 활용된 경우는 나타나지 않는다.

이와 같은 상황이 변화하기 시작한 것은 사대질서의 상국上國이었던 청이 제후국 조선의 대서양 외교 관계 수립을 권고하기 시작하면서였다. 이는 서구 제국과의 관계에 있어서 조선을 일종의 완충장치로 활용하기 위해서였는데, 그에 따라 이전까지 '인신무외교'의 개념으로서 금기사항이었던 '외교'는 조선에 대한 청국의 입장에서는 도리어 권장 사항으로 바뀌게 되었던 것이다. 이는

---

100 金昌洙, 「19세기 朝鮮·淸 관계와 使臣外交」, 서울시립대 박사논문, 2016, 77~84쪽.
101 손성욱, 「'外交'의 균열과 모색-1860~70년대 淸·朝관계」, 『歷史學報』 240, 2018 참조.
102 민회수, 「19세기 말 한국에서의 '外交' 용어의 활용 양상」, 『震壇學報』 131, 2018c, 194~195쪽.

1880년 제2차 수신사修信使로 일본에 방문한 김홍집이 주일청국공사관을 방문하여 공사 하여장何如璋과 조선의 대서양 수교에 대하여 의견을 교환하는 과정에서 참찬관參贊官 황준헌黃遵憲이 작성해 준『조선책략朝鮮策略』에서 엿볼 수 있다. 즉 "조선이 이미 외교를 좋아하게 되어 그 기풍이 나날이 열리게 되고 견문이 나날이 넓어지면, 갑옷과 창이 믿을 게 되지 못하고 돛대와 노가 쓸데없는 것이라는 사실을 알 것이다"라 하여,[103] 외교를 '즐겨 해야 하는 것'으로 규정하고 있는 것이다. 이러한 외교에 대한 인식의 변화 과정에서 앞에 자동적으로 따라붙던 '인신무'는 당연히 삭제되기에 이르렀다.

다만 조선의 경우『조선책략』의 전래를 계기로 1881년에 신사척사운동이 일어남에 따라 강렬한 서양 배척 분위기가 조성된 관계로 아직 외교라는 용어에 대한 터부가 완전히 해소된 것은 아니었다. 따라서 이 금기의 완전한 해체는 서구 열강과의 관계 수립이 이루어져야 가능한 것이었으며, 구체적으로 그것은 1882년에 체결된 조·미수호통상조약에서 이루어졌다. 즉 조약 체결과 동시에 국왕 고종의 명의로 미국 대통령에게 "조선은 원래 중국의 속방屬邦이지만, 내치內治와 외교外交는 모두 조선 국왕의 자주自主로 한다朝鮮素爲中國屬邦 而内治外交 向來均由大朝鮮國大君主自主"는 내용의 소위 '속방조회屬邦照會'를 발부하게 되는데,[104] 이를 통해 '외교'는 기존의 '하면 안 되는 일'에서 벗어나 '조선이 자주로 하는 것'으로 공식적으로 천명된 것이다. 이후 외교는 1882년 지석영池錫永의 상소[105] 등을 필두로 하여 널리 활용되기 시작하면서 점차 시민권을 얻게 되었고, 결국 근대적인 의미, 즉 만국공법 체제하에 있어서 구성원들과 맺는 관계 일반의 뜻

---

103 李瑄根, 「庚辰修信使 金弘集과 黃遵憲『朝鮮策略』에 對한 再檢討－金弘集 自筆 寫本「朝鮮策略」을 보며」,『東亞論叢』1, 1963, 258쪽. "朝鮮旣喜外交 風氣日開 見聞日廣 旣知甲胄戈矛之不可恃 帆檣槳櫓之無可用."
104『國照會謄錄』(古 5710-11) 참조.
105『承政院日記』, 고종 19년 8월 23일 丙子.

과 유사한 개념이 되기 시작하였다.

그러나 그것이 정확히 오늘날의 'diplomacy'와 완전히 일치하는 개념이라고 보기는 다소 애매했는데, 이는 널리 알려지다시피 1882년 임오군란 이후 조선이 청의 내정간섭을 받게 되면서 양절 체제兩截體制라는 모순적 상황에 빠졌기 때문이었다.[106] 즉 조선이 서구 열강이나 일본과는 상호 대등한 관계이면서 청국과만 사대조공질서가 유지되었기 때문에, 청국 입장에서 조공국인 조선이 서구 열강들과 맺는 관계로 규정된 '외교'에 중국은 그 대상으로 포함될 수가 없었다. 따라서 조선에서 1882년 이후 시점의 '외교'는 근대 만국공법 체제의 구성원 국가와의 대등한 관계를 뜻하는 일반적 의미로서[107] 금기 대상도 아니고 공적 기록에 자유롭게 등장하지만, 대상이 '중국을 제외한' 국가라는 측면에서 'diplomacy'의 번역과 완전히 일치했던 것은 아니었다고 할 수 있다.

이는 중국 측에 있어서는 반대로 자신의 대외 관계를 '외교'로 표현하지 못하게 만드는 걸림돌로 작용하였다. 즉 결과적으로 사대질서 내 조공국의 위상을 가진 국가가 황제국을 제외한 국가들과 맺는 관계를 '외교'로 지칭한 셈이기 때문에, 황제국인 자신들의 대외 관계를 표현할 때 이 용어를 사용할 수는 없었다. 이런 상황은 청·일전쟁 이후 청국 세력이 한반도에서 축출됨에 따라 사대질서가 청산되면서 변화하였다. 즉 '외교' 용어가 한·청 양국 모두에 있어서 근대적 'diplomacy'의 번역에 등가적으로 대응되는 의미, 곧 대외 관계

---

106 이 '양절 체제'는 유길준이 처음 사용하여 현재 학계에서 통용되는 표현으로 자리잡았다. 그런데 유길준이 인식한 것과는 달리 『만국공법』에도 '반주(半主)'·'속국(屬國)' 등과 같이 대등하지 못하고 예속적인 관계로 규정되는 개념들이 존재했다. 따라서 그가 증공국(贈貢國)으로서의 조선의 독립을 주장하기 위해 양절 체제라는 개념을 빌려 당시 조선의 모순적 현실을 강조한 것과는 달리, 실제 현실은 청의 종주권하에서 일정 부분 주권을 보유하되 제약 또한 받았던 조선의 당시 국제법적 처지가 '양절(兩截, 두 번 꺾였다)'이라고 표현될 만큼 미묘하고 특수한 것이 전혀 아니었다는 비판이 있다(유바다, 「象古淸의 贈貢國 獨立論에 대한 비판적 검토」, 『韓國史學報』 53, 2013 참조).

107 어디까지나 '일반적인 관계'가 대등하다는 의미로, 주지하다시피 만국공법 체제하의 모든 국가가 대등한 관계인 것은 아니다(유바다, 「1876년 朝日修好條規의 체결과 조선의 국제법적 지위」, 『한국근현대사연구』 78, 2016 참조).

일반을 지칭하는 용어로 확립되게 되었다. 그에 따라 근대 한국에서는 이 단어가 1895년 '외교관 및 영사관 관제'를 비롯하여 각종 관제 및 규정 등에 사용되기 시작하였다. 중국 역시 사대질서의 붕괴에 따라 조공국이 남지 않게 되면서 '외교'라는 용어의 사용을 기피할 필요가 없어졌고, 그 결과 해당 용어가 20세기로 들어서면서 본격적으로 활용되었다.[108]

이상에서 동·서양에 있어서 '외교' 용어의 어원과 의미의 변화 및 활용 양상을 기존의 연구성과에 기반하여 정리해 보았는데, 전체를 관통하는 한 가지 분명한 특징이라고 한다면 그 주체는 어디까지나 '국가'로 상정되어 있다는 점이다. 애당초 서구에서 비롯된 만국공법체제가 '주권국가'를 행위자로 상정한 시스템이기에 이는 지극히 당연하다고 하겠다. 일반적으로 외교는 전통외교와 신외교로 구분되는데, '전통외교'의 경우 국가의 형태가 아닌 정치 조직예:가톨릭 교회 등이 아니라 분명하게 근대 '국가' 간 의사소통의 과정을 뜻한다는 측면에서 고대 및 중세의 외교와 구별된다.[109] '신외교'의 경우 20세기 이후에 등장하는 개념으로, 국가 외에 정부 기구들과 비정부 기구들도 주체로 등장하게 되었다. 그러나 여전히 어디까지나 '외교'라고 하면 기본적으로 그 주체로 가장 쉽게 상정할 수 있는 것은 '국가'로 봐야 할 것이며, 상기 살펴본 용어의 변천 과정 역시 그러한 '국가'의 전제하에 구성되어 있음을 알 수 있다.

그렇다면 '외교'의 주체는 반드시 '국가'로 한정되어야 하며, '국가 차원' 이외의 '외교'는 상정하기 어려운 것일까? 반드시 그렇지만은 않음을 중국의 예를 통해 알 수 있다.

주지하다시피 전통적으로 중국에서 대외 관계를 담당하는 부서는 예부禮部였

---

108 민회수, 앞의 글, 194~195쪽.
109 존 베일리스·스티브 스미스, 하영선 외역, 『세계정치론(*The Globalization of World Politics : 3rd Edition*)』, 을유문화사, 2006, 401~404쪽.

다. 사대질서가 '예禮'를 매개로 하는 '자소사대字小事大' 개념에 기반하고 있기 때문이었다. 그런데 이 사대질서의 핵심이라고 할 수 있는 시스템, 곧 전근대 중국을 중심으로 하는 동아시아 '조공-책봉체제'[110]의 근간을 이루는 화이사상華夷思想 자체가 '중화中華와 이적夷狄'이라는 이분법하에 중화로부터의 원근에 따라 오복五服, 전복(甸服)·후복(侯服)·수복(綏服)·요복(要服)·황복(荒服)이라는 상이한 문명화의 질을 상정하고 있다. 따라서 외국과의 관계 역시 일률적인 시스템하에 운영되고 있지 않았다. 상기한 예부의 경우 어디까지나 조공-책봉 시스템하에서 책봉을 받은 경우에만 해당되는 담당 부서였으며, 그렇지 않은 곳, 이를테면 외몽골이나 티베트, 신장 및 러시아 등과의 관계는 이번원理藩院에서 관할하였다. 이번원은 원래 청에 투항한 내몽골 관련 행정업무 처리를 위해 1636년에 설치된 몽고아문蒙古衙門이 1650년에 개편된 것으로, 티베트와의 사무를 포함하여 내륙아시아 관련 제반 업무를 담당했으며, 육부六部와 동렬의 위상에 있었으므로 예부와는 별개의 독자적 기구였다.[111] 따라서 청조의 대외 관계 사무는 애당초 일원적 지휘체계하에 작동되고 있지 않았던 것이다.

　이러한 상황은 19세기 중반 아편전쟁 이후 서구 열강과의 관계가 더해지면서 더욱 복잡해진다. 1844년 4월에 청의 도광제道光帝는 흠차대신欽差大臣으로 양광총독兩廣總督 기영耆英을 임명하여 '이무夷務'를 전담하게 하였는데, 이는 '흠차오구통상대신欽差五口通商大臣' 혹은 '남양통상대신南洋通商大臣'으로 지칭되는 서양제국 관련 업무를 관할하는 직위였다.[112] 이를 매개로 이루어지는 관계 역시 형식적으로는 직접 예부를 통하지 않도록 하는 것으로, 내심 '오랑캐'와 동등한 외

---

110 '조공 시스템'은 미국의 동양사가인 페어뱅크(J. K. Fairbank)가 정립한 이론인데, 근래에는 이에 관하여 다소 비판적인 논의가 여럿 등장하고 있다. 이에 대해서는 정동훈, 「명초 외교 제도의 성립과 그 기원 – 고려-몽골 관계의 유산과 그 전유(專有)」, 『역사와 현실』 113, 2019, 343~350쪽 참조.
111 김선민, 「청 제국의 지배이념과 지배 체제」, 『史叢』 88, 2016, 24~25쪽.
112 이동욱, 「1840~1860년대 청조의 '속국' 문제에 대한 대응」, 『중국근현대사연구』 86, 2020, 4쪽.

교 관계를 허용할 수 없다는 화이사상을 서구 제국에 확장시킨 발상이었다고 할 수 있다. 이러한 체제에 대해 서구 열강들은 불만을 가졌고, 애로우전쟁의 결과 1860년 북경조약北京條約이 체결된 뒤 영국과 프랑스는 청국 정부에 대해 외무부에 해당되는 기관의 설립을 요구하였다. 특히 북경에 각국 공사가 상주하게 되었으므로 종전처럼 흠차대신 체제로는 이에 대한 대응이 어렵고 이들을 상대한 중앙의 새로운 기관이 필요하게 되었다. 이러한 상황에서 1861년 1월에 공친왕恭親王과 대학사大學士 계량桂良, 그리고 호부시랑戶部侍郎 문상文祥이 연명으로 총리각국사무아문약칭 '총리아문(總理衙門)' 또는 '총서(總署)'의 설치를 상주하여 함풍제咸豊帝의 재가를 받아 출범하게 되었다.[113]

그런데 이 기구의 출범 당시 공친왕 등은 총서가 외교 업무 전체를 총괄할 수 있게 해달라고 요청하였으나 받아들여지지 않았으며, 함풍제는 총서의 권한을 줄이고 그 활동을 통상 분야에 국한시키고자 하였다.[114] 따라서 총서의 설립 이후에도 이 기구가 대외 관계 업무를 전담한 것은 아니고 조선 등 종래의 조공국 관련 업무는 예부에서 지속적으로 관할하였다.[115] 물론 그러한 구분은 1860년대 이후 병인양요 등 서구 열강의 침략을 조공국인 조선이 받게 되면서 여러 가지로 급박한 상황이 전개됨에 따라 엄격히 지켜지기는 어려웠으며, 점차 총서가 실제로는 '속국' 문제에 개입하는 경향이 심화되었다.[116] 그러나 그

---

113 辛勝夏, 『근대중국-개혁과 혁명』上, 大明出版社, 2004, 278~279쪽.

114 위의 책, 279쪽.

115 구체적으로는 근대적 조약 체계하의 관계 국가들은 '與國'으로, 전통적 사대질서하의 조공국은 '屬國'으로 규정하여, 전자의 경우 전술한 오구통상대신을 거쳐 총서가, 후자는 예부가 관할하였다(이동욱, 「1860년대 조선인의 러시아 유입과 總理各國事務衙門의 조선 사무 개입」, 『중국근현대사연구』 89, 2021, 1쪽). 아울러 근대적 통상 관계를 맺고 있되 조약을 체결하지 않은 상대에 대해서는 상해에서 지방관에 해당하는 도태(道台)가 교섭하게 되어 있었다(가와시마 신, 「중국근대외교사연구의 방법과 과제」, 『이화사학연구』 49, 2014, 260쪽).

116 이에 대해서는 이동욱, 앞의 글 참조. 이에 따르면 총서의 조선 문제 개입은 병인양요보다도 이전에 조선인의 벌목 관련 러시아 유입 문제로 인해 시작되었다고 한다. 이후 이러한 경향은 병인양요 등을 거치며 심화되었다. 실제로 1876년 조·일수호조규 체결 당시 조선의 국제법적 지위를 논의하는 과정에서도 일본 측 대표와 협상한 주체는 예부가 아니라 총서의 대신들이었다(유바다, 앞의 글,

럼에도 불구하고 형식적으로는 총서가 처리하는 제반 사무들은 예부를 경유하여 공식 자문咨文 및 상주문上奏文의 접수·처리가 진행되었으며, 적어도 공식적으로 예부는 청·일전쟁의 결과 조공 체제가 붕괴하기 전까지 사대질서하 관계국들에 대한 업무를 계속 관장하였다.[117] 따라서 적어도 외무부 설립 이전까지 중국의 중앙 외교 제도는 단일한 명령체계를 갖추지 못했던 것이다.

이렇게 중앙집권적이지 못했던 전통적인 중국 외교의 특징상 지방에 대외관계와 관련하여 많은 권한이 부여된 것은 당연한 일이었다. 일찍이 조선 국왕은 중앙의 예부 이외에도 조선과 경계가 닿아 있는 성경장군盛京將軍·길림장군吉林將軍과, 1880년대 이후로는 총서가 지휘하는 북양통상대신과도 대등한 자격으로 자문을 교환한 바 있다.[118] 특히 청 말에는 남양대신南洋大臣·북양대신北洋大臣 및 총독總督·순무巡撫 등 여러 지방대관들에게 상당한 수준의 외국과의 교섭 권한이 부여되어 있었다. 그에 따라 그러한 외국과의 교섭 관련 업무를 처리하는 기구가 지방에 생겨났는데, 그 시초는 복건성福建省의 통상국通商局, 양무국(洋務局)이라고도 함이었던 것으로 보이며, 유사한 명칭의 기구들이 여러 지방에 생겼다. 특히 그 휘하에 교섭소交涉所라는 조직을 두어 외국과의 교섭 업무를 특화시킨 사례가 더러 발견된다. 광서신정기光緖新政期에 들어서면 이렇게 외교와 관련된 지방분권적인 상황을 극복하여 외교권을 일원화시켜야 한다는 논의가 일어나기도 했지만 제대로 수용되지는 못했다.[119]

이러한 외교권 일원화라는 목표를 이루기 위해서는 우선 지방 차원의 외교 업무에 대하여 중앙에서 개입할 수 있는 단초를 마련하는 것이 첫 단계였다. 이와 관련하여 1907년에 관제개혁의 일환으로 공포된 '각성관제통칙各省官制通

24~25쪽).
117 이동욱, 앞의 글, 2021, 2쪽.
118 위의 글.
119 川島眞, 『中國近代外交の形成』, 名古屋 : 名古屋大学出版会, 2004, 158쪽.

則'에서 한 성省의 외교군정 업무를 총독總督이 총괄하게 하고 순무巡撫를 두어 지방행정을 관할하게 하되 중앙의 각 부로부터 시행하도록 요청받은 일에 대하여 책임을 지도록 명문화했으며, 이 규칙의 시행에 따라 총독 휘하에 교섭사交涉司를 두어 외교 업무를 담당하게 하였다. 교섭사의 수장인 교섭사사交涉司使는 정3품 관원으로 청조의 공식적 관료 체제에 포함된 존재였으니, 이것은 종래에 지방 자체의 판단에 따라 설치된 양무국과는 전혀 다른 것이었다. 이 제도는 먼저 봉천과 길림에 우선적으로 시행되었으며, 이후 절강, 운남 등을 거쳐 1910년에 전국으로 확대되었다. 이에 따라 외무부가 정식으로 교섭사 제도를 공포하였고 각 성의 기존 양무국들은 폐지되기에 이르렀다. 이 교섭사의 경우 특히 주목할 부분이 외국의 영사와 1 : 1 동등한 관계로 규정된 점인데, 이는 기존에 총독이나 순무와 직접 교섭하던 영사의 위상을 낮추는 효과를 초래한 측면이 있었다.[120]

이러한 외교권 일원화의 방향은 청조 멸망 이후 중화민국기에도 계승되어, 1913년 5월 21일 자로 '외교부특파교섭원급각부교섭원직무통칙外交部特派交涉員及各埠交涉員職務通則'이 공포되었다. 이것은 지방 각지에 설치된 외교사外交司, 교섭사가 개칭된 것를 폐지하고, 각 성에 특파교섭원特派交涉員, 그 밖의 개항장에는 교섭원을 두는 제도로, 교섭원은 영문으로 'The Commissioner of Foreign Affairs'로 번역되었다. 교섭원은 특파교섭원보다 위상은 아래였지만 양자 간에 명령 관계는 없었으며, 외교총장外交總長의 명을 받아 교섭을 행하되 지방장관의 감독도 받도록 하여 이중귀속의 성격을 지니고 있었다. 그리고 이 특파교섭원·교섭원의 근무 관서를 각기 특파교섭서特派交涉署 · 교섭서交涉署로 명명하면서 종전의 외무사外務司 · 외교사外交司 · 교섭사 등의 여러 명칭들을 교섭서로 통일시켰

---

120 위의 책, 159~161쪽.

다. 교섭서는 일반적으로 총무總務 · 교섭 · 외정外政 · 통상의 4개 과課로 구성되었으며, 그 인사권은 외교부에 소속되어 보다 중앙집권적 외교 제도로 변모된 모습을 보여주었지만, 지방의 도윤道尹이나 해관감독이 겸임하는 경우가 많아 지방 군벌과의 연계성이 단절되지는 못한 측면도 여전히 존재하였다.[121]

교섭서의 관할 업무를 살펴보면, 먼저 성省의 회의에 참석하는 자격이 주어졌는데, 이것은 일종의 옵저버 자격으로서 실제 발언을 하는 경우는 별로 없었다. 보다 주된 업무는 우선 해당 지방 거주 외국인에 대한 보호로서, 이는 영사재판권의 존재에 따른 조치였다. '보호'라고는 하지만 반드시 그것이 반드시 외국인을 지키는 것으로만 한정된 것은 아니었던 것 같으며, 외국인과 교섭하는 권한을 부여받은 것으로 이해해야 할 듯하다. 실제로 1910년대 상해 조계의 외국인 자치단체로 성장한 것이 공부국工部局이었는데, 그 협상파트너가 바로 이 교섭서혹은 교섭원공서(交涉員公署)로서 사안에 따라서 협력하기도 하지만 때로는 대립하기도 하였던 것이다.[122] 그밖에 구체적인 개별 사안들의 사례를 살펴보면, 교인敎案 등을 비롯한 외국인의 살해 및 재산 파괴에 대한 손해 배상, 외교관의 국내 여행에 따른 보호조치, 외국인의 토지 구입이나 소송 관련 안건 등 지방의 외국인과 관련된 다양한 사안들을 담당하고 있다.[123]

요컨대 전통적으로 외교권이 일원화되지 못했고 지방에 상당한 권한이 위임되어 있던 것이 전통적인 중국의 외교 시스템이었으며, 교섭서는 그것을 일원화시키는 과정에서 나타난 '지방 차원 외교'의 한 형태였다고 할 수 있다. 이는 중앙에서 파견되고 인사를 관할한다는 중앙집권성의 성격을 기본적으로 띠고 있지만, 겸직을 통한 지방의 영향력이 어느 정도 잔존했던 관계로 과도기적 성

---

121 위의 책, 163~165쪽.
122 이 문제에 대해서는 김승래, 「1910년대 上海 公共租界 工部局의 시정 권력 강화 과정 – 독일 · 오스트리아 居留民問題를 중심으로」, 『인문학연구』 26, 2014 참조.
123 川島眞, 앞의 책, 170~171쪽.

격을 지니고 있었다. 아울러 교섭서의 관제나 업무 등과 관련된 제반 규정이나 조항들에 있어서 시종일관 이들의 관할 업무는 '외교'로 분명히 표기되고 있는데, 이는 외교의 주체가 반드시 '국가'여야 한다는 전제와는 다소 맞지 않는다고 할 수 있다. 왜냐하면 기본적으로 이들은 중앙의 외교 담당 부처로부터 지시를 받는 입장이며 이들이 상대하는 영사는 그보다 상위의 공사로부터 역시 지시를 받는 관계로서, 둘 다 가장 상위에서 국가를 대표하는 지위에 있다고 보긴 어렵기 때문이다.

그렇다면 조선에서 지방 차원의 '외교'가 사용된 경우는 어떨까? 이와 관련하여 다음의 사료들이 일정한 내용을 시사해주고 있다.

A. 지금 통상개항장 3개소 중에 인천과 동래東萊에는 부청府廳을 두고 덕원德源에는 군청郡廳을 두었으므로 관제가 일치하지 못하여 혹 외교상 지장이 있을 수 있다고 하여 개정하자고 주장하지만 이는 결코 그렇지 않습니다. 부府의 구역은 돌아보지 않고서 외교의 사무로 인해 관찰사의 위치를 옮겨 변통한다면[124]

B. 통상개항장에 부府를 설치한 지방에는 관찰사가 외교의 사무로 군郡의 정치를 겸임하기 어려우니, 개항한 지방의 관찰부觀察府에는 부 휘하의 군에 군수를 특별히 두는 것이 타당하므로[125]

C. 외교에 관련된 관리를 외부外部에서 선발하여 보내는 것이 직무상 적합할 듯 하지만, 관찰사와 군수로 하여금 외교 사무를 관장하게 하고 따로 외교관을 두지

---

124 『内部請議書』(奎17721) 제1책, 「請議書 73호－内部大臣署理内部協辦 兪堪濬(1895.6.12) → 内閣總理大臣 朴定陽」. "今에 通商開港場 三個所中에 仁川 東萊에ᄂᆞᆫ 府廳을 寘ᄒᆞ고 德源에ᄂᆞᆫ 郡廳을 寘ᄒᆞ니 官制의 不一ᄒᆞ므로 或外交上妨害가 有ᄒᆞ다 云ᄒᆞ야 改正홀 論을 唱ᄒᆞ나 然ᄒᆞ나 此ᄂᆞᆫ 決斷코 不然ᄒᆞ니 府의 區域은 不顧ᄒᆞ고 外交의 事務로 因ᄒᆞ야 觀察使의 位寘를 推移變通홀진딘."

125 위의 책, 제2책, 「請議書 98호－内部大臣 朴定陽(1895.7.12) → 内閣總理大臣 金弘集」. "通商開港場에 府를 置ᄒᆞᆫ 地方에ᄂᆞᆫ 觀察使가 外交의 事務로 郡에 政治를 兼任키 難ᄒᆞ니 開港ᄒᆞᆫ 地方觀察府에ᄂᆞᆫ 府下郡에 郡守를 特置ᄒᆞ미 合當ᄒᆞ므로."

않는 것으로 지방 제도가 통일되어 직권상 분쟁이 없게끔 할 필요가 있습니다. 그런데 외부에서 외사과外事課 주사를 특별히 파견하면 지방 사무와 서로 간섭이 생기게 될 것이니[126]

위의 자료들은 모두 갑오개혁기인 1895년에 있었던 23부府로의 전면적인 지방 제도 개편과 관련된 사료이다. 먼저 A와 B는 새로운 지방 제도하에서 신설된 관찰부를 통해 지방행정을 통괄하게 되는 관찰사 중 개항장이 설치된 지역에 부임하는 경우에는 외교 관련 업무가 과중한 관계로 특별히 군수를 두고 그에 외교 관련 직권을 특별히 부여하자는 내용과 관련된 것들이다. C의 경우 개항장 등 지방에 외교업무를 담당하는 관리 파견과 관련된 문서이다. 상기 인용문 모두에서 '외교'는 관찰사나 군수 등 지방관이 주체가 되어 행하는 것으로 묘사되어 있으니, 여기서 당시 한국에서도 '지방 차원'의 외국과의 교섭 역시 '외교'로 지칭하고 있음을 알 수 있다. 본서의 주된 분석 대상인 감리와 관련해서도 1899년 감리의 업무 관할 문제와 관련된 내부·외부간의 대립시 왕복한 공문을 보면 분명히 "감리가 부윤府尹을 겸임兼任하여 **외교**와 행정이 각수各殊하오니"라고 하여 외교를 감리의 업무로 명시하고 있음이 발견된다.[127]

따라서 이러한 개항기 지방 차원에서 진행된 외국과의 교섭 또한 당대의 표현으로는 '외교'로 지칭했음을 알 수 있으며, 그에 따라 이를 일반적인 '국가 차원의 외교'와 구별하여 개념화할 필요가 생긴다. 그런데 '지방 차원의 외교'라고 할 경우 일차적으로 '지방외교'가 떠오르지만, 국가를 중심으로 하는 외

---

126 위의 책, 「照復 98호-內部大臣 朴定陽(1895.8.6) → 內閣總理大臣 金弘集」. "外交에 關호는 官吏를 外部로셔 擇送호는거시 職務上에 的合홀듯 호오나 觀察使와 郡守로 外交事務를 管掌케 호고 別로이 外交官을 置치 아니호든 地方制度가 統一호야 職權上에 紛競이 無호기를 要호노니 外部로셔 外事課主事를 特派호시면 地方事務와 또혼 相妨호미 有홀지니."

127 이 문제와 관련해서는 다음 장에서 보다 구체적으로 서술하고자 한다.

교의 개념이 일반화된 현대에 들어와 이 지방외교는 이미 '지방자치단체가 외국 정부와 행하는 교섭'으로 규정되어 있는 상태이다.[128] '지역 외교'나 '권역 외교' 등의 용어 또한 마찬가지로 국가를 주체로 하여 이미 활용되고 있는 형편으로, 기본적으로 '외교'라는 용어가 포함되는 개념의 주체는 정도의 차이는 있지만 대부분 '국가'로 규정되어 있는 상황인 것이 현실이다.

이에 본서에서는 이러한 '지방 차원의 외교'를 지칭하는 표현으로 '지방대외교섭地方對外交涉, Local Foreign Negotiation'이라는 새로운 개념을 제시한다. 과거와는 달리 현재에는 '외교'가 사회과학적인 측면에서 국가가 주체가 되는 활동으로 규정되고 있는 현실을 감안하여 불필요한 논란을 피하기 위해 '외교 Diplomacy'라는 표현을 직접적으로 사용하지 않되, 사실상 '외교'의 의미를 포함하는 개념으로 상기와 같은 용어를 사용하고자 한다. 경우에 따라 '대외교섭'이라는 용어의 줄임말을 '외교'로 해석하는 경우도 있는 만큼, 본서의 입장에서 이 두 가지는 사실상 유사한 의미이며, 다만 그 행위의 주체만 중앙정부와 지방으로 층위를 달리하는 개념으로 보고 있다고 하겠다.[129]

2) '지방대외교섭' 관서로서의 감리서의 특성

그런데 '외교'건 '대외교섭'이건 간에 과연 이 개념을 자국 영토 내에서 벌

---

128 '지방외교(Local Diplomacy)'는 제2차 세계대전 이후에 '풀뿌리 외교정책(Aussenpolitik aus den Graswurzeln)'이라는 개념이 사용된 이후 일반화된 개념으로서(심익섭 편, 『한국 지방정부외교론 ─이론과 실제에 관한 연구』, 오름, 2006, 34쪽), 일반적 외교와는 다르게 지방정부가 주체로 지역의 이익을 위해 시행하는 외교 활동을 뜻한다(박경준, 『한국의 지방외교정책』, 한국학술정보(주), 2006, 31쪽). 따라서 비록 주체는 지방정부지만 대상은 엄연히 '국가'로 설정되어 있는 개념이라고 봐야 할 것이다. 간혹 지금까지 본서에서 언급해 온 '지방 차원의 외교'를 지칭하면서 이 '지방 외교'라는 표현을 쓰는 경우가 발견되는데, 그 사용에는 신중할 필요가 있다고 생각된다.

129 이 시기 '외교'라는 용어가 갖는 복잡성을 감안하여 '외교' 대신에 '교섭'이라고 표현하는 경우도 있다(이동욱, 앞의 글, 2021, 2쪽). 그러나 본서에 이를 적용할 경우 '지방교섭'으로 표기해야 하는데, 이는 경우에 따라서는 외국과의 관계가 아니라 국내 지방에서의 여러 이해관계 조정을 뜻한다는 인상을 줄 우려도 없지 않다. 따라서 '대외'라는 수식어를 첨가하여 외국과의 교섭을 의미함을 보다 분명히 드러내는 것이 적절하다고 판단된다.

어지는 일에 적용하는 것이 타당한지에 대한 의문이 들 수 있다. 그러나 당시 개항장은 100% 자국 영토라고 하기에는 불완전한 장소라는 측면이 존재했다. 이에 대한 보다 확실한 이해를 위해서 현대와 비교해 보도록 하자.

만약 오늘날 외국인 범죄가 발생한다면 그 처리 과정은 어떨까? 우선 당연히 경찰이 출동하여 해당 사건의 처리를 담당할 것이다. 마약이나 실종, 인명사고 등과 같은 강력사건의 경우 형사과에서, 그보다 가벼운 경우 수사과에서 관할하여 증인 신문이나 현장 보존 및 각종 조사 등의 관련 업무를 수행할 것이다. 그 과정에서 범죄와 관련하여 해당 외국인의 인신구속이 필요할 경우 이 또한 이루어질 수 있으며, 이후 사건이 검찰에 송치되어 기소가 이루어지고 재판 절차가 개시된다. 해당 외국인에 대해서는 해당국 주재 외교공관에 의한 영사조력領事助力이 이루어질 수 있다. 영사 조력은 사건·사고로부터 재외국민의 생명·신체 및 재산을 보호하기 위하여 국가가 재외국민에게 제공하는 조력으로,[130] 그 기원은 멀리 고대 그리스까지 소급될 정도로 오래되었다. 그리고 1963년 기존의 여러 관습법을 성문화한 '영사 관계에 관한 비엔나협약Vienna Convention on Consular Relations'의 제정을 통해 세계적으로 통용되는 보편적인 기준을 마련하게 되었다.[131] 그 구체적인 내용을 살펴보면, 우리나라의 경우 형사 절차상의 영사조력으로는 재외국민이 국제법과 주재국의 법령에 따라 인도적 대우 및 신속하고 공정한 수사·재판을 받을 수 있도록 주재국 관계기관에 협조를 요청할 수 있다. 더불어 필요한 경우 가능한 범위 내에서 변호사 및 통역인 명단 제공 등이 이루어질 수 있으며,[132] 다른 국가들의 경우도 이와 대동소이하다.

---

130 국가법령정보센터 인터넷 누리집(https://www.law.go.kr), '재외국민보호를 위한 영사조력법' 제2조(정의) 참조.
131 李成德, 「영사보호와 관련한 ICJ 관련 판결에 대한 분석 및 검토」, 『國際法學會論叢』 52-2, 2007, 289~294쪽.
132 국가법령정보센터 인터넷 누리집(https://www.law.go.kr), '재외국민보호를 위한 영사조력법' 제11조(형사절차상의 영사조력) 참조.

이러한 영사조력이 이루어지는 대원칙으로 가장 중요한 것은 '내국민대우national treatment standard'이다. 이에 따르면 영사보호의 기준은 접수국이 접수국의 국민에게 부여하는 대우가 파견국의 국민에게 부여되는 정도로만 제공하면 되는 것으로, 외국인은 주재국의 국민보다 우월한 대우를 받아서는 안 되는 것이다.[133] 따라서 범죄를 저지른 외국인은 내국인의 경우와 같은 절차에 따라 처리되는 것이므로, 당연히 한국의 사법부와 검찰 등에 의하여 사건의 처리가 진행된다. 이 과정에서 외국 영사가 변호인 섭외 등의 조력을 할 수 있고 한국의 사법당국이나 외교 당국에 교섭을 요청할 수 있다. 또한 상급자라고 할 수 있는 주한 대사에게 해당 사안의 보고가 이루어질 경우 대사 차원에서 유사한 시도를 할 수도 있을 것이다. 그러나 이 모든 것은 어디까지나 한국 정부의 주도하에 이루어지는 것이고 영사관과 한국이 '대등한 입장에서 교섭'하는 것으로 보기는 어렵다.[134] 그리고 이러한 상황은 비단 형사사건이 아니라 민사사건이라도 예외는 아닐 것이다.

그런데 시계를 약 100여 년 전으로 돌려보면 이와는 상황이 다르다. 그 가장 큰 이유는 영사재판권領事裁判權, consular jurisdiction[135] 또는 치외법권治外法權, extraterritoriality[136]의 존재에 있다. 최혜국대우와 더불어 근대 동아시아가 서구 열

---

133 李成德, 앞의 글, 296쪽. 물론 이와는 달리 영사 보호의 정도가 국제적인 기준에 따라 이루어져야 한다고 보는 입장인 '최소국제기준(minimum international standard)'을 기준으로 보는 견해도 있다(위의 글, 296~297쪽). 그러나 이러한 경우는 외국인의 생명·자유나 인간의 존엄성 및 재산권 등을 적정하게 보장하지 못하거나 외국인에 대한 범죄의 기소 처벌을 적정하게 행하지 못하는 경우에 한하는 것으로, 일반적이지도 아닐뿐더러 현재의 한국과는 무관하다고 하겠다.

134 다만 현대에서도 일종의 치외법권 비슷한 권리가 외국 공관의 부지에 한하여 적용되고 있다. 자세한 내용은 '영사 관계에 관한 비엔나협약'의 제31조(영사관사의 불가침) 참조. 따라서 이러한 공관 부지 내의 사건 처리에 한해서는 외국 영사관이 주도권을 갖는다고 말할 수 있겠지만, 극히 예외적이고 제한적인 경우라고 해야 할 것이다.

135 한국의 영사재판권 관련 연구로 가장 고전적인 것은 權善弘, 「東아시아開港期 不平等條約의 한 내용(1)~(3)-領事裁判權」, 『國際問題論叢』 6~8, 1994~1996이 있으며, 개항기 한국과 관련해서는 이영록(「개항기 한국에 있어 영사재판권-수호조약상의 근거와 내용」, 『法史學研究』 32, 2005), 한철호(「개항기 일본의 치외법권 적용 논리와 한국의 대응」, 『韓國史學報』 21, 2005)를 비롯하여 다수의 연구자들에 의해 여러 성과가 배출된 바 있다.

강과 체결한 불평등조약의 가장 중요한 요소로 지목되는 영사재판권은 외국인 관련 형사사건의 발발 시 그 관할권이 해당 국가로 귀속되는 것으로, 제국주의 시대가 종말을 고한 현대에는 더이상 인정되지 않고 있다.[137] 그러나 개항기 당시에는 이것이 엄연히 작동하고 있었으며, 조선의 경우 1876년 체결된 조·일수호조규의 제10관에 "일본국 인민이 조선국이 지정한 각 항구에 머무르는 동안 범죄를 저지른 것이 조선국 인민에게 관계되는 경우는 모두 일본국 관원의 심리·판결에 귀속된다"라고 처음 규정되었다.[138] 이후 1882년 조·미수호통상조약제4관[139]에 이어 1883년 조·영수호통상조약제3관 제4항[140] 역시 유사한 내용이 삽입되어 이후 다른 국가들과의 조약 역시 이를 준용하였고,[141] 그에 따라 이 영사재판권 체제는 대한제국기 내내 계속 유지되었다.

따라서 외국인 관련 범죄 사안이 발생했을 때 개항기 당시에는 사건 처리의

---

136 영토주권국가가 개항지역 등에 대한 사법 관할권을 포기하고 이를 상대국 영사가 행사하도록 한 것을 지칭하는 보다 본질적인 개념은 치외법권이라고 할 수 있으며, 양자가 정확하게 일치하는 개념이 아니라는 견해도 존재한다. 다만 본서에서는 설사 이들 둘의 개념이 미세한 차이가 있다고 해도 본질적인 정도는 아니며, 영사재판권이 보다 학계에서 널리 활용되고 있다는 판단하에 이를 택하여 사용한다.

137 '영사 관계에 관한 비엔나협약' 제55조(접수국의 법령에 대한 존중)에 따르면, "특권과 면제를 향유하는 모든 자는, 그들의 특권과 면제를 침해함이 없이, 접수국의 법령을 존중할 의무를 진다(Without prejudice to their privileges and immunities, it is the duty of all persons enjoying such privileges and immunities to respect the laws and regulations of the receiving State)"라고 규정되어 외교사절이 주재국의 법령을 존중해야 함이 명시되어 있다.

138 『高宗實錄』 권13, 고종 13년 2월 2일. "第十款 日本國人民 在朝鮮國指定各口 如其犯罪 交涉朝鮮國人民 皆歸日本國審斷."

139 위의 책, 권19, 고종 19년 4월 6일. "第4관 (…중략…) 미국 인민이 상선이나 해안을 막론하고 만약 모욕을 주거나 소란을 피워 조선 인민의 생명과 재산을 손상시키는 등의 일이 있을 경우 응당 미국 영사관 또는 미국에서 파견한 관원에게 귀속되어 미국 법률을 적용하여 조사하고 체포하여 징계 처리한다(美國民人 無論在商船在岸上 如有欺凌騷擾 損傷朝鮮民人性命財産等事 應歸美國領事官或美國所派官員 按照美國律例 查挐懲辦)."

140 위의 책, 권20, 고종 20년 10월 27일. "第3관 (…중략…) 4. 영국 인민으로 조선에 있는 자가 법을 위반하는 일이 있으면 영국의 刑訟 관원이 영국의 법률에 따라 심판한다(英國民人 在朝鮮者 如有犯法之事 應由英國刑訟之員 按照英國律例審辨)."

141 조·영조약은 이후에 체결된 개항기 한국과 서구 제국과의 불평등조약의 원형이 되었고, 그에 따라 각 조약별로 약간씩 차이가 전혀 없지는 않지만 이들은 대체로 조·영조약을 모본으로 작성되었다(최덕수 외, 『조약으로 본 한국근대사』, 열린책들, 2010, 251쪽).

주도권 자체가 한국 측에 존재하지 않았던 것이다. 이와 관련하여 구체적인 사례 하나를 들어보면, 1888년 11월에 전라도 강진에 거주하는 어민인 임천보林千甫가 자신의 선박으로 창원 마산포에서 화물을 실어 운반하다가 풍랑을 만나 표류하게 되었다. 그래서 절영도絶影島에 임시로 정박하던 중 식수가 부족하여 인근을 지나던 일본 어선에게 물 한 바가지를 5전錢에 구매했다. 이후 한 바가지 더 구입하려 하니 일본 어민들이 돈을 받지 않고 대신 선박 안의 땔나무를 가져가려 했으며, 이를 제지하자 이들이 닻줄을 칼로 잘라버려 배가 파괴되고 적재된 물건들이 모두 물에 가라앉는 사태가 발생하였다.[142] 이 사건을 보고받은 부산 감리서에서 부산주재 일본영사관에 보낸 조회를 보면, 임천보의 하소연을 나열한 뒤 다음과 같은 내용으로 끝맺고 있다.

> 이에 따라 조사하여, 조금의 오차도 없이 (손해본 물품 목록을) 모두 나열하며 번거롭지만 귀 영사에게 요청하니, 즉각 흉악한 짓을 저지른 해당 어민을 붙잡아 법을 적용하여 징계하도록 할 것이며, 우리 어민들의 파손된 선박 및 유실된 물품을 조속히 배상하는 것이 옳을 것입니다.[143]

분명히 우리나라의 관할 수역에서 외국인이 저지른 범죄이지만, 이렇게 우리 측에서 할 수 있는 일은 일본영사관에 범인 체포와 피해 보상을 요구하는 것에 불과했던 것이다. 따라서 이와 같은 영사재판권이라는 제약으로 인해 오

---

142 『日案』(奎18120) 제1책(현재 규장각 관리번호에 오류가 있으며 '內番 2'라고 되어있는 것이 실제로는 제1책임), 「去照 제32호-釜山監理署(1888.11.2) → 日本領事館」. 참고로 이 사건의 이후 처리를 보면, 처음에 일본 측에서 해당 일본인을 체포하는 등 나름 성의를 보이는 듯 했으나 곧 나가사키의 재판소로 이관해버렸으며, 해당 재판소에서 징역형과 벌금을 선고했으나 검사가 이를 大審院에 상고하여 결국 증거 부족으로 무죄 석방하고 말았다. 상세한 내용은 『林千甫破船案』(奎24207) 참조.
143 『日案』 제1책, 위의 글. "准此查 無小違幷付計開 請煩貴領事 卽捕該行凶漁民 照法懲治 我船民所被破碎船隻與所失物件 趁速賠償可也."

늘날의 경우와는 달리 19세기 후반에는 외국인 범죄의 발생 시 사건 처리의 주도권이 해당 외국인의 국적 소속 외교공관에 존재했으며, 그로 인해 우리 측에도 불가피하게 '교섭'의 영역이 생길 수밖에 없었다고 할 수 있다.[144] 그리고 이러한 상황은 반대의 경우, 곧 조선인이 범죄를 저지르고 그것이 외국인에게 피해를 입히는 경우에도 영향을 끼쳤던 것으로 보인다. 분명 이 경우 각 조약상 조선정부가 사건 처리의 주도권을 가지도록 되어 있으나,[145] 상술한 바와 같은 영사재판권의 제약으로 인해 외국인 관련 문제는 치외법권의 사안으로 치부되는 분위기가 조성되었다. 이로 인해 이러한 성격의 문제에 대해서도 외국공관들의 요구에 당시 정부나 지방 관서들이 끌려다니는 듯한 상황이 빈번히 목격된다.

19세기 후반 개항기 당시 조선에서 이러한 외국인 관련 사건의 교섭을 맡은 대표적인 관서가 바로 감리서였는데, 오늘날 또한 이러한 외국인 관련 업무를 전담하는 관공서가 존재한다. 출입국·외국인 관리소가 바로 그것이다. 법무부 산하 출입국·외국인 정책본부 아래에 각 지역별로 지청과 부속 출장소 및 사무소가 있어서 출입국을 비롯한 각종 외국인 관련 사안을 관장하고 있다.[146] 그런데 현대의 이러한 출입국·외국인 관리소에 의해 진행되는 외국인 관련 업무에 '교섭'의 성격이나 여지가 존재한다고 보기는 어려울 것이다. 그 이유는 일단 기 언급한 바와 같이 현대에는 영사재판권이 존재하지 않는 것과 더불어, 외국인 관련 업무는 등 다양하고 방대한 관련 법령의 뒷받침하에 이루어지

---

144 이를테면 다음 절에서 기술할 청심(聽審) 제도의 경우 외국인 관련 형사사건 발생 시 우리 측 대표가 재판에 참여하는 제도로서, 마치 오늘날 외국인 관련 사안의 재판 시 해당 국가의 영사관에서 참여하거나 도움을 주는 것과 같은 역할을 내국인 측에서 수행한 셈이다.

145 앞서 언급한 일본·미국·영국과 체결한 조약 모두의 영사재판권 해당 항목에 반대의 경우인 외국인 관련 조선인의 범죄는 조선국의 관할에 귀속된다고 명시되어 있다.

146 출입국·외국인 관리소의 설치 및 업무 현황 등에 대해서는 법무부 산하 출입국·외국인 정책본부 누리집(https://www.immigration.go.kr) 참조.

기 때문이다.[147] 다시 말해 관련법이 촘촘히 짜여져 있기 때문에 외국인 관련 업무는 어디까지나 기본적으로 해당 법의 집행의 문제일 뿐 협상이나 교섭의 여지는 거의 존재하지 않는다고 할 수 있다. 상기 출입국·외국인 관리소가 어디까지나 외교부 산하가 아니라 법무부 산하이기에 해당 기구의 외국인 관련 사무 역시 '법무행정'의 일환으로 집행될 뿐 '외교'의 영역이 아니라는 점 또한 이를 뒷받침한다.[148]

그러나 이러한 측면에 있어서도 개항기의 상황은 오늘날과는 다르다. 1876년에 체결된 최초의 근대적 조약인 조·일수호조규는 불과 9조목에 불과한 조약이었다. 그리고 조약 체결 6개월 후에 세부 시행령에 해당하는 부록과 상업 관련 세부 사항인 통상장정각 11조항씩이 제정되었으나[149] 이 정도의 규정들만으로 양국민 간에 발생하는 복잡다단한 일들의 모든 경우의 수를 상대하는 것은 불가능한 일이었다. 일본 이외의 서구 국가들에 대해서는 전술한 바와 같이 1883년 체결된 조·영수호통상조약이 대부분 국가들과 체결된 조약의 모델이라고 할 수 있는데, 총 13관에 하부 항목까지 포함하면 47개 항목으로 구성되어 있고, 부속 통상장정의 경우 총 3관 22항목으로 되어 있다. 일본과의 조약보다는 조금 더 상세한 규정이 마련되었으나 역시 실제로 발생하는 모든 사안에 대처하기에 부족한 것은 매한가지였다.

---

147 현재 대한민국의 외국인 관련 법률 체계는 '출입국관리법'과 '재한외국인 처우 기본법', '외국인보호규칙', '외국인근로자의 고용 등에 관한 법률' 및 그 시행령·시행규칙 등을 기본으로 하며, 그밖에도 외국인의 서명 날인이나 서훈 추천, 학교·유치원 등의 설립에 이르기까지 상세한 조항들로 구성된 거의 20여 개에 달하는 법안들로 세밀하게 구성되어 있다. 상세한 내용은 국가법령정보센터 인터넷 누리집(https://www.law.go.kr) 참조.

148 이와 관련하여 현재 외교의 영역이 아닌 대외국인 업무 처리 상황을 당시 외교 관할 부서 산하의 감리서가 처리하던 상황과 비교하는 것이 적절하냐는 의문을 제기할 수 있다. 그런데 오히려 그렇게 오늘날에는 외교의 영역에 있지 않은 사안과 동일한 내용이 당시에는 외교의 영역에서 처리되었다는 사실이 더욱 이 시기의 특수성을 말해줌과 동시에, 본서에서 피력하고자 하는 개항기 조선의 특수성으로서의 '지방대외교섭' 개념을 보다 뒷받침한다고 생각된다.

149 통상장정의 경우 1883년에 관세 징수와 함께 개정되면서 전체 42항목으로 보다 상세해지긴 했다.

따라서 실제 외국인 관련 문제가 생겼을 때 상기 조약들 내에 정확하게 적용할 수 있는 규정이 없는 경우가 적지 않았던 것이 현실이었다. 물론 기본 조약 이외에 조계나 어업 등의 문제들과 관련하여 추가적인 조약이나 협정 등이 체결되기도 하였지만,[150] 상기와 같은 기본적인 문제로 인해 현장의 한국 측 관원들에게는 나름의 판단에 기반한 교섭의 여지가 발생할 수밖에 없었던 것이다. 여기서 영사재판권에 이어 개항기 외국인 관련 사안과 관련된 또 하나의 특수성인 '관련 법안의 미비'라는 측면을 지적할 수 있다.

마지막으로 오늘날과 비교하여 고려해야 할 이 시기의 특수성은 바로 교통·통신의 미발달이라는 문제이다. 오늘날의 경우 전화, 팩스, 이메일 등 원거리 통신을 가능하게 하는 다양한 수단들이 존재하고 있으며, 직접 사람의 방문이 필요한 경우라고 해도 버스, 택시, 철도, 항공기 등의 각종 교통수단을 통해 그리 오래지 않은 시간을 할애하면 대면 접촉이 가능하다. 그러나 주지하다시피 이 시기는 아직 이러한 근대문명의 혜택이 공유되기 이전으로, 대면 접촉 수단은 도보나 말을 활용한 것이 전부였다. 따라서 이를테면 부산항에서 외국인 관련 사건이 발생한 경우 중앙 외교관서와의 연락에 며칠이 걸릴 수밖에 없었으며, 이는 현장 관리들의 즉자적 대응이 필요할 수밖에 없게끔 만든 요인이 되었다. 다만 당시 유일한 고속 통신 수단으로 전신이 존재하기는 하였으나, 숫자 부호로 구성되어 많은 정보를 전송하는 것에는 한계가 분명하였고,[151] 그

---

150 조계 관련 조약들에 대해서는 앞 장에서 이미 언급한 바 있으며, 일본과 각종 어업 관련 문제들이 발생하자 1889년에 '통어장정'이 체결되기도 하였다.

151 현재 서울대 규장각한국학연구원에 부산 감리서와 중앙의 통서 사이 1888~1893년 동안 왕복한 전보문이 『東萊監理署送電存案』(奎18141)이라는 제하로 남아 있다. 내용을 보면 숫자로 된 전보문이 적혀 있고 사이사이에 한자 해독문을 기재하였다. 그런데 한자의 특성상 그 글자 수가 대단히 많기에 해당하는 전보의 숫자 또한 무려 4자리나 되었으므로 오류의 가능성이 상존하였다고 할 수 있다. 이 때문에 한글로 전보를 보내는 경우도 많았다. 『부산항 감리서일록』을 보면 한글로 왕복한 전보의 내용들이 상당수 기재되어 있는데, 기본적으로 한문으로 구성된 내용을 음만 순 한글로 전달하여 그 정확한 내용의 판독이 어려운 경우들도 많다.

로 인해 종종 전신의 내용이 불분명하여 문제가 생기기 일쑤였다.[152] 결국 이 시기 교통·통신의 한계라는 요소는 외국인 문제를 현장에서 대처하는 관원들에게 '교섭'의 여지를 발생시키는 또 다른 요인이었다고 할 수 있다.[153]

이상을 종합하면, ① 영사재판권의 존재, ② 외국인 관련 법안의 미비, ③ 교통·통신의 한계라는 요인들로 인해 19세기 말~20세기 초의 한국에서는 외국인과 관련된 사안의 발생 시 사건 처리의 주도권을 자국 정부가 행사하지 못하는 상황에서 관할 관리가 기본적으로 중앙 외교 당국의 지시를 받으면서도 불가피하게 일정한 수준의 자율권을 행사하여 교섭을 행할 수밖에 없는 상황이 조성되었다고 할 수 있다. 그리고 이것은 마치 근대적인 외교가 그 행태에 있어서 '전권全權'을 위임받아 협상에 임하는 양상을 연상시킨다. 따라서 이를 앞 절에서 규정한 것과 같이 중앙정부보다 한 단계 아래의 '지방 차원'의 외교에 해당하는 '지방대외교섭'으로 명명하는 것은 충분히 타당하다고 생각된다.[154] 100년이 넘는 시공간을 비교하면서 그 차이점을 논하는 것이 어찌 보면 너무도 당연한 이야기라고 생각할 수도 있겠으나, 바로 그 '당연한 차이' 때문에 이러한 현대와는 다른 개념 상정의 필요성이 생겨나는 것이라고 여겨진다.

---

152 이를테면 1891년 7월 7일에 부산항 감리서에서 통서가 보낸 전보의 글자가 상세하지 않으니 다시 알려주기 바란다고 회답 전보를 발송하였는데(『釜山港監理署日錄』 제8책, 1891.7.7, "答電統署 電字未詳 更數事"), 이러한 예는 부지기수이다.

153 다만 여기서 한 가지 생각해 볼 점이라면, 지방이라고 다 여건이 같지는 않았을 것이라는 점이다. 즉 중앙으로부터의 거리를 생각해보면 분명 인천과 부산의 상황이 동일하다고 볼 수는 없을 것이다. 이 부분에 대해서는 향후 인천이나 여타 지방의 사례에 대한 분석을 통한 보완이 요망된다고 하겠다. 아울러 만약 그렇게 전국적으로 동일하지 않은 임기응변적인 것이라면 굳이 '지방대외교섭'으로 개념화할 필요가 있냐는 비판이 있을 수 있다. 그러나 본서에서 제시하는 지방대외교섭은 어디까지나 당대의 특수한 상황으로 인해 조성된 '양상'의 차원에서 접근하는 개념이지 정교하게 짜여진 '제도'의 차원에서 논하는 것과는 다소 차이가 있다. 비록 감리서나 통서 등의 기구는 '제도'에 해당되는 것이지만, 지방 차원의 이러한 '제도'들의 운용 양상이 전술한 당대의 특수성들로 인해 독특한 양상을 보이고 있음에 주목하여 본서에서 개념화시킨 것이 바로 '지방대외교섭'이다. 그러므로 비록 지방별로 균일하지 않은 임기응변성의 측면이 강하다고 하더라도 그것이 이 개념 자체의 존재 의미를 부정한다고 생각되지는 않는다.

154 '지방대외교섭'과 대비되는 개념은 용어 자체의 조어 형태로는 '중앙대외교섭'이라고 할 수 있는데, 이것이 바로 현대의 '외교'에 해당하는 것이다.

이러한 개항기 조선의 '지방대외교섭'을 수행한 대표적인 기구가 바로 감리서였다. 그런데 전술한 감리 관련 최초의 규정인 '감리통상사무설치사목'에서 감리가 수행한 지방대외교섭의 역할을 규정하기는 쉽지 않다. 무엇보다 '교섭'이라는 행위는 상호 동등한 위상에서 가능한 만큼, 지방 차원의 '교섭' 행위가 성립하려면 지방에 주재하는 외국 국적의 외교관원과 상호 동등한 위상임이 분명하게 드러날 필요가 있다. 그런데 이 사목에는 감리의 관할 업무는 물론 외국 외교공관원과의 위상 등에 대한 내용이 모두 누락되어 있다. 다만 『부서집략』에 부산 감리 이헌영이 일본 영사 및 청국 이사관과 주고받은 조회문이 기재되어 있는 점으로 볼 때 이들의 상호 평등한 위상이 추정될 따름이다.[155]

그러나 인천과 부산의 초대 감리 이후 이러한 상황은 바뀌게 되었다. 왜냐하면 인천과 부산 감리를 각기 인천부사와 동래부사가 겸직하는 체제로 변화했기 때문이다. 사실 원산의 경우 처음부터 그렇게 하고 있었으며, 다만 조병직과 이헌영의 경우 1881년에 일본에 파견된 조사시찰단에서 세관 관련 분야를 담당한 전력이 있기에 이들의 경험을 살리기 위하여 특별 임명한 경우에 해당했을 뿐이라는 점은 이미 지적한 바 있다. 주지하다시피 이들의 후임 이후 두 항구의 감리와 부사는 겸직 체제가 계속 이어졌다.

그런데 이들 부사직은 일본 영사와 상호 대등한 관계로 인식되고 있었다. 그 발단은 부산항에서부터였는데, 앞서 살펴본 바와 같이 조·일수호조규 제4관에 부산 초량항의 기존 왜관 체제를 새로운 조약 체제에서도 그대로 활용함이 명시되었다.[156] 아울러 제8관에 일본이 조선에서 지정한 각 항구에 '일본 상인

---

155 『釜署集略』下, 「照會」, '照會日本領事(甲申正月二十日)'; '日本署理領事宮本羆答照會(明治十七年二月二十六日)'; '照會日本領事(甲申初六日)'; '日本署理領事宮本羆答照會(明治十七年三月六日)'; '大淸奏派辦理釜山通商事務官陳爲焜照會' 참조.

156 『高宗實錄』 권13, 고종 13년 2월 3일. "제4관 – 조선국 부산 草梁項에 일본 公館이 설립되어 유지된 지가 오래되었으며, 이미 양국 인민들이 통상하는 지역이 되었다. 이제 종전의 관례 및 세견선 등의 일은 응당 혁파하여 없애며, 새로 세운 조관에 입각하여 무역 사무를 처리한다(第四款 朝鮮國釜山草梁項

을 관리하는 관리일본국상민지관管理日本國商民之官'을 수시로 설치하고, 양국 관계 안건이 발생할 경우 소재지의 지방 장관과 회동·상의하여 처리한다고 되어 있다.[157] 일본 측에서는 이 '일본 상인을 관리하는 관청'을 '관리관管理官'으로 명명하여[158] 곤도 마스키近藤眞鋤가 초대 부산 관리관으로 임명되어 1876년 10월에 부임하였다. 그런데 당시 일본 외무경外務卿인 데라지마 무네노리寺島宗則가 곤도에게 내린 훈령을 보면 관리관의 지위를 동래부사와 대등한 위상으로 규정하고 되도록 동래부사를 직접 상대하도록 주문하고 있음이 눈에 띈다.[159] 동래부사가 전근대 왜관에서 왜인들을 상대하는 조선 측의 대표 자격이었음을 감안한다면, 이는 개항장 부산이 조·일수호조규를 통해 종래 왜관의 연장선상으로 파악되고 있는 측면이 존재함을 의미한다. 이후 관리관은 1880년 원산 개항을 계기로 영사領事,consul로 변경되었다.[160]

따라서 부산에 있어서 기존 왜관 체제의 관습에 따라 동래부사와 일본 영사가 동급으로 상정된 것이며, 이후 해관의 설치에 따라 감리가 새로 부임한 뒤 동래부사를 겸직하게 되면서 감리와 영사가 상호 대등한 관계로 설정되기에 이른 것이다. 즉 1880년대 감리와 영사의 1:1 관계는 명확한 규정에 따른 것이 아니라 이와 같은 관습적인 요인으로 설정된 것이었다고 할 수 있다.

이후 전술한 것처럼 감리서는 총세무사 메릴의 부임 이후 해관과 양립 체제를 구성하게 되었으나 점차 본연의 임무인 해관에 대한 관리·감독보다는 개

立有日本公館久 已爲兩國人民通商之區 今應革除從前慣例及歲遣船等事 憑準新立條款 措辦貿易事務),"
157 위의 책, 고종 13년 2월 3일. "第八款 嗣後日本國政府 於朝鮮國指定各口 隨時設置管理日本國商民之官 遇有兩國交涉案件 會商所在地方長官辦理."
158 당시 이미 일본은 서구의 영사 제도를 수용하여 여러 국가들의 개항장에 영사를 파견한 상태였으나, 유독 조선에 파견한 상주외교사절에만 '관리관'이라는 명칭을 부여하였다. 그 경위에 대해서는 최보영, 「개항 초기(1876~1880) 釜山駐在 日本管理官의 파견·활동과 그 특징」, 『동국사학』 57, 2014, 474~479쪽 참조.
159 위의 글, 488~489쪽.
160 위의 글, 486~487쪽.

항장·개시장의 외국인 관련 사안을 처리하는 쪽을 주된 업무로 하도록 그 성격이 변화되었는데, 본격적으로 지방대외교섭 기능을 행사하기 시작한 것 또한 이 시기부터라고 할 수 있다. 이 과정에서 외국 영사와 1:1의 관계에서 업무를 처리하는 위상은 더욱 분명해졌으며, 특히 이는 청심 제도에서 보다 분명히 드러나고 있다.

개항장·개시장에서의 외국인 관할 업무와 관련하여 어찌보면 가장 중요한 문제가 바로 외국인과 내국인 간에 생기는 각종 민·형사 사건들의 처리일 것이다. 이 점에 있어서 영사재판권을 보장한 열강들과의 수호조약은 강력한 족쇄였다. 하지만 재판의 공정성을 위해 청심이라는 제도를 보장하고 있었다. 청심은 조약상 이와 관련된 부분을 살펴보면 다음과 같다.[161]

조·미수호통상조약

제4관 (…중략…) 조선국 내에서 조선과 미국의 인민사이에 송사가 일어난 경우 피고 소속의 관원이 본국의 법률에 의하여 심의하여 처리하며, 원고 소속의 나라에서는 관원을 파견하여 심의를 들을 수 있다. 심관審官은 예로 서로 대해야 한다. 청심관聽審官이 소환하여 심문하거나, 현지에 나가 조사·심문하거나, 나누어 심문하거나 검증하려고 할 때에도 그 편의를 들어 준다. 심관의 판결이 공정하지 못하다고 인정될 때에는 역시 상세하게 반박하고 변론하게 할 수 있다.[162]

---

161 참고로 조·영조약의 청심 조항의 내용이 조·미조약의 그것보다 구체적으로 보다 세분화되었는데, 영사재판 운용의 관례에 비추어 보면, 적어도 청심권에 관한 한 조·미조약에 의거하여 운용된 사례가 많다(은정태, 「개념의 충돌인가, 해석의 문제인가?—영사재판의 "청심(聽審)" 조항을 중심으로」, 『개념과 소통』 제4호, 2009, 14쪽).

162 『高宗實錄』 권19, 고종 19년 4월 6일. "第四款 (…중략…) 其在朝鮮國內 朝鮮美國民人 如有涉訟 應由被告所屬之官員 以本國律例審斷 原告所屬之國 可以派員聽審 審官當以禮相待 聽審官如欲傳訊查訊分訊訂見 亦聽其便 如以審官所斷爲不公 亦許其詳細駁辨."

제3관 (…중략…) 8. 조선 경내에서 양국 인민 사이의 송사나 형법과 관련된 안건은 영국 관서에서 심의해야 하는 것이면 조선국에서는 즉시 협의할 관원을 선발 파견하여 심의를 듣게 하고, 조선 관서에서 심의해야 하는 것이면 영국에서 역시 협의할 관원을 선발 파견하여 심의를 듣게 한다. 파견되는 청심원聽審員과 피차의 각 승심관承審官은 모두 우대하는 예로 법도에 맞게 서로 대한다. 청심관이 심의에 증인을 참석시켜 자기의 논박을 유리하게 하려고 할 경우에는 역시 그 편의를 도모해주고 승심관의 판결이 적합하지 않다고 인정될 때에도 청심관이 하나하나 따져가면서 논박할 수 있다.[163]

즉 청심의 사전적 개념은 개항장 등에서 벌어지는 영사재판에 있어, 원고가 소속된 국가의 관리가 청심관으로서 재판을 참관하고 자국인의 권리와 이해관계의 보호를 위해 증인 소환이나 대질, 심문 등의 행위를 함을 의미하는 것이었다.[164] 그런데 이 청심이 조선에서 운용되면서 나타난 특징은 그 의미가 외교교섭을 담당하는 관리들 간의 교섭 절차 그 자체를 뜻하는 개념으로 변질되었다는 것이다.[165]

문제는 조·미수호통상조약에 앞서 1876년에 수호조규를 체결한 일본의 경우, 이러한 청심 관련 조항이 없다는 점이었다. 이에 대하여 일본에서 내부적으로 이 제도를 준용해야 하는지 여부가 검토되었는데, 일본 사법성司法省의 본래

---

163 『高宗實錄』 권20, 고종 20년 10월 27일. "第三款 (…중략…) 八 在朝鮮境內 所有兩國民人 一應詞訟刑名交涉之案 如應在英署審訊者 朝鮮國卽可遴派妥員聽審 如應在朝鮮署內審訊者 英國亦可遴派妥員聽審 其奉派聽審之員 彼此承審各官 皆應優禮如儀相待 聽審官如欲轉請傳訊人證 以便自行駁詰 亦聽其便 如以承審官 審斷爲不符 猶許聽審官逐一駁辯."

164 이는 피고 소속국이 자국법에 따라 자국 재판관에 의한 재판을 진행하는 승심과 대비되는 개념이다. 그런데 승심권이 재판을 주관한다는 이미지가 분명한 반면, 그 반대편에 위치한 청심권의 이미지는 분명하지 않았다(은정태, 앞의 글, 19쪽).

165 위의 글, 19쪽.

지침은 굳이 이를 적용할 필요가 없다는 것이었다. 그러나 서울 주재 영사가 이런 제도가 없을 경우 일본 측이 원고이거나 피해자인 경우 조선 법정에서 일본인의 이익을 보호할 수 없다고 주장하여 일본도 이를 적용하게 되었다.[166]

이 청심에 있어서 사건의 배경이 개항장·개시장일 경우 조선 측 대표로 참석한 것이 바로 감리였으며,[167] 그 역할은 당연히 영사를 위시하는 외국 측 대표를 상대하는 것이었다. 따라서 이는 당시 감리서가 행한 지방대외교섭 역할의 대표적인 예라고 할 수 있을 것이다. 청심 제도가 도입된 이후로 갑오개혁기의 감리서 일시 운영 중지 이전까지 청심이 시행된 개항장 관련 조·일간 주요 사건들을 살펴보면 다음과 같다.

〈표 2〉 1895년 이전 개항장 관련 조·일간 청심의 주요 사례 일람[168]

	사건명	개요	발생 시기	사건 유형	발생지
1	화물 편취(騙取) 사건	충청도 은진현에 거주하는 유용준(劉龍俊)과 일본인들 사이에 물건 거래를 둘러싸고 벌어진 분쟁	1887.4	사기(詐欺)	은진(潛蔘, 인천항 경찰관 연루)
2	금비라선(金比羅船) 홍삼사건	일본 무역선 금비라선(金比羅船)에 실린 홍삼의 압수 관련 조·일간 분쟁	1887.12	잠삼(潛蔘)	인천
3	조·일 어민 쟁투(爭鬪) 사건	부산 암남리(岩南里)에 정박한 어선에 타고 있던 일본인들과 조선인 사이의 충돌	1889.6	쟁투(爭鬪)	부산
4	인천 잠삼(潛蔘) 사건	인천항에서의 홍삼 밀수와 관련된 사건	1891.9	잠삼	인천
5	일상(日商) 도이(土井) 소송사건	일본 상인 도이(土井)과 인천 상인 정기홍 사이의 미전(米錢) 이자를 둘러싼 소송	1893.6	부채(負債)	인천

감리는 이러한 사건의 처리에서 대체로 조선 측 대표를 맡았는데, 그 업무 수행의 실태는 개별 경우에 따라서 달랐다. 이를테면 1번의 경우, 인천 감리에

---

166 이영록, 「근대 한국에서의 일본영사재판에 관한 연구」, 『한국동북아논총』 39, 2006, 262쪽.
167 경우에 따라서는 휘하 직원인 서기관이나 경찰관을 대리로 보내는 경우도 있었다(『內各司(關草)』(奎 18086) 제2책, 壬辰十一月二十三日, 「關刑曹」).
168 鄭求先, 「개항 후(1876~1894) 일본의 치외법권 행사와 한국의 대응」, 『한국근현대사연구』 39, 2006, 67~68쪽의 표 중에서 개항장을 무대로 청심이 이루어진 경우를 추출하였다.

대해 일찍이 일본 영사와 심단審斷해야 함에도 조약에 밝지 않아 그렇게 하지 않았다는 이유로 1개월 감봉의 벌이 내려졌다. 반면 3번의 경우 부산 감리는 일본 영사가 감리의 대표성을 인정하지 않고 서울에서 새로운 조선 측 대표를 뽑아 보내라는 부당한 요구를 하자 이를 단호히 거부하여 자리를 박차고 나가는 등 비교적 정확한 인식을 갖고 사건의 처리에 임하는 모습을 볼 수 있다.[169]

그런데 청심은 전반적으로 한국 측의 요구에 일본이 마지못해 응하는 경우가 많았으며, 청심에 임해서도 의도적인 결렬을 도모하는 경우가 많았다. 따라서 청심은 별다른 성과 없이 끝나버리고 일본인을 위한 면피성 절차의 하나로 그치고 만 경우가 다반사였다.[170]

또한 청심 제도는 잘만 활용하면 영사재판 체제의 불평등성을 상당히 극복할 수 있는 요소였다고 할 수 있지만, 그 실제 운영은 조선의 사법주권을 더욱 제약하는 방식으로 작용하였다. 조선정부가 법적 지식이나 세력에 있어 압도적으로 열세에 놓여 있었던 관계로 영사재판에서 청심절차를 효과적으로 이용하는 데에는 한계가 있었던 반면, 조선 측이 재판권을 가지는 사안에 있어서는 오히려 상대국의 압력을 합법화하는 통로로 이용되었기 때문이었다.[171] 이러한 한계에도 불구하고 청심 제도의 실시와 감리의 관련 역할 수행은 지방에서 외국인 관련 사안으로 외국의 영사를 상대하는 지방대외교섭 기능을 관할하는 관서로서의 감리서의 역할 확장 양상을 보여주는 한 단면으로 그 의미가 없지 않다고 할 수 있다.

이후 갑오개혁기 일시적인 폐지와 복설을 거친 뒤 마련된 감리서 관련 규정들에서 감리가 영사와 대등한 자격에서 교섭한다는 내용이 명기되어 해관 감

---

169 위의 글, 56~57쪽.
170 위의 글, 58쪽.
171 이영록, 「개항기 한국에 있어 영사재판권-수호조약상의 근거와 내용」, 『法史學硏究』 32, 2005, 218쪽.

독기능을 상실한 감리서는 보다 분명하게 지방대외교섭관서로 규정되었으며, 이후 감리직과 지방관작의 분리에 따라 지방대외교섭'만'을 전담하는 관서로 다시금 그 성격이 변화하게 된다.[172]

이상의 내용에서 개항장의 감리가 외국의 영사와 1：1의 위상에서 교섭하는 '지방대외교섭'의 양상은 분명하게 확인할 수 있었는데, 여기서 이런 의문 한 가지를 가져 볼 수 있다. 그렇다면 개항장이 아닌 곳에서 발생하는 외국인 관련 사안은 어떻게 될까? 이는 당연히 해당 지방의 지방관 소관으로 귀속되며, 실제로 대한제국기의 외부外部와 각도各道 간의 왕복 공문들을 보면 그러한 성격의 사안들에 대한 처리 과정을 엿볼 수 있다.[173] 그런데 여기서도 감리서는 여타의 지방관서들과 비교하면 다소 특수한 역할을 수행하니, 그 단서는 지나치다고 판단될 정도로 높게 설정된 감리의 위상이다. 즉 상술한 것처럼 1883년에 제정된 '감리통상사무설치사목'에서부터 감리는 감사, 유수, 병·수사와 대등한 자격으로 공문을 왕복하고 각 읍에는 지시를 내리며 정부에 대해서만 보고한다고 규정되어 그 위상이 관찰사와 동급으로 설정되어 있음을 알 수 있다. 감리를 부사가 겸직했음을 감안하면 다소 관제불일치라고 볼 수도 있는 부분이다.

이러한 조항은 이후의 감리서 관제 규정에서도 그대로 유지되었다. 따라서 감리서가 설치된 개항장·개시장 인근 지역에 지방대외교섭 관련 사안이 발생하면 자연스럽게 감리에게 보고하는 체제가 마련되게 되었다. 실제로 복설 이후 1899~1905년에 걸쳐 동래 감리서 인근의 각 군郡·면面 및 경무서警務署 등지에서 외국인 관련 사안을 감리서에 보고하고 지시를 받은 문서가 현존하고 있다.[174] 또한 가장 높은 도道에 대해서도 대등한 자격으로 공문을 왕복하였으므

---

172 이 부분에 대해서는 다음 장에서 상술한다.
173 『平安南北道來去案』(奎17988);『慶尙南北道來去案』(奎17980);『咸鏡南北道來去案』(奎17983);『江原道來去案』(奎17985) 등 참조.
174 『東萊監理各面署報告書』(奎18147) 참조(총 6책으로 구성).

로, 자연스레 감리서가 지방대외교섭 관련 안건에 있어서 일종의 '허브' 역할을 수행하게 되었다.[175] 즉 외국인 관련 안건이 발생하면 외국의 영사관과 대등한 자격으로 교섭하면서 중앙의 통서나 외부로부터 지시를 받고 각도 감영 휘하의 부府·군 등지에 지시를 하달하는 연락책 역할을 겸하였다고 할 수 있다.

이상에서 살펴본 감리서를 중심으로 하는 대외교섭체계의 메커니즘을 오늘날 현대의 외국인 관련 사건의 처리 과정과 비교하여 그림으로 표시하면 〈그림 2〉와 같다.

이 그림을 보면, 법무행정과 사법 심판의 과정에 포함된 현대의 외국인 관련 업무에서 외국의 영사관은 어디까지나 일방적인 조력의 범위 이상의 역할과 권한을 부여받지 못한 반면, 개항기 조선의 대외교섭체계는 영사재판의 주체가 되는 영사관이 감리서와 대등한 자격에서 교섭을 행하는 시스템임을 알 수 있다. 또한 감리서는 감영과 평등한 자격으로 위로는 통서대한제국기 이후로는 외부(外部)에 보고하고 아래로는 부·군 등의 지방 관서들에 지시하면서 지방대외교섭의 '허브' 역할을 수행하고 있다.

3) 부산의 실례를 중심으로 본 1880년대 감리서의 지방대외교섭

지금까지 제시한 지방대외교섭의 개념은 구체적으로 영사와의 사이에서 발생하는 실제 교섭 관련 사안에 나타나는 특징을 포착해야 보다 선명해질 것이다. 개항기 개항장이나 개시장 등지에서 중앙과 왕복한 문서들은 개항장별로

---

175 이후의 시기에 해당하지만, 대한제국기의 자료를 보면 외부(外部)나 법부 또한 대외교섭과 관련된 '허브'의 역할을 수행하고 있다. 즉 어느 지역에서 홍삼을 훔치다 현지인들에게 맞아 죽은 외국인의 사례라던가 외국인의 일방적 현지인 폭행, 그리고 외국인과 관련된 종교 관련 폭동 등 다양한 사안에 있어서 이들 중앙부처들은 해당 외국인을 관할하는 공·영사관이나 법부·외부 등 모두에서 의견을 취합하여 각 재판소 혹은 지방관에 처리 방식을 지시하고 있는데, 이러한 역할을 유사하게 정의할 수 있을 것이다. 다만 이는 어디까지나 중앙 차원의 '외교'에 해당하는 것으로, 지방에서 영사와 대등한 관계를 중심으로 구성되는 감리서의 역할(지방대외교섭)과는 다른 차원이라고 판단된다.

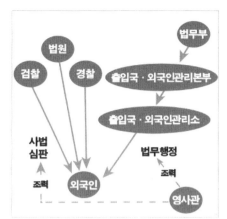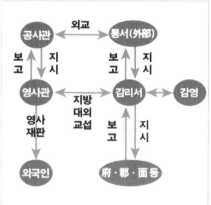

〈그림 2〉 현대의 외국인 업무 관할체계(좌)와 19세기 후반 조선의 지방대외교섭체계(우)[176]

대부분 남아 현재 서울대학교 규장각한국학연구원에 전하고 있지만, 이들이 해당 지역의 외국인 영사들과 왕복한 문서와 관련 기록이 남아있는 경우는 상대적으로 드물다. 현재로서는 유일하게 부산항만 감리서의 일지인 『부산항 감리서일록釜山港監理署日錄』奎18148의 1·2·4과 더불어 일본 영사와 왕복한 조회 모음집인 『일안日案』奎18120·『일조日照』奎18144 등이 남아있으므로, 부산항의 경우에 국한하여 몇몇 사례 중심으로 상기 '지방대외교섭'의 실상 중 일단을 살펴보고자 한다.

감리서에서 관할한 외국인 관련 개항장의 현안들은 외국인의 토지 구입이나 소송, 어업 관련 및 표류민 사안 등 다양하였다. 기본적으로 부산항에서 외국 영사관 사이에 발생한 주요 현안들은 대체로 중앙에 보고가 되었고, 해당 내용

---

176 좌측 도식의 경우 영사관이 외국인에 대한 조력을 제공하는 것으로만 묘사되어 있는데, 사안에 따라서는 검찰·경찰과 교섭하는 경우가 있을 수 있을 것이다. 그러나 그렇다고 하더라도 그것은 '상호 대등한 관계에서의 교섭'이라고 보기는 어렵기에 우측의 지방대외교섭과는 근본적으로 성격을 달리하는 것이므로 생략하였다. 아울러 우측 도식에는 영사관의 상위기관으로 공사관이 명기되어 있으나, 좌측에는 대사관이 생략되어 있다. 원래 대사관과 영사관은 기본적인 업무 자체가 달라서 자국민 보호 업무는 영사의 관할이다. 다만 그럼에도 불구하고 실질적으로 개항기 당시에는 공사가 영사의 상급자로서 오늘날의 대사-영사의 관계보다는 지시-보고의 관계가 보다 강한 측면이 있기에 우측 도식에는 주체의 하나로 명기하였다.

은 이 시기 부산 감리서에서 통서에 보고한 내용과 지시받은 문서들이 합철된
『부산항관초釜山港關草』奎17256·18077[177] 및 통서의 일지인 『통서일기』 등에 기록
되어 있다. 그러나 모든 사안이 그러했던 것은 아니다. 경우에 따라 사안이 경
미하여 중앙에 보고할 필요가 없다고 판단되는 경우는 감리서에서 자체적으로
처리한 경우도 없지 않다. 이를테면 당시 일본영사였던 무로다 요시아이室田義文
가 조회를 통해 자국 상인인 아히루 츠네하루阿比留常治가 하동河東·연일延日 등의
지역에서 백일세百一稅, 1/100, 즉 1% 징수 세금로 149냥 2전 5푼을 부당하게 징수당
했으므로 돌려달라고 요청하였고[178] 이 내용을 부산 감리서에서 경상 감영에
이첩하였다.[179] 그런데 해당 내용은 중앙에 보고되지 않아서인지 보고 공문 모
음에도 없고 통서의 일지에서도 발견되지 않는다.

이는 아마도 내용을 조사한 뒤 이론의 여지가 없어서 요청대로 처리하였고
사안이 크게 중하지 않아서 중앙에의 보고 필요성을 느끼지 못해서였을 것으
로 추정된다. 따라서 사안의 경중에 따라 가벼운 경우 감리서에서 자체 종결할
수 있는 재량권이 적으나마 부여된 것으로 추정할 수 있다. 다만 이러한 경우
는 흔치는 않은 사례로서, 설사 감리서 자체의 판단으로 보고하지 않더라도 일
본 영사가 공사에게 보고하여 일본공사관으로부터 통서에 공문이 가거나 아니
면 동일 사안과 관련하여 관계된 다른 지방관이 통서에 보고하여 문의나 지시
가 하달되는 경우는 불가피하게 보고할 수밖에 없었다.

중앙에 보고하는 경우는 사안에 따라 긴급하거나 중요한 경우는 발생 즉시
바로 보고하는 경우도 있었지만, 일단 영사관과 조회를 몇 차례 주고받으며 자
체적인 처리 과정을 거친 뒤 사안이 지방 차원에서 해결짓기 어렵다고 판단될

---

177 갑오개혁기 감리서가 일시 폐지되었다가 복설된 이후의 기록은 『東萊港報牒』(奎17867의 2)에 수록
되어 있다.
178 『釜山港監理署日錄』(奎18148의 1) 제1책, 1888.5.2.
179 위의 책, 1888.5.4.

경우 그간의 경과를 보고하는 형태로 진행되는 경우가 보다 많았다. 하나의 실제 예를 통해 그러한 과정에서 감리서에서 자체적으로 사안을 처리하는 매뉴얼이나 보고를 통한 상부로의 이첩 기준 등을 살펴보도록 하자.

1888년 11월 2일 자로 부산 감리서에서 부산주재 일본영사관에 보낸 조회 제33호의 내용에 따르면, 부산항의 어민들이 어업을 위해 어전魚箭을 설치했는데, 일본인들이 7~8척의 어선을 몰고 해당 지역에 넓게 후릿그물휘라망(揮羅網)을 설치해서 고기를 싹쓸이해가는 바람에 생업을 폐할 지경이 되었다고 하소연을 하였다. 그러면서 어업의 한계를 정하여 일본 영사에게 통보해줄 것을 요청하며 첨부문서를 작성하여 감리서에 전달하였다고 한다. 감리서에서는 이 내용을 일본 영사에 통보하면서 해당 첨부 문서도 동봉하였다. 그 내용은 3개조로서, ① 항구 내 좌·우 해안은 어전이 빽빽하게 설치되어 있는 어로의 요충지로 오륙도五六島 바다의 길목이므로 일본인의 후릿그물 설치는 조도朝島 뒷바다를 한계로 정하고, ② 갈추葛湫에서 다대진多大鎭의 몰운대沒雲臺 해안까지는 어전이 빽빽하게 설치되어 있으므로 일본인의 후릿그물 설치는 목도木島 뒷바다를 한계로 정하며, ③ 절영도絶影島의 동남쪽 해안도 어전이 빽빽하게 설치되어 있으므로 일본인의 후릿그물 설치는 유분도鍮盆島 남쪽 바다를 한계로 정한다는 내용이었다.[180]

이에 대한 일본 영사의 회신은, 양국간 체결한 무역규칙 제41조에 그러한 내용이 없어서 자국 어민들에게 준수하라고 하기 어렵다는 내용이었다. 여기서 말하는 무역규칙은 1883년 체결된 '조·일통상장정朝日通商章程'을 뜻하는 것으로, 조항 중 제41조의 내용은 다음과 같다.

---

180 『日案』 제1책, 「去照 제33호 – 釜山監理署(1888.11.2) → 日本領事館」.

일본국 어선은 조선국의 전라도·경상도·강원도·함경도 네 도道의 연해에서, 조선국 어선은 일본국의 히젠肥前·지쿠젠筑前·이시미石見·나가도長門, 조선해에 면한 곳·이즈모出雲·쓰시마對馬島의 해빈海濱에 오가면서 고기를 잡는 것을 허가한다. 단 사사로이 화물을 무역할 수 없으며, 위반한 자에 대해서는 그 화물을 몰수한다. 그러나 잡은 물고기를 사고 팔 경우에는 이 규정에 구애되지 않는다. 피차 납부해야 할 어세魚稅와 기타 세목細目은 2년 동안 시행한 뒤 그 정황을 조사하여 다시 협의해서 결정한다.[181]

이 조항은 장정 중에서 어업과 관련된 사항을 규정하는 유일한 항목이므로 일본 영사가 이를 원용한 것은 당연한 일이었다. 영사는 그러나 조선 어민의 어전 가장 끝으로부터 30간間, 1,180척(尺) 이내에는 후릿그물을 설치하지 않게끔 주의를 주겠다고 회신하였다.[182]

이에 대한 회신에서 부산 감리서 측은 조약 원문에 있는 '해빈海濱'이라는 표현의 '빈濱' 자를 강조하며 이는 항구 밖의 해변을 지칭하는 것이지 항구 안이 아니라고 하였다. 따라서 일본인의 후릿그물 설치는 이 '빈' 자의 취지를 위배한 것이라고 주장하였다. 아울러 『만국공법』을 인용하면서 외국의 해안에서 어업을 행할 경우 연해에서 3리 이내에 한한다는 규정을 들며 이것은 앞서 말한 '빈'자의 취지와 마찬가지로 항구 내에서는 어업을 할 수 없음을 명문화한 내용이라고 해석하였다.[183] 이와 더불어 상기 41조에 어세 납부와 관련된 규정

---

[181] 『高宗實錄』 권20, 고종 20년 6월 22일. "准日本國漁船 於朝鮮國全羅慶尙江原咸鏡四道海濱 朝鮮國漁船 於日本國肥前筑前石見長門(對朝鮮海面處)出雲對馬濱 往來捕漁 但不准私將貨物貿易 違者 將本貨入官 賣買其所獲魚類 不在此例 至其彼此應納魚稅及其他細目 俟遵行兩年後 核其情況 更行妥議酌定."

[182] 『日案』 제1책, 「來照 제77호－日本領事館(1888.11.5) → 釜山監理署」.

[183] 이 내용은 아마도 3해리 영해설과 관련된 내용으로 추정된다(朴九秉, 「李朝末 韓日間의 漁業에 適用된 領海 3海里原則에 관하여」, 『經濟學研究』 22-1, 1974, 26쪽). 그런데 정작 『만국공법』에는 해당 내용이 발견되지 않는다. 『만국공법』에 수록된 영해 및 어업 관련 내용에 대해서는 조세현, 「『萬國公法』에 나타난 해양관련 국제법」, 『역사와 경계』 80, 2011, 123~126쪽 참조. 이 내용이 어디에서 인

이 있는데, 장정 체결 후 5년이 지나도록 조선 측은 세금 납부를 전혀 독촉하지 않아 나름 일본 측을 배려하고 있음을 지적하며 영사의 태도를 비판함은 물론, 1,180척 이내 그물 설치 제한 규정은 실상 조선 어민에게는 거의 이익이 없음을 꼬집었다. 결론적으로 기 제시한 3개 조항을 잘 지켜줄 것을 부탁하면서, 마지막에 첨부하기를 41조에는 분명 해안 위에 가건물을 짓거나 잡은 물고기를 모래사장에 늘어놓고 말려도 된다는 내용은 없는데 일본인들이 그렇게 하고 있으니 이 문제는 어찌할 것인지를 힐문하였다.[184]

이에 대한 답변에서 일본 영사는 제기된 내용에 대해 조목조목 반박하였다. ①'해빈'의 '빈'자는 조약 내에서 항만의 내·외를 구별한 내용이 없으므로 연해를 널리 지칭한 개념으로 봐야 하고, ②만국공법을 인용한 부분은 적절하지 않은 것이, 일본 어민이 연해 3리 이내에서 어업할 수 없다면 연해에서의 어업을 규정하고 있는 41조의 존재 의미가 사라지는 것이며, ③어세 징수 여부는 양국 정부의 협의가 있어야 하는 문제로 본관이 답변하기 어렵고, ④어민이 해안 위에 가건물을 짓는 행위는 허가한 적 없기에, 만약 그런 사례가 있다면 법에 따라 처리하는 것이 타당하다는 내용이었다.[185] 이상의 4회에 걸친 조회 왕복이 끝난 뒤 부산 감리서에서는 통서에 이를 보고하면서 일본공사관에 조회하여 처리해줄 것을 부탁하였고,[186] 이후 중앙의 통서와 일본공사관과의 논쟁이 이어지게 된다.[187]

이상의 사례에서 살펴본 감리서를 중심으로 하는 지방대외교섭의 특징은 우

용한 것인지는 정확히 알기 어려우며, 이 점은 후술하겠지만 논쟁의 무대가 중앙으로 옮겨간 뒤에 일본공사 역시 지적하고 있다(『日本外交文書』(이하 '日外書'로 약칭) 21, 「부속서 2」, 문서번호 124, 370~371쪽 참조).

184 『日案』 제1책, 「去照 제34호−釜山監理署(1888.11.6) → 日本領事館」.

185 위의 책, 「來照 제79호−日本領事館(1888.11.9) → 釜山監理署」.

186 『釜山港關草』 제1책, 「11월 14일 釜港報−釜山監理署(1888.11.14) → 統署」.

187 이후 통서와 공사관과의 논쟁 내용은 朴九秉, 앞의 글, 26~30쪽 참조.

선 '선조치 후보고'라고 할 수 있다. 즉 일본 영사와 현안이 발생하면 어느 정도 매뉴얼에 따라 대응한 뒤 중앙 차원의 조치가 요구되는 시점에 이를 보고한다는 점이다. 그리고 그 매뉴얼의 원칙은 다음의 두 가지로 요약될 수 있다. ① 가급적 조선인들의 이해를 대변하는 방향으로 처리하도록 노력하되, ② 주장의 논거는 국내법이 아니라 조약이나 국제법전 등의 외교 관련 문헌으로 제시한다는 점이다. 상기 논쟁의 내용을 살펴보면 조선 측에서 주장하는 '빈'자의 해석이나 3해리 이론 등은 다소 억지스럽고 근거가 빈약하다는 인상을 지우기 어려우며, 그에 따라 일본 측의 반박이 더 논리적으로 보이는 것이 사실이다. 그러나 이러한 식의 대응은 아마도 일본 측의 연해 어업을 막을 수 있는 장치가 외교 관련 문헌에서는 찾기 어렵기 때문에 궁여지책에서 나온 것으로 추정된다. 아울러 무대가 서울로 옮겨간 뒤에도 통서의 대응 논리가 여전히 비슷하게 진행되고 있는 점으로 볼 때[188] 지방대외교섭 차원의 대응이 중앙 외교 차원에도 영향을 미치는 측면 또한 존재했음을 알 수 있다.

한편 감리서를 중심으로 하는 지방대외교섭의 구현 양상을 보다 입체적으로 살펴보기 위해서는 지방 차원에서 일정 부분 진행된 뒤 중앙과 연계되는 상황까지 포괄하는 사례 또한 살펴볼 필요가 있다. 이하 예로 드는 사건은 1880년대 후반에 경남 하동에서 있었던 일본인에 의한 조선인의 상해사건인데, 지방 관서의 금전 징수 문제가 연계되어 다소 복잡한 양상으로 전개되었다.

1887년 4월 13일에 하동부사河東府使가 부산 감리서에 보고를 올렸다. 그에 따르면 3월 27일에 하동부 진답면陳畓面 광평촌廣坪村의 동임洞任인 김내수金乃守가 다음과 같이 보고했다고 하였다. 즉 그날은 장터에서 장시가 열리는 날이었는

---

188 당시 통서 서리독판이던 조병직 역시 일본공사 곤도 모토스케(近藤眞鋤)에게 보낸 조회에서 3해리 설을 답습하고 있음이 발견된다(亞硏 編, 『舊韓國外交文書』 1(이하 『日案』 1), 문서번호 1323, 고려대 출판부, 1967, 606쪽).

데, 전라도에서 온 일본인 2명과 통역 및 짐꾼 각 1인이 쌀 몇 포대를 놔뒀고 마침 그 근처에 장터에 거주하는 박문술朴文述이 있었다. 그런데 일본인 중 1인이 가지고 온 장총長銃을 갑자기 발사하여 박문술의 머리 뒤에 정통으로 맞았고, 그로 인해 목숨이 경각에 달리게 되었다. 놀라서 상처를 살펴보니 맞은 탄환은 소두小豆였으며, 해당 일본인 2명과 통역 1명을 붙잡아 심문해보니 일본인의 이름은 고모리 효스케古森兵助와 나카하라 겐노스케中原元之助이고 상업에 종사하며 남원에서 이곳으로 와 장시에서 백미白米를 샀다고 하였다. 그런데 쌀을 간수하면서 새들이 훔쳐 쪼아먹는 것을 막기 위해 고모리가 팥알을 장전하여 총을 쏘았는데 뜻하지 않게 박문술이 맞은 것이었다.[189] 이에 사람을 다치게 하였으므로 코모리와 통역은 우선 엄히 수감하고 박문술은 여러 날 동안 병구완을 하고 있다는 내용으로, 부산 감리서에서는 조·일수호조규의 영사재판권 관련 조항을 들며 일본인을 감리서로 압송하여 일본 영사에게 넘기게끔 해야 함을 지적하였다. 아울러 통역 또한 압송하고 박문술은 추가로 더 구료救療하고 증세의 변화 상황에 따라 조속히 보고하며, 그와 일본인 사이에 상호간 분쟁의 사단이 있는지의 여부를 상세히 보고하라는 제음을 내렸다.[190]

이후 하동부에 구류된 일본인 2인은 부사의 심문을 받았으며, 사건과 무관한 나카하라는 이튿날 석방되고, 고모리는 남아서 박문술이 나을 때까지 기다리도록 하여 수십 일이 지나 일본영사관으로 송환되었다. 그런데 고모리가 구류된 동안 하동부의 관리들이 부상자 치료비 및 보수報酬 등의 명목으로 그가 갖고 있던 쌀 8포包와 동전 250냥을 강제로 갈취하였고, 하동부에서 동래부로

---

189 두 사람은 일본 나가사키현 출신으로, 전라도 전주에서 통상을 하기 위해 호조를 발급받아1887년 2월 5일에 부산항을 떠났으며, 총탄 발사 사고는 코모리가 혼자 강가에 나가서 쌀 포대를 실으려 하고 있었는데 참새 떼가 와서 쌀을 쪼아 먹기에, 새들을 쫓으려고 함께 온 나카하라의 조총을 발사하면서 일어나게 되었다고 한다(『日案』1, 문서번호 993, 459쪽).
190 『監理署關牒存案』, 「13일 到付-河東都護府使(1887.4.13) → 東萊監理署」.

호송한 관리도 돈 10냥을 요구해서 받아 갔다고 한다. 이에 당시 부산주재 일본영사인 무로다가 동래부사 겸 부산 감리인 이용직李容稙에게 조회하여 빼앗아 간 전미田米를 돌려달라고 요청하였다.[191]

그러자 부산 감리 이용직이 회신하기를, 그 전미는 부상자의 치료비로 충당하였으며, 후대해 준 해당 지역 관리의 정성에 대한 사례 및 동래부 호송인 일행의 여비 등의 용도로 사용되었다고 하였고, 이에 대해 무로다가 다시 고모리의 진술 내용을 바탕으로 하여 그의 승낙 없이 강제로 빼앗았음을 지적하였다. 이용직은 이에 대해 해당 전미는 모두 고모리가 실수로 사람을 다치게 한 데서 비롯된 것이지 관리가 강제로 취한 것은 아니라고 하면서, 또한 이미 전부 써버려 받아 낼 곳도 없다고 난색을 표하였다. 또 박문술은 평소 생업이 없이 지내다가 갑자기 총알에 맞게 되어 의료비 감당이 어려웠던 만큼 지금에 와서 갚으라고 할 수는 없으며, 사령배使令輩들의 뇌물 강제는 엄히 독촉해서 받아내야 할 것이지만, 고모리의 체류 기간에 하동부에서 지출한 비용을 빼면 남는 것은 50냥에 불과하다고 하였다. 따라서 마련해서 줄 수는 있겠지만 특별히 몇 달 기한을 늦춰달라고 부탁하였다.[192]

이에 무로다가 그런 식이라면 그 전미가 장물과 다를 게 무엇이냐고 힐난하며, 추징하여 돌려보낼 것을 요구하자, 이용직은 박문술을 치료한 비용과 사령배들의 뇌물 및 압송인의 노자 모두 고모리의 손으로 내어 주었고 강제로 취한 것이 아니라고 강변하였다. 그리고 박문술은 생사가 불투명한데다가 집안도 가난하여 비용을 갚을 길이 전혀 없음을 재차 강조하였다. 무로다는 다시 설령 코모리의 체류기간 동안 하동부에서 예산을 지출하였고 박문술에게 약값이 필요했다고 해도 해당 전미에서 뗄 수는 없으며, 고모리가 하동부에 수십 일 동

---

191 『日案』 1, 문서번호 993, 459쪽.
192 위의 책.

안 구류된 것은 조약 위반에 해당한다고 지적하였다. 그러면서 만일 동래부에서 처리하지 않는다면 상부에 보고하겠다고 하자, 이용직은 지금까지 언급한 내용 외에 더 할 말은 없다고 하였다.[193]

지금까지의 공방을 보면, 일단 문제의 진행은 지방의 감리와 영사 차원에서 진행되었다고 할 수 있다. 부산 감리는 수호조약의 영사재판권 조항을 근거로 문제를 일으킨 일본인을 일본영사관에 넘기기 위하여 하동부에 감리서로의 압송을 지시함과 함께 부상자의 간호 및 동태 보고 지시 등 일차적인 조치를 취했다. 또한 일본 영사의 항의 조회에 대해 하동부의 지시를 근거를 토대로 이런저런 논리를 대며 요구를 거부하였다. 이는 중앙의 지시와는 무관하게 지방의 감리 차원에서 행한 지방대외교섭의 일환으로 볼 수 있을 것이다.

자신들의 요구가 받아들여지지 않자 무로다는 중앙의 공사인 곤도에게 이 사실을 보고하였고, 곤도는 통서 독판 조병식趙秉式에게 저간의 정황을 조회하며 코모리의 구류가 '조선국한행이정약朝鮮國閑行里程約條'의 제5조를 위반한 것임을 지적하였다. 따라서 이에 대한 처벌과 더불어 강취해 간 쌀과 돈의 반환을 요청하였다.[194] 이에 대해 조병식은 해당 지방관에게 신칙할 터이니 곤도 역시 부산영사에게 부상자의 배상 문제를 전칙轉飭할 것을 주문하였다.[195] 이에 따라 통서에서 해당 전미의 반환과 관련된 지시를 감리서에 하달한 것으로 보인다. 이듬해인 1888년 5월 4일에 부산 감리서에서 하동부를 엄히 신칙해서 해당 전미를 감리서로 반환하게 하라는 조회를 경상도 관찰사에게 발송하였다.[196] 이는 일본영사관 측의 조회에 따른 조치로서, 약 20여 일 뒤인 25일에는 일본영사관의 가와카미川上가 감리서에 와서 이 문제를 상의했다는 기록이

---

193 위의 책, 459쪽.
194 위의 책, 460쪽.
195 위의 책, 문서번호 996, 460~461쪽.
196 『釜山港監理署日錄』 제1책, 1888.5.4.

있는 것을 보면,[197] 영사관 측의 요청 또한 집요하게 지속된 것으로 보인다.

그런데 해당 지시를 받은 하동부에서는 고모리가 박문술이 아무 탈이 없도록 치료비로 전미를 전달한 것, 즉 강취가 아니라 자발적인 헌금이라고 해명하였다. 보다 구체적으로는 그가 부산으로 압송될 때 가지고 온 150냥 중 100냥은 자신이 계속 머물렀던 비용으로 지급하고 나머지 50냥은 박문술의 약제비로 썼으며, 그 밖의 10냥은 고모리가 스스로 사용한 여비이므로 전미를 독촉하여 징수할 방법이 없다고 보고하였다.[198] 이러한 내용을 토대로 부산 감리 이용종李容種은 10월 18일에 각종 비용을 강제로 빼앗은 것이 아니며, 생업이 없던 박문술이 치료를 할 방법이 없어 전미를 받아서 썼는데 고모리가 자신의 혐의는 생각지 않고 이미 허락한 물건을 돌려받으려고 하는 것은 부당하다고 강변하였다.[199] 이에 따라 통서 독판 조병직은 일본 곤도공사에게 고모리가 총을 쏘아 사람을 상하게 한 것은 엄연한 위법사건이며, 이전에 구제하여 살리고자 스스로 도와준 것이고 치료를 위한 전미 및 객지 숙박 비용은 고모리가 스스로 준 것인데, 다시 말을 바꾸며 고소하여 돌려 달라는 것은 무리한 처사라고 하여 거부 의사를 표명하였다.[200]

그런데 이 시기 통서의 상호 모순된 처사가 눈에 띈다. 즉 일본 측에 이렇게 배상 거부 의사를 밝히면서도 다른 한편으로는 전미를 일본 측에 추급推給하라고 지시하고 있는 것이다.[201] 부산 감리서에서는 통서의 관문에 따라 고모리의 전미를 박문술에게 징수하여 지급하라는 뜻으로 11월 1일에 하동부에 별도로

---

197 위의 책, 1888.5.25.
198 위의 책, 1888.7.3.
199 『日案』 1, 문서번호 1317, 602쪽.
200 위의 책, 603쪽.
201 『釜山港關草』 제1책, 「10월 17일 釜港牒報 - 統署(1888.10.17) → 釜山監理署」;『釜山港監理署日錄』 제2책, 1888.10.27. 정확한 내막은 알기 어려우나, 아마도 확실한 결론을 내리지 못하여 상호 다른 두 가지 입장에 따른 조치를 병행한 것이 아닐까 추측된다.

순시巡查를 파견하며 관문을 보냈다.[202] 그러자 하동부에서는 전미를 강취한 것이 결코 아님을 강변하며 지시 이행을 완강하게 거부하기에 이르렀다.[203]

한편 일본영사관 측에서는 전미 반환을 압박하는 수단으로서 고모리가 박문술에게 상해를 입힌 것에 대한 영사재판을 실시하면서 그 참관을 부산 감리서에 요청하였다.[204] 그에 따라 감리서의 서기관 민건호가 순사 서문두徐文斗와 함께 1889년 5월 14일에 일본영사관의 재판에 참석하여 청심을 수행하였다. 일본 영사 무로다와 서기관 다카오高雄, 그리고 서기생書記生 미야모토宮本熊와 함께 진행된 이 재판에서 고모리에게 벌금 10원이 부과되었다.[205] 이를 토대로 일본 측은 자국민 쪽에서 저지른 범죄는 심판했으니 이제 조선 측도 부당하게 강취한 전미를 돌려달라고 요구하였으며, 이에 따른 통서의 압력이 여전히 하동부에게까지 전달되었는데 하동부에서는 계속하여 자신들의 무고함을 주장하면서 지시 이행을 거부하였다.[206]

그러나 결국 조선정부에서는 누차 계속된 조회와 관문의 내용을 토대로 이것이 무고라고 결론을 내린 것으로 보인다.[207] 그에 따라 1890년 2월 8일에 일본 영사대리인 미야모토가 재차 배상을 요구하는 조회를 보냈는데, 이와 관련하여 부산 감리서에서는 박문술에게 추징하는 것은 불가하다는 방침을 통서에 보고하였다.[208] 이후로 조선 측의 등록류謄錄類 기록은 물론 『일안』 등에도 관련 기록이 나오지 않는 것으로 볼 때 조선 측의 완강한 태도에 더는 일본 측에서도 문제 삼지 못하고 마무리된 것으로 추정된다.

202 『釜山港監理署日錄』 제2책, 1888.11.1.
203 『東萊統案』 제1책, 「牒−東萊監理署再代辦 閔建鎬(1888.11.27) → 統署」.
204 『日案』 제2책, 「照覆 제32호−日本領事館(1889.5.20) → 釜山監理署」.
205 閔建鎬, 『海隱日錄』 II, 부산근대역사관, 2009, 1889.5.14, 515쪽.
206 『釜山港關草』 제1책, 「己丑 7월 초6일 釜監報−釜山監理署(1889.7.6) → 統署」.
207 『釜牒』 제1책, 「牒−釜山監理署(1890.2.23) → 統署」.
208 『東萊統案』 제2책, 「牒−東萊監理(1890.2.23) → 統署」; 『釜山港監理署日錄』(至18148의 2) 제5책, 1890.2.25; 『釜山港關草』 제1책, 「庚寅 2월 29일 釜山報題−釜山監理署(1890.2.29) → 統署」.

이상의 과정에서 나타난 감리서의 역할을 살펴보면, 기본적으로 일본영사관과 1 : 1의 위상에서 상호 조회를 주고 받으며 청심 참석 등을 비롯한 교섭 행위를 수행하면서, 위로는 통서의 지시를 받아 아래로는 하동부에게 지시를 하며 대등한 위치에서 경상도 감영에 조회하기도 하는 등 지방대외교섭의 허브 역할을 수행하고 있음을 알 수 있다. 그리고 그 과정에서 때로는 하위 관서인 하동부에 엄히 신칙하거나 혹은 그 입장을 대변하여 상부인 통서에 보고하기도 하는 등 상황에 따라 상이한 입장을 취하기도 하였던 것이다.

3. 갑오개혁기 감리서 운영의 중지

1) 해관 총세무사 브라운의 부상과 감리서 폐지론의 제기

1886년부터 관세관리권을 행사하면서 독립관서화한 감리서는 해관과 더불어 양립 체제를 형성하면서 한편으로는 관세관리권을 매개로 하는 해관에 대한 관리감독기관으로서의 본연의 업무를 수행하였고, 다른 한편으로 외국인 거주지역인 조계에 대한 관리를 비롯한 개항장·개시장 내 외국인 관련 업무와 관련하여 외국 영사와 1 : 1의 입장에서 교섭하는 지방대외교섭관서로서의 역할 역시 담당하였다. 아울러 해당 업무의 수행 과정에서 휘하에 애초에 조계 순찰 업무를 담당하는 경찰관이라는 직책이 만들어졌고, 그 조직이 점차 확장되면서 경찰서로 독립함과 더불어 개항장·개시장에 있어서 치안 유지의 업무 담당으로 특화되었다.

이와 같은 개항장·개시장 감리서의 체제는 큰 변화 없이 갑오개혁기까지 유지되었다. 그러나 감리서는 1895년의 지방 제도 개혁기에 느닷없이 철폐되고 만다. 감리서 폐지 당시의 상황을 살펴보면, 1895년 5월 26일 자로 내부대신 박영효가 내각총리대신 박정양朴定陽에게 보낸 지방 제도 개정 청의서請議書에 이하와 같이 감리서의 폐지가 처음으로 언급되고 있다.

> 인천·부산·원산 3개 항구의 감리서를 폐지하고 그 사무를 해당 관찰사에게 부속시키는 것은 지방제도 개혁의 일환으로서 그렇게 하는 것이 타당하며, (이는) 지루하게 설명할 필요 없음.[209]

그런데 이 내용만 가지고는 구체적으로 감리서의 폐지 이유가 무엇이었는지에 대해 정확하게 말하기 어렵다.[210] 감리서의 폐지가 지방 제도개혁의 일환이라는 것도 구체적으로 어떠한 내용에서 그러한지에 대해서는 추측만이 가능할 뿐이다. 이보다 더 이상한 점은, 이 청의서가 발송되기 이전 해인 1894년에 행해진 이른바 '제1차 갑오개혁' 당시 상기의 감리서 폐지와는 정 반대의 내용을 갖는 정책이 추진되었다는 사실이다. 즉 갑오개혁 당시 군국기무처에 의해 만들어진 의안議案들 중 1894년 7월 6일 자로 상주된 안건에서 이하와 같은 내용을 찾아볼 수 있다.

1. 각 항구의 통상 사무가 복잡하여 전담하는 사람이 없어서는 안 되니, 감리는 지

---

209 인천(仁川)·부산(釜山)·원산(元山) 삼항(三港)의 감리서(監理署)를 폐(廢)하고 기(其) 사무(事務)를 당해관찰사(當該觀察使)에 속(屬)하게 흐믄 지방 제도개혁(地方制度改革)의 일반(一班)되야연(然)하미 가(可)하니 감(敢)히 지리(支離)한 변설(辯說)을 행(行)치 아니홈(『內部請議書』(奎 17721) 제1책, 「42호－內部大臣 錦陵尉 朴泳孝(1895.5.26) → 內閣總理大臣 朴定陽」).

210 이에 대하여 이현종은 해당 청의서 말미에 경비예산표가 첨부되어 있음을 지적하면서, "이것은 개항장의 사무번잡(事務煩雜) 등으로, 또 신규정원(新規定員)의 설정 등으로 경비지출이 많아져 경비절약(經費節約)을 위한 일면도 있음을 짐작케 한다"고 하였는데(李鉉淙, 『韓國開港場硏究』, 一潮閣, 1975, 31쪽), 후술하겠지만 결과적으로 볼 때 그러한 측면이 상당히 있었던 것이 사실이지만 단순히 예산표의 첨부를 이유로 그렇게 판단하기는 어렵다. 왜냐하면 해당 청의서는 비단 감리서 뿐 아니라 박영효 내각이 단행한 지방 제도 개혁 전체를 총괄하는 것으로, 해당 예산표 역시 개혁의 결과 신설되는 23부의 예산 전체를 망라하고 있기 때문이다(『內部請議書』 제1책, 「42호－內部大臣 錦陵尉 朴泳孝(1895.5.26) → 內閣總理大臣 朴定陽」 참조).

방관에게 겸임시키지 말고 품계를 지방관과 동등하게 하며 2품 이상은 파견하지 말고 알맞게 봉급을 늘려 주어 전담해서 책임지게 하되 실시하는 날에 시행할 것.[211]

이 의안에 따르면 애당초의 계획은 감리서의 폐지는커녕 오히려 당시 지방관과 겸직하고 있던 감리직을 분리시켜서 감리서를 지방관서로부터 독립시키는 것이었음을 알 수 있다. 물론 그 결과 지방관과 분리되게 되는 감리직의 위상이 이전의 그것과 비교하여 어떻게 될지는 쉽게 결론짓기 어렵다. 하지만 품계를 지방관과 동등하게 한다는 내용에서 미루어볼 때 이전과 비교하여 감리의 위상이 격하되는 내용은 아니었던 것으로 보인다. 뒤이어 8월 12일 자 의안에서는 개항장에 파견하는 관리의 임면권을 판임관判任官은 감리에게, 주임관奏任官은 외무대신에게 부여하도록 한다는 내용과 더불어 "지방 제도의 개정 이전에 감리의 체제는 따로 새 규례를 정한다"고 하여 개혁을 전제로 하는 감리서 체제의 존치를 명시하고 있다.[212]

그렇다면 제1차 갑오개혁기에 군국기무처의 의안 발표 시점과 1895년 지방 제도 개혁 시점 사이에 어떠한 상황의 변화가 있었기에 애초에는 오히려 지방관서와도 분리된 독립관서로 개편될 예정이었던 감리서가 급작스레 '지방 제도 개혁의 일환'이라는 애매한 명분하에 폐지되기에 이르렀던 것일까? 그리고 그러한 '지방 제도의 개혁'이 의미하는 것은 대체 무엇일까? 그에 대한 해답을 얻기 위해서는 먼저 감리서와 밀접한 관계를 갖는 해관의 당시 상황에 대해 이해할 필요가 있다.

---

211 『高宗實錄』 권32, 고종 31년 7월 9일 "一 各港商務旁午 不可無專管之人 監理勿令地方官兼任 其官秩與地方官相等 二品以上勿用差遣 量宜增俸 使之專擔責任 而以實施日施行事".
212 위의 책, 고종 31년 8월 12일.

해관의 외국인 총세무사는 초대 묄렌도르 프임기: 1883.4~1885.9와 조선 해관을 청국 해관에 부속시키는 임무를 띠고 조선에 부임한 제2대 메릴임기: 1885.10~1889.11 이후 제3대 쇠니케J. F. Schöneicke (史納機), 임기: 1889.11~1892.9, 제4대 모건F. A. Morgan(馬根), 임기: 1892.9~1893.8 에 이르기까지 대체로 메릴과 비슷한 배경, 곧 청국의 영국인 총세무사 하트가 임명하여 청국해관에 부속된 상태로 임명되는 절차를 동일하게 밟았다. 모건이 신병 치료를 위해 귀국을 요청함에 따라 후임으로 임명된 제5대 총세무사 브라운J. M. Brown(柏卓安),

〈그림 3〉 조선 해관의 제5대 총세무사 브라운 (J. M. Brown)

1835~1926 역시 같은 절차, 곧 하트에 의해 인선되고 이홍장의 인준을 받은 뒤 조선정부의 형식적인 승인을 거쳐 파견근무를 하게 되었다.[213] 브라운의 고용은 영국의 더블린 대학에서 법학박사를 취득하고 영국의 법정변호사 자격을 소지하였으며 영어·중국어·불어·독일어 등에 능통한 능력과 더불어 주청영국대사관에서 오랜 기간 서기관으로 재직하였던 외교관으로서의 경력이 그 주된 배경이었다. 그와 더불어 1873년 하트에 의해 청국해관의 1등 서기관으로 발탁되어 이후 20여 년 간 청국해관에서 근무하였던 해관 경영인으로서의 경력과 함께 자신의 영국인 심복을 파견하여 영국의 권익을 추구하던 하트의 정책 등이 지적되고 있다.[214]

1893년에 브라운이 모건의 후임으로 파견되어 해관 총세무사 업무를 시작

---

213 金賢淑, 「韓末 顧問官 J.McLEAVY BROWN에 대한 硏究」, 『韓國史硏究』66, 1989, 106쪽.
214 위의 글, 106~107쪽.

한 이래 근 1년여 동안은 해관이나 감리서의 업무나 체제상 변동은 없었던 것으로 보인다. 그런데 1894년 동학농민전쟁이 일어남에 따라 그에 대한 진압을 명분으로 청·일 양국의 파병이 이루어지고, 이를 계기로 청·일전쟁이 발발하였다. 그리고 거의 동시에 일본의 영향을 받은 내정개혁, 곧 갑오개혁이 이루어지는 등의 정치적 상황 변화에 따라 해관의 구조 개혁 문제가 현안으로 떠오르게 되었다. 약 4,000명의 일본군이 수도를 점령한 상황에서 당시 일본공사였던 오토리 케이스케大鳥圭介는 1894년 6월 26일에 고종을 알현하면서 처음으로 내정개혁을 요구하였다.[215] 이후 7월 10·11·15일 등 3차례에 걸쳐 조선측 대표위원과 오토리공사 사이에 남산의 노인정에서 있었던 이른바 '노인정회담'에서 오토리는 조선정부에 대하여 '내정개혁방안강목內政改革方案綱目'을 제시하였다.[216] 이 강목은 애초에 이토 히로부미伊藤博文가 발의하고 무츠 무네미츠陸奧宗光가 부연한 것에 오토리공사가 수식어를 가미한 것으로,[217] 시행 시한에 따라 ① 10일 내에 시행할 것, ② 6개월 내에 실행할 것, ③ 2년 내에 시행할 것 등으로 나뉘어 제시되었으며, 총 5개조 28항목으로 구성되었다. 이 중 해관 관련 항목은 제2조 8항에 "각 개항장의 세관은 모두 조선정부가 독자적으로 관리하여 타국의 간섭을 용납하지 말 것各開港場ニアル稅關ハ一ニ朝鮮政府ラ之ヲ管理シ他國ノ干預ヲ容レザル事"이라는 내용으로 삽입되어 있다.[218] 이는 명목상으로는 그간 청국해관에 종속되어 운영되었던 조선 해관의 독립을 주장하는 것처럼 보이지만, 그 진의는 청을 대신한 일본의 조선 해관 장악에 있었다. 이 점은 후에 오토리의

---

215 이에 대하여 고종은 개혁이 실시되기를 바란다고 하면서도, 그에 앞서 일본군의 철수가 선행되어야 한다는 입장을 취하였다(『日外書』 27-1, 문서번호 371, 558~559쪽; 문서번호 389, 583쪽).
216 강목의 내용은 『日外書』 27-1, 「부속서 3」, 문서번호 396, 630~633쪽; 亞硏 編, 『舊韓國外交文書』 2(日案 2), 1967, 문서번호 2928, 672~673쪽 참조.
217 柳永益, 『甲午更張硏究』, 一潮閣, 1990, 10쪽.
218 오토리가 조선정부에 제출한 漢譯文에서는 '개항장의 세관' 대신에 '통상 항구의 세무사(各通商口岸稅務司)'로 표현이 바뀌어 있다(『日案』 2, 문서번호 2928, 672쪽).

후임으로 조선공사로 부임한 이노우에 카오루井上馨가 본국 정부에 대해 해관세海關稅 담보 30만 엔 차관의 조선 제공을 통한 세관 감독의 일본인 빙용聘用 및 조선의 해관세를 담보로 한 청 및 청영상사淸英商社로부터의 차용금 506,000엔 상환을 통해 조선 해관을 장악하도록 권유한 사실에서도 엿볼 수 있다.[219]

일본의 이러한 구상은 처음에는 조선 측의 반대에 부딪혀 무산되는 듯 했다. 일본의 내정개혁 요구에 대해 국왕 고종은 7월 11~12일간 두 차례에 걸쳐 시원임대신 등의 의견을 청취한 뒤 13일에 시원임대신을 총재관總裁官으로 받들고 15명의 당상堂上으로 구성된 교정청校正廳을 통한 독자적인 개혁 추진 방침을 정한다.[220] 이에 따라 7월 15일에 개최된 제3차 노인정회담에서 조선 측은 오토리에게 내정개혁안 수용의 거부 의사를 밝혔고,[221] 조선 측의 독자적 개혁 실시와 내정개혁 요구 이전에 철병 단행이라는 정당한 요구 앞에 명분을 찾지 못한 오토리가 더 이상의 내정개혁 요구 추궁을 중단하였던 것이다.

그러나 이후 7월 23일에 일본군이 경복궁을 점령한 뒤 친일내각이 구성됨에 따라 분위기는 반전되기 시작하였다. 비록 이 사건을 계기로 친일개화파 정권이 수립되긴 했지만, 현재까지 알려지기로는 경복궁 점령 이후에도 한동안 무쓰 외무대신으로 대표되는 일본정부와 오토리공사의 대조선 정책 기조는 그들에 의해 추진되는 개혁에 대해 될 수 있는 한 간섭을 삼가는 소극적 태도였던 것으로 보인다.[222] 하지만 그러한 와중에서도 대조선 정책의 중요한 문제들에 대해서는 일정한 수준의 간섭을 가하기 시작했는데, 조선 해관의 개편 문제 역시 그중 하나였던 것으로 보인다.[223] 그러다가 9월 16일 평양전에서 일본이

219 『日外書』 27-1, 문서번호 289, 476~478쪽(金順德, 앞의 글, 300쪽에서 재인용).
220 金仁順, 「조선에 있어서 1894년 내정개혁 연구」, 『甲申·甲午期의 近代變革과 民族運動』, 청아출판사, 1983, 220~223쪽.
221 『日外書』 27-1, 문서번호 412, 60쪽.
222 柳永益, 앞의 책, 13~17쪽.
223 이 사실은 주한영국총영사 힐리어(W. C. Hillier)가 9월 말경에 브라운에게 접촉하여 일본의 해관 간

청·일전쟁의 승기를 잡은 것을 계기로 오토리와 일본 정부의 정책은 적극 간섭의 방향으로 선회하였다. 여기에는 갑오개혁이 개시된 지 얼마 안되어 조선의 신정권 내에 심각한 알력의 조짐이 나타나고 이를 쉽게 통제하기 어렵다는 점을 일본 측이 감지한 점도 하나의 원인으로 작용하였다.[224]

오토리가 조선의 개혁에 대하여 적극 간섭 모드에 돌입함에 따라 해관의 지배구조 개편에 대한 압력 역시 강력하게 진행되기 시작하였다. 주지하다시피 오토리의 표면적 주장은 청국해관으로부터의 독립이었으나 실질적 목적은 일본의 조선 해관 장악이었으며, 조선 측은 이를 저지하기 위해 노력하였으나 여의치 않았던 것으로 보인다. 힐리어가 북경 주재 영국공사인 오코너N. R. Oconor에게 1894년 10월 1일 자로 보낸 보고서에서 1894년 9월 29일에 있었던 외부대신 김윤식과의 만남을 언급하면서, "외무대신은 그 악몽같은 날을 가능한 질질 끌고 있었다The Minister was staving off the evil day as long as he could"고 한 대목을 보면 당시 오토리가 조선 측에 가하고 있던 압박의 강도를 느낄 수 있다.[225]

이에 대해 힐리어는 김윤식에게 가능한 한 시간을 끌 것을 주문하면서, 압박의 강도가 불가항력적이 될 경우에는 자신에게 알려달라고 하였다.[226] 여기서 알 수 있는 사실은, 영국 역시 일본 주도의 해관 구조 개편에 대해 비판적인 입장이었다는 점이다. 이미 언급한 바와 같이 일본은 총세무사마저도 일본인 임

섭 시도의 무력화를 위해 해관 총세무사를 맡아달라고 부탁했을 때 브라운이 당시 시점에서 벌써 6주쯤 전에 이미 조선정부로부터 해관 총세무사는 물론 도지부(度支部) 고문관까지 맡아달라고 요청받았음을 실토하는 데에서 드러난다(Park Il-keun, Part II "Inclosure 1 in No.334, Consul-Geneal Hillier to Mr. O'Conor", *Anglo-American and Chinese Diplomatic Materials Relating to Korea(1887~1897)*, Pusan National Univ., 1984, p.419). 즉 후술하겠지만 당시 조선정부가 일본의 압박에 맞서는 방편으로서 영국인 브라운을 내세우는 전략이 벌써 8월 중순 경에 실행되기 시작하였다는 것으로, 그 당시에 벌써 오토리에 의한 해관 구조 개편의 압력이 일정수준 작용하고 있었음을 반증하는 것이다.

224 柳永益, 앞의 책, 19~20쪽.

225 Park Il-keun, Part II "Inclosure 1 in No.334, Consul-Geneal Hillier to Mr. O'Conor", op. cit., p.419.

226 Ibid..

명을 획책하였는데, 이 문제에 대하여 10월 6일 자로 오코너가 힐리어에게 내린 지시사항을 보면, 영국 정부는 조선 해관에 있어 영국의 이익이 침해받는 것을 원치 않으며, 따라서 김윤식에게 일본이 주장하는 식의 해관 구조 개편에 대해 반대의사를 표명할 것을 훈령하고 있다.[227]

따라서 브라운의 임명은 기본적으로는 조선정부의 '이이제이以夷制夷' 책에 해당한다고 할 수 있다. 즉 일본으로부터 내정개혁의 일환으로서 해관의 구조 개편에 직면한 조선은 그의 저지를 위해 당시 일본을 견제할 수 있는 열강을 개입시키고자 하였으며, 그 대상으로 이미 조선에서 총세무사로 근무하고 있던 브라운이 매개가 될 수 있는 영국을 선택하였던 것이다. 또한 영국의 입장에서도 중국에서 영국인 하트가 청국해관의 총수로서 영향력을 행사하고 있던 조선 해관의 일본 주도로의 구조 변경은 자신들의 이익에 반하는 사안이기에 조선에 주재하던 자국인 총세무사 브라운을 앞세워 그에 반대하였다고 할 수 있다.

결국 브라운의 총세무사 및 탁지부 고문관 임명은 이상과 같은 양국의 이해관계가 맞아 떨어진 결과인 셈이다. 10월 11일에 김윤식이 힐리어에게 연락하여 해관 개편이 더 이상 미루기 어려운 상황임을 알렸고, 이에 힐리어는 브라운과 김윤식의 만남을 주선하였으며, 브라운은 김윤식을 통해 고종에게 몇 가지 조건을 전제로 하여 총세무사 및 탁지부 고문관 직을 수락하였다.[228] 그런데 문제는 일본이었다. 일본의 경우 결과적으로 영국의 압력으로 인해 조선 해관을 장악하고 심지어 일본인을 총세무사로 앉히기까지 하려는 자신들의 의도가 관철되지 못하게 된 셈이었다. 이 문제와 관련하여 힐리어는 오토리에게 해관 조직이 일본의 의도대로 개편되지 않고 종전 그대로 유지되더라도 총세무사

---

227 Park Il-keun, Part II "Inclosure 2 in No.334, Mr. O'Conor to Consul-Geneal Hillier", op. cit., p.420.
228 Park Il-keun, Part II "Inclosure 12 in No.420, Consul-Geneal Hillier to Mr. O'Conor", op. cit.,pp.449~450.

브라운이 일본의 조선 해관에 대한 경제적 침투와 관련하여 일본의 이해에 충실한 동반자가 될 것을 시사하여 일본 측의 반발을 무마시켰다.[229]

따라서 브라운의 총세무사·탁지부 고문관 임명 과정에서 문제 당사국들인 조선·영국·일본간 이해관계의 접점은 브라운 그 자신이 되었던 것이며, 특히 기존의 총세무사직에 고문관직까지 추가로 제의한 조선의 입장에서 브라운은 일본의 압력에 대한 방어선의 존재 그 자체였다고 할 만하다. 이러한 상황은 1894년 10월 이후 브라운의 위상이 그 이전과는 전혀 달라지게 됨을 의미했다. 1893년에 병가를 낸 모건의 후임으로 임명되었을 때만 해도 이전처럼 청국해관을 지휘하는 하트의 지시를 받는 대리인 입장에 불과했던 그는 갑오개혁기의 재임용을 거쳐서 명목상으로 청국해관으로부터 독립적인 조선 해관[230]을 이끄는 총세무사이자 조선의 재정을 책임지는 탁지부의 외국인 고문관으로서 훨씬 강력한 권한을 손에 넣었다고 할 수 있다.

브라운은 이러한 그 자신의 위상 변화에 따라 이전에는 주로 감리가 행사하였고 세무사의 경우 권한이 없거나 있더라도 부분적인 수준에 불과했던 개항장의 관세에 대한 관리권 획득을 추구하기 시작한 것으로 보인다. 물론 브라운이 1894년에 탁지부 고문관과 더불어 해관 총세무사직을 수락할 때 내건 조건

---

229 『日外書』 27-2, 문서번호 471, 24~27쪽. 이에 대하여 金順德은 영국과 일본간에 연계가 이루어진 것으로 평가했는데(金順德, 앞의 글, 301~302쪽), 이후의 역사 전개를 결과적으로 볼 때에는 브라운이 일본의 해관 침투에 역할을 수행한 것이 맞지만, 1894년 10월 당시의 상황으로 볼 때 힐리어의 그러한 언급은 주로 일본의 반발에 대한 무마용의 성격이 강했고, 이 당시에 영국과 일본이 연계하고 있었다고 보기는 어렵다고 생각된다.

230 물론 일본의 주장대로 총세무사에 일본인이 임명되는 방식으로 해관이 개편된 것은 아니었지만, 청·일전쟁에서의 패배로 청국세력이 물러남에 따라 청국해관의 지휘를 받는 형식은 외견상으로는 사라졌다. 즉 기존에 조선 해관이 청국해관의 지배를 받는 증거로 여겨졌던 사항들, 이를테면 조선 해관에 고용된 외국인 직원들의 봉급이 청국에서 지급된다던가, 아니면 조선 해관의 연감을 청국 해관의 그것에 부록으로 합간한다던가 하는 행태들은 없어지게 되었다. 그러나 브라운은 기본적으로 하트와의 관계로 조선에 부임한 인물로서, 청국해관과의 관계가 형식상 단절되었다고 해서 하트와의 관계까지 청산된 것은 아니었으며, 오히려 갑오년의 해관 구조 개편안은 브라운과 하트가 공동으로 마련하였다는 언급도 있다(金賢淑, 앞의 글, 112쪽).

에 관세관리권은 포함되지 않았다.[231] 사실 외국인이 장악했던 기존의 청국해 관에서도 총세무사·세무사가 갖지 못하고 본국인들이 행사했던 관세관리권 을 양도하라고 공개적으로 요청하기에는 명분이 부족했을 것이다. 하지만 그 는 총세무사·고문관 임명 이후로 비공개적으로 개항장의 관세에 대해 개입하 기 시작한 것으로 보인다. 그 정황으로 우선 들 수 있는 것이 우선 개항장 관세 수입의 이동 상황이다. 1886년 감리서의 독립관서화와 함께 관세관리권을 부 여받게 된 감리는 관세 수입을 중앙부처 및 그의 지시에 따라 여러 기관에 보 내왔으며, 감리서의 중앙 보고문서들에는 그 이동 상황이 빈번하게 나타나고 있다. 그런데 브라운의 겸직 임명 시기인 1894년 12월 이후를 보면, 그러한 관세의 이동이 별로 잘 나타나지 않는다. 이는 개항장의 관세에 대한 감리의 영향력 약화와 더불어 반대급부로 총세무사 브라운 및 그 지시를 받는 외국인 세무사들의 관세 관리 관여 가능성을 의미한다고 볼 수 있다.

이 정황증거만 갖고 보면 단지 '가능성'에 불과할 뿐이겠지만, 브라운이 1895년 초에 홍콩과 상하이의 은행에 관세금의 일부를 예치시켰다는 기록을 보면,[232] 그는 실제로 이때 관세금의 관리에 영향력을 행사하기 시작한 것으로 보인다. 이렇게 실제 제도에 어긋나는 관행이 가능했던 것은 총세무사·탁지 부 고문관을 겸직한 브라운의 막강한 권력이 뒷받침되어서였을 것이다. 그러 나 여전히 명목상으로 관세의 관리권은 감리가 주로 행사하고 있었으며, 이에 그는 보다 완전하게 관세에 대한 통제권을 얻기 위한 일종의 우회 방침으로 감

---

231 金賢淑은 이 당시에 브라운이 내건 조건에 관세의 관리 처분권 부여가 들어 있었다고 했으나(위의 글, 111쪽) 사실과는 다소 차이가 있다. 이때 브라운이 내건 조건은 정확히는 ① 해관에 대한 완전한 통 제권을 자신에게 부여할 것, ② 해관 관리들에 대한 인사권을 보장할 것, ③ 해관 운영에 필요한 충분 한 예산을 확보해 줄 것의 3가지였다(Park Il-keun, Part II "Inclosure 12 in No.420, Consul-Geneal Hillier to Mr. O'Conor", op. cit., p.450).

232 브라운은 이 관세 자금(customs funds)을 '수시로(from time to time)' 이들 은행에 예치시켰다고 한다(Park Il-keun, "Inclosure 1 in No.21, Consul-Geneal Hillier to Mr. O'Conor", op. cit., p.508; 金賢淑, 앞의 글, 118쪽에서 재인용).

리직의 폐지를 주장하기에 이른다.[233] 이 사실은 1895년 박영효 내각에 의해 주도된 지방 제도 개혁과 관련하여 힐리어가 오코너에게 보낸 보고서에 나오는 다음의 언급을 통해 알 수 있다.

> 동同 법령에서 3개 항구의 감리 폐지가 규정되며, 이는 장차 효력을 갖게 됩니다. 이 직의 폐지는 브라운씨가 제안한 것인데, 이를 통해 조선정부에서는 돈 많이 들고 쓸모없는 3개의 관직을 없앨 수 있고, 해관 입장에서는 종종 귀찮게 구는 장애물을 제거할 수 있을 것입니다.[234]

즉 브라운은 지방 제도 개편을 실시하고자 하는 조선정부에 대하여 감리가 유지비만 비싸고 쓸모없는 직책이므로 없애는 것이 낫다는 주장을 피력했는데, 그러한 주장을 한 실제 이유는 감리를 해관 입장에서 '귀찮은 장애물'로 인식하였기 때문임을 상기 문서는 보여주고 있다. 보다 구체적인 언급은 없지만, 브라운 입장에서 감리가 그렇게 인식되었던 이유 중에는 분명히 감리의 관세관리권 행사 역시 있었을 것인 바, 결국 브라운은 관세관리권의 확보 및 기타 감리의 개항장 관세행정에의 간섭을 없애기 위해 감리직의 폐지를 조선정부에 제안한 것으로 추정할 수 있다. 그리고 실제로 이후 지방 제도의 개혁에 수반한 감리서의 폐지에 따라 그 시점인 1895년 윤5월을 기점으로 관세관리의 권한 역시 세무사가 행사하게 되었던 것이다.[235]

---

233 위의 글, 110쪽.
234 Park Il-keun, Part V "Inclosure 2 in No.126, Consul-Geneal Hillier to Mr. O'Conor", op. cit., p.569. "The same Ordinance, which is to come into effect to-morrow, provides for the abolition of the "Kamni", or Superintendent of Customs at the three Treaty ports. The suppression of this office, which was suggested by Mr.McLeavy Brown, will relieve the Government of three expensive and useless officials, and the Maritime Customs of an encumbrance that was at times somewhat irksome."
235 이후의 기록이지만 다음의 사료들을 통해 그 사실을 알 수 있다. 亞研 編, 『舊韓國外交文書』 3(日案

이상에서 감리서 폐지의 한 배경으로서 갑오개혁기 해관의 개편과 브라운의 총세무사 및 탁지부 고문관 겸임의 문제를 살펴보았다. 요는 갑오개혁기에 조선 해관의 구조 개편을 둘러싼 조선·영국·일본·청 사이의 복잡한 역학 관계 속에서 당시 총세무사였던 브라운이 해관에 있어서 일종의 헤게모니를 잡게 된 것이다. 그리고 그는 이를 토대로 해관에 대한 보다 완전한 지배를 위한 관세관리권의 획득을 위하여 평소에 눈엣가시이기도 하였던 감리·감리서의 폐지를 주장하기에 이른 것으로 보인다.

2) 1895년의 지방 제도 개혁과 일본의 부정적 감리서 인식

감리서 폐지론은 당시 정부 입장에서도 일면 타당성을 지니는 것으로 인식되었는데, 그 가장 우선적인 이유는 정부 예산의 절감문제와 연결되는 것이었다. 앞서 언급한 바 있는 갑오개혁 초반기 오토리의 내정개혁안을 보면, 제1조 중 제3항에서 행정에 필요한 관서만을 남기고 나머지는 폐지하거나 혹은 통폐합할 것을, 제5항에서는 사무의 집행에 꼭 필요한 관리만을 남기고 그 이외의 낭비 인력에 대해서는 감원을 시행할 것을 권고하고 있음이 눈에 띈다.[236] 이는 물론 일차적으로는 행정 조직의 근대화가 명분이었으나, 한편으로는 심각한 수준이었던 재정난 때문이기도 하였는데,[237] 이러한 방침은 김홍집-박영효 연립 내각에도 그대로 이어졌다.

박영효는 일찍이 일본에 망명 중이던 1888년에 고종 앞으로 보낸 건백서를

---

3), 문서번호 3869, 1967, 365쪽; 문서번호 3873, 367쪽.

236 『日外書』 27-1, 「부속서 3」, 문서번호 396, 589쪽. " 一 政흥ヲ施行スルニ必要ナル官衙ヲ存立シ其餘 ハ總テ之ヲ廢止シ又ハ甲官衙ノ事務ヲ乙官衙ニ合倂シ以テ簡便ニ從フ事 (…중략…) 一 事務執行ニ必 要ナル官員ヲ存シ其餘ノ冗員ハ之ヲ沙汰スル事."

237 오토리의 내정개혁안에도 제2조의 "재정을 정리하여 부원을 개발할 것(財政ヲ整理シ富源ヲ開發スル 事)"이라는 제하에 세법의 개정이나 화폐 제도의 개혁, 불필요한 지출 감축 등 여러 항목에 걸친 재정 제도 개혁의 방안이 나열되어 있다(『日外書』 27-1, 「부속서 3」, 문서번호 396, 589쪽).

통해 내정개혁을 위해 필요한 조치를 상신한 바 있는데, 거기에서 "낭비를 절제하고 쓸모없는 관원을 가려내며 관원의 녹봉을 고쳐 정하여 그 직책에 알맞게 할 것"을 지적하여 '쓸모없는' 정부 관원의 감축을 통한 예산 절감에 관심을 보인 바 있다.[238] 더불어 그는 일본의 차관 대여조건의 가혹함을 비판하고 서울의 일본인 거류지 확장 요구를 거절하는 등 일련의 반일적 행위들로 인해 한때 서울 주재 미국공사로부터 '충심의 애국자patriot at heart'라는 평을 듣기도 하였다.[239] 그러나 후술하다시피 박영효 내각의 개혁은 당시 조선에 파견되어 있던 일본인 고문관들의 영향을 많이 받았기에 개혁의 기본적인 틀은 일본에서 제시한 내용과 과히 다르지 않았던 것이 사실이다. 특히 이 예산 감축의 문제는 당시 실제로 조선이 매우 심각하게 당면한 문제였던 만큼, 적어도 이 예산 감축을 통한 재정 확충의 문제에 있어서만큼은 오토리공사의 개혁안을 위시한 일본 측의 입장과 박영효 내각의 그것은 과히 다르지 않았다고 봐도 무방할 것이다.

또한 실제로 진행된 개혁의 방향 역시 지방경비의 축소에 방점이 두어졌음은 분명하다.[240] 구체적으로 살펴보면 지역 간의 통폐합을 통해 각읍경비를 대폭적으로 줄이고 각군경비를 배정하는 방식으로 예산 감축을 꾀하는 개혁이 추진되었던 것이다.[241]

따라서 앞서 언급한 브라운의 "돈 많이 들고 쓸모없는 3개의 관직"이라는 감리에 대한 설명까지 함께 고려해본다면, 박영효가 지방 제도 개정을 위한 청의서에서 감리서 폐지의 배경으로 언급한 "지방 제도개혁의 취지에 부합하며

---

238 『日外書』 21, 문서번호 106, 300쪽 "節浪費 汰庸官 而改定官祿 以稱其職事."
239 柳永益, 「甲午・乙未年間(1894~1895) 朴泳孝의 改革活動」, 『國史館論叢』 36, 1992, 8쪽. 그런데 이는 이노우에 일본공사와 박영효 사이의 개인적인 갈등에서 기인한 측면도 무시할 수 없다.
240 김태웅, 『한국근대 지방재정 연구−지방재정의 개편과 지방행정의 변경』, 아카넷, 2012, 244~245쪽.
241 위의 책, 261~276쪽.

구차한 설명이 필요치 않음"이라는 대목이 암시하는 바는 바로 감리서라는 조직이 필요없이 예산만 많이 드는 조직이라는 전제하에 그의 폐지를 통해 파탄 지경인 재정을 확충하려는 발상으로 보인다. 바로 이 대목이 1894년에 군국기무처가 중심이 되어 추진한 제1차 개혁과의 차이점이라고 할 수 있다. 이미 지적한 바와 같이 제1차 개혁 당시 군국기무처 의안에서는 감리의 지방관 겸임을 없애서 감리직과 지방관직을 분리시키고자 하였는데, 이렇게 되면 오히려 겸임하던 이전보다 더 예산이 증가하게 되는 결과를 낳게 된다.

그렇다면 제1차 개혁 당시에는 당시의 긴박한 재정난에 대한 이해의 부재로 말미암아 재정 감축에 대한 고려가 전혀 없었던 것일까? 그런데 한 가지 유념할 부분은, 군국기무처에서 감리와 지방관의 분리를 의안으로 내세운 때로부터 약 한 달 뒤의 시점에 외무아문에서 개항장의 방판을 '쓸모없는 용관冗官'으로 지칭하면서 경장更張할 때 변통變通이 불가피하다는 보고, 즉 사실상의 폐지 요청을 올리고 있다는 사실이다.[242] 개항장의 방판직 설치는 이미 살펴본 바와 같이 각 항구의 업무량 증가에 따른 불가피한 조치로서, 결코 실제 방판이 당시에 쓸모없는 관직이었다고 보기는 어렵다. 그럼에도 불구하고 상기와 같은 조치가 이루어진 것은, 결국 감리와 지방관의 분리에 따른 예산 증가를 막기 위한 조치라고 할 수 있다. 즉 방판의 폐지는 감리와 지방관이 분리됨으로 인해 늘어나는 관직 및 그에 따르는 비용 등의 감축을 위한 불가피한 조치로 이해된다.

이는 1894년 당시의 1차 개혁이, 당시 조선의 실정과 개혁의 당위 과제 사이에서 어느 정도 균형을 잡고자 시도한 측면이 있었음을 시사하는 바라고 하겠다. 곧 당시 감리·감리서가 각 개항장·개시장의 통상 및 외국인 관련 각종 업무를 부담하며 큰 역할을 수행하고 있다는 현실을 고려하여, 감리의 지방관

---

242 『高宗實錄』 권32, 고종 31년 8월 7일.

겸직을 막고 고유의 업무에만 집중할 수 있도록 한 반면에, 파탄 직전의 재정을 개혁해야 하는 상황 역시 일정 부분 고려하여, 결코 쓸모없지 않은 방판을 없애서 지출을 줄이는 식으로 일종의 타협점을 지향한 것으로 보인다.

이것은 반대로 말한다면, 1895년 박영효 내각의 지방 제도 개혁은 그러한 당시 조선의 현실에 대한 고려가 충분치 않았다는 말이 된다. 물론 해당 개혁안이 나름대로 진보적인 성격을 지니고 있었음은 분명하다. 다만 개혁안 작성에 일본인 고문관들이 깊숙이 관여하였고 후쿠자와 유키치福澤諭吉의 부현회개설론府縣會開設論에 영향을 받은 박영효에 의해 일본의 지방 제도인 부현제府縣制를 모방하여 추진되었다는 한계는 분명히 있다.[243] 그러나 근대적 행정 제도의 확립과 함께 군현 통폐합, 지방관으로부터의 징세 기구의 독립 신설, 결전結錢의 정액화, 금납화 등으로 내용으로 하는 23부제 지방 제도 개혁안은 지방지배 체제를 근대적으로 개편한다고 할 때 일반적으로 생각할 수 있는 제도들이었다. 그리고 폭넓은 계층의 지지를 받고 주체적으로 수행된다면 충분히 '근대적 의미'를 가질 수 있었다.[244]

다만 500년 역사의 조선 지방 제도를 지방간의 정치·경제·군사 등 제 방면에 대한 이해관계를 충분히 고려치 않고 단 몇 개월 만에 서둘러 예산·조세 제도의 근대화라는 명목으로 소지역화 시키는 제도개혁을 실시한 관계로 이후 부작용이 나타나게 된 것이다. 또한 급작스런 추진 과정상 지역 통폐합 등 근본적인 제도개편이 아니라 기존의 행정 조직인 목牧·부府·군郡·현縣 등을 대부분 그대로 두고 새로운 행정구역 명칭이 된 부에 분할·편입시켜 이를 군으로 개편한 형식적 개혁으로 마무리되었다는 점은 분명한 한계라고 할 수 있다.[245]

---

243 정광섭, 「23부제 지방행정 제도에 관한 소고」, 『한일관계사연구』 41, 2012, 315~323쪽.
244 李相燦, 「1896년 義兵運動의 政治的 性格」, 서울대 박사논문, 1996, 180쪽.
245 단 이 당시 郡의 分·合, 곧 지역 통폐합에 대한 구상이 없었던 것은 물론 아니었다. 그러나 그러한 군의 분합이 군수의 정원 축소 및 吏胥·鄕任層의 실직을 가져오게 되고, 그 결과 예상되는 이들의 조

요컨대 이 개혁안의 가장 큰 문제는 당시 조선의 현실에 대한 고려보다는 다소 이상론 쪽에 치우쳐 있었다는 것이다. 감리서의 폐지 역시 이러한 맥락에서 이해할 필요가 있다. 즉 당시 감리서가 수행하던 역할을 크게 해관에 대한 관리·감독 기능 및 개항장·개시장의 외국인 및 조계 관련 업무를 담당하는 지방대외교섭 기능의 두 가지로 나누어 생각해볼 때, 감리서의 폐지는 후자는 도외시한 채 전자에만 초점을 맞춘 결과라고 할 수 있다.

왜냐하면 감리서의 전자로서의 위상을 상징하는 것이 바로 관세에 대한 관리권이라고 할 수 있는데, 이는 전술한 바와 같이 브라운의 해관 전권 장악과 더불어 사실상 총세무사가 행사하게 되었기 때문이다. 앞 장에서 서술한 바와 같이 관세관리권 이외에는 사실상 해관에 대한 통제력을 상실한 감리서에서 관세관리권마저 유명무실해질 경우 전자로서의 의미는 사실상 사라진 것이기에 비용을 들여가며 유지할 필요가 없을 것이다. 그러나 당시 실제로 감리서가 수행하고 있던 보다 더 중요한 역할인 후자까지 고려한다면 결코 폐지의 결론은 나올 수 없는 것이었다.

따라서 1895년 감리서의 일시 폐지에는 박영효 내각이 당시 조선 개항장의 현실 및 감리서의 지방대외교섭관서로서의 위상 등을 제대로 고려하지 않은 채 지방 제도 개혁, 보다 구체적으로는 재정감축을 위한 지방행정 조직 축소 조치를 단행한 측면 또한 일정 부분 영향을 끼쳤다고 할 수 있다.

다음으로 감리서 폐지와 관련하여 추가로 고려해봐야 할 대외적인 배경이 있다면 바로 이 문제에 대한 일본의 입장이다. 일단 갑오-을미개혁 자체가 일본의 일정한 영향력하에 있었기 때문에 일본이라는 변수를 도외시하고 이 문

직적인 반항에 대처할 신식 군대와 경찰 제도가 완비되지 않았기 때문에 실제로 시행되지는 못한 것이다(위의 글, 178~179쪽). 이 역시 당시 지방 제도 개혁의 사전 준비가 부실했음을 보여주는 대목이라고 할 수 있다.

제를 살펴볼 수는 없다고 생각된다. 그런데 이와 관련하여 감리서 폐지 직후 부산 주재 일본영사인 가토 마스오加藤增雄가 이노우에공사에게 보낸 공문 중에 있는 다음과 같은 언급이 주목된다.

전날 한국 정부에서 지방관제를 개정하여 본항 감리서를 철폐하고 앞으로 동래부 관찰사를 신설하여 이것을 부산에 설치하고 업무를 보게 한다고 하니 본 영사로서는 참으로 기쁘며 이에 따라 양국의 교섭사무 일체가 다시는 전과 같이 제대로 진행되지 못하고 지체되는 일이 없을 것입니다.[246]

이것은 감리서 폐지 당시 아직 신임 관찰사가 부임하기 이전인 상황이기에 여러 교섭사무의 처리에 문제가 있으므로 이의 시정을 조선정부에 요청해달라는 가토의 서한을 이노우에가 외부外部에 인용 형식으로 전달하는 내용 중 일부이다. 상기의 대목으로 미루어볼 때 당시 일본은 감리서의 폐지를 환영하는 입장이었으며, 그 이유는 감리서가 양국의 교섭사무를 제대로 진행되지 못하게 막고 지체현상을 야기한다고 판단하고 있었기 때문이었음을 알 수 있다. 이 문서에서는 그 '지체현상'의 구체적인 내용에 대해서는 언급하고 있지 않다. 그러나 이전 해인 1894년 청·일전쟁 당시 조선인 노무자의 고용을 둘러싸고 인천 감리서와 일본 영사관 사이에 벌어졌던 갈등을 통해 그 일면을 엿볼 수 있다.

1894년의 갑오농민전쟁 진압을 구실로 파병된 일본군은 6월 8일 약 4,500명의 1차 병력이 제물포에 상륙하였고, 22일에 추가 병력이 파견되었다. 이 일본군에 대한 지원 업무 등을 위하여 대규모의 인원이 필요해졌고, 당시 일본은

---

246 『駐韓日本公使館記錄』(이하 '日使錄'으로 약칭) 6, 「八. 外部往來 一」, '제101호-井上馨(1895.8.6)
→金允植', "曩以朝鮮政府 釐定地方官制 廢罷向設本港監理署 新置東萊府觀察使 在釜山設署視事 本領事甚喜 從此兩國交涉一切事務 復非如疇昔澁滯之比."

이의 충당을 조선인 노무자의 고용을 통해 해결하고자 하였다. 그리하여 조선 정부에 지원을 요청하였는데, 인천 감리였던 김상덕金商悳은 통서의 지시에도 불구하고 이에 제대로 응하려 하지 않았다. 당시 이 문제와 관련하여 업무지원 차 인천 일본영사관에 파견된[247] 부산 총영사 무로다는 김상덕에게 되풀이하여 설명하였으나 그의 비협조적 태도가 완고하였으므로, 7월 6일 자로 오토리공사에게 통서 독판의 명의로 김상덕에게 지시를 내리도록 요청할 것을 상신하였다.[248]

이에 따라 오토리가 통서에 문의하여 조선인 노무자 고용과 관련한 모든 방해요소들을 제거하도록 인천 감리에게 전문으로 지시하게끔 조치하였다.[249] 그러나 이를 확인하는 무로다에게 김상덕은 위에서 아무런 지시를 받은 적이 없다고 하였다.[250] 이러한 정황을 보고받은 오토리는 다시금 통서 독판으로 하여금 김상덕에게 조선인 노무자의 고용을 방해하는 명령들을 취소하도록 엄한 훈령을 발송하게끔 요청한 뒤 이 사실을 인천 2등 영사 노세 타츠고로能勢辰五郎에게 통보하였다.[251]

이렇게 당시 인천 감리와의 충돌로 인해 전쟁 수행에 있어서 필수불가결한 업무 지원을 위한 인력 충원이 차질을 빚게 되자 일본 측은 김상덕의 경질을 추진하게 된 것으로 보인다. 일본은 김상덕을 친청파親淸派로 파악하고, 이것을 문제의 핵심으로 인식하였다. 일본 측의 조사에 따르면 그는 애초에 민영준閔泳駿의 문하생 출신으로, 전임 감리인 성기운成岐運과 함께 천진天津에 주재한 바 있고, 민영준의 추천으로 민씨척족의 세력을 빌려서 인천 감리의 직위에 올랐다.

---

247 위의 책, 4, 「六. 歐文電報往復控 一」, '제103호－陸奧宗光(1894.6.19) → ?(1894.6.20)'.
248 위의 글, '제211호－室田義文(1894.7.6) → (大鳥圭介)(1894.7.6)'. 참고로 수신인은 명기되어 있지 않으나, 정황상 주한일본공사인 오토리에게 보낸 것이 확실하기에 괄호로 처리하였다. 이하 (大鳥圭介)로 표기되어 있는 것들은 모두 같은 경우임.
249 위의 글, '제217호－(大鳥圭介) → 室田義文'.
250 위의 글, '제219호－室田義文(1894.7.7) → (大鳥圭介)(1894.7.7)'; '제227호-1－室田義文(1894. 7.10) → (大鳥圭介)(1894.7.10)'.
251 위의 글, '제227호-2－(大鳥圭介)(1894.7.11) → 能勢辰五郎'.

그는 1894년 일본군의 경복궁 점령사건 당시 10여 일 전부터 병을 핑계로 인천부仁川府에 칩거하면서 감리서의 사무도 보지 않았는데, 사실은 비밀리에 영국 영사 및 총세무사, 그리고 기타 청국당淸國黨 일파와 내통하고 있었다고 한다. 아울러 그 휘하에 근무하는 주사들 중 팽한주 역시 원래 청국당 출신으로 전前 경찰관 우경선과 내통하여 자주 일본군 군용품의 운반 및 인부의 고용 등에 있어서 불편을 주는 일이 적지 않았고, 유경환兪競煥은 양쪽을 관망하는 기회주의자로 그 성향을 알 수 없는데, 두 사람 모두 갑오개혁의 취지에 동의하지 않는다고 파악하였다.[252] 노세가 오토리에게 이상과 같은 내용을 보고한 기밀문서 중에 나오는 이하의 언급에서 당시 일본의 감리서에 대한 인식의 일단을 엿볼 수 있다.

당장 우리 군대를 위하여 여러 가지를 본 영사관에서 감리서로 협의할 필요가 있어도, 모두 이 같은 인물뿐이므로 표면상 우리를 도와주는 것 같이 보이나 사실 극히 냉담하게 간과해버리고 또 그 청국당 일파와 밀통하지 않나 하는 혐의가 있기 때문에, 우리로서는 감리서의 존재로 아무 것도 얻는 것이 없을 뿐 아니라 도리어 그들의 정찰을 피할 수 없는 것이 사실입니다. 따라서 교섭사건 일체가 진척되지 않고 있으며 불편이 적지 않습니다. 다만 신임 경찰관 이명건李命健 같은 사람은 자못 진보주의를 지니고 있습니다만, 재정곤란 때문에 두 번이나 경성을 왕복하고 있으므로 아직 충분히 그를 활용할 틈이 없으며 또 그도 감리 이하 주사의 협력을 얻지 못하였기 때문에 매우 곤란하게 된 모양입니다. 원래 인천은 일·청·한 삼국의 요충이며 경성으로 가는 요충의 땅으로 우리 군대를 위하여 실로 없어서는 안 되는 매우 중요한 곳입니다. 그래서 이곳의 감리를 얻느냐 못 얻느냐 하는 것은 우리 군대의 활동상 큰 관계가 있는 것은 물론이고 더 나아가서 상업상의 이익에까지 영향을 미칠 것입니다.[253]

---

252 위의 책, 2,「二. 京城·釜山·仁川·元山機密來信」, '제40호−在仁川 二等領事 能勢辰五郎(1894.9.3) →在京城 特命全權公使 大島圭介'.

결국 이를 통해 볼 때, 앞서 나왔던 이노우에가 언급한 '양국 교섭사무의 지체현상'이 뜻하는 바는 바로 일본이 노무자 차출 등 청·일전쟁 수행에 필요한 업무 지원을 조선으로부터 원활하게 받지 못함과 더불어 당시 전쟁 상대국이던 청국에 감리서 소속 구성원들이 내통하여 결과적으로 정찰과 감시를 당하는 불이익을 의미하는 것이다. 이는 결국 일본 자국의 이익을 조선 내에서 제대로 구현하지 못하는 상황과도 일맥상통한다고 볼 수 있다.

따라서 이러한 인식이 감리서의 폐지와 연결된 측면을 생각해볼 수 있는데, 의문점이라면, 문제가 되었던 것은 인천 감리 김상덕의 친청반일적 태도였으며, 따라서 당시 실제로 일본이 추진했던 김상덕 개인의 경질이 중요한 문제였지 굳이 감리서 자체의 폐지와 이 문제를 연계시켜야 할 논리적 근거가 있냐는 점일 것이다.

이에 대해서는 우선 부산 감리의 전신선電信線 가설 방해와 같이 감리의 일본에 대한 비협조 문제가 인천에만 국한된 것은 아니었다는 점을 지적할 수 있다.[254] 또한 김상덕이 교체된 이후에 노세가 올린 보고에 따르면, 김상덕이 설사 감리에서는 물러났더라도 인천부사로는 유임되기 때문에, 신임 감리가 부사인 김상덕의 간섭을 받아야 함을 지적하고 있다. 이와 더불어 김상덕이 자기가 파직된 원한 때문에 백방으로 더욱 손을 써서 일본군을 정탐하고 친청파와 접촉하여 적국에 도움을 청하게 될 것을 우려하여 반드시 그를 개항장 부근에

---

253 위의 글, '제40호－在仁川 二等領事 能勢辰五郎(1894.9.3) → 在京城 特命全權公使 大島圭介', "目下我軍隊ノ爲メ種々當館ヨリ監理署ニ協議セサルベカラサル必要アルモ何分右樣ノ人物ノミニ付表面我ニ對シ幇助ノ觀アルモ其實極メテ冷淡ニ看過シ又ハ彼ノ支那黨一派ニ密通スルヤノ嫌有之爲ニ當方ニ取リテハ監理署ノ存在ニ於テ何等得ル處ナキノミナラス却テ彼レノ偵察ヲ避ケサル可ラサルノ事實有之從テ交涉事件一切拘ラス不便不尠候尤モ新任警察官李命健ノ如キ頗ル進步主義ヲ懷キ居候ㇳ共財政困難ノ爲メ二回京城へ往復致候樣子ニ有之候元來當港ハ日淸韓三國ノ要衝京城ニ達スル咽喉ノ地ニシテ我軍隊ノ爲實ニ缺クヘカラサル樞要地ナレハ此地ノ監理其ノ人ヲ得ルㇳ否ㇳハ我軍隊運動上大關係ヲ有シ候ハ勿論延テ商業上ノ利害ニ迄影響ヲ及ホシ候義ニ有之候".

254 위의 책, 4,「六. 歐文電報往復控 一」, '제277호－陸奧宗光(1894.7.22) → ?(1894.7.23)'.

주임駐任시키지 않도록 조선 당국자에게 권고할 필요가 있다고 하였다.[255] 여기서 그간 겸직이 관행이긴 했으나 형식적으로 감리와 지방관이 분리되어 있는 상태로 인해 김상덕 개인의 감리 교체만으로는 문제가 해결되지 않는 상황이 일본에 불안감을 야기하는 현실도 엿볼 수 있다.

아울러 앞서 언급한 노세의 9월 3일 자 보고에서도 언급된 바와 같이, 감리 뿐 아니라 주사 및 경찰관을 비롯한 휘하의 직원들 역시 일본의 이익에 반하는 행동을 한 사실에도 주목할 필요가 있다. 실제로 일본 측은 김상덕 교체 이후 향후 신임 감리와 관련하여 "반드시 일본을 방문하여 새로운 공기를 마신 사람"을 임명해야 함을 지적하면서 한편으로 주사 중에는 반드시 일본어를 아는 사람 1명을 배치해야 함을 강조하고 있다.[256] 여기서 일본이 자국의 이익을 개항장에서 실현하고자 한다면 비단 감리 1인의 교체만으로 모든 문제가 해결되지는 않으며 감리서라는 조직 자체를 장악해야 하는 상황이었음을 알 수 있다.

또한 추가로 생각해볼 수 있는 문제라면, 만약 인천이 아닌 다른 개항장에 또다시 이러한 식의 문제가 발생할 경우, 그때마다 번거롭게 조선정부에 압력과 교섭을 병행하여 감리 교체를 추진해야 한다는 점일 것이다. 이렇게 조선의 관리가 일본 자국의 이익에 위배되게 행동한다는 사유는 공개적으로 감리 교체의 명분으로 내걸기도 어렵다.

이상과 같은 문제점들을 해결하는 가장 손쉬운 방법으로 일본은 지방제도 개혁의 일환으로 추진할 수 있는 감리서 자체의 폐지에 주목하였을 것으로 보인다. 감리직 자체가 없어지고 그 업무 소관이 모두 신설되는 23부의 관찰사에게 귀속되었는데, 제도개편이라는 명분상 이들 관찰사들은 대부분 새로 임명되었다. 즉 전임 관찰사가 새로운 제도에 의해 관찰사에 임명된 경우는 불과

---

255 위의 책, 2, 「二. 京城・釜山・仁川・元山機密來信」, '제41호-能勢辰五郎(1894.9.10) → 大島圭介'.
256 위의 책, 「二. 京城・釜山・仁川・元山機密來信」, '제41호-能勢辰五郎(1894.9.10) → 大島圭介'.

2명으로, 해당 읍론의 지방관이 그대로 새로운 제도의 관찰사로 임명된 경우는 4명, 나머지는 모두 신임이었는데, 당시의 정치적 환경으로는 상식을 뛰어넘은 개혁적 인사로 평가된다.[257]

이들은 대부분 박영효의 추천을 받거나 그 측근 인물들로서,[258] 그의 표현에 따르면 '중앙정부와 뜻을 같이하는 유력한 인물',[259] 곧 당시 내각의 친일개화적 입장에 동조하는 인사들이었다. 따라서 일본으로서는 지방 제도 개혁 시 단행된 감리서 폐지와 해당 업무의 관찰사 이관, 그리고 기본적으로 박영효의 입김이 가미된 친일개화파적 인사들에 의한 신임 관찰사 대부분의 충원을 통해 조선의 개항장에서 자국의 이익을 관철시킬 수 있는 토대를 마련하게 되었다고 볼 수 있다.

그렇다면 남은 문제는 과연 일본이 이렇게 자국의 이익을 위해 감리서 폐지를 추진하게끔 조선 당국에 압력 혹은 영향력 등을 행사했음을 보여주는 근거가 있느냐는 점일 것이다. 그런데 사실 이러한 증거가 공개적으로 남기는 어렵다. 즉 갑오개혁 자체가 일본이 조선의 내정개혁을 원조함으로써 근대화를 촉진시킨다는 것을 명분으로 하고 있기 때문에, 일본의 이익을 꾀하는 의도로 조선의 행정개혁을 강요 혹은 권유하는 것 자체가 개혁의 대의에 어긋난다.

따라서 이는 정황증거로 파악할 수밖에 없다. 곧 감리서의 폐지는 1895년 지방 제도 개혁의 일부인 만큼, 해당 지방개혁안의 형성에 일본이 관여한 흔적

---

257 정광섭, 앞의 글, 331쪽.
258 柳永益, 앞의 글, 25쪽.
259 박영효는 사면이 되지 않은 상태에서 1894년 8월 6일에 일시 귀국하였는데, 자신의 개혁 의지가 수용되지 않음에 실의를 품고 일본으로 돌아가던 중 인천에서 당시 조선의 내정개혁에 대해 자신의 견해를 밝힌 바 있다(『大阪朝日新聞』1894.9.20). 그 내용 중 지방 제도와 관련하여 그는 중앙과 지방 정부 사이에 기맥이 서로 통하지 않는 점을 조선의 오래된 폐해로 지적하면서 민씨 척족의 발단과 오래되고 부패하여 쓸모없는 관리를 지방관에 임명하는 당시 세태를 비판하고, 따라서 지방관에도 중앙정부와 뜻을 같이하는 유력한 인물을 임명하는 것이 관제개혁에 있어서 大網과 細目이라고 강조하였다(정광섭, 앞의 글, 327쪽).

을 찾을 필요가 있는데, 이이 대해서는 당시 조선에 파견된 일본인 고문관들의 역할이 주목된다. 일본 신문을 보면 관련 기사가 종종 발견되는데, 그 내용을 살펴보면 지방 제도 개혁의 총지휘는 내무대신 박영효가 했지만, 개혁안 작성의 구체적 실무는 이들에 의해 수행되었음을 알 수 있다.[260] 따라서 이들이 불필요한 관서의 감축이라는 지방 제도 개혁의 대의를 명분으로 일본 입장에서 껄끄러운 존재였던 감리서의 제거를 위하여 그 폐지를 개혁안에 포함시키는 것은 결코 어려운 일도 아니었을 것이고 개연성도 충분하다고 볼 수 있다.

3) 감리서의 폐지와 관찰사觀察使 · 지사서知事署

1895년 지방 제도 개혁을 계기로 감리서는 마침내 폐지되었다. 그 폐지의 과정을 추적하면, 우선 이미 살펴본 바와 같이 박영효가 1895년 5월 26일에 박정양에게 감리서 폐지의 내용이 담긴 지방 제도 개정 청의를 하였고, 그 실행은 5월 28일에 공포된 칙령 제99호를 통해서 윤5월 1일 자로 이루어지게 되었다.[261] 이에 따라 형식적으로는 감리의 역할과 권한이 새로 개편되는 지방 제도하의 관찰사에게 인계되게 되었다. 감리서가 폐지된 시기에 각 개항장 · 개시장에서 관찰사 등 해당 역할을 담당하는 직위에 있던 인물들의 면면을 살펴보면 〈표 3〉과 같다.

---

260 이를테면 『東京朝日新聞』 1895년 1월 23일 자 기사에 따르면, 1895년 1월 8일에 박영효가 지방 제도 개혁의 사전 정지작업으로서 자신이 신뢰하는 지방관들을 모두 상경시켜서 자문회를 개최했는데 일본인 고문관 사이토(齋藤修一郎) 역시 동석하였으며, 그는 이날부터 지방 제도 개혁안에 착수하였다고 한다. 또 『大阪朝日新聞』 1895년 3월 2일 자에는 조선측에서 지방 제도의 현황 조사단을 구성했는데, 거기에 일본인 고문관 오바(大庭寬一)가 공동 책임자로 임명되었음을 밝히고 있다. 그리고 『東京朝日新聞』 1895년 4월 6일 자를 보면 지방 제도 개혁의 가장 시급한 과제에 대해 일본인 고문관이 의견개진을 하는 등, 1895년 조선의 지방 제도 개혁안 형성 및 구체적인 실무 작업에 있어서 일본인 고문관들이 깊숙이 간여한 증거가 다수 발견된다(김동수, 「갑오개혁기의 지방 제도 개혁」, 『全南史學』 15, 2000, 54~55쪽).

261 『官報』 號外, 「勅令 제99호」, 1895.5.28. 단 경흥의 경우만 감리서의 폐지 조치가 3개 항구보다는 다소 늦은 7월에 이루어지게 되는데(『內部請議書』 제2책, 「98호－內部大臣 朴定陽(1895.7.12) → 內閣總理大臣 金弘集」), 정확한 이유는 알기 어렵다.

		인명	재임기간	관직명	비고
부산	1	이용구 (李容九)	1895.6~8	동래군수 (東萊郡守)	
	2	지석영 (池錫永)	1895.8~1896.8(양)	동래부관찰사 (東萊府觀察使)	관찰사 임명은 5월자. 실제 감리 관할 업무 시작은 8월부터
인천	1	김규식 (金奎軾)	1895.6	인천부관찰사 (仁川府觀察使)	조중응(趙重應), 진상언(秦尙彦)이 일시적으로 인천군수(仁川郡守)로 임명
	2	박세환 (朴世煥)	1895.7~1896.8(양)		부임 초기 및 이후 간간히 임오준이 서리로 업무 대행
원산	1	김익승 (金益昇)	1895.윤5~7	전원산 감리 (前元山監理)	처음에는 '전(前) 원산 감리(元山監理)' 명의로 기존의 감리 업무 수행
			1895.7~8	덕원군수 (德源郡守)	
	2	신형모 (申珩模)	1895.8~11	서리덕원군수 (署理德源郡守)	지사서(知事署) 설치 이후 직함 변경
			1895.11~1896.3(양)	원산항지사 (元山港知事) 겸임덕원군수 (兼任德源郡守)	
	3	김익승 (金益昇)	1896.3~5	원산항지사 (元山港知事)	재임(再任)
	4	신태무 (申泰茂)	1896.5~8	겸임덕원군수 (兼任德源郡守)	감리서 복설 이후 초대 감리로 유임

표를 살펴보면 감리서가 폐지된 초창기의 경우 업무의 인수인계상 상당한 혼선이 있었던 흔적을 느낄 수 있다. 이를테면 부산의 경우, 지방 제도 개편에 따라서 분명히 동래부가 되어 관찰사가 파견되어야 하는데, 신임 관찰사인 지석영의 경우 임명은 5월에 되었으나 실제 집무 시작은 8월에 가서야 가능하였다. 당시 부산까지의 부임에 걸리는 시간을 감안하더라도 상당히 지연되었다는 인상을 지우기 어렵다. 더욱이 그 공백 기간에 이용구가 동래 군수의 직함으로 업무를 임시 대행하여 행정구역상 일시적이지만 동래부가 동래군으로 격하된 모양새를 취하고 있기까지 하였다. 이러한 양상은 인천 역시 마찬가지로

서, 다만 서울로부터의 거리상 그 지연 기간이 상대적으로 짧았을 뿐이다. 원산의 경우는 분명히 감리서가 폐지되었음에도 불구하고 감리인 김익승이 전감리의 직함으로 한동안 계속해서 업무를 수행하는 모습을 보여주고 있다.

이러한 혼란상은 감리서의 폐지가 지방 제도의 급작스런 개편의 일환으로 이루어진 나머지 사전 준비가 제대로 되어 있지 않은 상황에서 단행된 데 기인한다. 실제로 앞서 언급했던 부산 주재 일본영사 가토의 서신, 즉 교섭사무의 지체현상 해소를 기대하며 감리서의 폐지를 환영하는 서한에서도 감리서 폐지 이후의 상응하는 업무 처리에 대하여 중앙정부로부터 일선에 분명한 시달이 없었음을 지적하면서 신설 법규가 아직 시행의 실마리를 잡지 못하고 있는 마당에 구 제도가 폐지될 경우의 혼란을 우려하고 있다.[262] 그리고 감리서 폐지 이후 인천영사관의 사무 대리를 맡고 있던 영사관보 야마자 엔지로山座円次郎가 1895년 6월 27일 자로 스기무라 후카시杉村濬 대리공사에게 보낸 전보에 따르면, 인천 감리서가 폐지되어 사무를 보는 사람이 없기에 신임 관리가 올 때까지 감리서 주사에게 사무 취급을 명령하라고 신속히 당국에 청구해 달라고 하고 있다.[263] 여기서 감리서 조직의 급작스런 해체로 인해 미처 해당 사무를 대신 처리할 인력마저 지정되지 않은 상황을 엿볼 수 있다.

각 부의 관찰사가 부임 뒤 집무에 돌입함으로써 이러한 지방대외교섭 업무의 공백 사태는 일단 수습되는 듯했으나, 업무의 혼란상은 아직 끝난 것이 아니었다. 이번에는 교섭 업무의 분량이나 소요 비용에 비해 인력과 예산 등의 규모가 문제가 되었는데, 일본인들의 거류 규모가 큰 부산이 문제의 중심이었

---

262 『日使錄』 6, 「八. 外部往來 一」, '제101호-井上馨(1895.8.6) → 金允植'.
263 위의 책, 7, 「五. 機密通常和文電報往復 一·二」, 제4책, '제91호-山座 → 代理公使 杉村(1895.6.27)'. 이에 대한 익일 자 스기무라의 답변에 따르면, 외부대신 김윤식이 仁川府 신임 參書官 任午準에게 교섭사무를 대리하도록 전보로 훈령 조치하였다고 한다(위의 책, 7, 「五. 機密通常和文電報往復 一·二」, 제4책, '제97호-杉村(1895.6.28) → 事務代理 山座').

다. 새로 개편된 지방 제도에 의거하여 동래부관찰사로 임명된 지석영은 부임한 지 얼마 되지 않아 동래부의 업무가 지방대외교섭 사무로 인하여 내륙의 여타 부府들에 비해 많고 물가도 몇 배에 달하므로 각종 경비 및 직원들의 봉급이 예산액만으로는 부족하다는 사정을 호소하였다.[264] 그리고 그에 따라 기존 감리서의 각종 비용과 근무 인원 등을 그대로 존속시키게끔 내부內部와 협의를 요청하였다.[265] 아울러 외국인을 상대하는 비용으로 매달 50원元을 용하用下하도록 탁지부 및 외부外部에 청구하기도 하였다.[266]

이러한 상황은 비단 부산에만 해당하는 것은 아니었다. 인천 역시 지방 제도 개편 이후 각국의 공사·영사들에 대한 접대비용을 위시하여 예산이 많이 필요함에도 불구하고 다른 부府와 같은 경비를 책정받은 것에 대하여 재고를 요구하면서 추가 예산 책정을 요구하고 있음이 눈에 띈다.[267] 또한 각종 교섭 업무에 대하여 전 감리서의 서기관을 그대로 새로운 부의 주사로 임용하였는데, 봉급을 주사와 같은 등급으로 지급하는 것은 문제가 있다고 하여 이전 감리서 서기관의 수준으로 인상을 요청하기도 하였다.[268] 이러한 문제들은 결국 기본적으로 지방 제도 개편 이후 각부의 관찰사 및 그 휘하 조직으로는 기존 감리서의 지방대외교섭 업무를 대체하기에 예산의 측면으로나 인력의 측면으로나 결코 충분하지 않았음을 시사한다. 따라서 외부에서 지방대외교섭 업무를 담당하는 주사를 특별히 관찰사 휘하로 파견하는 문제가 논의되기도 하였다.[269]

---

264 『釜山港關草』 제3책, 「質稟書-東萊府觀察使 池錫永(1895.8.5) → 外部大臣 金允植」.
265 위의 책, 「質稟書-東萊府觀察使 池錫永(1895.10.5) → 外部大臣 金允植」.
266 『釜牒』 제3책, 「報告書-東萊府觀察使 池錫永(1896.1.20) → 外部大臣 金允植」.
267 『仁牒』 제7책, 「質稟書 제1호-署理仁川府觀察使 任午準(1895.7.14) → 外部大臣 金允植」.
268 위의 책, 「質稟書 제3호-仁川府觀察使 朴世煥(1895.8.7) → 外部大臣 金允植植」.
269 애초에 외부(外部)에서 내놓았던 안은 기본적으로 2명을 외부에서 파견하며 그 외 추가 인원 몇 명은 각 해당 관찰사가 선발하도록 하는 것이다. 다만 원산의 경우 관찰사가 아닌 군수 관할인데 군수는 소속 주사가 없으므로, 전 감리서 소속 관원의 수에 준해 주사 4명, 번역관 1명을 두고 주사로 통칭하되 2명은 외부에서 파견하고, 3명은 군수가 임명하게 하였다. 아울러 경흥 역시 전례에 따라 주사 3명을 두되 1명은 외부 파견, 2명은 자체 임명하도록 하였다(『外部請議書』, 「14호-外部大臣 金允植(1895.8.6)

그런데 예산과 인력의 부족 말고도 감리서 폐지 이후 문제로 제기된 부분은 또 있다. 감리서가 폐지되고 관찰사가 업무를 대행하려면 기존의 감리서가 소속된 행정구역이 새로운 체제하에서 부府로 바뀌는 것이 전제가 되어야 한다. 그런데 문제는 해당 지역 중 새 행정구역인 23부 체제하에서 부산과 인천은 각기 동래부와 인천부가 되었으나, 원산과 경흥은 기존의 덕원부와 경흥부가 부로 유지되지 못하고 군郡으로 배속되었다는 데에 있다.[270] 군수는 직급상 관찰사의 하급자이므로, 각국 공사·영사 및 외국인을 상대할 경우 이러한 직급의 차이가 문제가 될 소지가 다분하였다. 그렇다고 원산과 경흥을 특별히 부로 승격시키는 식의 조치를 행하기도 어려웠다. 그렇게 할 경우 당장의 문제는 해결되긴 하겠지만, 이후 기존의 지역 외에 추가로 개항장·개시장이 개설될 경우, 그곳이 반드시 관찰사 휘하의 부청 근처라는 보장이 없는 이상 같은 문제가 다시 반복될 우려가 있었다. 그렇다고 해서 지리적 상황을 무시하고 반드시 관찰부청 소재지를 따라 개항장·개시장을 지정할 수도 없는 노릇이었다.

따라서 비록 임시방편적 성격이 강하긴 하지만, 당시까지 드러난 문제점에 대한 보완 대책으로서 관찰사가 아닌 군수 관할 지역에는 지방대외교섭 사무 일체만 따로 떼어 해당 군수가 직접 처리하고 관찰사를 거치지 않아도 되는 특별 직권을 부여하도록 하는 조치가 취해졌다.[271] 하지만 직제상으로는 상급-하급의 관계이면서 지방대외교섭 관련 업무만 독자적 권한을 행사한다는 관제상의 불일치 문제가 이러한 임시변통만으로 완전히 해결되기 어려웠다. 이에 이

→內閣總理大臣 金弘集」). 이에 대해 內部에서는 애초에 관찰사와 군수가 외교 사무를 관장하게 하고 따로 외교관을 두지 않은 것은 지방 제도에 통일성을 기하여 직권상의 분쟁이 없게끔 할 필요가 있어서였으니, 외부에서 外事課 주사를 특별 파견하면 지방의 사무와 서로 방해되는 측면이 생길 것이므로 외교에 능한 자가 있으면 외부에서 내부에 천거하는 것이 문제가 없을 듯하다는 의견을 피력하였다(『內部請議書』 제2책, 「124호 照復－內部大臣 朴定陽(1895.8.6) →內閣總理大臣 金弘集」).

270 원산의 경우, 신설되는 德原郡廳을 원산항으로 이전 설치하고, 해당 시설은 기존 감리서의 그것으로 충당 조치하였다(위의 책, 제1책, 「42호－內部大臣錦陵尉 朴泳孝(1895.5.26) →內閣總理大臣 朴定陽」).
271 위의 책, 「73호－內部大臣署理內部協辦 兪吉濬(1895.6.12) →內閣總理大臣 朴定陽」.

러한 문제들에 대해 제2차로 보완 조치가 취해지게 되었다. 즉 감리서 폐지 이후 약 6개월여 만인 1896년 1월에 원산과 경흥의 경우 아예 관제 자체가 바뀌어 이하의 '지사서관제知事署官制' 공포에 따라 군수 대신에 지사가 임명되고 지사서가 설치되었다.

지사서관제知事署官制272

제1조 : 개항장 및 통상 항구 소재지에 부청府廳을 두지 않는 경우에는 지사서知事署를 설치함

제2조 : 지사서에 이하의 직원을 둠.

　　　　지사知事 1인, 주사 4인 중 1인은 번역관보繙譯官補를 겸함.

제3조 : 지사는 주임관奏任官이며 주사는 판임관判任官으로 임명함.

제4조 : 지사의 관할 구역은 해당 군郡에 한함. 개항장 지방의 형편에 따라 혹 여러 군의 관할을 겸무하게 해야 할 경우에는 별도로 칙령으로 정함.

제5조 : 지사의 직무권한은 지방 사무에 있어서는 관할구역 내에 한정되고 통상사무에 대해서는 관찰사와 동등함.

제6조 : 지사는 소속 주사의 진퇴를 외부대신에게 구장具狀하여 처리함.

제7조 : 주사는 지사의 명령에 따라 통상사무의 처리에 종사함.

제8조 : 지사는 해당 군수를 겸임함. 그 직무권한은 지방관제에 준함.

부칙附則

제9조 : 본령本令은 반포일부터 시행함

제10조 : 개국開國 504년 칙령 제131호 중 제2조 및 제176호는 본령 시행일부터 폐지함.

---

272 『官報』 제227호, 「勅令 제7호」, 1896.1.21.

여기서 신설된 지사가 사실상 폐지 이전 감리의 업무를 수행하는 존재였다는 점을 고려해볼 때, 지사의 업무 범위와 지사서의 조직을 어느 정도 구체적으로 규정한 이 관제는 후일 복설되는 감리서의 규정에 일정한 영향을 끼친다는 점에서 상당한 의미를 지니고 있다고 볼 수 있다. 그러나 본 규정의 제정 목적이었다고 할 수 있는 관제불일치 문제의 해결이 이를 통해 근본적으로 달성되지는 못했다. 왜냐하면 결국 군수를 겸무하는 지사가 행정적으로 갖고 있는 권한의 범위는 어디까지나 관찰사의 하급자인 군수의 그것을 벗어나기 어려웠기 때문이다. 상기 관제의 제5조에서 지사의 직무권한이 지방 사무에 있어서는 관할구역에 한정되고 통상 사무에 대해서만 관찰사와 동등하다고 한 것은 군수에게 지방대외교섭 업무에 대해서만 관찰사의 권한을 인정하는 기존의 임기응변적 조처와 본질적으로 차이가 없다고 할 수 있다.

요컨대 감리서의 급작스런 폐지 이후 나름대로 그 부작용에 대한 보완 조치를 단계적으로 취한 것은 사실이지만, 그로 인해 감리서 폐지 시 나타나는 문제점을 완전히 해결하기는 다소 무리였던 것이다.

한편 감리서의 폐지 이후 그 조직의 내용과 편제에 큰 변화 과정을 겪은 기구로 개항장·개시장의 경찰 조직을 지적할 수 있다. 왜냐하면 감리서는 폐지되었지만 이들은 이미 갑오개혁기에 새로 만들어지는 경무청 체제하의 근대적 경찰 조직에 흡수된 상태였기에 결과적으로 잔존하였고, 따라서 그 관할 주체 및 명령계통 상에 있어서 짧은 시간 동안에 큰 변화를 겪었기 때문이다.

감리서 폐지 이후 이들의 변화 과정을 살펴보기에 앞서서 감리서가 아직 존치되던 시기인 1894년 제1차 갑오개혁 당시 이들이 경무청 체제로 상징되는 근대적인 신설 경찰 조직으로 편입되는 과정을 먼저 살펴보도록 하자. 내정개혁 조치의 실행을 위해 만들어진 군국기무처에서 전통적인 경찰 체제였던 좌·우포도청捕盜廳을 합쳐 경무청警務廳을 설치하고 내무아문內務衙門에 소속시켜 한성부오부자내漢城府五部字內의 모든 경찰 사무를 관장하게 하는 내용을 골자로 하는 '경무청관제 · 직장警務廳官制職掌' 및 순검직무장정巡檢職務章程, 위경죄즉결장정違警罪 卽決章程, 순검선용장정巡檢選用章程 등 '경무청관제'에서 규정된 총순總巡과 순검巡檢 등의 직무에 대한 보다 구체적인 규정으로 구성된 '행정경찰장정行政警察章程'이 공포된 것은 7월 14일이었다.[273] 이후 각 관서에 흩어져 있던 경찰 업무가 속속 경무청으로 이관되기 시작하였으니, 7월 22일에는 전옥사무典獄事務가, 24일에는 한성부의 소송 업무가, 그리고 26일에는 각영各營에서 시행하던 순찰업무가 각각 경무청으로 이관되었다.[274] 그리고 8월 6일 자로 마침내 아래와 같은 개항장 경찰관의 소속 변경 관련 내용을 담은 군국기무처 의안이 공포되기에 이른다.[275]

> 1. 각 항구의 경찰관을 경무관警務官으로 개칭하고 경무청에 소속시키며 그 승진과 강등 등의 사무는 경무청에서 내무대신에게 신청하여 시행하도록 할 것.

여기에서 기존에 존재하던 개항장의 경찰관이 '경무청관제'로 신설한 경찰 제도 내로 편입된 사실을 확인할 수 있으며, 이는 결국 갑오개혁 당시의 시점에서 개항장의 경찰관이 담당하던 업무가 근대적 경찰 제도에서 규정되는 그것과 크게 다르지 않았음을 시사한다고 하겠다. 위의 의안 내용에서 눈여겨볼 점이라면, 경무관으로 개칭된 개항장 경찰관의 지휘권이 중앙의 경무청으로

---

273 『高宗實錄』 권32, 고종 31년 7월 14일. 한편 이보다 며칠 전에 일종의 사전 정지 작업으로서 한성의 경찰 제도 설립과 관련한 일본 순사의 파견이 이루어지고 있다(『內各司(關草)』 제3책, 「關漢城府」, 甲午 7월 초7일).
274 孫榮祥, 「갑오개혁 이후 近代的 警察制度의 정립과 운영」, 『韓國史論』 53, 서울대 국사학과, 2007, 325쪽.
275 『高宗實錄』 권32, 고종 31년 8월 6일. "一 各港警察官 改稱警務官 移屬警務廳 其黜陟等事 自警務廳申 請內務大臣施行事."

이관된 사실이다. 이는 결국 애초에 경찰관이 감리서 소속으로 출발했기에 그에 대해 자동적으로 규정된 감리로부터의 지휘에서 이탈함을 뜻하기 때문이다. 실제로 상기의 의안 공표 이후 외무아문에서 부산항과 원산항에 경찰서를 경무서로 개칭하면서 그 직원의 월급 및 운영 경비에 대하여 감리가 그동안 감리서의 경비 내에서 지급해오던 관례를 없애고 해관의 총세무사가 징수한 관세 수입에서 지불하도록 조치한 바 있다.[276] 여기서 경찰관·경찰서를 감리·감리서로부터 분리시키고자 하는 의도가 엿보인다.[277]

그러나 이러한 분리 시도는 실제로는 그다지 성공적이지 못했던 것으로 보인다. 왜냐하면 이후로도 계속해서 개항장의 경무관 관련 사항에 대한 지시 하달이나 보고들은 모두 감리를 경유하여 이루어지고 있기 때문이다. 보다 구체적으로 살펴보면, 형사사건 관련 경무서에의 업무 지시[278]나 경무서와 관련하여 중건이나 이전 등 제반 사항들,[279] 그리고 경무관 개인의 신변 관련 문제들[280]을 위시하여 대부분의 경무관·경무서 관련 문제들이 감리서를 경유하여

---

276 『釜山港關草』 제2책, 「甲午 9월 11일 關釜山－外務衙門(1894.9.11) → 釜山監理」; 『元山港關草』 제4책, 「甲午 9월 11일 關元監－外務衙門(1894.9.11) → 元山監理署」 참조(『원산항관초』의 경우 규장각 원문검색서비스(https://kyudb.snu.ac.kr)에 업로드된 해제에는 발신자가 통서로 되어 있으나, 이 시점은 제1차 갑오개혁의 결과 통서 대신 외무아문이 설치되어 있는 시기이므로 수정하였다. 이하 외무아문이 발수신자로 나오는 경우 중 동일한 오류가 나오는 부분들은 모두 수정하여 기재하였다). 한편 이보다 앞서 3개 항구 모두에 경찰관의 경무관 개칭 사실의 통보와 더불어 각 항구의 兵丁 역시 혁파되고 이들이 소지한 槍 100桿은 總制營 소관이므로 沁營으로 수송하라는 지시 사항이 하달되고 있다(『仁川港關草』 제7책, 「甲午 8월 20일 關三港處－外務衙門(1894.8.20) → 三港」).

277 이후에 실제로 경무서 관원 봉급에 대한 개정 사항 역시 감리가 아닌 총세무사에게 하달되었다(『總關公文』 제8책, 「外務大臣 金(1894.9.1) → 總稅務司 柏」).

278 『釜山港關草』 제2책, 「甲午 10월 초2일 釜山報－釜山監理(1894.10.2) → 外務衙門」.

279 『元山港關草』 제4책, 「2월 초5일－外務衙門(1895.2.5) → 元山監理署」; 「同日(2월 27일) 關元監－外務衙門(1895.2.27) → 元山監理署」; 「同日(3월 12일) 元監報－元山監理署(1895.3.12) → 外務衙門」; 「3월 21일 元監報－元山監理署(1895.3.21) → 外務衙門」; 「4월 초10일 元監報－元山監理署(1895.4.10) → 外務衙門」; 『元牒』 제3책, 「申－監理元山港通商事務(1895.3.12) → 外務衙門」 등 참조.

280 이를테면 경찰관 개인이 진 부채라던가 공금 횡령 등의 문제들이 있다(『釜山港關草』 제2책, 「乙未 정월 초2일(12월 28일 下送)－外務衙門(1894.12.28) → 釜山監理(1895.1.2)」; 『元山港關草』 제4책, 「同日(3월 12일) 元監報－元山監理署(1895.3.12) → 外務衙門」; 『公文編案』(奎18154) 제16책, 「乙未 3월 24일－監理元山港 → 度支衙門(1895.3.24)」 등 참조). 이 사례들에서 보면, 호칭이 경무관·경

보고·하달되고 있다.[281] 이는 당시 경무청의 관할이 서울지역이 주가 되어 있는 상황에서 만성적인 재정 부족으로 인하여 개항장 경찰 제도에 대하여 실질적인 손질을 가할 여유가 없다는 점과 더불어, 개항장의 경무관이 창설 이후로 오랜 시간 동안 감리서 조직 내에서 존재해 왔기에 그러한 관성을 없애기 힘들다는 현실적인 이유에서 기인한 현상으로 판단된다.

이렇게 개항장 경무서·경무관이 제도상으로는 중앙경무청의 경무사 지휘하에 편입되었으면서도 실질적으로는 여전히 감리서의 통제를 받는 지휘계통의 이중적 현실은 1895년 지방 제도 개혁을 계기로 변화의 상황을 맞게 되었다. 즉 감리서가 폐지되고 그 업무가 관찰사에 이관되었는데, 기존의 '경무청관제'에서 경무청이 적어도 공식적인 편제상으로는 서울 이외에 개항장 경무관에 대한 관할권을 갖고 있었음을 감안한다면, 실질적인 통제권을 행사하던 감리가 폐지되었으므로, 원칙적으로는 향후 개항장 경무관에 대한 지휘는 경무청의 경무사가 행사하게 되어야 할 터였다.

그러나 오히려 개항장 경무관에 대한 지휘는 칙령 제56호에 따라 폐지된 감리의 역할을 대행하는 관찰사 소관으로 변경되었다.[282] 이것은 개정된 지방 제도 중 다음과 같은 조항에 의거한 조치였다.

지방관제地方官制

제10조 : 경무관은 해부관찰사該府觀察使의 지휘를 승承하여 관내경찰사무管內警察事務를 장리掌理하고 소속직원을 감독함.

무서로 개칭되었음에도 불구하고 계속 이전처럼 경찰관·경찰서로 사용하는 경우가 많이 발견된다.

281 물론 원산항 譯學堂을 경찰서로 이속시켜 순검 처소로 사용하는 문제의 예에서와 같이 경무관이 警務使에게 보고하여 일을 처리하는 경우가 없었던 것은 아니지만 그 예가 극히 적다(『內各司』(關草)』 제4책, 「內務衙門來關」, 乙未 2월 16일).

282 『內部請議書』 제1책, 「56호-內部大臣錦陵尉 朴泳孝(1895.윤5.10) → 內閣總理大臣 朴定陽」.

제11조 : 경무관보급총순警務官補及總巡은 해부관찰사의 명명命을 승승承하고 경무관의

　　　　지휘를 종종從하여 관내경찰사무에 종사함.

제12조 : 지방경찰의 직무는 총총總히 경무청경무警務廳警務의 직무에 준준準함.[283]

　상기의 조항은 당시 박영효 내각이 추진한 경찰 제도 개혁의 방향과 관련이 있다. 즉 지방 제도 개혁 조치가 있기 바로 직전인 4월 29일에 개정된 「경무청관제」가 공포되는데,[284] 이것은 경무청의 조직과 직급, 그리고 지휘·감독체계가 보다 확대·강화되면서 관할 업무의 범위와 인원 역시 크게 늘린 조치였다.[285] 그런데 이 개정된 관제에는 1894년 처음 경찰 제도를 제정할 당시 개항장 경무관이 중앙경무청 소속임을 명시한데 비해서 중앙경무청의 관할 범위를 수도 서울로 한정시키고 있다. 따라서 상기의 지방 제도 조항과 연계시켜 생각해본다면, 1895년 박영효 내각에서 구상한 경찰 제도의 개혁 방향은, 경무청은 조직과 업무를 확장하되 어디까지나 수도 서울로 그 범위를 한정하고, 지방 제도의 개혁에 따라 지방 경찰을 관찰사 휘하로 편제시키며 개항장의 그것 역시 그 지방 경찰의 범위로 편입시키면서, 중앙과 지방 경찰 모두 내부의 지휘를 받도록 하는 편제로의 개편으로 추정할 수 있다.[286] 그리고 개항장의 경무서·경무관이 그 와중에서 편제상의 위치가 중앙 경찰 소속에서 지방 관찰사의 지휘를 받도록 변경된 것은, 실제로 중앙의 경무청보다는 여전히 관성적으로 감리의 통제를 받는 현실에 대한 인정이라는 측면 역시 존재하지 않았나 추측된다.

---

283 『高宗實錄』 권33, 고종 32년 5월 26일.

284 위의 책, 고종 32년 4월 29일.

285 1895년 개정된 '경무청관제'의 구체적인 내용과 그 성격에 대해서는 孫榮祥, 앞의 글, 330~331쪽 참조.

286 이것은 결국 지방 경찰 조직의 강화를 뜻하는 것으로, 실제 경찰 조직의 규모면에서 보더라도 박영효 내각에 의해 단행된 개편안에서는 지방경찰의 비대화가 눈에 띄는데, 이는 장차 개혁의 과정에서 일어날지도 모르는 소요사태에 대비하기 위한 것이었다. 반면 지방 군대는 해체될 예정이었음을 감안할 때 경찰이 지방군대를 대체하도록 구상되었다고 볼 수 있다(李相燦, 앞의 글, 176~177쪽).

이상에서 감리서의 일시적 폐지 이후 관찰부의 운영 및 지사서의 설치 등 제도상의 추이와 더불어 개항장·개시장 경찰 조직의 개편 양상 등을 살펴보았는데, 요는 여러 가지 측면에서 업무 현장인 개항장 등지에서 상당한 혼란이 야기되었음을 알 수 있다. 따라서 갑오·을미개혁기에 조성된 정치적 상황의 변화에 따라 감리서의 복설이 추진되는 것은 당연한 귀결이었다.

제3장

감리서의 복설復設과
지방대외교섭 기능의 강화

1. 감리서의 복설과 지방대외교섭관서로의 성격 정립

감리서의 폐지 이후 지방 소재 외교관서의 부재로 인하여 개항장의 지방대외교섭 사무 진행에 차질이 생기게 된 것은, 감리서의 폐지 자체가 단순히 해관 감독기관으로서의 위상만을 고려하여 내려진 결정이었기 때문에 벌어진 일이었다. 예산의 측면으로나 인력의 측면으로나 기존의 감리서를 대체하기에는 새로운 관찰사 휘하의 조직으로는 불충분하였다. 더구나 개항장의 행정편 제도 관찰사 지휘하의 부府와 군수 지휘하의 군으로 불균일하여 관제불일치의 문제까지 발생하는 등, 감리서의 부재로 인하여 발생하는 문제점들이 노출되었다.

그러나 이러한 문제들을 이유로 감리서의 부활이 곧바로 추진되기는 어려웠다. 감리서의 폐지 자체가 외따로 이루어진 조치가 아니라 1895년의 지방 제도 개편의 일부로 진행된 것이었으며, 그렇기에 개편된 지방 제도 전반에 있어서의 변화가 수반되지 않고 감리서만 복설될 수는 없었다.[1] 그런데 지방 제도

---

1   만약 그렇게 조치할 경우, 애초에 관찰사가 있던 개항장과 군수가 있던 그곳의 행정구역상 등급을 일치시켜야 하며, 결국 그 과정에서 지방 제도의 전반 차원에 수정을 가해야 하는 상황으로 귀결된다.

의 개혁은 비록 그 내용 자체는 상당한 합리성을 갖고 있었으나, 당시 일본 세력이 한국 정치에 깊숙한 영향력을 행사하던 상황에서 이루어졌다는 태생적인 한계를 보유하였다. 그러므로 그 변경 역시 단순한 행정적 차원이 아닌 정치적인 상황에 따라 좌우되는 문제로, 다시 말해 일본 및 친일세력의 퇴조가 전제되어야 가능한 일이었다.

따라서 1896년 행해진 아관파천을 통해 이들 세력이 퇴조하게 됨에 따라 지방 제도 개혁의 수정에 일정한 계기가 마련되었다. 2월 11일에 이범진 등 친러파의 후원하에 러시아공사관으로 거처를 옮긴 고종은 즉시 내각총리대신 김홍집을 비롯하여 유길준, 조희연趙羲淵, 장박張博, 정병하鄭秉夏, 권영진權濚鎭, 이두황李斗璜, 우범선禹範善, 이범래李範來, 이진호李軫鎬 등을 면직 조치하였으며, 김병시金炳始를 수반으로 하는 새 내각을 구성하였다. 김홍집과 정병하는 분노한 백성들에게 살해되었으며, 유길준 등에게는 체포령이 내려졌고, 이어 1895년 8월 22일 자의 왕후 폐위 조칙 등은 위조된 것으로 규정되어 취소되었다.[2]

이러한 정치적 상황의 변화는 자연스럽게 갑오·을미개혁에 대한 재검토로 이어지게 되었다. 사실 1896년 초 당시는 갑오·을미개혁에 대한 반발이 여전하던 상황으로, 특히 23부제 지방 제도의 경우 지방관 정원 자체의 감소와 지방관리 임용에서의 배제, 군郡의 1/3 정도가 없어지는 데 따른 이서층과 향임층의 도태, 징세 체제에서의 이서층의 배제 등으로 인해 기존 지방 행정 기구 내 구성원들의 불만이 팽배하였다. 이는 의병 봉기에 있어서 주요한 요인 중의 하나로 작용할 정도였다.[3]

따라서 아관파천 이후 문제가 된 지방 제도의 손질이 추진되기 시작했으며, 그 정확한 시작 시점은 알기 어려우나, 늦어도 4월경에는 이미 구상이 진행되

2　『高宗實錄』 권34, 고종 33년 2월 11일.
3　李相燦, 「1896년 義兵運動의 政治的 性格」, 서울대 박사논문, 1996, 180~181쪽.

고 있었던 것으로 보이고, 새 제도의 시행은 8월에 이루어졌다. 이 안건과 관련하여 제출된 청의서를 보면 지방 제도의 변경 취지에 대하여 명목상으로 현행 23부제가 백성의 형편에 편리한 바는 적고 번거롭고 쓸데없는 폐해가 있으며, 아울러 국가 재정의 세입이 넉넉지 못한 상황에서 해당 지방의 소출所出로 그 지방 부府의 경비를 감당하지 못하는 경우나 부의 인원수가 과다하여 사무상 간편치 못한 경우도 있다는 점을 내세웠다.[4] 그리하여 1896년 8월 4일 자 칙령 제36호에 따라 기존의 23부府 339군郡을 13도道 8부府 1목牧 332군郡으로 개편하였는데,[5] 기존의 23부제에 대한 반발이 워낙 커서 명목상으로는 기존의 도제道制로 환원한 것처럼 보이지만, 그렇다고 해서 나름대로 근대적인 의미를 갖는 1895년의 개혁안을 완전히 부정하는 것은 아니었다.[6] 즉 도제로 복귀하였다고는 해도 8도를 13도로 세분하여 행정상의 능률을 높이고자 함은 물론, 부·목이 설정되긴 했지만 역시 군단일화 체제郡單一化體制는 유지되는 등 나름대로 '구본신참舊本新參'의 원칙에 따른 개정이었다.[7]

이렇게 정치적 상황의 변화에 기인하여 1895년의 지방 제도에 대한 전면적인 수정이 가해지는 시기에 맞춰서 역시 지방 제도의 일부인 감리서의 복설 역시 이루어지게 되었다. 물론 이미 언급하였듯이 그 실제적인 이유는 관찰사 체제가 인원과 예산 규모에 있어서 지방대외교섭관서로서의 역할을 수행하기에는 부족하였다는 점과 더불어 관찰사와 군수 및 지사 간 관제불일치 문제였다.

---

4 『內部請議書』(奎17721) 제4책, 「233호−內部大臣 朴定陽·度支部大臣署理 李在正(1896.8.4) → 內閣總理大臣 尹容善」. 특히 해당 지방의 소출(所出)로 그 지방 부(府)의 경비를 감당하지 못하는 경우가 있다는 사실은 애당초 23부제와 그 휘하 지방정부인 337군의 지역을 설정할 때 각 부 및 군의 세입 규모 및 상황 등을 미리 조사하지 않고 지방 제도만을 먼저 소지역화했기 때문에 생겨난 현상으로 보인다(정경섭, 「23부제 지방행정 제도에 관한 소고」, 『한일관계사연구』 41, 2012, 337쪽).

5 『官報』 제397호, 「勅令 제36호」, 1896.8.6.

6 김태웅, 「한국근대 지방재정 연구−지방재정의 개편과 지방행정의 변경」, 아카넷, 2012, 279∼281쪽.

7 尹貞愛, 「韓末 地方制度 改革의 硏究」, 『歷史學報』 105, 1985, 95쪽. 그런데 이러한 지방 제도의 재개정에 따라 기존의 이서층이 완전히는 아니더라도 어느 정도 복구되었다는 점이 주목된다(李相燦, 앞의 글, 181~182쪽).

지방 제도 개정 청의서가 올라간 직후 발의된 감리서 복설 및 지사서 폐지 청의서에는 이러한 취지가 '관제가 획일劃一치 못하다'는 상황 인식과 더불어 '직무권한과 응행 체제應行體制를 획일케 함이 타당하다'는 표현으로 설명되어 있다.[8] 그리하여 지방 제도 개정 칙령이 내려진 지 3일 만인 1896년 8월 7일 자 칙령 제50호에 따라 이하와 같은 총 20조항의 '각개항장감리복설관제규칙各開港場監理復設官制規則'이 제정·공포되었고,[9] 동래부산, 인천, 덕원원산, 경흥에 감리서가 복설되기에 이르렀다.[10]

각개항장감리복설관제규칙各開港場監理復設官制規則

제1조: 감리는 각국 영사와의 교섭, 조계지租界地와 일체 항내港內의 사무를 관장한다.

제2조: 감리는 외부대신이 상주上奏하여 임명·해임하며, 외부대신의 지휘 감독을 받아 사무를 처리한다.

제3조: 감리의 인신印信과 도장圖章은 외부外部에서 주조하여 보내어 쓰게 한다.

제4조: 감리 1인 이하 속관屬官과 원역員役의 정원수·월봉月俸·경비는 별표別表로 정한다.

제5조: 감리가 업무를 보는 처소는 본 항구에 이전부터 있던 청해廳廨를 그대로 쓰고 감리서라고 칭한다.

---

8 『外部請議書』(奎17722), 「28호-外部大臣 李完用(1896.8.7) → 內閣總理大臣 尹容善」.

9 『官報』 제400호, 1896.8.7, 「勅令 제50호」.

10 여기서 의문점이라고 한다면, 경흥 이외에 회령, 의주 등 나머지 2개의 개시장에 대해서는 복설에 대해서는 물론이고 폐지 당시에도 일언반구 언급이 없다는 점이다. 하지만 앞서 살펴보았듯이 회령과 의주는 그 기원이 사대질서하 중국과의 무역이었으며, 개시장 개설의 목적 역시 그 연장선상에서 청국과의 무역을 위한 것이었다. 따라서 청·일전쟁에서의 패배로 청국 세력이 한반도에서 퇴출되고 사대질서가 종말을 고함에 따라 이들 개시장의 운영이 사실상 중지되는 것은 너무도 당연한 일이었다. 이와 관련하여 비록 후일의 기록이지만 1903년에 일본측에서 義州의 開市를 요청하면서 "종전에 청국과의 사이에 柵門貿易이 행해진 이래 계속해서 육로 통상의 요지에 속하여 監理事務官을 두었지만 1894·95년의 사건 때문에 그 후 폐쇄된 꼴이 되었다"고 언급하고 있다(『日使錄』 19, 「二. 鴨綠江經營 一〜七」, '제192호-林公使(1903.6.24) → 李外相').

제6조 : 감리는 항구 내에 거류하는 외국인의 인명·재산과 본국인에 관한 일체 사송詞訟을 각국 영사와 서로 심사하는 권한을 가진다.

제7조 : 감리서 주사 중 1원員은 감리가 선발해서 자체로 임명한 다음 외부에 보고하여 서임하며 그 나머지 인원은 외부에서 선임한다.

제8조 : 항구에 경무관을 두되 경무관 이하 총순總巡·순검巡檢의 정원수, 일체 비용은 내부內部에서 적당히 정한다.

제9조 : 경무관은 내부에서 임명하고 해임하지만 경찰 직무는 감리의 지휘 감독을 받게 한다.

제10조 : 감리는 관찰사와 대등하게 상대하고 문서를 주고받는 것을 대등하게 조회하며, 각부各部에 관한 사건을 만나면 해당 부部에 직보直報하되 외부에도 보명報明한다.

제11조 : 감리는 각 군수와 각항各港의 경무관에게 훈령訓令과 지령指令을 내리며, 목사牧使를 제외한 각 부윤府尹에게는 항港의 사무에 관한 사건을 훈령하고 지령한다.

제12조 : 항구의 상품 진출과 세금 항목 수량을 감리는 직접 검열하여 매달 말에 탁지부度支部에 자세히 보고하고 외부에도 보명한다.

제13조 : 외국인 거류지 내에 거주하는 인민과 왕래하는 상인들을 특별히 보호하여 상무商務를 흥성하게 하되 이익을 독차지하는 자가 있어서 장사를 방해하는 것은 일체 엄격히 막는다.

제14조 : 감리서의 봉급과 경비는 외부에서 매년 예산을 탁지부와 협의하여 정한 후 항목별·월별 표를 외부에서 만들어 보낸 대로 준행한다.

제15조 : 각 감리·주사·원역員役의 봉급과 각종 경비는 해당 항구의 세은稅銀으로 계산하여 지불한다.

제16조 : 각 감리와 주사의 여비旅費는 국내 여비 규칙에 의거하여 지불한다.

제17조 : 각 감리가 판임관에서 해임되는 경우는 관리 임명 규례에 의하여 외부에

　　　　설명하여 보청報請한다.

제18조 : 감리가 부득이한 사고가 있어서 휴가를 요청할 때에는 외부에 보고하여

　　　　외부대신이 서리를 본 감리서의 주사로 정한다.

제19조 : 감리 이하가 서임된 후 출발하는 기일과 각종 공문에 이름을 직접 쓰는

　　　　것과 부임한 날부터 봉은俸銀을 지불하는 각 항목의 규칙은 지방 관제에

　　　　따라 시행한다.

부칙

제20조 : 본령은 반포일로부터 시행함.

　이 규칙은 1883년의 '감리통상사무설치사목'과 비교해볼 때 감리의 역할이
나 세부적인 직제 등에 대하여 보다 구체적으로 규정하고 있다.[11] 여기서 눈에
띄는 부분이 제1조에서 감리의 역할을 규정하면서 '각국 영사와의 교섭'을 가
장 먼저 내세웠으며, 보다 구체적으로 제6조에서 항구 내에 거류하는 외국인
의 인명·재산과 본국인에 관한 일체 사송詞訟을 각국 영사와 심사하는 권한을
가진다고 밝힌 사실이다. 즉 개항장·개시장에서의 감리서의 역할이 외국인
관련 사안의 처리와 관련된 지방대외교섭관서로서의 그것으로 분명히 정의된
것이다. 아울러 해관에 대한 관리·감독에 대해서는 아예 언급 자체가 빠짐에

11　이 규칙에 대해 정광섭은 '잡다한 업무, 즉 일관성 없는 규칙들'로 구성되어 있다고 평가하였다(정광
　　섭, 「甲午改革期 監理署의 정체성에 관한 연구」, 『한일관계사연구』 56, 2017, 275쪽). 그러나 상기한
　　규정을 보면 분명히 전체적으로 '개항장 내 외국인과 관련된 사안 관할'이라는 대전제하에 각 세부
　　사항에 해당하는 내용들에 대해서 하나하나 설명하고 있으며, 감리의 경비, 여비, 해임, 휴가 등의 규
　　정은 업무 수행과 관련된 부칙으로 비단 감리뿐 아니라 여타 직제들에 있어서도 반드시 필요하며 공
　　통적으로 포함되는 항목들이다. 이러한 규정이 '잡다하고 일관성 없는' 것들이라면, 대체 어떤 규정
　　이 '일관성 있는 규정'으로 정의될 수 있는 것인지 몹시 궁금하다. 이러한 무리한 평가는 애초에 감리
　　서 제도의 변화 과정을 '일본 위정자들이 자의적으로 감리의 기능을 변칙적으로 이용해가는 과정'으
　　로 사전에 전제하고(위의 글, 276쪽) 여기에 역사적 사실을 끼워 맞추는 과정에서 생겨난 결과로 판
　　단된다.

따라 해관감독기관으로서의 역할은 상실되었다고 할 수 있다.[12] 이 당시 관세의 관리권이 무소불위의 권력을 행사하던 총세무사 겸 탁지부 고문관 브라운 휘하 해관의 외국인 세무사들에게 있었던 점을 상기한다면, 1894년 이전처럼 감리가 관세관리권을 행사하도록 하는 것은 사실상 무리였다.

이러한 감리서의 성격 변화는 감리의 업무가 지방대외교섭 관련 그것으로 특화됨과 아울러 해당 방면으로 전문성이 강화됨을 의미하였다. 감리서 복설 이후 각 개항장·개시장의 감리 역임 현황을 보면, 눈에 띄는 부분이 한 번 감리에 임명되었던 인물이 같은 곳 혹은 다른 개항장을 번갈아가며 계속 재임용되고 있다는 점이다.[13] 이와 관련하여 1883년의 설치사목에서도 부산, 인천, 원산의 순환근무를 규정한 바 있으나 실제로는 전혀 지켜지지 않았음은 전술한 바와 같다. 그런데 복설 이후로는 여러 개항장·개시장을 번갈아가며 계속 감리를 역임하여 심지어는 3회 이상까지 재임再任하는 경우가 나타나는바,[14] 이는 개항장·개시장 감리의 외국인 상대 업무, 곧 지방대외교섭 업무의 특수성·전문성을 감안한 조치로 여겨진다. 이러한 외국인 관련 업무로의 특화는 인천에서 더욱 뚜렷이 보이고 있으니, 즉 외국어학교인천항외국어학지교(仁川港外國語學支校), 관립인천일어학교(官立仁川日語學校)를 새로 설립하면서 해당 교장을 감리가 맡게 하였다는 점이다.

아울러 이와 관련하여 감리의 위상에서도 변화가 있었다. 우선 1895년 폐지 이전의 감리는 먼저 지방관으로 임명된 뒤에 감리로 겸임하는 절차를 거쳤는데, 복설 이후부터는 먼저 감리로 임명된 후 지방관을 겸직하는 형태로 바뀌

---

12 단 제12조에서 볼 수 있다시피 항구의 수출입세금에 대하여 탁지부 및 외부에 보고하는 역할은 유지됨으로써 과거 관세를 관리했던 '흔적'은 남았다고 할 수 있다.

13 본서 부록의 〈표 1〉 참조.

14 대표적인 경우가 팽한주로, 덕원 감리(제2대-1898.5~11)와 삼화감리(제2대-1899.5~1900.6) 및 개시장인 평양의 초대 감리 역시 역임하였다(1900.8~1903.5). 임명만 되고 실제 부임하지 않은 경우까지 합칠 경우 더욱 많아짐은 물론이다.

었다는 점이 주목할 만하다.[15] 이는 지방관으로서의 임무보다 감리로서의 그것
이 더 우선시되었다는 사실을 의미한다.[16]

그밖에 감리의 복설관제에서 눈에 띄는 점이라면, 감리의 지방 제도상 지휘
계통 문제, 곧 관찰사 및 군수, 목사, 부윤 등의 지방관들과의 관계에 대해 규
정한 조항과 더불어 경무관에 대한 지휘권을 명문화한 부분이다. 전자는 감리
제 창설 당시 제정된 '감리통상사무설치사목' 내 조항의 내용을 계승한 것으
로, 앞 장에서 살펴본 바와 같이 관찰사와 대등한 위상으로 휘하 군수·부윤
등에게 지령을 내리는 감리의 지방대외교섭에 있어서의 허브 역할을 규정하는
내용이라고 할 수 있다. 후자의 경우 개항장의 경무관은 감리서의 복설 이전
시점에는 관찰사 소속이었던 바, 결국 감리가 관찰사의 업무를 승계하였으므
로 사실상 지휘 계통에는 별반 변화가 없었다고 볼 수 있다.[17]

이상과 같이 감리서는 복설되면서 해관에 대한 관리·감독의 기능을 사실상
상실하고 지방대외교섭 담당으로서 관서 성격의 변화를 겪게 되었다. 그리고
이후 1897년 10월 1일 자로 전라도 목포木浦의 무안항務安港과 평안도 진남포鎭
南浦의 삼화항三和港이 추가 개항되고[18] 마찬가지로 그곳 모두에 감리서목포 : 무안 감
리서, 진남포 : 삼화 감리서가 설치되기에 이른다. 감리서의 설치는 공식적인 개항 일자

---

15 복설 당시에도 우선 3항 1시의 감리 복설 조치가 우선적으로 이루어진 뒤, 각 감리가 해당 지방관(府
尹)의 사무를 겸직하게끔 하였다(『外部請議書』, 「29·30호-外部大臣 李完用(1896.8.7) → 內閣總
理大臣 尹容善」).

16 실제로 복설 이후 덕원 감리가 겸직인 지방관, 곧 부윤으로서의 직무에 소홀하여 거의 府廳에 근무하
지 않고 대부분의 시간을 감리서에서만 보내는 것에 대한 불만이 표출되기도 하였다(「咸鏡南道德源
府居民張良淑等訴狀」, 1898 참조; 서울대 규장각 편, 『外部訴狀』, 2000, 60쪽 수록).

17 단 이 복설관제 규칙은 경무관에 대한 감리의 지휘권한을 최초로 명문화하였다는 의미를 지적할 수
있다.

18 『高宗實錄』 권35, 고종 34년 7월 3일. 참고로 이들 개항의 경우 기존의 개항장과는 달리 조약이나 협
정 없이 한국 정부가 스스로 개항을 선언하는 '自開' 방식으로 이루어진 최초의 경우였다. 그러나 이
는 다만 형태상 그렇다는 것일 뿐 실질적인 내용상으로 볼 때 기존의 조약에 의한 개항장과 별반 차이
는 없었다. 보다 자세한 목포 개항의 경위는 孫禎睦, 『韓國開港期 都市變化過程硏究』一志社, 1982,
270~276쪽; 裵鍾茂, 『木浦開港史 硏究』, 느티나무, 제2장 참조.

인 10월 1일보다 앞서 이루어졌으며,[19] 초대 감리의 경우 삼화는 정현철, 무안은 진상언秦尙彦이 각기 임명되었다.[20] 이렇게 점차 개항장의 추가에 따라 감리서 역시 증설되면서 그 수가 늘어나기 시작한 것으로, 이는 개항장·개시장의 상업활동이 보다 활발해짐과 함께 자연히 감리서의 업무 분담 역시 커짐을 시사한다. 그에 따라 부산·인천·원산의 3개 개항장 및 신설 목포와 진남포 감리서의 서기관을 각기 1명씩 증원시키고 예산 역시 추가하는 조치가 취해지게 되는데,[21] 이러한 감리서의 역할 및 조직 확장은 향후 감리와 지방관의 겸직 문제 역시 변화할 가능성을 일정 부분 예고하고 있는 것이었다.

한편 이러한 감리서의 지방대외교섭관서로의 변화와 관련하여 이기李沂, 1848~1909가 제시한 지방 제도 개혁안이 주목된다. 그는 1898년 양지아문量地衙門 설치 이후 양지위원量地委員에 임명되어 활동하고 있던 시점인 1900년 전후 경에 '급무팔제의急務八制議'라는 제도개혁안을 작성하여 중추원에 건의한 것으로 보이는데,[22] 그 내용 중에서 지방 제도 개혁안에 감리서가 언급되어 있다. 감리서가 한성의 판윤서判尹署와 더불어 각 지방 관찰부에 앞서 언급되고 있다는 점에서 이기가 감리서의 외국인 관할 업무를 중요하게 생각하고 있음을 엿볼 수 있다. 특히 감리서의 조직을 마치 중앙의 외부外部와 같이 교섭과交涉課, 통상과通商課, 비서과秘書課, 서무과庶務課, 회계과會計課로 구성하고 있는 점이 눈에 띄는데,[23]

---

19 1896년의 '각개항장감리복설관제급규칙'에 무안·삼화 두 곳을 추가하고 두 개항장의 감리와 서기 이하 직원들의 정원, 보수, 여비 등 각종 비용 관련 내용을 첨입하여 9월 12일 자 칙령 제33호로 반포하는 형태로 이루어졌다(裵鍾茂, 앞의 책, 34쪽).

20 이들은 삼화항·무안항이 개항장이 되기 이전 시점인 9월 1일 자로 삼화군수·무안군수에 먼저 임명되었다가 감리서 설치가 결정된 익일인 13일 자로 삼화 감리 겸 삼화부윤·무안 감리 겸 무안부윤으로 임명되는 절차를 거쳤다(『承政院日記』, 고종 34년 8월 5일·17일).

21 李鉉淙, 『韓國開港場研究』, 一潮閣, 1975, 106~107쪽.

22 '急務八制議'의 정확한 작성 시점은 알 수 없다. 그러나 그 내용 중에서 지방 제도 부분과 관련하여 감리서 항목에 "총 11개처가 있다"고 한 대목으로 미루어볼 때, 최소한 1899년 3港1市의 개방 이후에 작성된 것임은 분명하다(『海鶴遺書』(국사편찬위원회 한국사료총서 3, 1956) 권2, 「急務八制議-地方制 第四」).

23 그 구체적인 직원 구성으로는, 우선 각 과별로 주사(判任官) 1인씩 총 5인, 그리고 그 휘하의 실무진

이는 지방대외교섭관서로 거듭난 감리서의 전문성을 보다 강화시키려는 의도가 느껴진다는 점에서 당시 감리서의 변화한 관서 성격에 대한 조야의 인식 중한 단면을 엿볼 수 있다.

2. 감리서의 지방대외교섭 기능 강화

1) 감리의 비외교非外交 업무 제한

1896년에 감리서가 복설되면서 「각개항장감리복설관제규칙」으로 처음 제정된 감리서 관련 규정은 3년 뒤인 1899년 5월 4일 자 「각항시장감리서관제급규칙各港市場監理署官制及規則」으로 재차 수정 공표되었다.[24] 해당 규칙의 제정시 청의서에 언급된 바에 따르면 이 규칙의 제정 취지는 1899년 5월 1일 자로 옥구沃溝, 군산(羣山), 창원昌原, 마산(馬山), 성진城津에 개항장을, 평양平壤에 개시장을 열기 때문에[25] 이에 맞추어 감리서 관련 별도의 규칙을 제정하고자 한다는 것이었다.[26]

3항港 1시市의 개방은 여러 논란 끝에 이루어졌는데,[27] 이를 반영하기라도 하듯 이 규칙의 반포 과정에서도 다소 우여곡절이 있었다. 애초에 청의서가 제출된 것은 4월 11일이었으며,[28] 이 규칙안의 조율을 위해 22일 중추원에 외부外部의 관원을 변명위원辨明委員으로 파견하여 설명서를 보내어 심의하도록 했으

으로 서기 5인, 廳務 2인, 小役 5인을 두도록 하였으며, 감리서 휘하 조직인 경무서 역시 직제를 규정하고 있다(위의 글 참조).

24 『官報』제1254호, 1899.5.6, 「勅令 제15호」. 칙령 반포일자는 관보 발행일자인 6일보다 이틀 전인 4일로 되어 있다.

25 이 3항 1시의 개방에 대한 결정 자체는 1년 전에 이미 이루어진 바 있다(『高宗實錄』권37, 고종 35년 5월 26일).

26 『奏本』(奎17703) 제29책, 1899.5.4, 「奏本 제76호－各港市場監理署官制와 規則에 關훈 請議書 제3호」.

27 평양을 중심으로 하는 3항 1시 개방의 경위와 관련 연구사에 대해서는 박준형, 「개항기 平壤의 개시 과정과 開市場의 공간적 성격」, 『한국문화』 64, 2013 참조.

28 『議政府來去文』(奎17793) 제7책, 「제3호－議政府贊政外部大臣 朴齊純(1899.4.11) → 議政府參政 申箕善」.

나,[29] 타결하지 못하여 다시 돌려보냈다.[30] 이후 3일 뒤인 25일에 재차 파견하였으나[31] 또다시 타결이 불발되었으며,[32] 3번째 파견인 28일이 되어서야 가결될 수 있었다.[33] 그 이유로 추측할 수 있는 것은 당시 3항 1시 중 평양의 개시開市에 대해서만큼은 한국 측이 소극적이었고 장소에 대해서도 일본을 위시한 외국들과 계속 이견이 있었기 때문이 아닐까 여겨진다.[34] 사실 중추원에서 추인한 이유도 개항 일자 같은 것은 이미 중추원의 논의를 거치기 전에 의정부에서 상주해서 재가를 받아버렸기 때문에, 사후추인을 할 수밖에 없던 것이다. 이에 대해서 중추원 의장 대리인 부의장 홍종억洪鍾檍이 의정부 참정參政 신기선申箕善에게 강력한 유감을 표명하고 있는 점으로[35] 미루어볼 때, 끝까지 중추원에서는 이 안건의 통과에 대해 반대 의견이 있었던 것으로 보인다.

여하간에 이상의 과정을 거쳐서 '각항시장감리서관제급규칙'은 제정·공포되기에 이른다. 그리고 그에 따라 각처의 감리서 역시 설치되고 감리가 임명되었다. 옥구 감리 겸 옥구부윤에 조성협趙性協, 성진 감리 겸 성진부윤에 팽한주, 그리고 창원 감리 겸 창원부윤에 안길수安吉壽가 5월 11일 자로 임용되었는데,[36] 이후 정확한 이유는 알기 어려우나 팽한주는 의원면직되고 그 자리에 삼화 감리로 있던 정현철이 임명되었다.[37] 조성협은 주사 이건태李建台를 대동하고 6월 6일 자로 부임하여 임시로 민가 6칸을 빌려 감리서 업무를 보기 시작하였고,[38]

---

29 위의 책, 「通牒 제74호─議政府參政 申箕善(1899.4.22) → 議政府贊政外部大臣 朴齊純」.
30 『外部來文』(奎17770) 제3책, 「通牒─議政府贊政外部大臣 朴齊純(1899.4.11) → 議政府參政 申箕善」.
31 『議政府來去文』제7책, 「通牒 제76호─議政府參政 申箕善(1899.4.25) → 議政府贊政外部大臣 朴齊純」.
32 위의 책, 「通牒 제57호─議政府贊政外部大臣 朴齊純(1899.4.25) → 議政府參政 申箕善」.
33 『中樞院來文』(奎17788) 제3책, 「通牒 제17호─中樞院議長代辦副議長 洪鍾檍(1899.4.28) → 議政府 參政 申箕善」.
34 孫禎睦, 앞의 책, 321~325쪽; 박준형, 앞의 글 등 참조.
35 『中樞院來文』제3책, 「通牒 제17호─中樞院議長代辦副議長 洪鍾檍(1899.4.28) → 議政府參政 申箕善」.
36 『承政院日記』, 고종 36년 4월 2일.
37 위의 책, 고종 36년 4월 4일.
38 『沃溝港報牒』(奎17868의 2) 제1책, 「報告書 제1·2호─沃溝監理 趙性協(1899.6.6) → 議政府贊政外部大臣」. 이후 열악한 근무 환경의 개선을 위한 감리서 신축 비용 관련 요청이 빈번하게 올라감이 확인

안길수는 주사 이원규李元珪, 이섭李涉, 이창진李昌鎭 등과 함께 6월 24일에,[39] 그리고 정현철은 주사 정호원鄭鎬元, 이희직李熙稷, 최재호崔宰鎬와 함께 8월 5일에 부임하여 집무를 시작하였다.[40] 평양의 경우 전술하다시피 다른 3항과 달리 우여곡절이 다소 있어서인지 감리의 임명 또한 늦어져서 이듬해인 1900년 8월 15일 자로 전술한 팽한주가 임명되어[41] 9월 25일에 주사 우재명禹載命, 원용덕元容德과 함께 부임하였으며, 평양부平壤府의 이청吏廳에 임시로 관사를 개설하여 업무를 개시하였다.[42]

그런데 문제는 이상에서 살펴본 3항1시의 개방처럼 개항장을 추가하는 경우, 바로 직전에 이루어진 1897년의 목포·진남포의 개항처럼 기존의 규칙에 개항장의 처소만 추가하는 식으로 수정 처리한 선례가 있다는 점이다.[43] 그리고 1896년 규칙의 경우 개항장만 대상으로 한 데에 비해 1899년의 그것은 제목에서 알 수 있듯이 개시장이 추가되었기에 제정되었다는 견해가 있지만,[44] 1896년 복설 당시에도 부산·인천·원산 3개 개항장과 더불어 개시장인 경흥이 포함되었다는 점에서 이렇게 설명하기는 어렵다.

된다.

39 『昌原港報牒』(奎17869의 2) 제1책, 「報告書 제1호－昌原監理 安吉壽(1899.6.24) → 議政府贊政外部大臣 朴齊純」. 그런데 창원항의 경우 안길수의 부임 이전에도 창원군수로 있던 이용교(李瑢教)가 감리서리라는 직책명으로 수차례 보고한 사실이 확인된다(『昌原港報牒』 제1책, 「報告書 제1호－昌原監理代辦昌原郡守 李瑢教(1899.6.10) → 外部大臣」 등). 아마도 이는 본격적인 감리서 설치 및 업무 시작 이전에 이를 준비하는 차원의 작업이 곧 교체 예정인 전임자 군수에 의해 이루어진 것으로 보인다.

40 『城津報牒』(奎17871의 2) 제1책, 「報告書 제1호－城津監理 鄭顯哲(1899.8.8) → 議政府贊政外部大臣 朴齊純」.

41 『承政院日記』, 고종 37년 7월 21일.

42 『平壤報牒』(奎17872의 2) 제1책, 「平壤監理 彭翰周(1900.9.27) → 議政府贊政外部大臣 朴齊純」. 다만 팽한주 부임 이전에도 '감리대판(監理代辦)'의 이름으로 보고가 올라간 점으로 볼 때 평양 역시 정식 감리 이전에 감리 관련 업무가 일정 부분 처리되고 있었던 것으로 보인다(『平壤報牒』 제1책, 「報告書 제1호－平壤開市場監理代辦平壤郡守署理江西郡守 尹(1900.2.29) → 議政府贊政外部大臣」).

43 1897년 9월 12일 자 칙령 제33호에 따르면 기존 1896년의 규칙에 務安과 三和를 추가하도록 하였다(『官報』 제742호, 1897.9.15, 「勅令 제33호」).

44 李鉉淙, 앞의 책. 42~44쪽.

그렇다면 새 규칙의 제정 이유는 표면적으로 밝힌 바와는 달리 규칙 자체의 내용상 이전의 그것과 차이가 있기 때문일 가능성이 높다. 우선 1899년에 제정된 '각항시장감리서관제급규칙'의 내용을 살펴보면 다음과 같다.

각항시장감리서관제급규칙各港市場監理署官制及規則[45]

제1조: 각 개항開港·시장市場에 감리를 둔다.

제2조: 감리서 직원은 아래와 같다.

　　　　감리는 1인을 두되 주임관으로 하고 주사는 4인을 두되 판임관으로 한다.

제3조: 감리는 외부대신外部大臣이 상주上奏하여 임명·해임하며 외부대신의 지휘·감독을 받아 각국 영사와 교섭하고 항내港內의 일체 사무를 관장한다.

제4조: 주사는 외부대신이 전적으로 임명 또는 해임하며 1인은 감리가 자체로 추천하여 보고하고 청하여 임명한다.

제5조: 주사는 감리의 명령을 받아 여러 사무에 종사하는데 법을 위반하거나 직무에 충실하지 않으면 감리가 보고하고 청하여 징벌한다.

제6조: 감리서를 두는 위치 별표 제1호, 감리 이하의 봉급은 제2호, 그리고 원역員役의 정액定額과 잡급雜給 및 경비는 제3호와 같다. 단 경비는 외부대신이 탁지부대신度支部大臣과 협의하여 수시로 증감하되 의정부의 논의를 거쳐 시행해야 한다.

제7조: 감리의 인장印章은 외부外部에서 주조한다.

제8조: 감리는 각 항구의 경무관 이하를 지휘 감독한다.

제9조: 감리는 관찰사와 대등하게 조회하고 목사, 부윤, 군수 이하에게는 훈령·지령한다.

---

45 『官報』 제1254호, 1899.5.6, 「勅令 제15호」.

제10조: 감리가 각부各部·부府에 관한 사무는 직접 보고하되 해당 사건을 외부에 일체 보명報明한다.

제11조: 감리에게 사고가 있을 때는 외부대신이 해당 감리서의 주사로 서리하게 한다. 단, 감리가 말미를 청하여 주사가 서리할 때는 감리 봉급의 1/3 해당분을 날짜를 계산하여 옮겨 붙인다.

제12조: 감리는 다른 군의 서리와 사관查官·검관檢官의 일을 시행하지 못한다. 단, 다른 군의 일이라도 외국인과 관계되는 경우에는 내부內部에서 외부에 조회로 요청하여 검사를 시행할 수 있다.

제13조: 감리는 상품을 운반하는 것과 세금의 많고 적은 것을 매 월말에 탁지부에 보고하되 외부에도 일체 보명한다.

제14조: 감리서의 봉급과 잡급 및 경비는 외부에서 매년마다 예산을 세워 탁지부와 협의하여 정하고 항목·월별 표를 외부에서 마련하여 보내주는 대로 시행한다.

제15조: 감리서의 봉급과 잡급 및 경비는 해당 항구의 세은稅銀으로 계산하여 지불한다.

제16조: 각 감리와 주사의 여비는 국내 여비 규칙에 따른다.

제17조: 감리와 주사가 서임된 후 출발하는 기일과 각종 공문에 이름을 직접 쓰는 것과 부임한 날부터 봉은俸銀을 지불하는 각 항목의 규칙은 지방 관제에 따른다.[46]

이상의 규칙을 1896년의 그것과 비교해보면 〈표 1〉과 같다.

---

[46] 부칙의 경우, 제18조는 반포일로부터 시행한다는 내용이고, 제19조는 신규 규정의 제정에 따라 기존의 규정을 폐지한다는 내용이므로 제외하였다.

1899년 '각항시장감리서관제급규칙' 주요내용	'각개항장감리복설관제규칙'의 해당 항목	비고
감리의 설치 규정 : 각 개항장·개시장에 임명.	-	각항(各港)·시장(市場)에 감리서를 둔다는 규정으로, 감리서 설치 대상이 개항장·개시장임을 명문화.
감리서 직원 규정 : 감리 1인(주임, 1등에서 6등까지), 주사 4인(판임, 1등에서 8등까지. 단 사무가 간단한 곳은 2~3인 배치)	제4조	원래는 전체 직원의 봉급 등 예산과 함께 배치된 내용에서 감리와 주사의 정원 관련 내용을 분리하고 세부규정 추가.
감리의 업무와 외부대신 지휘 규정 : 외부대신이 상주(上奏)하여 임면하고 지휘·감독하며, 각국 영사와 교섭하고 항내의 일체 사무 관장.	제1·2조	두 조항의 내용이 하나로 통합.
주사의 임명 규정 : 외부대신이 전적으로 임면, 1인 감리 추천.	제7조	표현상 외부대신의 임면 권한이 보다 강조.
감리의 주사 감독규정 : 업무 처리의 감독 및 위법·태만에 대한 처벌은 감리가 행사.	-	감리서의 지휘계통을 보다 명확히 하는 규정.
감리서의 처소와 예산 규정 : 예산은 직원의 봉급과 원역(員役)의 정액(定額)과 잡급, 경비로 구성. 첨부한 별표 제1~3호 참조.	제4조	감리서의 처소 추가.
감리의 인장(印章) 주조 규정 : 외부에서 담당.	제3조	
감리의 경무관 지휘·감독 규정	제8·9·11조	원래 여러 항목에 걸쳐 상세히 규정되어 있는 내용이 극히 단순화됨.
감리의 지방관과의 위상 관계 규정 : 관찰사와 대등하게 조회, 목사·부윤·군수 이하에게는 훈령·지령.	제10·11조	2개 항목에 걸친 내용 중 위상 관련 규정만을 1개 항목으로 집약. 훈령·지령 대상에 목사가 포함됨.
감리의 업무 보고 규정 : 각 부(部)·부(府) 관련 사무는 직접 보고하되 해당 사건을 외부에 일체 보명(報明).	제10조	원래 조항에서 관찰사와의 위상 관련 내용은 빠지고 업무 보고 규정만 독립 항목으로 설정.
감리의 업무대리 규정 : 사고가 있을 때는 외부대신이 해당 서(署) 주사로 서리하게 하되, 감리가 휴가를 청하여 주사가 서리할 때는 감리 봉급의 1/3 해당분을 날짜를 계산하여 서리에게 지급.	제18조	주사의 감리 서리 시 감리 봉급 일부의 서리 지급 규정 추가.
감리의 타관직 겸직 관련 규정 : 타군의 서리와 사관(査官)·검관(檢官) 수행 불가. 단, 타군(他郡)의	-	기존 규정에는 없고 신규 규정에서 처음 나오는 내용.

---

47 부칙은 비교 대상에서 제외.

1899년 '각항시장감리서관제급규칙'		'각개항장감리복설관제규칙'의 해당 항목	비고
	주요내용		
	일이라도 외국인 관련 경우 내부(內部)에서 외부에 조회로 요청하여 수행 가능.		
13	감리의 수출입관세 보고 규정 : 매 월말에 탁지부에 보고하되 외부에도 일체 보명.	제12조	
14	외부의 감리서 예산 편성 규정 : 외부에서 매년 예산을 짜서 탁지부와 협의하여 정하고, 항목별·월별 표를 외부에서 보내주는 대로 준행(準行).	제14조	
15	감리서 예산의 출처 규정 : 해당 항(港)·시(市)의 세은(稅銀)에서 구발(扣撥).	제15조	변화 없음.
16	감리·주사의 여비 규정 : 국내여비규칙에 따름.	제16조	
17	기타 감리·주사 관련 규정 : 서임된 후 출발하는 기일, 각종 공문에 이름을 직접 쓰는 것, 부임한 날부터 봉은(俸銀)을 지불하는 각 항목의 규칙은 지방관제에 따름.	제19조	

양자를 비교해 보면, 큰 틀에서는 거의 동일하다고 할 수 있겠지만, 세부적인 내용에서 여기저기 차이점이 발견된다. 일단 내용의 추가부터 살펴보면, 제2조의 감리서 직원감리·주사 관련 규정은 1896년에는 첨부된 별표에 있던 내용을 분리하여 첨가한 것이며, 제4조에 부속된 첨부 별표의 경우, 개항장·개시장이 위치한 처소가 추가되었다. 또 11조의 경우 주사가 감리를 대리하는 경우 감리 월급의 1/3을 지급한다는 규정이 추가되었다. 이러한 내용들은 세부적인 내용상의 변화일뿐, 양자 간의 본질적인 차이라고 보기는 어렵다.

아울러 표에는 드러나 있지 않지만, 1896년의 규칙에만 존재하고 1899년에는 삭제된 내용도 있다. 제5조감리가 업무를 보는 처소는 본 항구에 이전부터 있던 청해(廳廨)를 그대로 쓰고 감리서라고 칭함, 제6조감리는 항구 내에 거류하는 외국인의 인명·재산과 본국인에 관한 일체 사송(詞訟)을 각국 영사와 서로 심사하는 권한을 보유, 제13조외국인 거류지 내에 거주하는 인민과 왕래하는 상인들을 특별히 보호하여 상무(商務)를 흥성하게 하되 이익을 독차지하는 자가 있어서 장사를 방해하는 것은 일체 엄격히 방지가 그것인데, 제5조 같은 경우는 이미 1896년에 규정된 감리서를 재차 정의할 필요가 없을뿐더러 1899년의 경우 규칙의 제목에 감리서가 포함되어 있어서 굳이 독립된 조항으로 남을 필요는 없었을 것으로 보인다. 그리고 제6조의 경우 사실상 '각국 영사와 교섭하고 항내의 일체 사무를 관장'한다는 감리의 업무 규정에 포함될 수 있는 내용이어서, 중복된 내용으로 간주되어 규칙의 간략화를 위해 삭제되었을 것으로 추정할 수 있다. 제13조는 상행위 질서의 유지와 관련된 내용인데, 왜 이 부분이 삭제되었는지 정확히 추정하기는 어려우나, 감리의 책무에서 상행위 질서의 유지를 고의적으로 누락시키는 취지로 보기는 어렵다고 생각된다.[48]

또한 일부 조항의 경우 내용은 동일한데 1개의 조항이 2~3개로 분리되었거나, 아니면 그 반대인 등의 경우, 또는 같은 내용이 표현만 조금 바뀐 경우 역시 내용상 본질적 차이라고 하기 어렵다. 그런데 그러한 부분 중에서 일정한 경향이 발견되기도 한다. 이를테면 제4조의 경우 1896년의 규칙에서는, "감리서 주사 중 1원은 감리가 선발해서 자체로 임명한 다음 외부에 보고하여 서임하며 그 나머지 인원은 외부에서 선임"한다(제7조)고 되어 있다. 이에 비해 1899년의 경우 "주사는 외부대신이 전적으로 임면하며 1인은 감리가 스스로 추천하여 보고하고 요청하여 임명"한다고 하여, 외부대신의 임면 권한이 강조된 느낌을 준다. 제10조 같은 경우도 원래는 감리가 관찰사와 대등한 위상을 지닌다는 내용이 함께 있었는데 이 부분이 다른 조항으로 이동되고 각 部部·府府에 보고하는 내용을 외부에도 보고한다는 부분이 독립되어, 역시 외부의 관할이 강조되는 인상을 주고 있다.

다음으로 경무관에 대한 관리·감독의 내용이 지나치게 간소해진 느낌이 있는데, 특히 1896년의 그것에 비교하여 내부內部의 경무관 임명권에 대한 언급이 완전히 생략되어 있음을 알 수 있다. 이는 당시 고종의 황제권 강화 정책과

---

48 그보다는 조항의 내용이 외국인에 대한 보호 위주로 되어 있음에서, 조선 당국에서 인식하는 개항장에서 감리의 역할이 외국인 보호 위주에서 점차 탈피해 가는 단서로 볼 수 있지 않을까 생각된다.

연계된 경찰 기구 개편 시도에서 그 원인을 찾을 수 있다. 즉 독립협회의 민주주의적 제도개혁을 수용하고 중추원을 의회로 개편함으로써 다양한 밑으로부터의 여론을 수용하려 애쓰던 1898년의 모습과는 달리, 고종은 1899년 8월의 '대한국국제大韓國國制' 반포 이후로는 황제권의 위상 강화와 위로부터 국가의 상징 조작, 그리고 절대주의적 정체성 창출의 방향으로 나아가기 시작하였다.[49] 그리고 이의 일환으로 국가 유지에 있어 대표적인 물리적 기반인 군권과 군주권을 보다 직접적이고 강력하게 그 자신에게 복속시키고자 하였다. 그 결과 탄생한 것이 원수부元帥府와 경부警部였다.[50]

그런데 기존 경무청 체제의 경무사警務使가 내부 직할이던 것과 달리 1900년 8월에 출범한 새 경부 체제에서 경찰 조직의 수반은 경부대신警部大臣으로 독립되었다.[51] 이러한 경찰 조직의 확대·강화의 배경으로 기존 경찰 조직에 대한 고종의 불신이 지적되고 있으며, 1898년 후반의 독립협회·만민공동회 문제와 더불어 여러 차례 발생한 군주권을 위협하는 정변들로 인해 1898년 10~12월간 불과 두 달 사이에 경무사가 7명이나 교체된 사실이 이를 반증하고 있다.[52] 따라서 1899년 5월경에 반포된 상기 규칙에 경무관에 대한 내부의 임면권 관련 내용이 전면 삭제된 것은 이 시점에 이미 기존의 내부 휘하 체제가 아니라 경부대신이 감독하는 독립적 경찰 조직으로의 개편이 일정한 구상 과정에 있어서였던 것이 아닐까 추측되는 측면이 있다.

마지막으로 1896년 규칙에는 없었던 내용이 새롭게 추가된 부분을 살펴보도록 하자. 일단 제1조는 감리를 개항장·개시장에 둔다는 내용으로, 그 자체

---

49 王賢鍾, 「대한제국기 고종의 황제권 강화와 개혁 논리」, 『歷史學報』 208, 2010, 29쪽.
50 孫榮祥, 「갑오개혁 이후 近代的 警察制度의 정립과 운영」, 『韓國史論』 53, 서울대 국사학과, 2007, 352쪽.
51 『官報』 號外, 1900.6.13, 「勅令 제20호」 참조.
52 孫榮祥, 앞의 글, 353~355쪽.

에 큰 의미는 없지만 감리서의 설치 장소를 개항장과 개시장으로 명문화시킨 다는 의의가 있다. 그리고 제5조의 주사에 대한 감리의 관리·감독과 관련한 내용은 감리서의 지휘계통을 보다 명확히 하는 규정으로 평가할 수 있는데, 이들 두 가지 조항은 물론 새롭게 추가된 부분이기는 하지만, 이들의 유무에서 규정의 본질적인 차이가 느껴지지는 않는다.

그러나 제12조는 1896년의 규칙과 비교해볼 때 본질적으로 상당히 비중 있는 내용이 새롭게 추가된 경우에 해당된다. 이 조항의 삽입에 대하여 이 규칙의 청의서에는 아무런 내용이 기재되어 있지 않아서 그 배경을 알기 어렵다. 그런데 규칙이 제정되기 약 2개월여 전에 있었던 내부-외부간 논쟁에서 그 실마리를 찾을 수 있다.

대한제국 외부대신 박제순朴齊純은 1899년 3월 10일 자로 당시 내부대신 서리를 맡고 있던 협판協辦 민병한閔丙漢에게 서한을 보내는데, 그 내용은 감리에 대한 내부의 지휘권 행사에 관한 일종의 항의였다. 즉 당시 원산 감리 윤치호尹致昊의 전음電音에 따르면 감리로 부임한 지 불과 4일밖에 되지 않아 아직 사무도 제대로 정리하지 못한 상황에서 내부로부터 안변安邊의 사관査官을 수행하라는 비밀 훈령이 내려왔다고 한다.[53] 그런데 감리 입장에서 이는 외국인들 보는 눈도 있는 상황에서 갑작스레 이임하기도 어렵고, 외부에서 감리 서리를 임명해서 외교 사무 처리에 차질이 없어야 하는 만큼 멋대로 처리하기 어려운 문제였다.[54] 박제순은 애초에 감리에게 부윤을 겸임시킨 것이 지방 사무가 그렇게 번잡하지 않아서였는데, 타지방의 사무로 인해 조사를 위하여 출장을 나가게

---

53 훈령이 내려온 일자는 3월 8일이었고, 내용은 안변군수 강찬희(姜瓚熙)의 부정부패 관련 고발 건에 대해 조사하라는 것이었으며, 이에 대해 윤치호는 마음대로 자리를 비울 수 없다고 회신하였다(윤치호, 박미경 역, 『국역 윤치호 영문일기』 4, 국사편찬위원회, 2016, 209쪽, 1899.3.8).
54 그래서 내부에서 다음날인 9일에 재차 보낸 출발 재촉 전갈에 대하여 윤치호는 거듭 불가함을 밝히며 파견 면제를 요청하였다(위의 책, 209쪽, 1899.3.9).

될 정도라면 그러한 겸직의 취지에도 맞지 않는 것이라고 생각했다. 따라서 그는 어느 감리라도 그 본래의 지방 사무 이외에는 절대 맡아서는 안 된다고 주장하면서 비밀 훈령을 즉각 취소할 것을 내부에 요청하였다.[55]

외부대신의 이러한 요청에 대해 다음날 민병한이 답신을 보내 반박하였다. 그는 감리가 부윤을 겸직하고 있는 만큼 지방 사무도 수행하지 않을 수 없는데, 교섭과 관련된 사항은 외부 소관이지만 행정 사무는 어디까지나 내부 소관임을 강조하였다. 따라서 행정상 부득이하게 사무를 지휘·신칙해야 할 경우에는 부윤으로서 거행하게 하는 것이 감리의 직권에 전혀 방해될 게 없다고 보았다. 그리고 이런 식으로 피차간 "방해한다는 혐의를 씌워 힐책혐방(嫌妨)을 힐변(詰辯)"하는 것은 타당하지 않으며, 사관查官을 속히 수행하도록 하겠다는 강경한 태도를 보였다.[56]

그러자 박제순이 다시금 거듭 회신하여 항의하기를, 감리가 부윤을 겸임하여 외교와 행정이 각기 별개이므로 직권상 서로 방해되는 바가 없다고 하는데,

---

55 『內部來去文』(全17794) 제12책 (內部來去案 七), 「照會 제5호-議政府贊政外部大臣 朴齊純(1899.3.10) →議政府贊政內部大臣署理內部協辦 閔丙漢」, "本日에 元山監理電音을 接據ᄒᆞ온즉 以安邊查官事現承內部秘訓等語이온바 此를 査ᄒᆞ오니 該監理가 莅任이 甫過四日ᄒᆞ야 諸般事務를 未及整理ᄒᆞ엿ᄉᆞ오니 外國人瞻聆에 遞爾離任치 못ᄒᆞᆯ지오 監理가 出境ᄒᆞ면 外部에서 署理를 預定ᄒᆞ야 外交事件을 無或暫曠케ᄒᆞᆯ지오니 外部訓飭이 無ᄒᆞ면 不宜擅離이오며 監理가 府尹을 兼ᄒᆞᆷ은 地方事務 不甚煩劇을 因ᄒᆞ야 旣經奏裁ᄒᆞ엿ᄉᆞᆸ느ᄃᆡ 他邑事務로 前往査ᄒᆞᆯ지면 煩劇莫甚이니 府尹兼任ᄒᆞ온 本旨에 不符ᄒᆞ온지라 無論某監理ᄒᆞ고 除本地方應行事件外에ᄂᆞᆫ 斷不準照管이라 該監理에게 行將電飭ᄒᆞ야 切勿作行케 ᄒᆞ겟기로 茲에 照會ᄒᆞ오니 査照ᄒᆞ오셔 貴部에서도 一切發電ᄒᆞ야 繳銷前訓ᄒᆞ심을 爲要".

56 위의 책, 「照覆 제4호-議政府贊政內部大臣署理內部協辦 閔丙漢(1899.3.11) →議政府贊政外部大臣 朴齊純」, "貴第五號 照會를 接準ᄒᆞ온즉 (…중략…) 該員이 旣兼府尹이온즉 地方事務를 不可不恪勤奉行이온바 無論某監理ᄒᆞ고 除本地方應行事件外에ᄂᆞᆫ 斷不準照管이라 該監理의게 行將電飭ᄒᆞ야 切勿作行케 ᄒᆞ깃다 ᄒᆞᆸ시니 甚涉訝惑이라 交涉事項은 貴部句管이어니와 行政事務ᄂᆞᆫ 弊部에 收關이라 行政上不得不指飭任事ᄒᆞᆯ 境遇에ᄂᆞᆫ 府尹으로 擧行케 ᄒᆞ미온즉 監理職權에 少無相妨일ᄯᅥ러 民國事를 共濟ᄒᆞᄂᆞᆫ 義에 視可則行이오 彼此間嫌妨을 詰辯ᄒᆞ미 恐非妥當이을듯 ᄒᆞ옵기 查官之行을 卽速擧行케ᄒᆞᆯ 意로 業已電飭ᄒᆞ옵고 茲以仰佈ᄒᆞ오니 照亮ᄒᆞ신 後 該監理의게 亦復電飭ᄒᆞ시믈 爲要事". 다만 윤치호에게는 안변으로 가지 않아도 된다고 이미 그 전날인 10일에 통보한 뒤였다(윤치호, 박미경 역, 앞의 책, 210쪽, 1899.3.10). 따라서 외부와의 충돌 상황이 발생하자 내부에서 일단 문제가 되는 해당 조치는 유보한 뒤 부처 권한의 조정이라는 차원에서 논쟁을 이어간 것으로 보인다.

감리는 단지 한 개인에 불과하지만 교섭 사무는 잠시도 폐지할 수 없다고 하였다. 또한 감리가 출발하고 떠날 때 서리를 정해 각국 영사에게 조회로 알려줘야 하고, 봉금俸金 지급 문제 때문에 해관 총세무사에게도 서한을 보내면 또 총세무사가 각 개항장 세무사에게 전칙轉飭하여 기한만큼 봉금을 발급해주는데, 이 과정에서 이런저런 문서들만 많아질 뿐더러 매 사무마다 지장이 생겨 외국인들의 비웃음만 살 우려가 있음을 지적하였다. 따라서 그때까지 정말 일이 없는 상황이 아니면 설사 부득이한 일이 있어서 여러 차례 서리를 요청하는 일이 있어도 하지 않아 왔음을 강조하였다. 더구나 덕원 감리德源監理는 부임한 지 며칠 되지도 않았는데 벌써 서리를 정해서 외국 영사에게 조회하면 정부의 체면이 깎일 뿐더러 개항장 내의 이목이 해혹駭惑할 것이므로 이는 결단코 행할 수 없는 일이라고 못 박았다. 아울러 함경남도의 지방관이 덕원부윤만 있는 것이 아니니 사관을 다시 정하면 될 일이라고 하면서, 답신의 내용 중 외부가 "방해한다는 혐의를 씌워 힐책"하였다는 것은 도무지 이해할 수 없는 말이라고 유감을 표명하였다.[57]

그로부터 며칠 뒤에 이번에는 내부대신 임시서리를 역임하게 된 학부대신

---

57 『內部來去文』제12책 (內部來去案 七), 「照會 제7호－議政府贊政外部大臣 朴齊純(1899.3.14) → 議政府贊政內部大臣署理內部協辦 閔丙漢」, "德源監理의 安邊査官事로 貴第四號 照覆을 準准ᄒᆞ온즉 (…중략…) 監理가 府尹을 兼任ᄒᆞ와 外交와 行政이 各殊ᄒᆞ오니 職權上에 小無相妨이오나 其人則只是一個人이라 交涉事務ᄂᆞᆫ 不可須臾廢止오니 本境에 在ᄒᆞ야ᄂᆞᆫ 左右接應ᄒᆞ와도 尙可彌縫이어니와 離次視事ᄂᆞᆫ 決非一人의 所可辦이옵고 監理가 離任ᄒᆞᆯ 時에ᄂᆞᆫ 雖一日이라도 外部에셔 署理를 定ᄒᆞ오면 各國領事에게 接任照會ᄒᆞ고 監理還署ᄒᆞᆫ 後에 接任解任을 再行照會ᄒᆞ오며 外部에셔 監理離任幾日를 定期ᄒᆞ야 總稅務司에게 預爲函飭ᄒᆞ오면 該港稅務司에게 轉飭ᄒᆞ야 視其期限而撥給俸金이되 如過期限이면 不撥俸金ᄒᆞᄂᆞᆫ 成例오니 簿牒이 浩繁ᄒᆞᆯ 뿐아니라 隨事有梗ᄒᆞ야 外國人의 譏笑를 多取ᄒᆞ기로 事務稍簡之時가 아니면 雖有不得已事ᄒᆞ야 屢請署理라도 不爲遵準ᄒᆞ왓ᄉᆞ오며 德源監理ᄂᆞᆫ 莅任不過幾日에 署理를 定ᄒᆞ야 外國領事에게 知照ᄒᆞ면 政府體面이 虧損ᄒᆞ고 港內瞻聆이 駭惑ᄒᆞ오니 此則斷不可行之事也라. 貴部에 照會ᄒᆞ온지 多日에 未接照覆ᄒᆞ오니 該監理가 率爾擅離홀가 慮ᄒᆞ야 已經知照內部切勿作行之意로 業已電飭ᄒᆞ엿ᄉᆞ오며 咸鏡南道 地方官이 不止德源府尹一人이니 更定査官ᄒᆞ야 妥決該案ᄒᆞ시고 各港監理ᄂᆞᆫ 査官檢官等 一切事件을 更勿擬議ᄒᆞᆷ심이 寔屬公允이오며 貴照會內嫌妨詰辭四個字ᄂᆞᆫ 曉解不得이온바 各部大臣이 互相往復ᄒᆞᆯ 境遇에 就事論事ᄒᆞ야 務求至當이 貴照會의 共濟之義와 視其則行이라ᄒᆞ신 句語에 適合ᄒᆞ오니 嫌妨이 何事며 詰辭이 何意리잇가 再三思維ᄒᆞ와도 轉益訝惑ᄒᆞ온지라 更玆照會ᄒᆞ오니 査照ᄒᆞ와 該監理에게 電飭繳訓ᄒᆞ야 該員의 難安을 免케 ᄒᆞᆷ심을 爲要."

신기선이 재반박 서한을 보내왔다. 그에 따르면 부윤이 지방관을 겸하고 있으므로 어떤 사항을 막론하고 행정상 관계가 있으면 내부의 지휘를 받는 것은 너무나 당연하며, 또한 외국인이 관여한 사단이 있으므로 개항장 감리를 겸직하는 부윤이 행정과 교섭 모두에 능숙할 듯하여 특별히 정한 것이니 외부의 반대가 오히려 이상하다고 하였다. 그리고 무릇 감리의 이임 절차가 복잡하여 누차 서리를 청해도 허가하지 않았다고 하지만, 각 개항장 감리가 휴가를 얻어 상경해서 개인적인 이유로 몇 달씩 머무는 자가 한둘이 아닌 세태를 지적하였다. 따라서 그는 이번 지방의 조사 건이 사적인 것이 아니라 공무 관련인데도 외부에서 불허함은 타당하지 않으며, 이웃 군郡의 조사 건은 하루면 해결될 문제로, 왕복까지 해도 5~6일에 불과하다고 반박하였다.[58]

이상은 결국 지방관府尹을 겸하는 감리에 대한 지휘·감독권을 둘러싼 외부와 내부 간의 일종의 힘겨루기 과정으로 이해할 수 있으며,[59] 감리의 위상을 지방대외교섭의 책임자로 보느냐 아니면 겸직인 지방관 중심으로 이해하느냐에

---

58 위의 책, 「照覆 제5호─議政府贊政內部大臣臨時署理學部大臣 申箕善(1899.3.20) → 議政府贊政外部大臣 朴齊純」. "槪 德尹俾卽發行事, 貴第七號 照會롤 接準ᄒ온즉 (…중략…) 該府尹이 旣兼地方官이온즉 毋論何許事項이던지 有關行政上ᄒ면 弊部指揮롤 承ᄒ야 惟시擧行ᄒ믄 實是職內事也라 今此査官之擧가 果係審愼ᄒ고 且外國人于涉ᄒ 事端이 有ᄒ미라 該府尹이 行政等事와 交涉等節에 俱是嫻熟홀웃ᄒ와 特派하査ᄒ미어늘 貴部로서 倘未諒察이온지 來照辭旨가 至此鄭重ᄒ오니 還屬訝惑이라 大抵監理離任이 節次가 多端ᄒ야 屢請署理라도 不爲遵準이라 ᄒ시니 各港口監理가 受由上京ᄒ야 或私故롤 因ᄒ야 滯留數朔ᄒ미 不啻一二人이라 今此地方査事가 係公非私이온즉 貴部로서 不爲認許ᄒ심이 恐非共濟之義라 今則該府尹接任이 已經數十日이옵고 隣郡査事는 一日爲急일 ᄲᆞᆫ더러 余此員則無可委任이오 往還間所費가 多不過五六個日이것기로 玆更鄭佈ᄒ오니 照亮ᄒ시어 卽爲電飭ᄒ야 俾發行ᄒ고 該監理事務롤 該港主事로 按例暫署케 ᄒ시믈 爲要事".

59 당시 감리서와 관련하여 이와 같은 정부 부처 간의 이해관계 문제는 다른 데에서 보이기도 한다. 즉 법부가 각부항목(各府港牧)의 주사 정원 중 한 자리를 법률에 익숙한 자로 법부에서 뽑아 파견한다는 내용의 칙령안을 준비하여 외부에 공동 발의를 요청했는데(『法部來去文』(奎17795) 제9책(法部來去案 五), 「照覆 제7호─法部大臣 兪箕煥(1899.4.20) → 外部大臣 朴齊純」), 이에 대해 외부에서는 법률에 익숙한 사람을 주사로 파견하는 당위성은 인정하나, 마련한 칙령안 중 "각 항구 주사 중 1인은 외부에서 減下한다"는 내용을 문제삼아 반대하고 있다. 즉 감리서 주사 4명을 두는 곳에도 사무가 많아 지체됨은 물론, 2명만 두는 곳은 감리가 추천권을 행사하여 자주 교체되는데, 만약 거기서 또 다시 1인을 줄이면 도저히 교섭 사무를 처리하기 어렵다는 이유였다(『法部來去文』 제9책(法部來去案 五), 「照覆 제5호─外部大臣 朴齊純(1899.4.22) → 法部大臣 兪箕煥」).

따라서 양자의 주장 모두 일리가 있다고 봐야 할 것이다.

따라서 이러한 논쟁이 벌어진 지 약 2개월여 만에 제정된 감리서 관련 규칙에서 "감리는 다른 군의 서리와 사관·검관을 수행하지 못하며, 단 다른 군의 일이라도 외국인과 관계되는 경우에는 내부에서 외부에 조회로 요청하여 시행할 수 있다"는 기존에는 전혀 없던 조항이 추가된 것은, 결국 앞서 살펴본 제4·10조의 외부 관할 표현의 강화 문제와 더불어 감리에 대한 외부 관할을 보다 명확히 하는 조치였던 것이다. 그리고 이는 '외국인 관련 사안에만 한정'된 예외 조항과 맞물려서 개항장·개시장의 감리 담당 업무를 외국인 관할과 관련된 그것, 다시 말해 지방대외교섭 기능에 더욱 특화시키는 결과로 귀결되었다고 결론지을 수 있다.

이러한 감리의 지방대외교섭 관할 업무와 관련한 전문화는 다른 예에서도 보이는데, 교섭 안건에 대한 보고의 정례화가 바로 그것이다. 즉 1900년 1월부터 마치 개항장·개시장의 수출입관세에 대한 보고를 정례적으로 하는 것과 마찬가지로, 해당 구역 내의 교섭 안건, 곧 외국인 문제와 관련한 영사 등과의 교섭 현황에 대해서 감리가 정례적으로 외부에 보고하는 관행이 생겨난 것이다.[60] 원칙은 매월 말에 그 달의 교섭 안건과 관련한 왕복 공문을 보고하는 것이었는데, 물론 그 원칙이 100% 지켜진 것은 아니었지만,[61] 이후 이러한 관례는 감리서 폐지 시까지 계속 이어졌으니, 이 역시 감리서의 관서 성격이 지방대외교섭의 그것으로 특화된 양상의 일단면이라고 볼 수 있을 것이다.

60　『東萊港報牒』(奎17867의 2) 제5책, 「訓令 제3호-議政府贊政外部大臣 朴齊純(1900.1.10) → 東萊監理 李準榮」. 참고로 처음에는 '교섭 안건'이라는 표현이 없이 그냥 왕복공문을 보내라고 하였으나, 시행 후 얼마 뒤부터 이러한 표현이 붙기 시작하였다.

61　이를테면 시행 첫해인 1900년에 인천 감리서의 경우 6월에 1~5월분에 해당하는 5개월 치를 제출하여 외부로부터 질책을 받기도 하였다(『仁川港案』(奎17863의 2) 제6책, 「報告書 제29호-仁川監理 河相驥(1900.6.26) → 議政府贊政外部大臣 朴齊純」).

2) 길주吉州 · 성진城津 통폐합 파동과 감리 · 지방관의 분리

감리는 비록 1883년 제도를 처음 설치할 당시에는 지방관과의 겸관이 명문화되지 않았고 초대 감리의 경우 겸직이 아닌 경우가 있었으나, 창설 뒤 얼마 후부터 점차로 지방관을 겸하는 것이 당연시되었다. 그리고 폐지 후 복설된 이후로도 비록 감리직과 지방관의 어느 것이 주이냐는 문제는 있었지만 줄곧 지방관과 겸직하는 것이 제도화되어 있었다. 그런데 1903년 1월 26일부로 감리와 지방관이 돌연 분리되고 겸직이 불가능하도록 규정이 바뀌게 되었다.[62] 이 안건은 외부대신 조병식과 탁지부대신 김성근金聲根이 공동 명의로 1월 21일에 청의한 것으로 되어 있는데,[63] 청의서 서두에 있는 발의 취지는 다음과 같다.

> 각 개항장 감리가 지방 부윤을 겸임하도록 하는 건이 1896년에 이미 상주 · 재가를 거친 바 있는데, 각항各港 감리의 교섭 사안이 근래 더욱 번거로워져 지방 사무를 함께 돌보기 어려워졌으므로, 지금부터 감리가 부윤을 겸임하지 못하게 하여 책무를 완수할 수 있도록 하는 것이 타당하겠기에 이 안건을 회의에 제출함.[64]

즉 개항장 · 개시장의 무역량과 더불어 외국인들의 숫자가 갈수록 늘어나서 감리가 담당해야 할 지방대외교섭 사무가 계속 많아지기에 지방관을 겸무할 여유가 없다는 것이 이 조치의 시행 배경으로 언급되고 있는 것이다. 그런데 이 조치의 심의 및 통과 과정에서 다소 이견이 노출되고 있는 것이 눈에 띈다. 즉 안건 통과시에 찬성 5, 반대 3이었는데, 반대 의견을 보면, "분설分設의 해로

---

62 『高宗實錄』 권43, 고종 40년 1월 26일.

63 지방관과 관련된 문제이므로 응당 내부와 협의를 했어야 할 사안이나, 어찌된 일인지 내부에서도 이 사안이 발의되어 재가를 받은 후에나 알게 되었던 것으로 보인다(『外部各官廳來去文』(奎17818), 「通牒－內部主事 沈弘澤(1903.4.10) → 外部主事 趙源誠」).

64 『各部請議書存案』(奎17715) 제23책, 「請議書 제1호－議政府贊政外部大臣 趙秉式 · 議政府贊政度支部大臣 金聲根(1903.1.21) → 議政府參政 金奎弘」.

움이 겸임보다 크지 않을까 우려된다分設之害 恐甚於兼任-찬정 권재형", "몇몇 곳은 겸임하지 않는 것이 타당하지만, 전부 겸임하지 말게 하면 매우 불편할 것이다幾處勿兼任則可也 一體勿兼任 則甚不便-찬정 성기운", "겸임과 겸임 금지 모두 각기 타당한 점과 부당한 점이 다 있다兼不兼 各有宜不宜-참찬 이용태(李容泰)"는 등의 의견들이 그것이다.[65]

더구나 후술하겠지만 실제로 겸임 금지 조치 이후에도 더러 감리가 지방관에 대한 월권을 행사하는 경우가 보이며, 금지규정과는 달리 이후로도 겸임을 하는 경우 역시 발견되고 있다. 따라서 물론 감리의 업무 부담 경감이라는 명분도 주된 이유 중의 하나이긴 하겠지만, 전적으로 그러한 이유만으로 1903년 5월의 시점에서 해당 조치가 내려졌다고 보기는 어려우며, 뭔가 다른 배경을 생각해볼 필요가 있다. 여기서 주목되는 지점이 바로 지역 통폐합을 둘러싼 개항장 성진城津과 길주吉州의 분쟁이다.

함경북도와 함경남도의 경계 부근에 위치한 길주와 바로 인접한 성진현재 북한 김책시 해당 지역은 일찍부터 북방의 방위에 있어서 요충지로 인식되었다. 조선시대에는 원래 행정구역상으로는 성진이 첨사가 다스리는 첨진僉鎭으로서 목사 지휘하의 길주목에 포함되어 있었는데, 북방 방위에 관한 양 지역의 주도권 문제에 있어 일찍부터 행정구역 관련 조치들이 취해져 온 과정이 상당히 복잡하다. 즉 임진왜란 이후 선조대에 본격적인 북방 방어 체제를 구축하면서 원래 길주에 있던 산성을 성진으로 옮겨 축성한 바 있으며,[66] 1701년숙종 27에는 성진에 방영防營을 설치하여 성진첨사가 방어사防禦使를 겸임하도록 하였다.[67] 그런데 목사보다 하급자인 첨사가 방어사를 겸임하면서 생기는 지휘권의 혼란 및 상호 간섭 문제에 대한 비판 의견이 곧 제기되었고,[68] 이에 따라 13년 뒤인

---

65 『奏本』 제65책, 1903.1.26, 「奏本 제18호」.
66 『宣祖實錄』 권39, 선조 39년 7월 24일; 12월 3일.
67 『肅宗實錄』 권35, 숙종 27년 7월 5일.
68 위의 책, 권39, 숙종 30년 5월 14일.

1714년숙종 40에는 성진의 방영을 혁파하고 길주목사가 방어사를 겸임하도록 하였다.[69] 이러한 체제는 다시 1746년영조 22에 방영을 성진에 설치하면서 바뀌었다가[70] 3년 뒤에는 또다시 성진의 방영이 혁파되고 길주목사의 방어사 겸임 체제로 환원되었다.[71] 이후 다시 1778년정조 2에는 성진에 방영이 재설치되는 등[72] 주로 18세기에 걸쳐 성진에 방영의 치폐置廢가 반복되면서 방어사의 겸임 주체 역시 길주목사와 성진첨사 사이에서 오락가락하는 양상을 보였다.

그러므로 형식적으로는 시종일관 첨진으로서의 성진이 길주목 아래에 있었지만, 이러한 과정을 통해 성진의 지방민들은 길주에 대해 상위 지방 행정구역이 아닌 대등한 관계로 여겼을 가능성이 충분하다고 생각된다. 이후 1895년 23부제로의 지방 제도 개편 때 감영·안무영 등의 폐지 조치와 맞물려 방영은 혁파되었고 길주는 경성부鏡城府 휘하의 군으로 지정되지만, 성진은 독립된 행정구역으로 남지 못하고 길주에 편입되었다. 그 뒤에 아관파천 이후 1896년 13도제로의 재개편 당시 길주는 계속 군으로 유지되며 함경북도로 편입되었으나, 성진은 여전히 길주에 부속된 상태가 유지되었다.

따라서 이와 같은 상황은 성진 주민들에게 있어서는 나름 불만 사항이었을 것으로 보이는데, 여기에 성진의 독립 열망을 부추긴 것이 바로 '신향층新鄕層'의 존재였다.[73] 즉 신태악申泰岳 등으로 대표되는 이들 신향층은 성진항지역에 기반을 두고 있는 지주·부농·상인적 기반을 지닌 신세력을 지칭하는데, 이들은 개항장의 무역을 통하여 경제적 이익을 얻을 수 있는 위치에 있었다. 따라

---

69 위의 책, 권55, 숙종 40년 9월 13일.
70 『英祖實錄』 권64, 영조 22년 8월 30일.
71 위의 책, 권70, 영조 25년 10월 18일.
72 『正祖實錄』 권6, 정조 2년 11월 27일.
73 따라서 길주와 성진간의 갈등은 물론 직접적으로는 신·구향층 간의 대립이 그 원인이겠지만(李榮昊, 「갑오개혁 이후 지방사회의 개편과 城津民擾」, 『國史館論叢』 41, 1993 참조), 좀 더 근본적으로는 조선시대 이래 방어영의 설치를 둘러싼 길주·성진간의 역학관계에서 기인한 지역 간 갈등의 문제도 간과해서는 안 된다고 생각한다.

서 성진항을 개항시키고 성진군을 독립시켜 그를 통한 행정 및 자치업무 장악을 위해 노력하였다.[74] 그 결과 1898년 성진항의 개항이 결정되고 군으로 승격되었으며,[75] 앞서 살펴보았듯이 1899년 5월의 3항 1시 개방 당시에 개항이 이루어지면서 행정구역도 성진부城津府로 승급하기에 이르렀다.

이러한 현실은 한진직韓鎭稷 등 이른바 '구향층舊鄕層'으로 지칭되는 길주군의 기득권 세력에게는 받아들이기 힘든 것이었다. 더구나 신설된 성진군의 자치업무 역시 구향층이 장악하려 했으나 실패하고 소외됨으로써 이들 구향층은 이른바 '합군운동合郡運動'을 전개하여[76] 1900년 1월 23일 자로 합군이 결정되었는데,[77] 그 결과 길주군과 성진부가 다같이 폐지되고 길성부吉城府로 통합되었다. 이러한 조치에 대해서 이를 주도한 구향층과 달리 길주군민 역시 탐탁치 않아 했지만,[78] 성진군민들의 분노와 좌절은 상상 이상이었다.[79] 이들은 다시 서울에 올라가 분군分郡을 호소하여 1900년 5월 16일 자로 재차 분군이 단행되었는데,[80] 이러한 과정에서 구향층과 살벌하게 대립하게 되었다. 마침내 같은 해 8월에 구향층에서 신향층의 본거지인 성진성城津城을 공격하여 다수의 사상자가 발생하는 충돌에 이르렀다제1차 성진민요(城津民擾).

구향층의 공격에 의해 야기된 제1차 성진민요가 끝난 이후에도 구향층의 합군 노력은 계속되었으며, 다시금 1901년 10월에 성진군이 폐지되고 길주군에 통합되는 조치가 공포되었다.[81] 그러자 당연히 신향층은 이번에도 격렬하게 반

---

74 위의 글, 116쪽.
75 『官報』 제996호, 1898.7.8, 「勅令 제27호」.
76 李榮昊, 앞의 글, 102~103쪽.
77 『官報』 제1480호, 1900.1.25, 「勅令 제9호」.
78 『日錄』 14, 「一三. 各領事館機密來信 一・二」, '제15호-在城津 分館主任 窪章造(1900.2.27) → 在韓 特命全權公使 林權助'
79 『皇城新聞』에 따르면 이들은 "차라리 다른 먼 곳으로 유망할지언정 맹세코 길주 鄕吏의 魚肉은 되지 않겠다"는 표현까지 서슴지 않을 정도였다(『皇城新聞』, 「雜報-城津民願」, 光武 4년 2월 24일. "寧爲 絶域之流寓언정 誓不爲吉州鄕吏之魚肉이라고 ㅎ더라").
80 『官報』 제1580호, 「勅令 제18호」, 1900.5.22.

발하였다. 성진 군민 1,000여 명이 이듬해인 1902년 2월 6일 밤 10시경에 감리서를 습격하여 방화하고 성진 감리 심후택沈厚澤을 협박하여 자신의 관직을 걸고 성민 군민의 요구를 관철하겠다는 다짐을 받고서야 겨우 해산하였다. 이후 9일에 정부에서 합군을 단행한다는 통보가 전해지자 더욱 격앙하여 민회民會를 조직하고 구舊 성진군 향장鄕長에게 격장檄章을 보내며 각처에 방榜을 붙였으며, 이에 감리 이하 한국 관원들은 폭민暴民들의 불시 습격을 우려하여 중요한 물품들을 챙겨 도망갈 준비를 할 정도였다고 한다.[82]

이러한 상황은 길주 감리의 상주常住 위치를 성진항에 정함으로써 일시 안정을 되찾았으나, 이를 번복하여 길주 감리가 길주부사를 겸임하고 군수의 위치를 길주에 두는 조치가 취해짐에 따라 5월 하순에 다시 악화되었다.[83] 1902년 5월 22일 밤에 길주 군민들이 갑자기 경무서를 불태우고 감리서가 있는 민가의 문창門窓을 깨뜨린 후 도망간 사건이 일어났고, 수백 명이 몰려와서 "읍론이 없고 항港만 있으면 백성에게 무슨 이익이 되겠는가?"라고 하며 감리서 직원을 구타하며 전보사電報司에서 난동을 부렸다.[84] 이후 성진 인민들은 내부에 보낸 전보에서 "죽으면 다 같이 죽고 흩어지면 다 같이 흩어질지언정 맹세코 길주의 백성은 되지 않겠다"고 할 정도로 감정이 격앙되었으며,[85] 심지어 두만강을 넘어 러시아 영토로 건너가는 자들이 도로에 끊이지 않을 정도였다고 한다.[86]

이상과 같은 분위기하에서 감리서가 당시 군중들의 주된 습격 타겟이 되었

81 위의 책, 제2024호, 「勅令 제19호」, 1901.10.22.
82 亞研 編, 『舊韓國外交文書』 5, 「日案 5」, 문서번호 6677, 附, 1967, 603~604쪽.
83 李榮昊, 앞의 글, 108쪽.
84 『城津報牒』 제1책, 「報告書 제1호 – 吉州港監理署理主事 李昌鎭(1902.5.24) → 議政府贊政外部大臣臨時署理協辦 崔榮夏」.
85 『皇城新聞』, 「雜報 – 城津又電」, 光武 6년 7월 7일. "死則同死오 散則同散이언뎡 誓不爲吉州民이라 ᄒ얏더라."
86 『皇城新聞』, 「論說 – 論吉城分合事件」, 光武 6년 11월 22일. "以北渡豆滿而入於俄國之土者絡繹道路라 ᄒ니."

던 것이다. 일찍이 성진 감리 심후택이 해임된 후 새로 성진 감리서 감리서리로 임명된 주사는 길주 출신인 관계로 1902년 당시에 성진에 부임할 수 없어서 감리서의 공백 상태가 계속되고 있었다.[87] 이후 일시적으로 길주 감리가 성진에 부임하였으나 군민들의 협박에 못 이겨 1903년 1월 17일에 길주로 도망쳐버렸다. 이후 감리는 길주로 가고 주사는 성진 인민에게 여기저기 쫓겨 다니며 감리서는 비어 있는 상황이 장기간 계속되기에 이르렀다.[88]

그러자 감리서의 부재로 인한 지방대외교섭 사무 지체에 대하여 외국공사들의 항의를 받게 되었다. 이를테면 영국공사는 다음과 같이 다소간 협박조를 띠기까지 하는 공문을 보내어 항의하였다.

전 감리가 부임한 107일 동안에 항구에 머문 것이 불과 27일이어서 영국 인민의 생명과 재산 등의 일에 여러 가지 불편함이 많습니다. 하물며 감리가 길주에 주차駐箚하면서 성진을 겸직하는데 해당 주민 또한 이를 원치 않는 사람이 많습니다. 그리고 근래 상무商務와 교섭이 날로 번성하고 있으니 마땅히 관리가 성진에서 상주하고 자리를 지키면서 각국 상인을 보호하는 것이 바야흐로 조약의 취지를 위배하지 않는 것입니다. 만약 길주와 성진의 관할을 분리하지 않는다면 이후 어떤 일이 생기건 간에 모두 귀 정부의 책임일 것입니다.[89]

일본공사 역시 길주와 성진을 분관分管하지 않는다면 향후 갈등이 생길 것이

---

87 『日使錄』 18, 「五. 各領事館 其他往來電報」, '제59호－城津 川上(1902.10.13)→林 公使'.

88 『日使錄』 20, 「一〇. 機密各館往來」, '제11호－在城津 分館主任 川上立一郎(1903.2.2)→臨時代理公使 萩原守一'.

89 『外部來文』 제7책, 「照會 제76호－議政府贊政外部大臣 趙秉式(1902.11.5)→議政府議政 尹容善」, "前監理赴任一百七日之間 駐港不過二十七日 英國人民性命財産等事 諸多不便 況監理駐箚吉州 兼管城津 該地居民 亦多不願 近日商務日盛 交涉益繁 自應有官在城津 常川駐守 以保護各國商人 方不違條約之義 倘不將吉城分管 嗣後無論有何事 均以貴政府是問."

며, 사후 어떤 일이 있던지 한국정부에게 시비를 물을 것이라고 엄포를 놓았다. 이상과 같은 항의들에 대해 외부에서는 감리 겸임 문제로 인해 향후 외국 사신의 불만 제기에 대해 어떻게 답할지 모르겠으며, 거류 외국인이 혹시 손해를 입으면 큰일이 벌어질 것이므로 후일이 염려된다고 하였다.[90]

이상에서 감리와 부윤의 분리에는 길주·성진 사태에서 드러난 문제점, 곧 감리가 지방관을 겸직할 경우 나타날 수 있는 부작용의 예방이라는 문제의식이 들어있음을 짐작할 수 있다. 즉 한 사람이 감리와 지방관을 겸직하는 까닭에 이런 사태에서와 같이 지방관으로서 비상사태가 발생하여 제 역할을 못 하게 되는 경우 감리서 사무까지 함께 마비되어 지방대외교섭 관련 사무가 일체 정지되는 폐단이 생길 수 있었던 것이다. 따라서 유사한 사태의 재발을 방지하기 위하여 두 직책의 분리를 추진한 것으로 볼 수 있다.

이와 더불어 생각해볼 수 있는 부분이 행정명령 체제의 문제이다. 일본 측은 거듭된 신향층의 압력에 따라 조선 측에 재차 분군分郡을 요청하였으며,[91] 해당 조치는 1903년 2월 28일 자로 결정되어[92] 8월에 시행되기에 이르렀다.[93] 따라서 길주와 성진의 분리가 결정되기 바로 직전에 감리와 부윤의 겸직 금지조치가 내려진 것이다. 그런데 이후 몇 개월 뒤에는 인천, 부산 등 개항장의 행정구역이 일괄적으로 부府에서 군으로 격하되는 조치가 취해지게 된다.[94] 따라서 이는 길주와 성진이 같이 군으로 분리되는 것을 계기로 개항장의 행정구역이 연쇄적으로 군으로 개편되는 과정에서 관찰사와 같은 위상이고 부윤을 겸직하는

---

90 『外部來文』 제7책, 「照會 제76호-議政府贊政外部大臣 趙秉式(1902.11.5) → 議政府議政 尹容善」.
91 李榮昊, 앞의 글, 110쪽.
92 『高宗實錄』 권43, 고종 40년 2월 28일.
93 『官報』 제2588호, 1903.8.11, 「勅令 제15호」.
94 그 이유로 감리가 분리되어 해당 지방관이 외국인 교섭사무에 책임이 없으므로 부윤을 폐지하고 군수를 두는 것이 타당하다고 하고 있다(『各部請議書存案』 제23책, 「請議書-議政府贊政內部大臣臨時署理議政府參政 金奎弘(1903.6.16) → 議政府參政 金奎弘」).

직급에 있던 감리의 성격상 군수를 겸직하면 행정명령체계에 혼선이 생기기 때문에 이를 방지하는 차원에서 취해진 조치로도 해석할 수 있다.

물론 대외적 명분으로 밝힌 감리의 지방대외교섭 업무 전념을 위한 부담 경감 역시 분리에 있어서 하나의 원인으로 작용하였을 것이다. 결국 지방관을 겸하는 감리의 과중한 업무 부담에 대한 문제의식이 쌓여오던 와중에 길주·성진 간의 문제로 인해 감리·지방관의 겸직에 있어서 문제점이 드러남을 계기로 양자가 분리된 것으로 보아야 할 것이다. 그리고 이를 통해 감리서는 순수한 외국인 업무만을 담당하는 지방대외교섭 전담 관서로 다시 한번 그 성격이 변화하게 되었다.

그렇다면 이러한 분리 조치 이후 그 실제적인 운용은 어떠하였을까? 그 내용을 간접적으로 짐작해볼 수 있는 것이 분리 조치 이후 부임한 무안 감리務安監理 김성규金星圭의 관련 내용에 대한 보고이다. 여기서 그는 자신이 부임한 1903년 4월 4일이 감리와 부윤이 분임分任하는 초기라 항내港內 사무의 처리 및 판단에 여러 가지 문제가 많음을 호소하면서, 감리와 부윤의 업무 분장에 대한 원칙을 규정한 내용을 보고하고 있다.

그에 따르면 우선 군郡·항港의 분임 이후에 둘의 경계가 명백하지 않아 외부에서 위원을 1인 파견하여 감리·군수와 더불어 명확히 정할 필요가 있었다. 그리고 개항장 밖의 구역은 군수의 소관이기에 민·형사 재판건 모두 감리와는 무관하며, 개항장 이내 구역은 감리의 관할이기에 인민人民·가호家戶·지단地段·전답田畓에 관한 사항도 모두 감리 관할이고 군수와는 무관하다고 하였다. 이에 대해 외부에서는 지령을 내리면서 지방대외교섭 관련 사항이면 설사 개항장 밖이라도 감리의 관할이며, 결호세結戶稅 문제는 지방 사무이기에 개항장 내라도 감리와는 무관하다는 입장을 밝혔다. 여기서 실제 임지에 부임한 감리는 감리와 군수 업무 분리를 '영역'의 차원에서 접근하고 있는데 반해, 중

앙에서는 '업무의 성격' 차원에서 보는 일정한 입장 차가 있었음을 추측할 수 있다.[95]

3. 복설 이후 감리서의 관할 업무 실태

1) 개항장·개시장의 사법권 행사와 외국인 토지침탈의 대응

감리서의 관서로서의 성격 변화 이후 감리가 외국어학교의 교장을 겸임하거나 정기적으로 교섭 안건 보고를 올리게 되는 등 개항장·개시장의 지방대외교섭 업무 관련 부문이 특화되었다는 사실은 이미 언급한 바 있다. 그러면 이 당시 감리서의 업무 관할 실태는 어떠하였는가? 이를 몇 부문으로 나누어 살펴보면 다음과 같다.

우선 직원의 인사와 봉급, 그리고 예산 및 관사의 신축·보수 등과 같이 감리서 자체의 유지와 관련된 사무와 더불어 조계 관련 및 외국 영사 상대 등으로 구성되는 지방대외교섭 관련 업무가 있는데, 이는 대략 앞서 살펴본 바와 같다. 다음으로 해관과 관련된 업무는 감리서가 해관에 대한 관리·감독 기능을 제도적으로 상실함에 따라 정기적으로 이루어지는 수출입 관세 보고가 사실상 그 내용의 전부를 구성하게 되었다.

그리고 감리서의 경무서에 대한 관리·감독의 문제가 있는데, 이는 1900년 「경무청관제」가 「경부관제警部官制」로 개편된 이후로 상당한 문젯거리로 떠오른 상황이었다. 즉 비록 1899년의 감리서 규칙에서도 개항장 경무관에 대한 감리의 지휘·감독권은 인정되었지만, 주지하다시피 경부 체제 개편 이후로 애초에

---

95 『務安報牒』(奎17864의 2) 제5책, 「報告書 제70호-務安監理 金星圭(1903.11.11)→議政府贊政外部大臣臨時署理 宮內府特進官」.

내부 소속이던 경무청이 내부와 동급인 정부 부서인 경부警部로 독립하게 되었다. 그에 따라 지휘계통으로 볼 때 기본적으로 외부 관할이면서 부분적으로 내부의 통제를 받는 감리와의 위상 관계가 다소 애매하게 된 측면이 있다.

그 결과 개항장 경무관이 감리의 지휘를 거부하는 일이 발생하게 되었다. 그 대표적인 예로 들 수 있는 인물이 인천항과 무안항의 경무관을 지낸 김순근金順根의 경우이다. 그는 인천항 경무관으로 근무할 당시인 1897년에 상관인 감리에게 보고도 하지 않고 근무지를 이탈해 서울에 간 일 등으로 인해 인천감리 강화석姜華錫이 처벌을 요청하여 사직한 바 있다.[96] 그리고 경부 체제로의 개편 즈음인 1900년 4월에 무안항에 부임[97]한 뒤에는 엄연히 판사를 겸직하는 감리의 고유업무인 사법권을 무시하고 무단으로 고소사건을 처리하여 해임되기까지 하였다.[98]

이에 1900년 9월 11일 자로 경부대신警部大臣 서리를 겸하고 있던 외부대신 박제순이 경무관의 감리에 대한 지시 불복의 경향에 대해 우려를 표명하면서, 제도적으로 보장된 감리의 지휘·감독에 따르지 않는 경무관에 대해서는 엄히 징계토록 하라는 지시를 내리기에 이른다.[99] 그러나 이를 비웃기라도 하듯 해당 조치가 내려진 지 바로 한 달여 되는 시점인 10월 말에 김순근이 당시 무안항 감리서리인 정보섭鄭寶燮에게 경무서가 어떻게 감리서 소속이냐고 따지면서 서리 따위의 지휘를 받을 수 없다고 칼을 차고 위협하는 사건이 발생하게 된

---

96 『仁川港案』 제4책, 「報告書 제34호-仁川港監理 姜華錫(1897.11.29) → 議政府贊政外部大臣 趙秉式」. 이때 김순근은 印信도 버려놓은 채로 甥姪 元聖天에게 대리를 맡겼는데, 원성천은 富平에 있는 雜技場에 가서 돈을 뜯어내기까지 하여 문제가 되었으며, 이후 김순근은 港民 朴致三이 淸 巡捕에게 잡혀갈 때 巡檢 韓章履이 방치하여 죽게 만든 사건에 대하여 순검 신칙을 방기한 책임을 港民들에게 추궁당하여 사직하였다(『仁川港案』 제4책, 「報告書 제40호-仁川港監理 姜華錫(1897.12.23) → 議政府議政署理議政府贊政外部大臣 趙秉式」).

97 『承政院日記』, 고종 36년 4월 9일.

98 『司法稟報(乙)』(奎17279) 제24책, 「報告 제16호-務安港裁判所判事署理務安港監理署主事(1900.5.15) → 議政府贊政法部大臣」.

99 『仁川港案』 제5책, 「訓令 제62호-議政府贊政警部大臣署理議政府贊政外部人臣 朴齊純(1900.9.11) → 仁川監理 河相驥」. 이에 대해 인천 감리 하상기는 인천항 경무관의 경우 문제가 없다고 회신하였다(『仁川港案』 제6책, 「報告書 제46호-仁川監理 河相驥(1900.9.19) → 議政府贊政外部大臣 朴齊純」).

다.[100] 경무관 김순근과 관련된 사건이 주로 문제가 되고 있지만, 외부대신이 감리의 지휘·통솔권까지 거론하며 문제의 개항장이 아닌 다른 곳에까지 훈령을 내린 사실에서 당시 이러한 풍조가 개항장·개시장에 어느 정도 존재하였음을 엿볼 수 있다.

따라서 이후 개항장 경무서에 대한 관할권이 경위원警衛院으로 이관된 데에는 이러한 문제가 일정한 영향을 끼친 것으로 보인다. 1901년 11월에 설치된 경위원은 황궁皇宮 내외의 경비와 더불어 거동이 수상하고 법을 어기는 이들을 순찰·체포하는 것을 주 임무로 하며, 총관總管 휘하에 비서과秘書課, 총무국總務局을 두고 경위과警衛課, 문서과文書課, 신문과訊問課, 회계과會計課 등 총 4개의 과를 설치하여 업무를 분장하도록 했다.[101] 그런데 이들 중 경위과에서 개항장 경무서에 대한 관리를 맡게 된 것이다.[102] 그 이유는 우선 외국과의 교역 통로인 개항장이 중요한 수세지收稅地였던 만큼 각종 세금 징수를 보조하기 위함이었다. 이와 더불어, 당시 고종의 지위를 위협하는 정치적 사건들이 대체로 해외 망명자들과 관계되어 일어나던 상황에서 외국에 드나드는 한국인에 대한 감시 및 일본 등 개항장의 외국 영사관에 대한 정보 수집이라는 정치적인 목적이 주로 지적되고 있다.[103] 그러나 이러한 이유 외에도 위에서 살펴본 바와 같이 개항장 경무서에 대한 감리의 관리·감독 체계가 갖는 문제점 역시 상당히 영향을 주었을 것으로 추정할 수 있다. 이후 비록 법규상으로 감리의 경무관에 대한 지휘·감독권이 공식적으로 철폐되지는 않았지만 사실상 유명무실해져서, 감리가 경무관을 위시한 경무서의 직원들에 대한 인사 및 처벌 등의 권한을 직접

---

100 『務安報牒』 제3책, 「報告 제87호 − 務安監理 玄明運(1900.10.30) → 議政府贊政外部大臣」.
101 『官報』 제2049호, 1901.11.20, 「布達 제77호 제26조」.
102 위의 책, 제2055호, 1901.11.27, 「宮廷錄事 − 警衛院分課細則」. "第一條 警衛課에서는 左開事務을 掌홀 事 (…중략…) 三 各開港場市 警務署 設立에 關훈 事項."
103 徐珍敎, 「대한제국기 高宗의 황제권 강화책과 警衛院」, 『한국근현대사연구』 9, 1998, 91~92쪽.

행사하지 못하고 외부를 통해 경위원에 조회하는 식으로 처리하게 되었다.[104]

그리고 감리서의 지방대외교섭관서로의 변화와 더불어 주목할 사항이 바로 개항장·개시장에 있어서 민·형사사건에 대한 재판의 문제였다. 조선에 재판소 관련 법규가 최초로 생긴 것은 감리서 폐지 이전인 1895년 3월이었다. 호시 토오루星亨등 당시 조선에 와 있던 일본인 고문관들이 그 작성에 큰 영향을 끼친 것으로 보이는 '재판소구성법'[105]은 재판소의 종류를 지방재판소, 한성재판소, 개항장재판소, 순회재판소, 고등재판소의 5가지로 구분하고 각 재판소의 세부 구성을 규정하고 있다.[106] 그중 부산·인천·원산에 개설되는 개항장재판소의 경우 한성재판소와 더불어 사법관 시험을 통과한 이를 판·검사 임용 대상으로 규정하여 지방관과 겸임하는 지방재판소에 비해 보다 특별한 취급을 하고 있음이 눈에 띈다.[107]

하지만 주지하다시피 바로 얼마 뒤에 감리서가 폐지되는 등 지방 제도가 전면적으로 개편되는 바람에 실제로 재판소가 설립되는 것은 이듬해인 1896년 1월이었다.[108] 이후 감리서가 복설된 뒤에 개항장재판소의 판사를 감리가 겸임하도록 하는 조치가 취해졌는데,[109] 사실 이는 근대적인 사법 제도 개혁의 대전제가 사법권의 행정 권력으로부터의 독립이라는 점을 감안하면 바람직하다고 보기는 어렵다.[110]

---

104 위의 글, 90~91쪽.
105 文竣暎, 「1895년 裁判所構成法의 '出現'과 日本의 役割」, 『法史學硏究』39, 2009, 54~60쪽.
106 『官報』1895.3.29, 「法律 제1호-裁判所構成法」.
107 文竣暎, 앞의 글, 51~52쪽.
108 『官報』제228호, 1896.1.22, 「法部告示 제2호」. 그런데 사실 1895년에 제정된 재판소구성법에서도 재판소의 설치는 추후 칙령으로 정한다고 규정되어 있으며, 이후 재판소를 1895년 7월 7일부터 축차적으로 설치한다는 내용의 칙령이 반포된 바 있다.
109 위의 책, 제1279호, 1899.6.5, 「法律 제3호」.
110 지방관인 관찰사·군수 등이 주체가 되는 재판은 상당수가 불공정하다는 이유로 수많은 백성들이 서울로 올라와 평리원이나 법부에 민원을 제기하는 상황이었으며, 이들의 탐학과 부정축재 역시 이들이 가진 사법권을 통해 이루어지고 있었던 것이 현실이었다(도면회, 『한국 근대 형사재판제도사』, 푸른역사, 2014, 331~335쪽).

아울러 개항장 재판소의 보다 큰 문제는 바로 각국과의 조약에서 보장된 영사재판권으로 인한 재판권 행사의 제약이었다. 즉 아무리 외국인들이 범죄를 저질러도 그 심판 권한은 상대국에 있었기에, 개항장재판소에서 관할할 수 있는 외국인 관련 사안은 한국인이 피고가 되고 외국인이 원고가 되는 경우에만 국한되었다. 따라서 그 반대의 경우에 대해서는 영사재판이 이루어졌고, 감리가 할 수 있는 일은 이전과 마찬가지로 청심에 참여하거나 해당 범죄자에 대한 처벌을 조회를 통해 영사관에 요청하는 것뿐이었다.[111]

하지만 애당초 1895년의 재판소구성법 자체가 일본의 입김하에 이루어졌고 만약 거기에서 규정한 대로 전문 법관이 임용될 경우 일본인 교관의 지도를 받은 법관양성소의 졸업생일 확률이 높았을 것이다.[112] 따라서 이러한 측면에서 생각해 볼 경우 감리의 재판소 판사 겸임은 개항장재판소에서 그나마 일본의 입김을 줄이는 효과라는 순기능도 일정 부분 존재했다고 할 수 있다.

다음으로, 아마도 감리서가 지방대외교섭관서로 성격이 변화한 이후 관할 업무가 그 이전 시기와 비교하여 가장 크게 달라진 부분이 있다면 외국인과 관련된 토지 문제 관련 비중이 커지게 되었다는 점이다. 복설 이후 부산, 인천, 원산, 경흥 등 기존의 개항장·개시장 및 목포, 군산 등 신설 개항장의 감리서들과 외부의 왕복문서철을 보면 외국인과의 토지 거래 관련 내용들이 상당히 많다는 사실을 알 수 있다.[113]

---

111 그런데 청심권의 경우 이 시기에 오면 사건 해결을 위한 '교섭'의 범위를 넘어서서 영사재판에 있어 승심권(承審權)과 거의 동일한 권한으로 대한제국 정부는 해석하고, 이를 적극적으로 이용하여 자국민 보호를 위한 수단으로 활용하고자 했다는 사실이 눈에 띈다(은정태, 「개념의 충돌인가, 해석의 문제인가? — 영사재판의 "청심(聽審)" 조항을 중심으로」, 『개념과 소통』 4, 2009, 23~28쪽).

112 文竣暎, 앞의 글, 50쪽.

113 구체적인 예를 들자면, 군산의 경우 초대부터 마지막 감리까지의 처리 업무 전체(총 419건) 중에서 외국과의 토지 거래 관련 업무는 총 52건이다. 그런데 감리서의 기본 업무, 예컨대 그 건물의 건축이라던가 관세 수입의 정기 보고 등과 같이 일상적인 경우가 총 264건으로, 이를 제외한 155건 중 거의 1/3가까운 비중을 차지하고 있음을 알 수 있다(박철우, 앞의 글, 26쪽). 그리고 목포의 경우는 전체 750건 중 역시 감리서의 기본 업무를 제외하면 총 294건에서 토지 관련 문제가 무려 174건으로 3/5

이러한 현상의 원인을 이해하기 위해서는 외국인의 토지 소유 문제에 있어서 그 연원을 거슬러 올라가 볼 필요가 있다. 이는 1883년 체결된 조·영수호조약에서 비롯되었다. 1876년 조·일수호조규 제4관과 1882년 조·미수호조약 제6관에서 외국인들의 조선 내 부동산에 관한 권리가 처음으로 명문화되었는데, 여기서는 단순히 사용권의 임차에 그치고 있다. 그런데 1883년에 체결된 제2차 조·영수호통상조약의 경우, 영국 상민商民의 권리가 조약의 한문본에서는 임차로 규정되어 있지만, 영문본에서는 소유권 이전의 의미로 오인되게끔 표현되었다. 조약 해석상 논란이 있을 때는 영문본에 따른다는 규정에 따라, 결과적으로 조선정부는 외국인의 토지 소유를 허가할 의사가 없음에도 외교적 관행에 어두운 실수로 인해 인정하는 결과가 되어버렸다. 더구나 최혜국조관으로 인해 이러한 권리는 조선과 조약을 체결한 모든 국적인들의 권리가 되기까지 하였다.[114]

이러한 외국인의 토지소유 문제는 특히 수도인 한성에 관한 부분이 문제가 되었다. 일찍이 1882년 조·일수호조규 속약 제1조에 1년 뒤 양화진楊花鎭의 개시開市가 명시된 이후[115] 같은 해에 체결된 '조·청상민수륙무역장정' 제4조에서 청국 상인들의 양화진과 한성에서의 개설행잔開設行棧이 인정된 바 있으며[116] 이는 최혜국조관에 따라 조약 체결 각국으로 확대되어 한성이 사실상 외국인 상인들에게 개방되었다. 그에 따라 청·일은 물론 구미인들이 한성 내 가옥이나 대지를 임차·매매할 수 있게 되어 상권을 둘러싸고 조선과 외국 상인 간에 대립이 심화되었으며 종로의 상인들이 1887년과 1890년 두 차례 청국 상인들

이나 차지하고 있다(裵鍾茂, 앞의 책, 45쪽).

114 위의 책, 132~133쪽.

115 『高宗實錄』 권19, 고종 19년 7월 17일. "修好條規續約 (…중략…) 第一 (…중략…) 自今期一年後 以楊花津爲開市."

116 위의 책, 고종 19년 10월 17일. "中朝商民水陸貿易章程 (…중략…) 第四條 (…중략…) 朝鮮商民 除在北京例准交易 與中國商民 準入朝鮮楊花津漢城 開設行棧外."

의 한성개잔 철회를 요구하는 철시撤市 투쟁을 하기도 하였다.[117]

이 문제에 대하여 조선 측에서는 일찍부터 문제점을 느끼고 그 시정을 추진하였다. 통서 독판 김윤식은 1885년에 원세계袁世凱를 경유하여 이홍장에게 한성철잔漢城撤棧을 요청했으며[118] 1887년에는 일본에 대해서도 이와 관련하여 주민들이 가옥 지소를 매각하는 것을 금지시키도록 요청하기도 하였다.[119] 또한 갑오개혁기인 1895년에는 외부대신을 역임하면서 예산 문제상 외국인들의 한성철잔이 불가능함을 깨닫자 한성에 외국인 잡거지雜居地를 설정하여[120] 해당 구역 내로 외국인들의 상행위나 토지 거래 등을 제한하고자 하였다. 이후 대한제국기인 1898년에는 양전·지계사업을 시작하면서 관련 규정 중에 개항장 이외 지역에서 외국인의 토지 소유를 금지하는 내용을 삽입하는 등[121] 개항기 한국 정부는 외국인의 토지침탈에 대해 나름 문제의식을 갖고 대응하고자 애를 썼다.

물론 상기 지계아문의 조항 내용에서 개항장이 예외 구역으로 지정되어 있다는 사실로 볼 때, 외국인들이 조계라는 법적으로 보장된 거주 구역을 확보한 개항장의 경우 그들의 토지 소유 자체를 금지하기가 현실적으로 어려웠다는 점은 분명하다. 그러나 1894년 군국기무처 의안에 "국내의 토지, 산림, 광산은 본국 호적에 들지 않은 사람에게는 점유하거나 매매하지 못하게 할 것"이라는 조항이 삽입되어 있으며,[122] 1898년에 외부에서 외국인이 내지에 개설행잔하는 것을 금지시키라는 훈령을 동래 감리에게 내린 바 있다.[123] 이러한 예들을

---

117 孫禎睦, 앞의 책 185~190쪽.
118 위의 책 184~185쪽.
119 왕현종, 「대한제국기 한성부의 토지·가옥조사와 외국인 토지침탈 대책」, 『서울학연구』 10, 1998, 5쪽.
120 『外部請議書』, 「8호-外部大臣 金允植(1895.윤5.17) → 內閣總理大臣 朴定陽」; 「13호-外部大臣 金允植(1895.7.12) → 內閣總理大臣 金弘集」.
121 왕현종, 앞의 글, 25쪽.
122 『高宗實錄』 권32, 고종 31년 8월 26일 "軍國機務處進議案 (…중략…) 一 國內土地山林鑛山 非本國人籍人 不許占有及賣買事".

보면 외국인의 토지침탈에 대한 기본적인 문제의식에 있어서는 개항장도 예외가 아니었다고 할 수 있다. 특히 일본과 러시아는 1899년 3항 1시 개방 이후로 온갖 수단을 동원한 경쟁적인 토지 매입에 나서는 상황이었다.[124] 따라서 복설 이후 개항장·개시장의 감리가 맡은 임무 중에 점증하던 외국인과 관련된 토지 문제가 상당한 비중을 차지하게 된 것은 이러한 배경하에 생긴 현상이었다고 할 수 있다.

그 구체적인 업무 내용을 보면 크게 외교 사절의 영사관 등 부지 구매 문제와 민간인의 조계 내외內外 토지에 대한 매매 문제 등으로 나누어 볼 수 있다. 물론 정상적인 거래도 있었지만 많은 경우가 불법·탈법을 동반한 것이었다. 특히 당시 개항장의 일본인들은 한국인들의 무지와 무기력 또는 사행심을 교묘히 이용하여 고리대적 방법 및 기타 사기, 횡취橫取, 약탈, 강점 등의 수법을 동원하여 토지를 침탈하여 큰 문제가 되었다.[125]

그런데 설사 합법적인 경우라고 하더라도 문제가 없는 것은 아니었다. 즉 어디까지나 합법적인 경로에 따라 외국공사관에서 부지를 요청해 오더라도, 우리 입장에서 볼 때 여러 가지 이유로 허가하기 곤란한 경우가 있었다. 이를테면 1897년에 인천항 영국 부영사가 영사관 뒤쪽 산 아래부터 남으로 부두까지 펼쳐져 있는 모래사장 지역에 대한 구매 의사를 밝혔지만, 인천감리 이재정李在正은 이곳이 각국 상선이 정박하는 중요한 곳이기에 불허해야 한다는 취지로 외부에 상신하였고,[126] 외부에서도 이를 받아들이고 있다.[127] 또한 화상華商의 새

123 구체적으로는 외국인이 처음에 한국인의 명의로 田土家屋을 구입한 뒤 나중에 스스로 업주가 되어 田土를 收穫하고 房屋에 거주하는 수법을 지적하면서, 외국인이 구입한 토지를 본 주인에게 되팔거나 타인에게 팔도록 유도할 것을 지시하고 있다(『東萊港報牒』 제5책, 「訓令 제47호-議政府贊政外部大臣 朴齊純(1898.10.16) → 東萊監理署理 金晃秀」).

124 모리야마 시게노리, 김세민 역, 『近代韓日關係史硏究-조선식민지화와 국제관계』, 玄音社, 1994, 85~111쪽 참조.

125 裵鍾茂, 앞의 책, 134쪽.

126 『仁川港案』 제4책, 「報告書 제29호-仁川監理 李在正(1897.10.19) → 外部大臣 李完用」.

조계지역 내의 무덤에 대한 이장 요구에 대해서도 적지 않은 비용을 이유로 감리가 난색을 표했고[128] 외부 역시 불허한 바 있다.[129] 러시아 상선의 정박을 위한 탑표塔表 설치 요구에 대해서도 감리는 다른 배들의 정박에 문제를 야기한다는 이유로 불허할 것을 상신하고 있다.[130]

그리고 합법적인 수단으로 구매를 한 부지에서 거주하고 있는 한국인들에 대한 처리 문제 역시 단순히 합법·불법의 잣대로만 처리할 수는 없는 것이었다. 1897년에 청상淸商이 확충한 조계에 사는 한국인 150호戶를 쫓아내라고 청상과 영국 영사가 심하게 독촉을 하였는데, 이에 대해 감리는 영국 영사 등의 요구에 대해 일단 유보적인 태도를 취하면서 이들을 수용할 방법이 마땅치 않음을 호소하였다.[131] 또한 인천해관의 세무사가 각국 조계 동쪽에 마로馬路를 닦기 위해 민가를 쫓아낼 것을 요구하자 인천 감리 강화석은 이에 즉각 응하지 않고 외부에 당시 계절이 겨울이라 1,000명 가까운 인구가 머물 곳이 없음을 호소하였다.[132] 이에 외부에서도 설사 내부의 훈칙訓飭이 있다고 해도 봄을 기다려 다시 협상해서 처리하라고 지령을 내리고 있다.[133]

이상에서 주로 1897년의 인천항의 경우를 예시로 하여 외국인 관련 토지 관계 업무의 처리 실상을 살펴보았는데, 설사 법적으로 합법적이라고 하더라도 수용하기 어렵거나 시행하기 난처한 경우가 더러 있음을 알 수 있다.[134] 그

---

127 위의 책, 제3책, 「指令 제23호－議政府贊政外部大臣 李完用(1897.11.26)→仁川監理 姜華錫」.
128 위의 책, 제4책, 「議政府贊政 제33호－仁川監理 李在正(1897.11.16)→議政府議政署理議政府贊政外部大臣 趙秉式」.
129 위의 책, 제3책, 「指令 제26호－議政府贊政外部大臣 趙秉式(1897.11.26)→仁川監理 姜華錫」.
130 위의 책, 제4책, 「報告書 제37호－仁川港監理 姜華錫仁川監理 姜華錫(1897.12.11)→議政府贊政外部大臣 趙秉式」.
131 위의 책, 「報告書 제8호－仁川監理 李在正(1897.3.24)→議政府贊政外部大臣 李完用」.
132 위의 책, 「報告書 제32호－川港監理 姜華錫(1897.11.12)→議政府議政署理議政府贊政外部大臣 趙秉式」.
133 위의 책, 제3책, 「指令 제25호－議政府贊政外部大臣 趙秉式(1897.11.26)→仁川監理 姜華錫」.
134 심지어는 일본 상인이 합법적으로 구매한 토지에 대해 간척사업을 실시하려고 했는데, 이것이 한국 소유의 토지에 영향을 미친다는 이유로 불허되는 경우도 있었다(위의 책, 「指令 제6호－外部大臣 李

리고 이에 대하여 감리가 법리적인 측면보다는 한국인의 입장에서 문제를 접근하여 대응하는 모습을 살펴볼 수 있었다.[135]

2) 무안 감리務安監理 진상언秦尙彦의 외국인 토지침탈 대응

외국인의 토지침탈에 대한 감리의 대응에 있어서 가장 극적인 예는 대한제국 초기에 무안 감리로 재직하였던 진상언1857~1934의 경우를 들 수 있을 것이다. 그는 일찍이 중인 집안 출신으로 역과譯科를 거쳐 출사하였으며, 개화정책 수행을 위한 청국 시찰단인 영선사행에 선발되어 '개화'를 경험하였고, 이후 통서 주사로 임명되어 근대적 외교 인력의 풀로 활동하기 시작하였는데, 주로 감리와 군수 등 지방관직을 주로 역임하며 아주 고위 관직까지는 이르지 못했다.[136]

〈그림 1〉 초대 무안 감리 진상언

1897년 목포 개항에 따라 설치된 무안 감리서의 초대 감리로 임명된 그는 9월 16일에 서울에서 출발하여 18일에 무안항에 도착하였고, 항구 내 조계 안에 위치한 민가에서 임시로 거처하며 집무를 시작하였다.[137] 10월 4일에는 주사 진학명秦學明과 민복훈閔復勳, 그리고 감리서의 지휘를 받는 경무관 양규횡梁圭橫, 총순 김윤수金允洙·사윤성舍允成 등이 무안항에 도착하여 업무에 합류하였다.[138] 이후 12월 27일 자로 내려진 칙령 제

定用 (날짜불명) → 仁川港監理 李在正」).

135 물론 이러한 경우가 전부를 대표하지는 않으며, 외국의 요구에 대해 그대로 수용하는 경우도 많았다.

136 민회수, 「대한제국기 務安監理 秦尙彦의 반침략 외교활동」, 『歷史學硏究』 77, 2020a, 185~187쪽.

137 『務安報牒』 제1책, 「報告 제1호－務安監理兼務安府尹 秦尙彦(1897.9.22) → 外部大臣 閔種黙」.

41호에 근거하여 주사의 정원이 4명으로 증원된 결과 이듬해에 이승로李乘老, 강연규姜宴奎 2인이 추가로 부임하였다.[139] 진상언은 22일에 외부에 처음으로 업무 개시 보고를 하였는데, 보고 내용 중에 단연 눈에 띄는 것은 외국인 토지 매매에 관한 규정을 제정한 것이다. 그 내용은 다음과 같다.

목포 통상항 10리 이내 우리나라 인민의 토지와 가옥을 외국인에게 매매하는 장정

1. 본 항구 10리 내에 우리나라 인민이 소유한 토지와 가옥을 외국인에게 매매하기를 원할 때는 본래의 문권文券 또는 공적公籍을 감리서에 제출해야 하며, 피차간 매매 등의 사정을 분명히 보고하여 혼란스럽고 잡다한 폐단이 생기지 않도록 할 것.

2. 인민이 제출한 문권 또는 공적은 본 감리가 응당 신중하게 조사하고, 해당 당사자가 원래 주인임을 확인한 뒤에야 방매放賣를 허락할 것.

3. 토지 또는 가옥을 매매하기로 정하면, 매매 양 당사자들은 즉시 감리서에 함께 와서 보고하여 매단賣單을 납부하고 전업轉業의 인준을 요청할 것.

4. 본 감리서에서 납부한 매단을 조사하여 의심스러운 단서가 없으면, 마땅히 관리를 매매된 곳에 파견하여 상세히 살핀 뒤 매매사건을 본 감리서의 존안存案에 기록하여 훗날의 증빙으로 삼을 것.

5. 본 감리서는 발급한 지계地契 내에 매매된 토지 또는 가옥을 분류하여 별도로 기재하고 날인하여 구입한 외국인에게 곧바로 발급해야 하고, 혹은 해당 영사관에 전달 교부하여 해당 상인에게 출급하도록 함으로써 증빙자료로 삼게 하되, 만약 몰래 매매하여 본 감리서의 관계官契를 받지 못한 경우가 생길 때에 감

---

138 위의 책,「報告 제4호－務安監理 秦尙彦(1897.10.4) → 外部大臣 閔種默」. 참고로 진학명은 진상언의 조카이며, 동시에 1920년대의 대표적인 희곡 문학가인 秦宗爀(호는 雨村)의 조부이기도 하다(윤진현,「진우촌 희곡 연구」,『인천학연구』4, 2005, 301쪽).

139 裵鍾茂, 앞의 책, 34쪽.

리나 타 지방관은 외국인의 구입 사실을 인정할 수 없음.

6. 본 감리서는 기록 문서를 보관해야 하며, 매 차례 외국인이 구입한 토지 또는 가옥을 순서대로 존안에 기재할 것.

7. 본 항구 감리 외의 여타 관리는 본 항구 10리 내의 인민이 내·외국 인민에게 매매한 토지 또는 가옥의 지계를 남발할 수 없음.

8. 본 항구에 통상구通商口를 설치하기 전에 본 항구 10리 내의 토지 또는 가옥을 외국인에게 매매한 경우는 각국 약장約章에 위배되는 측면이 있으므로, 상기 조례條例의 매매에 근거한 경우 이외에는 본 감리는 인준할 수 없으며, 팔기 전의 우리나라 인민을 최종적으로 원래 주인으로 결정할 것.

9. 이 장정에 따라 관官에 지계 발급을 요청할 때에는 이미 정해진 예에 의거하여 수수료 10냥兩 또는 양은洋銀 2원元을 반드시 감리서에 납부할 것.[140]

1~4항, 6항 및 9항의 경우 행정 절차와 관련된 일반적인 내용이라고 할 수 있지만, 5항 및 7~8항의 3개 조항은 외국인 토지매매의 제한이라는 분명한 문제의식을 보여주고 있다. 특히 8항에 따르면 경우에 따라서는 외국인이 구입한 토지를 몰수할 수도 있다는 것으로, 향후 고하도 문제로 야기된 열강과의 갈등의 단초는 이 조항에서 벌써 보이기 시작했다고 봐야 할 것이다.

---

140 『務安報牒』제1책, 「報告 제2호 – 務安監理兼務安府尹 秦尙彦(1897.9.22) → 外部大臣 閔種黙」. "木浦 通商港十里內 我國人民土地與家屋 售賣於外國人民章程 一 本港十里內 本國人民所有土地與家屋 願賣於 外國人時 應有原文券或公籍 呈納于監理署 報明彼此賣買等情 俾免混雜之弊事 二 人民所呈文券或公籍 本 監理當須考驗 查得該人 係是原主然後 準其放賣事 三 土地或家屋 議定賣買後 賣買兩人 卽同來告于監理 署 交納賣單 請準轉業事 四 自本署査驗所呈賣單 若無疑端 當派遣官吏于所賣處 詳察然後 所賣事件 入錄 於本署存案 以爲後憑事 五 本署應發地契內 所賣土地或家屋 分別記載 盖印直給于所買外國人 或轉交該管 領事官 出給于該商執票 而倘有暗買 未領本署官契者 監理或他地方官 不可認爲外國人所買作業事 六 本署 當留置錄籍 而每有外國人所買土地或家屋 次第註付存案事 七 港監理以外 他官不可濫發地契於本港十 里內人民所賣土地及家屋於彼我國人民事 八 港設爲通商口以前 所有本港十里內土地及家屋賣買於外國 人 係是違背於各國約章 按照以上條例賣賣之外 本監理不可認準 但以所賣我國人民 終爲原主事 九 依此章 程 請發官契之時 按照已定之例 規費十兩或洋銀二元 必須交納于監理署事."

진상언이 이렇게 외국인 토지매매에 대한 문제의식을 갖게 된 계기는 무엇일까? 상기 장정은 그가 1897년 9월 22일에 올린 보고서에 기재되어 있으니 최소한 장정을 고시한 날짜는 늦어도 22일 또는 그보다 이전일 수도 있다. 그런데 전술하다시피 그가 무안항에 도착한 것은 18일로, 임시 집무할 민가를 알선하고 지역에 대한 현황 파악을 하는 등 초기 적응 관련 여러 잡다한 업무를 처리하기에 정신이 없는 상황이었을 것이다. 더구나 관서의 경우 민가에서 지내다가 집무를 위해 임시로 구舊 목포진木浦鎭의 폐관아를 수리 활용할 정도로 당시 상황은 열악했다.[141] 따라서 상기 장정은 부임 이전부터 그가 준비하고 있었다고 보는 것이 합리적일 것이다. 그는 일찍이 부산감리와 인천군수를 역임한 경험이 있었는데, 아마도 이러한 개항장의 행정 경험에서 외국인들의 토지 침탈 문제를 절감하고 문제의식을 지니게 된 것이 아닐까 추정된다.[142]

이후 그는 문제의 고하도高下島, '孤下島'로도 표기사건을 통해 열강 간 각축장의 한 가운데에 등장하게 된다. 전라남도 목포 남서쪽에 위치한 섬 고하도는 일찍이 임진왜란 당시 삼도수군통제사 이순신이 명량해전 이후 1597년 10월 29일부터 이듬해 2월 17일에 완도莞島의 고금도古今島로 통제영統制營을 이전할 때까지 주둔하면서 군량미를 비축하고 전선과 군비를 확충하여 조선 수군을 재건하는 바탕을 마련한 유서 깊은 역사를 지닌 곳이다.[143] 익히 알려진 것처럼 러시아는

---

141 위의 책, 「報告 제6호-務安監理 秦尙彦(1897.10.4) → 外部大臣 閔種黙」. 이후 그는 감리서 청사의 신규 건립 필요성 및 비용 청구와 관련된 요청을 꾸준히 하였으나(『務安報牒』 제1책, 「報告 제42호-務安監理 秦尙彦(1898.4.9) → 外部大臣署理 趙秉稷」 등 참조), 정작 신청사가 완공되어 집무가 가능해진 것은 그의 퇴임 이후였다(裵鍾茂, 앞의 책, 36쪽).

142 부산 감리 재직시 그가 중앙정부와 주고받은 공문은 『釜山港關草』(奎18077) 제2~3책 중 일부에 수록되어 있으나, 대부분 일상적인 단순 행정업무 등에 관련된 것이고 특별히 외국인 토지와 관련된 사안은 발견되지 않아 그가 구체적으로 이와 관련된 어떠한 업무에 관여했는지를 사료를 통해 파악하기는 어렵다.

143 현재 이를 기념하기 위해 1722년(경종 2)에 이순신의 후손인 李鳳祥이 주도하여 건립한 이충무공유허비도 남아 있다(최성환, 「목포의 海港性과 개항장 형성 과정의 특징」, 『한국민족문화』 39, 2011, 172쪽). 고하도의 이충무공 유적 및 그와 관련된 임진왜란기의 조선 수군과 관련해서는 최성환, 「목포의 '로컬리티'로서 고하도 이충무공 문화유산의 전승 내력과 가치」, 『지방사와 지방문화』 21-2,

동아시아 진출을 모색하는 과정에서 부동항 획득을 모색하고 있었고, 그 과정에서 고하도 매수 작업에 나서게 되었던 것으로 보인다.[144]

문제의 발단은 목포 주재 러시아영사관의 주재무관이자 부영사인 스트렐비츠키И. И. Стрельбицкий가 영사관 건립 부지를 매입하기 위해 1897년 12월 18일에 목포항을 방문하면서 시작되었다.[145] 그는 영사관 부지 확정 후 각국 조계 앞바다에 있는 지도군智島郡 소속의 고하도 역시 측량하고 이 토지의 구매 또한 요청하였다.[146] 이에 대해 무안 감리 진상언은 해당 토지가 비록 조계 내 10리에 위치하고 있지만 바다로 막혀 있어서 육지로 연결된 경우와는 다르며, 조약에 그 매매 가능 여부가 분명하게 명시되어 있지 않은 경우에 해당하므로 외부에 질의하였다. 그리고 그 결과 허락 불가라는 답변이 내려졌음을 이유로 완곡하게 거부하였다.[147]

그러자 스트렐비츠키는 서울에 가서 외부와 구입 협상을 할 것이니 감리는 관여하지 말라는 식으로 며칠 동안 위협적인 언사를 내뱉었고, 측량 기사를 데리고 고하도에 가서 산록山麓과 연안 6만 제곱미터를 측량하여 표식을 세운 뒤 26일에 서울로 출발해버렸다.[148] 그는 서울에 가서도 무안 감리가 외부에서 러시아인에게 조계지를 승인해주지 말라고 지시했다는 거짓말을 하여 외부에서

2018; 이상훈, 「이순신 통제사의 조선수군 재건과 고하도 삼도수군통제영」, 『이순신연구논총』 30, 2018; 제장명, 「정유재란 시기 조선 수군의 재건활동과 고하도」, 『島嶼文化』 52, 2018 등 참조. 그리고 일제강점기의 육지면 재배 등 근대 유적과 관련된 내용은 최성환, 「목포 고하도 일제강점기 역사유적의 내력과 그 성격에 대한 고찰」, 『한국학연구』 61, 2017 참조.

144 裵鍾茂, 앞의 책, 141쪽. 일본 역시 이 섬을 군사상 요해지로 인식하고 있었다(『日使錄』 13, 「七. 木浦 高下島買收書類」, '機密 제6호(在木浦 領事 久水三郎(1899.6.30) → 特命全權公使 林權助)').

145 『務安報牒』 제1책, 「報告書 제18호-務安監理 秦尙彦(1897.12.26) → 外部大臣 趙秉式」.

146 裵鍾茂, 앞의 책, 141쪽.

147 위의 책, 「報告 제24호-務安監理 秦尙彦(1898.1.10) → 外部大臣 趙秉式」 첨부 '送俄國副領書' 참조. 참고로 裵鍾茂의 연구에서 이 '送俄國副領書'의 내용으로 기재되어 있는 것은 실제로는 1899년 6월 27일에 외부에 보낸 보고서의 내용이 잘못 인용된 것으로 보인다(裵鍾茂, 앞의 책, 141쪽).

148 위의 글. 다만 러시아 측이 진상언을 군함 내에 억류했다는 내용(裵鍾茂, 앞의 책, 142쪽)은 현재로서는 그 근거를 찾을 수 없다.

러시아공사관에 해명하는 해프닝이 벌어지기도 하였다.[149] 상기의 진행 과정에 있어서 무안감리 진상언의 조치는 지극히 상식적인 그것에 가까웠다고 볼 수 있다. 규정상 애매한 부분이 있을 경우 정확한 내용을 확인하지 않고 자의적으로 조치해버리면 오히려 해당 조치를 내린 사람이 처벌을 받을 수 있음은 당연한 사실일 것이다. 이후의 과정 역시 문의를 받은 중앙정부의 결정에 따랐을 뿐으로, 이 시점에서 진상언의 행정 조치는 딱히 예외적이라는 느낌은 들지 않는다.

그러나 러시아와의 고하도 문제는 이제 시작일 뿐이었다. 이 문제에서 어째서 갈수록 러시아의 입장이 강화될 수밖에 없었는지를 이해하려면 문제의 '10리 내' 조항에 대해 보다 자세히 살펴볼 필요가 있다. 이것은 1883년 체결된 조·영수호통상조약 제4관이 그 기원이며, 해당 내용은 다음과 같다.[150]

제4관

(…중략…)

4. 영국 사람이 조계 밖에서 지단地段을 영구히 혹은 잠시 조차租借하거나 가옥을 임대하거나 집을 지으려 할 경우 허락하되, 조계로부터 거리가 10리里, 조선리(朝鮮理)를 넘을 수 없다. 이 지역에서 조차하여 거주하는 사람은 거주·납세의 각 사안에 있어서 조선국이 스스로 정한 지방 세금 부과 장정을 일률적으로 준수해야 한다.

상기 조관은 이후에 체결된 러시아·프랑스 등 모든 나라와의 조약 내용에 일괄적으로 포함되고 있다.[151] 그런데 조계지에서 10리를 넘지 못한다는 내용

---

149 亞硏 編, 『俄案』 1, 문서번호 955, 497쪽.

150 『高宗實錄』 권20, 고종 20년 10월 27일. "第四款 (…중략…) 四 如英人欲行永租 或暫租地段 賃購房屋 在租界以外者聽 惟相離租界 不得逾十里(朝鮮里) 而租住此項地段之人 於居住納稅各事 應行一律遵守 朝鮮國自定地方稅課章程."

은 바꿔 말하면 10리 이내의 경우 토지의 조차가 가능하다는 이야기이며, 이 규정에 따르면 조계지에서 직선거리 상 가까운 섬들도 외국인의 토지 매매가 가능하다는 말이 된다. 그럴 경우 선박의 정박 등이 용이한 군사상의 요충지들도 외국인에게 팔릴 우려가 있었다. 따라서 한국 정부는 이 10리 규정은 육지로 연결된 경우에만 해당하며 그렇지 않은 경우는 예외로 할 수 있다는 식으로 자체적인 해석을 한 것이다.

그런데 이는 어디까지나 한국 측의 국가적 이해 사안에 입각한 주장일 뿐 조약 체결의 또 다른 당사자인 영국이나 기타 서구 열강들이 동의한 사안은 아니었다. 무엇보다 조약문에 명시되지 못한 내용을 체결 당사자 중 일방만이 주장할 경우 논리적인 측면에서 불리한 입장임은 두말할 필요가 없다. 따라서 이후 진행되는 양국 간 공방에서 한국 정부는 수세적인 입장에 서게 될 수밖에 없었다.

스트렐비츠키가 서울로 떠난 이후 무안항에서는 한동안 이와 관련된 현황 보고가 발견되지 않으며, 무대는 서울로 옮겨져서 대한제국 외부와 러시아공사관 사이의 공방전으로 비화되었다. 사건 발생 후 약 2주가 지난 1898년 1월 9일 자로 주한러시아공사 스페예르A. H. Шпейер(士貝耶)가 외부대신 조병식에게 고하도 지단 구매의 허가를 촉구하는 공문을 보낸 것을 필두로 하여[152] 러시아 측의 집요한 공세는 시작되었다.[153] 조·러조약 제4관을 준수하라는 논리에 대해 대응하기가 마땅치 않자 한국 정부는 10리 이내라도 육지로 연결되지 않은 경

---

151 내용과 문구도 거의 동일하게 작성되었다(위의 책, 권21, 21년 윤5월 15일; 권23, 고종 23년 5월 3일 등 참조).

152 『俄案』1, 문서번호 959, 500~502쪽.

153 러시아공사는 해당 건으로 1898년 한 해 동안 15통이나 되는 조회를 외부에 보냈다(두 번째 이하 조회는 위의 책, 문서번호 963, 504~505쪽; 문서번호 1053, 559~560쪽; 문서번호 1062, 565~566쪽; 문서번호 1065, 567~568쪽; 문서번호 1073, 575~576쪽; 문서번호 1075, 577~578쪽; 문서번호 1089, 586~587쪽; 문서번호 1100, 594~595쪽; 문서번호 1113, 603~605쪽; 문서번호 963, 504~505쪽; 문서번호 1120, 610~611쪽; 문서번호 1131, 620쪽; 문서 번호 1141, 627~628쪽; 문서번호 963, 504~505쪽 참조).

우에 대해서는 예외를 인정하는 추가 조항을 만들기 위해 1898년 2월 14일에 당시 외부대신 이도재李道宰의 주재하에 각국 공사·영사들을 불러 이 문제를 논의하였다. 그러나 외국인의 토지 소유 제한 관련 조항을 명문화하자는 제의에 당연히 그들이 동의할 리 없었으므로 합의에는 이르지 못했으며, 이 안건을 서울 주재 공사들에게 조회하여 회의를 열어 의결해줄 것을 요청했으나 역시 결론에는 이르지 못했다.[154]

러시아 측이 계속 고하도 지단 매매 허가를 요구하자 대한제국 외부는 그를 거절하는 이유로 '이 논의가 아직 결론이 나지 않았다'는 이유를 들었으니,[155] 결국 이는 임시방편적인 방어 논리일 뿐 절대로 10리 이내에 육지로 연결되지 않은 곳은 외국인에게 구매허가를 내릴 수 없다는 거부는 아니었던 것이다. 상황이 바뀌어 논의가 결론이 내려지고 그 방향이 허가하는 쪽으로 정해진다면 그에 따른다는 의미라고도 할 수 있다. 그러나 이러한 정도의 답변에조차도 러시아 측에서는 조약에 분명히 명시되어 있는데 자기 이해관계에 따라 멋대로 새로운 내용을 만드는 것은 규칙을 지키지 않는 것으로, 국가 간 교린상 있을 수 없는 행태라고 비난을 퍼부었다.[156]

이러한 공방을 거치면서 서서히 한국 정부의 입장은 약화하여, 결국은 기존의 '10리 내 연륙連陸'과는 다른 논리로 지계 발급 거부를 합리화하는 쪽으로 변경되었다. 즉 외부대신 유기환이 1898년 6월 6일 자로 보낸 조회에 따르면 조·러조약 제4관의 내용은 러시아의 상민商民, 곧 민간인이 그 대상인데, 스트렐비츠키는 부영사관이라는 관리이므로 적용 대상이 되지 못한다는 것이었다. 그러면서 만약 러시아 상인이 (육지와 연결되지 않은 조계 10리 이내) 땅을 사려 할

154 위의 책, 문서번호 1057, 562쪽.
155 위의 책, 562~563쪽.
156 위의 책, 문서번호 1062, 565~566쪽.

경우 먼저 매입하고 지계 발급을 요청하면 해당 항구의 감리가 계약서에 따라 조치한다고 안내하고 있다.[157]

이것은 러시아의 압력에 따라 사실상 해당 토지의 매매를 허용해주기로 방침을 바꾸되, 국가의 체면상 직접적으로 러시아공사의 요청을 들어주는 형태는 피하고 일종의 우회적인 방법을 택한 것으로, 민간인을 내세워 해당 토지를 구매하고자 시도하면 막지 않겠다는 일종의 '꼼수'를 알려준 것이나 다름없었다. 그러나 그 정도로 만족할 러시아가 아니었다. 그들은 조약의 한문본에서 러시아 인민을 지칭하는 호칭이 '아국상민俄國商民', '아인俄人', '아국민俄國民' 등 조관마다 달라 분명치 않은 지점이 있음을 들어 한국 측의 민·관 구별 논리를 집요하게 공격했다.[158] 그리하여 마침내 유기환은 7월 11일 자 조회에서 인민 중에 토지 구매를 원하는 자가 있을 경우 '상민'이나 '인민' 등의 표현에 얽매여서 비용을 낭비하지 말고 조회를 보내면 된다는 일종의 '항복선언'을 해버리고 말았다.[159]

이렇게 해서 일단 러시아 측의 고하도 매입과 관련된 하나의 장애물은 사라진 셈이었지만, 한번 진상언의 완강한 태도에 쓴맛을 경험한 이들은 같은 방법을 다시 쓰지는 않았다. 즉 보다 용이한 반발 제압을 위해 토지 구입을 먼저 완료해서 기정사실화시켜 놓고 그 승인을 요구하는 식으로 방식을 변경한 것이었다. 그리하여 어느 정도 시간이 지나 관련 작업 진행이 완료된 이후의 시점인 1899년 5월 23일에 스트렐비츠키가 2,500원圜에 고하도의 일부 토지를 매입했다고 하면서 지권地券 교부를 요구하였다.[160] 3일 뒤인 26일에는 공사관의

---

157 위의 책, 문서번호 1104, 597~598쪽.

158 위의 책, 문서번호 1120, 610~611쪽; 문서번호 1141, 627~628쪽.

159 위의 책, 문서번호 1143, 629쪽. 당연한 말이지만 이 시점 이후 이 문제와 관련된 러시아공사관 측의 조회는 한동안 발견되지 않는다.

160 『日使錄』 13, 「一, 本省電報往信」, '往41 — 日置 代理公使(1899.5.23) → 靑木 外務大臣', 『일본외교문서』에는 13일로 기록되어 있는데(『日外書』 32, 문서번호 157, 275쪽), 여러 앞뒤 정황이나 다른

서기관인 스테인E. Ф. Штейн(師德仁)이 군함 코레츠호를 타고 목포에 와서 해당 토지 1,000평에 대한 매매증서를 제시하며 협박조로 공인을 요구하였다. 이에 대해 진상언은 중앙정부의 훈령이 있으면 언제든지 날인하겠다고 하면서 가까스로 상황을 모면하였다.[161]

러시아 측이 매입했다고 주장한 토지는 고하도 내의 농지 10두락斗落과 묘지 1편片으로,[162] 고하도 거주민인 이성범李聖範이 역시 고하도 주민인 박한근朴漢根의 중계하에 서울에 거주하는 김재이金在阿에게 판 것을 김재아가 다시 러시아 측에 매도한 것이었다.[163] 그런데 의정부찬정 이윤용李允用의 대리인인 박내옥朴乃玉이 분명 자신들이 이윤용 명의로 고하도 전체를 매매했으니, 이 땅은 투매偸賣된 것이라며 진상을 밝혀달라는 소장訴狀을 외부에 제출하여 진상조사가 이루어지게 되었다.[164] 지도군수智島郡守 박용규朴鎔奎의 1차 조사에 따르면 이성범이 구입한 토지의 원래 전주田主는 최경찬崔京贊, 4두락, 김운경金云景, 1두락, 김도경金道京, 5두락이었으며, 이윤용의 매수 이전에 거래가 이루어졌다. 그 과정에서 이성범은 이들 토지도 매매할 것을 종용받았으나 거부하자 자신을 투매범으로 억울하게 몬다고 주장하였다. 그러나 제2차 조사의 내용은 달랐다. 실제 구舊 전주들을 불러 진술을 받아보니 이성범이 몇 년 전에 토지 몇 두락을 구입하려 하였으나 가격이 맞지 않아 협상이 결렬되었다는 내용이었고, 이성범 역시 이 사실을 인정하였다.[165]

기록들과의 교차 검토 등으로 볼 때 23일의 오기로 보인다.

161 위의 책, 「七. 木浦高下島買收書類」, '機密 제25호－在木浦 一等領事 久水三郎(1899.6.27)→特命全權公使 林權助'.

162 기존 연구에서는 이 매매 건이 스트렐비츠키가 첫 번째로 목포를 방문한 1897년 당시에 이루어진 것처럼 서술되어 있으나(裵鍾茂, 앞의 책, 142쪽), 둘은 약 1년 반 정도의 시차가 있는 엄연한 별건이다.

163 『務安報牒』 제2책, 「報告 제32호－務安監理 秦尙彦(1899.6.21)→議政府贊政 外部大臣(1899.6.29)」. 김재아는 일본 측 기록에서는 '金在夏'로 표기되기도 하였다.

164 위의 책, 「報告 제59호－務安監理 秦尙彦(1899.11.3)→議政府贊政 外部大臣(1899.11.8)」.

165 裵鍾茂, 앞의 책, 143~144쪽. 참고로 김재아는 소재불명이어서 조사가 이루어지지 못했다.

따라서 이 사건의 진상은 분명히 밝혀지지 않은 셈이며, 만약 두 번째 조사 결과가 맞다면 이성범에 의해 이루어진 일종의 '사기 매매'로서 러시아의 소유권이 무효가 될 수도 있는 상황이었다. 그러나 조사가 아직 진행 중인 상황에서도 정부의 입장은 벌써 구매 허용 및 지권 발급으로 기울어져 있었으니, 전술한 러시아공사관과의 공방 과정을 돌이켜보면 당연한 일이었다. 이제 진상언은 외국인 토지 소유를 제한하려는 자신의 기존 입장을 관철하려면 정부와 대립해야 하는 상황에 놓이게 된 것이다. 스테인의 지권 교부 문제에 대해 진상언이 올린 보고에 대한 외부의 답은, 바다를 건너 위치한 도서島嶼의 문제는 이미 여러 차례 논하긴 했지만 부득이하게 허락할 수밖에 없으며 지계를 발급해주라는 내용으로 그 입장이 완전히 바뀌어 있었다.[166] 이러한 지시에 대해 그가 회신한 조회 말미의 다음과 같은 내용에서 그가 이 문제를 바라보는 기본 시각을 엿볼 수 있다.[167]

무릇 러시아인이 장정을 어기고 강요하는 것을 들어줘서 지계를 발급해줬다가 장래에 각국이 이익을 균점하고자 하여 동·서에서 청구해오면 여러 가지 폐단이 장차 어떤 지경에 이르게 될지 알 수 없을뿐더러 항구 연안의 부근에 있는 도서가 각국 사람들에게 점거될 것이니, 훗날을 염려하여 (지령을) 받들어 시행하기가 매우 어려워서.

즉 러시아 측에 내세운 '상부의 허락이 있으면 따른다'는 것은 핑계일 뿐이고, 실제로 지권 허가를 해주지 않은 것은 이를 통해 한국에 제국주의 열강의

---

166 『務安報牒』 제2책, 「報告 제33호-務安監理 秦尙彦(1899.6.27) → 議政府贊政外部大臣(1899.7.1)」.
167 위의 책, 「報告 제33호-務安監理 秦尙彦(1899.6.27) → 議政府贊政外部大臣(1899.7.1)」, "大抵 俄人에 違章强請을 準撥地契ㅎ였삽다가 將來 各與國이 利益을 均霑코져ㅎ와 東請西求ㅎ오면 末流生弊가 將不至何境이올뿐더러 港沿에 附近ㅎ온 島嶼가 竝歸各國人占據ㅎ올터이오니 大關後慮에 萬難奉行ㅎ와".

각축장이 되는 것과 국방상 요충지를 외국인의 손에 빼앗기는 것을 막기 위한 국가 이익의 차원에 있어서의 본인의 신념이었음을 토로하고 있는 것이다. 그러나 이에 대해 외부에서는 유기환과 러시아공사관이 교환한 조회의 일부를 인용하며 이미 지계 발급을 허가해주는 쪽으로 위에서 결론이 났으니 감리는 그에 따르라는 식으로 지권 인준을 독촉하였다.[168]

이에 대해 진상언은 다시 ① 매매문서에 러시아인에게 전매轉賣한다는 명문明文이 없고, ② 러시아인 스테인은 관인官人이지 상민商民이 아니며, ③ 고하도가 지도군 소속이어서 자신의 관할이 아니므로 지계 발급의 지시에 따를 수 없다고 재차 거부 의사를 표명하였다.[169] 여기서 처음 등장한 거부 논리가 바로 '관할 문제'로, 자신의 관할구역이 아니므로 함부로 할 수 없다는 것이다. 그러나 중앙의 외부에서 지시한 내용을 관할 문제를 이유로 거부하는 것은 누가 봐도 억지 평계라고밖에 할 수 없었다. 이에 대해서 다시 외부에서는 이례적으로 진상언이 든 이유를 하나하나 반박하는 상당히 긴 분량의 지령 제66호를 1899년 9월 20일 자로 보내면서, 지계 승인을 감리서에서 해주지 않아 러시아공사의 서면 재촉이 그치질 않아 이에 응답하기가 민망하니 신속히 처리하라고 재차 독촉하였다.[170]

이러한 와중에 스테인은 8월 28일에 다시 한번 인천으로부터 기선 히고마루를 타고 목포에 기항하여 진상언에게 지권 발급을 강요하였다. 이에 한국 외부와 러시아공사관의 협공을 당하는 꼴이 된 그는 "도저히 감리 한 사람의 힘으로 지탱할 수 있는 일이 아니며, 결국 어쩌면 부득이하게 지권을 발급하게

---

168 위의 책, 「報告 제52호 – 務安監理 秦尙彦(1899.9.13) → 議政府贊政 外部大臣(1899.9.19)」.
169 위의 글.
170 위의 글에 대한 지령(指令) 66호 참조. 특히 여기서 "감리서는 조회를 보내고, 해당 관할 지방관에게 轉飭하여 지계를 발급하게 하면 된다"고 지적한 것은 진상언의 관할구역 평계를 정면으로 반박하는 내용이라고 할 수 있다.

될지 모르겠다"라는 말을 내뱉기에 이르렀으니,[171] 사실상 자포자기의 상황에 몰리게 된 것이었다.

한편 일찍부터 삼학도 등 목포의 토지를 노렸던 일본 역시 고하도에 대해서도 관심을 갖고 있었다. 이 섬의 군사적 가치를 인정했던 일본 측은 1897년 12월의 스트렐비츠키사건 이전에도 매입을 위해 섬에 거주하는 민간인과 은밀하게 교섭하고 있던 흔적이 있다.[172] 그러나 본격적인 매입 시도는 러시아의 그것 이후에 시작된 것으로 보인다. 한반도에서 러시아와 각축전을 벌이는 입장이었던 일본 측은 러시아에 선수를 쳐서 고하도를 매입할 것을 진지하게 검토하였다. 그리고 외무차관 하토야마 카즈오鳩山和夫와 그 막하幕下인 후쿠이 사부로福井三郎가 삼학도사건의 주역인 시부야와 목포에 거주하던 일본인 아라이 토쿠이치荒井德一 등과 모의해서 군부의 기밀비 100,000원圓을 투입하여 구매하기로 결정하였다.[173]

일본 측의 구체적인 매입 과정을 살펴보면, 1898년 10월에 해군대신 명의로 매수의 훈령이 내려졌으며, 이에 따라 영사관 측은 시부야에게 이 임무를 맡겼다. 시부야는 친분이 있는 강진군수康津郡守 신성휴申性休에게 이를 제안하여 동의를 받았으며, 신성휴의 매부인 이윤용을 매수 명의자로 내세우기로 하여 허락을 받았다. 이후 구체적인 작업은 신성휴와 시부야가 담당했으며, 도민들을 유인하여 매도에 관한 연명증서連名證書를 받아내는 등 순조롭게 일이 진행되어 나갔다.[174]

---

171 『日使錄』 13, 「七. 木浦高下島買收書類」, '機密 제12호─在木浦 領事 森川季四郎(1899.9.2) → 特命全權公使 林權助'.

172 위의 책, 「二. 各領事館機密往來信」, '京公機密 제12호─在木浦 一等領事 久水三郎(1898.1.6) → 辨理公使 加藤增雄'.

173 裵鍾茂, 앞의 책, 143쪽.

174 『日使錄』 13, 「七. 木浦高下島買收書類」, '機密 제6호─在木浦 領事 久水三郎(1899.6.30) → 特命全權公使 林權助'.

일부 부지는 시부야가 직접 매입하였지만 대부분의 토지는 이윤용 명의로 대부분 매수 작업이 마무리된 시점인 1899년 5월에 상기 스테인의 10두락 지계 발급 요청 건이 터졌다. 이에 이윤용 명의로 섬의 토지 거의 전부를 매입한 것으로 생각하고 있던 일본 측은 몹시 당황하였고, 상황을 파악하면서 러시아 측의 이중계약을 의심하기도 하였다.[175] 자신들의 고하도 매입 계획에 차질이 빚어진 셈이므로, 그들은 이윤용을 통해 한국 외부에서 러시아 측에 지권 발급을 해주라는 훈령을 감리에게 내리지 못하도록 로비를 펼치기도 하였다.[176]

이러한 과정에서 일단 일본 영사와 무안 감리 진상언은 초기에는 '동맹'의 관계를 유지했던 것으로 보인다. 당시 목포주재 일본영사였던 히사미즈 사부로久水三郎는 진상언과 친근한 사이로 사적인 일은 물론 공무상에서도 대개의 일은 서로 털어놓고 지내온 사이였다.[177] 그래서 5월에 스테인이 지권 발급을 강요할 때 진상언은 그에게 원조를 요청할 정도였다.[178] 그러나 이는 당연히 토지 구매의 문제가 없을 때의 상황으로, 과거 진상언의 언행으로 볼 때 일본이 이윤용을 내세워 일본인 시부야의 소유로 섬을 매입하려 한다는 사실이 밝혀질 경우 태도가 돌변할 것이라는 두려움을 그들이 가진 것은 당연한 일이었다. 따라서 일본 측은 계약 관계가 확실해질 때까지는 이윤용의 매입에 일본인들이 연관되어 있다는 사실을 숨기려 하였다.[179]

당시 일본인들에게 있어서 일단 시급했던 것은 명의상 이윤용의 것으로 되어있는 섬의 토지에 대한 소유권을 시부야의 것으로 돌려놓는 일이었다. 그런데 이윤용은 일본인에게 팔기 위해 고하도의 땅을 모두 사들인다는 소문이 나

---

175 위의 글, '機密 제3호-在木浦 一等領事 久水三郎(1899.5.30) → 臨時代理公使 日置益'.
176 위의 글, '親展-久水三郎(1899.7.5) → 林 公使'.
177 위의 글, '機密-領事 久水三郎(1899.7.17) → 特命全權公使 林權助'.
178 『日外書』 32, 문서번호 162, 278쪽.
179 『日使錄』 14, 「七. 各領事館電報來信」, '久水 領事(1899.7.7) → 林 公使'.

서 고종에게 불려간 적이 있었고, 거기서 외국인들로부터 이 섬을 지키기 위해 그랬다는 식으로 변명하였다.[180] 따라서 자신이 일본인에게 섬을 판 사실이 알려지면 일게 될 후폭풍을 두려워하여 결코 시부야에게의 매도에 응하려 하지 않았다. 진상언 역시 외국인에게 섬을 절대 매매할 수 없다는 입장이므로, 러시아가 아닌 일본이라고 해도 마찬가지로 외국인이므로 결코 승인해줄 것으로 예상되지 않았다. 이러한 여러 가지 문제들 때문에 결국 차선책으로 그들은 매매가 아닌 장기임대라는 형태로 계약을 변형시켰다.[181]

그리하여 1899년 8월 15일 자로 이윤용이 시부야에게 고하도를 임대료 33,200원圓에 향후 30년 동안 임대한다는 계약이 체결되었다.[182] 이 매매를 한국 정부로부터 인정받기 위해 일본 측은 다각도의 노력을 기울였으며, 마침내 일본공사 하야시 곤스케林權助가 고종을 알현하여 이 문제에 대해 대화를 나누기에 이르렀다.[183] 9월 13일에 이루어진 이 접견과 관련하여 일본 측 기록에 묘사된 당시 대화의 일부를 살펴보면 다음과 같다.[184]

---

180 위의 책, 13, 「七. 木浦高下島買收書類」, '機密 제6호－在木浦 領事 久水三郎(1899.6.30) →特命全權公使 林權助'.

181 위의 책, 「七. 木浦高下島買收書類」, '機密 제13호－在木浦 領事 森川季四郎(1899.9.7) → 在京城 特命全權公使 林權助'.

182 『務安報牒』 제2책, 「報告 제60호－務安監理 秦尙彦(1899.11.4) → 議政府贊政外部大臣(1899.11.10)」 첨부 제2호 契約書 참조.

183 金鍾先, 「木浦港에 있어서의 露・日間의 租借地 獲得過程 －高下島事件을 中心으로」, 『木浦大學 論文集』 5, 1983, 222쪽.

184 『日外書』 32, 문서번호 163, 278~279쪽. "本官ー頃日內々人ヲ以テ御沙汰アリタル木浦孤下島ノ件ハ該地主李允用氏偶々病中ニ付國分通譯官ヲ遣ハシ同氏ト協議セシメタル末愈我商民ニ貸與スルコトニ協定シ已ニ其ノ手續ヲ了シタレハ聖慮ヲ靖シセラレタシ／陛下ー抑孤下島ハ曾テ露國之カ借地ヲ要請シタルコトアリ又昨今通譯官「スタイン」屢々木浦ニ往來シ切ニ其欲望ヲ達セントシテ運動シツヽアリ然ルニ右「スタイン」ハ邇回臨時代理公使ニ命セラレタル由ナレハ若シ同人ニシテ出張先ヨリ歸任セハ必ス地所問題ヲ再ヒ提起スルヤ必セリ就テハ其前豫メ必要ノ手段ヲ講シ置クコト肝要ナリト思考シ李允用ニ內命ヲ下シ卿ト協議ニ及ハシメタル所以ナリ然ルニ孤下島ハ實際左程樞要ナル島嶼ナルヤ將又軍艦ヲ繫泊スルニ便利ナル浦港アリヤ／本官ー木浦ノ前面ニ橫ハル一小島ニシテ之ニ由ツテ木浦港灣ヲ形成セルモノナリ併シ該島ニハ別ニ軍艦ヲ繫泊スル便利ナル浦港ヲ有セス."

하야시 : 요사이 은밀히 사람을 보내 분부하신 목포 고하도의 건은 해당 지주 이윤 용 씨가 마침 병중이므로 국분國分 통역관을 보내 그와 협의케 한 결과, 우 리 상인에게 대여하기로 협정을 맺고 이미 그 수속을 끝냈으니 심려치 마 시기 바랍니다.

고종 : 원래 고하도는 전에 러시아가 그 조차租借를 요청한 적이 있었습니다. 또 요 즘 통역관 스테인이 누누이 목포에 왕래하며 줄곧 그 욕망을 달성하려고 운 동하고 있었습니다. 그런데 그 스테인이 이번에 임시대리공사로 임명되었 다고 하니, 만약 그 사람이 출장지에서 귀임하면 반드시 토지 문제를 다시 제기할 것이 틀림없습니다. 그러니 그 전에 미리 필요한 수단을 강구해 두 는 것이 긴요하다고 생각되어 이윤용에게 은밀히 명령하여 경과 협의하기 에 이른 것입니다. 그런데 고하도가 실제로 그 정도로 중요한 섬이며 또 군 함을 정박하는 데도 편리한 항구인가요?

하야시 : 목포의 앞쪽에 있는 작은 섬으로, 그로써 목포항만을 형성하고 있습니다. 그러나 해당 섬에는 특별히 군함을 정박시키는 데 편리한 항구는 없습니다.

이상의 대화를 보면 고종은 이윤용과 일본인과의 토지 계약의 존재를 알고 있음은 물론, 러시아의 고하도 토지 매입을 저지하기 위해 이를 원조하려 하고 있다는 인상마저 받는다. 같은 시점에 러시아에 대한 지권 발급을 재촉하고 있 던 외부의 입장과는 정반대라는 점에서 이해하기가 다소 어려운 측면은 있지 만, 아무튼 이렇게 국왕의 인정까지 받게 되어서 일본 측은 이 문제에 대해 자 신감을 갖고 진상언에게 그 내용을 털어놓기에 이르렀다.

히사미즈의 후임으로 목포영사로 부임한 모리카와 키시로森川季四郎가 처음으 로 이윤용과 시부야의 계약 문제를 진상언에게 언급한 것은 9월 2일이었다. 그는 당시 러시아 측의 집요한 요구로 인해 지권 발급에 대해 자포자기적 언급을 하는 진상언을 만나서 해당 섬은 일본인도 관계가 되어 있으니 절대로 지권을 발급해 주면 안 된다고 하면서 계약 사실을 처음으로 언급했다. 이에 진상언은 처음 듣는 이야기라고 하며 반문하였고, 모리카와는 간단하게 설명했으나 무안군수를 겸직하던 진상언의 무안 출장 직전 시점이었기에 깊이 있는 대화는 이루어지지 못했다.[185]

이후 전술한 계약의 성립과 고종의 승인 등으로 인해 자신감을 얻은 모리카와 영사는 1899년 10월 28일 자로 시부야의 임대계약 사실을 계약서와 함께 공문으로 무안 감리서 측에 알렸으며,[186] 이에 대해 진상언은 반송을 위해 해당 공문을 지참하고 10월 31일에 일본영사관을 방문하였다. 그는 고하도가 지도군 소속으로 무안 감리의 관할이 아니라는 예의 '관할 문제' 논리와 더불어 충무공 이순신의 사적이 있기에 사유지가 아니므로 계약 인준을 해줄 수 없다는 등의 내용을 진술하였다. 이에 모리카와가 일단 공문을 받고 다시 반박을 하는 식으로 하자고 제안했으나 진상언은 공문의 수령 자체가 근거로 남을 것을 염려하여 계속 반송을 시도했고, 정오부터 밤 9시까지 공방이 이어지다가 모리카와가 반환을 끝끝내 거부하여 일단 그날은 그대로 귀가하였다.[187]

그런데 며칠 뒤인 11월 2일 자로 진상언이 10월 31일 방문 시 구두로 언급한 것과 유사한 내용의 공문과 함께 영사가 보냈던 공문이 반송되었다.[188] 이에 6일에 사카타坂田 영사관보領事官補가 다시 공문을 가지고 가서 오전 10시부터 오후 1시까지 약 3시간 정도 설득을 시도했으나, 진상언은 얼굴에 노기마저

---

185 『日使錄』13, 「七. 木浦高下島買收書類」, '機密 제12호－在木浦 領事 森川季四郎(1899.9.2) → 特命全權公使 林權助'.

186 『務安報牒』 제2책, 「報告 제60호－務安監理 秦尙彦(1899.11.4) → 議政府贊政 外部大臣, 附 監 제26호 및 契約書 참조」.

187 『日使錄』13, 「七. 木浦高下島買收書類」, '機密 제17호－在木浦領事 森川季四郎(1899.11.7) → 特命全權公使 林權助'.

188 裵鍾茂, 앞의 책, 146~147쪽

띠면서 끝끝내 공문 수리를 거부하였다.[189] 이 사실을 접한 하야시공사는 외부대신 박제순에게 조회하여 '국제상의 통의通義에 어긋나는 실례의 조치'라는 표현으로 진상언을 비난하였다.[190]

이로써 애당초 오래갈 수 없던 일본 측과의 동맹 관계마저 깨진 진상언은 그야말로 고립무원이 된 것이었다. 처음에 러시아 측이 매입한 토지가 정당한 것이라고 보지 않아 지권 발급을 저지해야 한다고 생각했던 일본 측의 입장 역시 이즈음이 되면 10두락에 대해서는 러시아 측의 소유를 인정할 수밖에 없다는 쪽으로 바뀌어 있었다.[191] 즉 이 문제에 관한 한 러시아와 일본의 대립 요소는 사라진 상태였으며, 진상언의 입장은 더욱 난처할 수밖에 없었다.

이 시점에서 얼마 뒤인 12월 13일에 또다시 지권 발급 요청 건으로 러시아 공사관원인 막시모프A. Максимова가 러시아 포함砲艦 코레츠호를 타고 목포항에 도착하여 진상언에게 이를 요구하였다. 그는 외부는 말할 것도 없고 황제도 양해했으므로 감리는 거절할 권리가 없다고 하며 협박조로 강요했고,[192] 이에 대해 진상언은 예의 '관할 논리'를 들고 나와 또다시 거부하는 사태가 되풀이되었다.[193] 이쯤 되면 당시 한국 정부나 외국공사관들 입장에서 볼 때는 거의 막무가내라고 해도 무방한 정도였다.[194] 끝내 감리의 인준을 얻지 못한 막시모프는 고하도에 상륙하여 러시아 측이 매입했다는 토지에 'Russian Grand 대아

189 『日使錄』 13, 「七. 木浦高下島買收書類」, '機密 제17호-在木浦領事 森川季四郞(1899.11.7) → 特命全權公使 林權助'.

190 亞硏 編, 『舊韓國外交文書 4(日案 4)』, 문서번호 5442, 고려대 출판부, 1969, 521~523쪽.

191 『日外書』 32, 문서번호 164, 281~282쪽.

192 『日使錄』 13, 「七. 木浦高下島買收書類」, '機密 제20호-領事 森川季四郞(1899.12.18) → 特命全權公使 林權助'.

193 『務安報牒』 제2책, 「報告 제68호-務安監理 秦尙彦(1899.12.17) → 議政府贊政外部大臣(1899.12.29)」.

194 진상언의 해당 사건 보고에 대해 외부에서 내린 지령을 보면, 러시아 관원과 상세히 면담하여 업무의 완결을 꾀하는 것이 옳은데도 아직 결정되지 않았다는 등의 말로 본부에 미루어서 일을 어렵게 만들고 있으니 타당하지 않다는 말로 힐난하고 있다(『務安報牒』 제2책, 「報告 제68호-務安監理 秦尙彦(1899.12.17) → 議政府贊政外部大臣(1899.12.29)」.

정부소유지기大俄政府所有地基'라는 팻말을 세우고 귀함한 뒤 17일 오전 11시에 인천항으로 떠났다.[195]

이에 대해 러시아공사관 측에서는 19일 자로 장문의 항의 서한을 외부에 보냈으며,[196] 다음날인 12월 20일 자로 무안 감리 진상언의 1/2개월 벌봉罰俸이 결정되었다.[197] 비록 해당 공문에 벌봉의 사유는 명시되어 있지 않지만, 전후 시점이나 일본 측의 기록 등으로 볼 때 지계 발급 및 계약서 공인 거부 등으로 인해 러·일 양국이 항의하고 압력을 넣은 데 따른 것임이 분명하다.[198] 그동안 진상언에 대해 수없이 힐난하면서도 명시적인 처벌은 하지 않고 있던 정부가 마침내 이를 행동에 옮긴 것이다. 이에 그의 의지도 한풀 꺾일 수밖에 없었으며, 상경하여 이 문제에 대해 이윤용과 교섭하여 러시아의 10두락에 대한 권리 및 나머지 토지에 대한 이윤용의 시부야에의 임대에 대해 인정하는 쪽으로 합의하였다.[199]

그러나 아직 그의 마지막 저항이 남아 있었다. 1900년 3월 31일에 러시아 영사가 도착해서 고하도의 지권 발급 절차를 밟는 과정에서 문제가 발생하였다.[200] 즉 경계 결정 과정에서 애당초 러시아 영사가 신청한 구역보다 매입한 지역이 좀 더 좁다는 이유로 진상언이 이의를 제기한 것이었다. 러시아 영사는 실제 경계가 분명하지 않은 것을 이용하여 가능하면 면적을 넓힐 생각으로 사들인 구역의 산허리에 덧붙여 약간의 토지를 더 넓히려 '꼼수'를 시도한 것이

---

195 『日使錄』13, 「七. 木浦高下島買收書類」, '機密 제20호-領事 森川季四郎(1899.12.18) → 特命全權公使 林權助'.

196 亞硏 編, 『舊韓國外交文書 18(俄案 2)』, 고려대 출판부, 문서번호 1503, 1969, 215~219쪽.

197 『總關去函』(奎17832) 제6책, 「朴齊純(1899.12 20) → 總海關」.

198 일본 측 기록을 보면 자신들의 교섭 결과로 표현하고 있으나(『日使錄』13, 「七. 木浦高下島買收書類」, '高下嶋ノ一地區ヲ露國人ニ於テ買收シタル件-在木浦 森川 領事(1899.12.19) → 林 公使'), 시기상으로 볼 때 오히려 러시아 측의 항의가 더 주된 이유였을 가능성이 높다고 생각된다.

199 『日使錄』13, 「一一. 本省電報往信」, '山座 代理公使(1900.1.15) → 靑木 大臣'.

200 위의 책, 14, 「七. 各領事館電報來信」, '各機密 제3호-森川 領事(1900.4.2) → 林 公使'.

었다. 이 문제를 진상언이 제기하자, 이렇게 조그만 장소에 대해 집요하게 주장을 고집한다면 자신에게도 각오가 있으며, 결국 신상에 어떠한 위험이 따를지 모른다는 위협적인 언사를 남기고 헤어졌다. 이후 5일에 러시아 군함 그레미야스티호가 인천에서 목포항으로 급파되었는데, 이유는 상기 건으로 러시아 영사가 진상언에게 시위하기 위해 불러온 것이었다.[201] 그리고 그로부터 이틀 뒤인 1900년 4월 7일 자로 진상언은 무안 감리에서 면직되었으며, 주사 송성인이 서리로 임명되었다.[202]

결국 국가 이익의 관점에서 '외국인 토지소유의 제한'이라는 기준을 세워 행동하고자 한 그의 의지는 실행에 있어서 아이러니하게도 가장 큰 장벽이 바로 그 '국가'였던 셈이다. 제국주의 열강들의 토지침탈 경쟁 과정에서 여러 가지 원인으로 무력했던 정부가 버팀목이 되어줄 수 없을 때[203] 그러한 의지를 실현하기 위해 시도할 수 있는 방법은 단지 '관할 미루기'밖에 없었다. 그리고 이는 당연히 행정 조직의 입장에서는 '할 일을 서로 미루는 해괴한 짓'[204]이 될 수밖에 없다. 이렇게 '해괴한 짓'으로나마 어찌 보면 막무가내로 당시 열강의 토지침탈에 저항했던 진상언이 무대에서 사라진 이후 러시아 측이 주장하는 토지는 러시아가, 나머지 이윤용을 통해 임대받은 토지는 일본 측이 모두 소유권을 인정받게 된 것은[205] 당연한 귀결이었다. 이렇게 비록 결과적으로는 실패

---

201 위의 책,, 「一三. 各領事館機密來信 一·二」, '各機密 제3호 - 在木浦 領事 森川季四郎(1900.4.6) → 特命全權公使 林權助'.
202 『務安報牒』 제3책, 「報告 제24호 - 務安監理 秦尚彦(1900.4.7) → 議政府贊政外部大臣(1900.4.18)」.
203 다만 무조건적으로 당시 대한제국 정부를 비난하기에도 다소 애매한 측면이 없지 않다. 당시 러시아와 일본의 요구사항을 최종적으로 들어준 것은 물론 제국주의적 압박에 굴복한 측면도 없지 않지만, 전술했다시피 조약의 조문에 기재되지 않은 내용을 근거로 외국인의 재산권을 제한하는 것 자체가 애당초 쉽지 않은 일이었음은 인정해야 할 것이다. 그렇지만 적어도 러시아인 토지 구매의 진실이 규명될 때까지 지계 인준을 거부하는 것은 국가로서 정당한 권리 행사였다는 점에서 볼 때 분명 비판받아야 할 지점이 존재하는 것은 물론이다.
204 위의 책, 「報告 제26호 - 務安監理署理務安港監理署主事 宋誠仁(1900.4.15) → 議政府贊政外部大臣(1900.4.18)」.
205 裵鍾茂, 앞의 책, 147~148쪽.

하였으나, 외국의 토지침탈에 대한 진상언의 저항은 지방대외교섭 기능을 활용한 감리서의 제국주의 침탈에 대한 대응의 하나의 대표적인 사례로 평가할 수 있을 것이다.

3) 개항장·개시장에서의 감리서의 지방대외교섭 자국민 보호 기능

한국인의 권익을 위한 감리의 노력은 비단 토지침탈에만 국한된 것은 아니었다. 여러 과정을 거치면서 감리의 역할이 지방대외교섭 업무에 특화되는 과정에서 나타난 새로운 현상은, 바로 감리가 개항장·개시장에서 외국인의 횡포에 맞서서 자국민인 한국인의 권익을 보호하기 위해 노력하는 사례가 보이기 시작한 것이라고 할 수 있다. 개항장은 한국인과 더불어 일본·중국 및 서양 각국을 비롯한 다양한 국적의 외국인들이 상업 등에 종사하는 공간이다. 따라서 이들 사이에 여러 갈등이나 다툼이 존재할 소지가 다분했다. 더구나 이들 외국인들은 대부분 제국주의 침략국 국적의 소유자였고, 한국은 조·일수호조규, 조·영수호통상조약 등 불평등조약들의 체결을 통해 침략당하는 입장이었다. 따라서 침략국과 피침략국 인민들의 조우의 장場인 개항장·개시장 역시 그러한 침략·피침략의 양상이 드러날 수밖에 없었다. 그리고 이는 앞서 언급한 외국인들의 불법적인 토지침탈이나 살인·폭행 등 형사사건을 위시하여 각종 형태의 불합리한 횡포로 나타나고 있었다. 이에 맞서서 일찍이 개항장·개시장의 감리 및 휘하의 조직이 자국민의 권익을 지키기 위해 노력한 사례가 많지는 않으나 더러 발견된다.

먼저 감리서 운영이 중지되기 이전의 사례를 살펴보면, 1895년 감리서 폐지 이전에 주로 중국과의 무역 담당을 위하여 설치한 의주와 회령의 감리서 혹은 세무국의 경우, 1895~1896년간 폐지·복설 당시에 별다른 언급이 이루어지지 않은 채 1904년 의주에 개시開市가 이루어지기까지 사실상 폐지된 것이나 다름없는 상태로 방치되어 왔다. 그런데 이들의 복설을 해당 지역 주민들이 요청한 사례가 발견된다. 즉 1899년 3월에 회령에 거주하는 유학幼學 오상성吳相成외 7인의 명의로 회령의 감리서 복설을 외부에 청원하였다. 여기서 과거 감리서가 설치되어 존재했기에 한·청간 교역에서 변경민邊境民들이 매우 편리했는데, 폐지 이후 청비淸匪들이 국경을 멋대로 넘어 부녀자 겁탈이나 재물 약탈, 인명 살상 등의 범죄를 저질러도 속수무책으로 하소연할 곳이 없음을 호소하고 있다.[206] 그러면서 "감리 1인이 가히 1,000명의 군대를 대신하여 능히 변경 지역을 제압할 수 있다"[207]는 이유로 감리서의 복설을 요청하였다. 이로부터 1895년 폐지 이전까지 중국과의 변경 무역지인 회령에 세워진 감리서가 청인淸人들의 횡포로부터 조선 상민商民들을 보호하는 역할을 상당 부분 수행했음을 짐작해볼 수 있다. 그리고 감리서 복설 이후로는 바로 앞에서 언급한 진상언 같은 경우가 대표적이라 할 수 있을 것이다.

상기와 유사한 예들이 상대적으로 많이 등장하는 시기가 바로 1903년 이후로, 곧 감리가 지방관과 분리되어 지방대외교섭 업무를 전담하기 시작하는 시점과 대체로 일치한다. 몇 가지 실례를 지역별로 살펴보면, 우선 부산의 경우 1903년 6월 24일 자로 동래 감리로 부임한 오귀영吳龜泳[208]의 예를 들 수 있다. 그는 부임하자마자 바로 '구습舊習의 개혁'을 상부에 건의하였다. 그 내용은 동래항의 조계 밖 10리가 '모모등지某某等地'라는 식으로 통칭만 되고 경계가 없어서 외국인이 (조계 밖 10리 밖의 지역, 곧 내지內地에) 토지나 가옥을 멋대로 매매할 우려가 있기 때문에 외부에서 직원을 파견하여 10리 한계 지역에 표석을 세울

---

206 서울대 奎章閣 편, 앞의 책, 156쪽; 1899년 「請願書」.
207 "一監理가 可代千軍而能制變圍홀 理由가 有ᄒ와"(위의 책, 156쪽).
208 『東萊港報牒』 제7책, 「報告 제21호－東萊監理 吳龜泳(1903.6.29) → 外部大臣(1903.7.2)」. 참고로 오귀영은 일찍이 평안도·황해도의 연해 지역에서 외국 상선들이 행하는 밀무역 단속을 위한 查檢官으로 파견된 적이 있었다(『高宗實錄』 권27, 27년 윤2월 13일).

필요가 있다는 것이었다. 따라서 그 역시 외국인의 토지침탈을 문제로 보았으며, 이의 저지를 위해 새로운 개혁안을 건의한 것이었다고 할 수 있다.[209]

이러한 '구습 개혁'의 연장선상에서 오귀영은 감리서의 권한 강화를 시도하기도 하였다. 즉 당시 동래항 10리 이내 지역의 호구장적戶口帳籍과 토지결세土地結稅를 동래읍에서 담당하고 있었는데, 이를 동래 감리서를 거쳐 동래읍으로 계감計勘하거나 동래 감리서에서 전적으로 관할하도록 변경함은 물론, 동래항 경무서 및 전電·우郵 양사兩司의 경비와 학교보조금 등도 해당 세액에서 직접 지출하도록 해야 한다고 주장했다.[210] 이는 결국 지방관 권한의 일부를 행사하겠다는 의미로, 다른 많은 이들처럼 오귀영도 지방관과 감리의 분리에 대해서 비판적인 인식을 하고 있었음을 보여준다.[211] 그리고 감리서 주사 중 근무 일수가 오래된 사람을 '감리보監理補' 혹은 '방판幫辦'으로 개칭하고, 개항장 재판소의 판사인 감리의 차관次官으로서 검사를 겸하게 하자는 의견 또한 상신하였다.[212]

그는 당시 한창 건설 중인 경부선 철도의 공사 과정에서 한국인이 입는 피해에도 주목하였다. 철도 부설 시에는 반드시 먼저 노선의 상하·고저에 맞게 구역을 정하여 토지를 매입하되 혹 부족할 경우 해당 지역 주민들이 원하는 가격으로 수용해야 한다. 그런데 경부철도의 경우 농사용 토지와 벌목이 금지된

---

209 『東萊港報牒』 제7책, 「報告 제22호-東萊監理 吳龜泳(1903.7.4) → 外部大臣(1903.7.10)」. 이에 대해 외부에서는 그 같은 안은 충분히 수용가능하나 직원까지 파견할 여유는 없다고 회신하였다.

210 『東萊港報牒』 제7책, 「報告 제22호-東萊監理 吳龜泳(1903.7.4) → 外部大臣(1903.7.10)」.

211 "감리와 지방관이 분리된 이후로 동래항 商民이 동래군으로부터 侵漁당하는 일이 많은데 금지하지 못하는 것은 그 版籍이 郡에 관계되어 있기 때문"이라는 그의 인식에서 비록 외국인 관련 사안이라고 보기는 어렵지만 이 역시 개항장의 民에 대한 보호와 무관하지 않다고 할 수 있다(『東萊港報牒』 제8책, 「報告 제22호-東萊監理 吳龜泳(1904.4.1) → 外部大臣臨時署理農商工部大臣 金嘉鎭(1904.4.5)」). 그런데 이를테면 개항장 내의 재판을 둘러싸고 동래군수에 대하여 강한 불만을 표명하는 보고서(『東萊港報牒』 제8책, 「報告 法部 8호-釜山港裁判所判事 吳龜泳(1904.4.1) → 法部大臣」; 「報告 法部 9호-釜山港裁判所判事 吳龜泳(1904.4.7) → 法部大臣」) 등과 함께 생각해볼 경우, 이 문제는 지방관과 감리 간의 알력 내지는 기득권을 둘러싼 갈등의 측면도 전혀 없다고 하기는 어렵다.

212 『東萊港報牒』 제7책, 「報告 제45호-東萊監理 吳龜泳(1903.11.27) → 外部大臣臨時署理宮內府特進官 李夏榮」의 첨부문서 참조. 역시 이에 대해서도 外部에서는 관제 개정과 관련된 문제라 받아들이기 어렵다고 거부하였다.

산 등을 민생에 대한 고려 없이 마구 취득하는 것은 물론 철도회사에서 주민들을 위협하여 토지를 강제로 수용하기도 하고, 수용 토지에 대한 보상 대금도 아직 제대로 지불되지 않아 백성들의 원성이 자자하였다. 아울러 철도정거장 같은 경우 정거소停車所, 사무소, 공장기계소工場機械所, 건설지단建設地段 등의 명목으로 정해진 토지를 넘어서 마구 침범하는 등, 동래항과 부근 각군各郡에 있어서 규정 위반이 이루 셀 수 없었다.

오귀영은 이상과 같은 문제점들을 상신하면서 철도원鐵道院에 이첩해달라고 요청했는데,[213] 사실상 경부철도회사의 운영은 일본에 의해 이루어지고 있었으므로 이것 또한 개항장에서 일본 세력의 한국민에 대한 침탈 문제와 무관하다고 보기 어려울 것이다.[214] 이 문제와 관련하여 그는 약 1년여 뒤인 1904년 5월에 철도부지로 매입된 토지의 보상비를 받지 못해 흉흉한 민심을 달래며 재차 해당 비용 지급을 요청하기도 하였다.[215] 그밖에 동래항 설치 이래 거류지 밖 외국인 토지에 대한 측량을 모두 외국인에게 맡겨온 결과 그 면적과 경계가 의심스러운 경우가 많은 폐단을 시정할 수 있게끔 해당 업무 수행을 위해 한국인 박윤근朴允根을 고용하기도 하였다.[216] 이상과 같은 내용을 통해 볼 때 오귀영 역시 개항장에서 외국인의 횡포를 차단하고 한국인의 이익을 지키기 위해 노력한 하나의 사례에 포함될 수 있을 것이다.

약간 경우는 다르지만 1902년 11월에 경흥 감리로 부임한 황우영黃祐永 또한 주목할 만하다. 블라디보스토크 통상사무의 직함을 겸하였던 그가 관심을 가

---

213 『東萊港報牒』 제7책, 「報告 제32호−東萊監理 吳龜泳(1903.10.1) → 大臣署理外部協辦 李重夏(1903.10.7)」.
214 실제로 외부(外部)의 회신에서도 이런 일이 동래항에서 일어나고 있으므로 일본 영사와 해당 회사에 힐책하라고 지시하고 있다(『東萊港報牒』 제7책, 「報告 제32호−東萊監理 吳龜泳(1903.10.1) → 大臣署理外部協辦 李重夏(1903.10.7)」에 대한 지령(指令) 참조.
215 『東萊港報牒』 제8책, 「指令 제31호−東萊監理 吳龜泳(1904.5.10) → 議政府贊政外部大臣 李夏榮(1904.5.14)」.
216 『東萊港報牒』 제8책, 「指令 제3호−東萊監理 吳龜泳(1904.1.15) → 外部大臣臨時署理全權公使 李址鎔(1904.1.23)」.

겼던 부분은 상민商民, 그중에서도 러시아인들에게 소를 파는 우상牛商에 대한 보호였다. 즉 한국 우상들이 러시아의 노에프스키烟秋·블라디보스톡海蔘蔵 등지로 넘어가서 러시아인들에게 소를 팔았는데, 러시아에 입경하기까지 시일이 너무 오래 걸려서 이른바 중상中商, 곧 중간 상인들에게 매매를 맡겼다 그런데 이들 거간꾼들의 농간으로 인해 큰 손해를 보는 경우가 많았다. 이에 황우영은 우리나라 우상들의 피해를 막기 위해 경흥부 부근에 목장을 택정擇定하여 일종의 매매지구를 설치해서 우상들이 러시아에 들어가지 않고 직거래 매매가 가능하게끔 하도록 제안하였다.[217] 이는 현실적으로 러시아인이 원산에서 성진까지 소를 구입해 가고 있는 만큼 충분히 실효성이 있는 안이었다.[218]

이러한 매매지구 설치가 당장 실현되지는 않았지만, 차선책으로 황우영은 러시아 측과 협력하여 중상의 거간 행위를 금지시키는 조치를 취했다. 그런데 그 결과 거간의 길이 막혔다는 사실을 깨달은 중상 중 일부가 통역관을 이용한 문서의 고의적 오역 수법을 통해 이간질을 시도하였다. 그 결과 러시아 측이 황우영에 대하여 오해를 하게 되었다. 즉 황우영이 한국 우상들에게 너희들은 자신의 관할이므로 러시아 관원의 지휘를 일체 받지 말라고 했다던가, 아니면 관원을 멋대로 러시아 영토 내 우시장牛市場에 파견해서 한국인들의 우세牛稅를 징수했다던가 하는 등의 잘못된 인식이 생겨났다. 그 결과 주한러시아공관에서 조선정부에 황우영의 위법 행위를 항의하는 소동이 벌어진 것이다.[219]

황우영은 그밖에 감리서와 지방관서의 분설을 계기로 상민商民들이 함경도의 웅기항雄基港을 개항하고 감리서를 설치할 것을 요청하자 웅기항을 직접 답사해

---

217 『慶興報牒』(奎17870의 2) 제4책, 「質稟書 제13호-慶興監理兼管海蔘蔵通商事務 黃祐永(1903.7.11) → 議政府贊政外部大臣陸軍副將(1903.8.10)」.
218 위의 책, 「報告書 제18호-慶興監理 黃祐永(1903.9.2) → 議政府贊政外部大臣(1903.11.9)」.
219 위의 책, 「報告 제11호-兼管海蔘蔵通商事務 黃祐永(1903.11.17) → 議政府贊政外部大臣臨時署理(1903.12.16)」.

본 뒤 지형 등의 여건상 개항에 적합하다고 판단하고 민들의 희망을 외부에 전달해주기도 하였다.[220] 이렇게 그의 주된 관심은 개항장 상민의 이익에 대한 보호였다. 이는 비록 '외국인의 횡포'와는 경우가 조금 다르지만, 개항장에서 외국인과 상행위에 종사하는 백성들의 이익을 보호한다는 취지에서는 일맥상통하는 부분이 있다고 여겨진다.

감리서의 전체 역사에 있어 '개항장의 자국민 보호'라는 관점에서 볼 때 가장 극적이고 두드러진 예 중의 하나는 아마도 무안 감리 김성규金星圭[221]의 경우일 것이다. 1903년 4월 4일에 부임한[222] 그가 가장 먼저 맞닥뜨리게 된 것은 이른바 당시 목포항의 부두노동자 사회에서 가장 큰 문제로 대두되었던 '반십장反什長·반일패反日牌 투쟁'이었다. 1903년 당시 목포항에는 약 300여 명의 한국인 부두노동자가 있었다.[223] 이들은 그 종사 업무에 따라 두량꾼斗量軍, 미곡 계량 ·포장 담당, 칠통꾼七桶軍, 선박과 부두 사이에서 화물 하역 담당, 지계꾼支械軍, 육상 화물 운반 담당 및 하륙꾼下陸軍, 한국인 선박 물품 육지 운반으로 나뉘었다. 이들에게는 노동조합이라고 할 수 있는 도중都中이 있었고, 검찰檢察은 그 도중을 통솔하는 역할을 맡았으며, 십장什長은 그 검찰의 수하로서 일종의 중간 간부였다. 감리서에서는 검찰과 십장에 대한 임명권을 갖고 있었으며, 부두노동자들에 대한 관리 및 통제를 위해 이들에게 감자패監子牌를 발급하고 패용하도록 하였다.[224]

문제의 발단은 당시 새로 부임한 경무관 홍종훤洪鍾蕚이 무안 감리 민영채閔泳采의 부재를 틈타 기존 두량꾼 중 십장 15명 외에 독단적으로 칠통꾼 중심의 새

220 위의 책, 제4책, 「質稟書 제17호-慶興監理 黃祐永(1903.8.26) → 議政府贊政外部大臣陸軍副將(1903.9.23)」.
221 김성규와 관련해서는 일찍이 金容燮이 光武量田事業 참여 경험과 연계시켜 그의 사회개혁론에 대해 연구한 바 있다(金容燮, 「光武量田의 思想基盤-量務監理 金星圭의 社會經濟論」, 『亞細亞硏究』 15-4, 1972). 다만 여기에서는 후술할 무안 감리로서의 활동에 대해서는 언급되어 있지 않다.
222 『務安報牒』 제5책, 「報告 제19호-務安監理 金星圭(1903.4.4) → 議政府贊政外部大臣(1903.4.8)」.
223 金鍾先, 앞의 글, 237쪽.
224 裵鍾茂, 앞의 책, 152~155쪽.

십장 10명을 임명하면서 신·구 십장들 간에 갈등이 생기게 되었던 것이었다. 일본인들은 이러한 대립 사태를 이용하여 한국인 노동자들에 대한 통제를 강화하고자 하였다. 즉 검찰 이명서李明瑞 휘하의 구 십장들에게 십장 임명장과 모군락패募軍烙牌를 주고 자신들의 앞잡이로 만들었으며, 일본인 거류지 내에서 일하는 한국인 노동자 모두에게 감리서의 패와 별도로 일본영사관에서 발급하는 영관락패領館烙牌, 일본패 패용을 강요했다. 일본패를 착용하지 않는 노동자들은 쫓아내거나 그 업무를 방해했으며, 이 과정에서 조선인 노동자들의 파업이 발생하기도 하였다.[225] 그 와중에서 친일적 입장의 구 검찰 이명서 등이 감리서에 수감되자 이들을 탈출시키기 위해 일본인 상인들과 100여 명의 노동자들이 1903년 11월 21일에 목봉, 장검 등을 들고 무안 감리서에 난입하여 한국인 노동자들은 물론이고 감리서 주사마저 구타하는 등 행패를 부리기까지 하였다.[226]

무안 감리 김성규는 이러한 상황을 타개하기 위해 문제 해결 능력이 없던 전임자 민영채의 뒤를 이어 임명되었다. 그는 먼저 십장들을 만나 타이르고 설득하여 5월 26일에 이들이 자진해서 일본에서 발급한 십장 임명장 및 일본패를 모두 가지고 오게 함으로써, 일본의 불법적인 한국인 노동자들에 대한 통제 시도를 정면으로 부정하였다.[227] 그리고 검찰 이명서 등이 욕심을 품고 십장들에게 거두는 소료所料를 기존 15%에서 20%로 멋대로 인상해서 노동자들 사이에 충돌이 생기자 즉각 이들을 구속하였다. 아울러 이를 계기로 십장을 패장牌長으로 명칭을 변경하면서 기존 십장 제도를 개혁하였으며, 그에 따라 기존의 친일적인 검찰, 십장 등을 완전히 물갈이하여 일본의 반발을 샀다.[228] 일본인들

225 위의 책, 160~167쪽.
226 金鍾先,「暗使日商民 務安監理署 攔入 占據에 關한 考察」,『木浦大學 論文集』4, 1982, 8~13쪽
227 『務安報牒』제5책,「報告書 제33호−務安監理 金星圭(1903.6.17) → 議政府贊政外部大臣(1903.6.19)」.
228 위의 책,「報告書 제74호−務安監理 金星圭(1903.11.26) → 議政府贊政外部大臣臨時署理 宮內府特進

이 감리서에 불법 침입하여 난동을 부리는 와중에서 감금되는 봉변을 당하기도 했지만, 그에 굴하지 않고 끝까지 일본패 착용의 부당성을 지적하며 일본 영사 등에 대한 본국 추방까지 주장하였다.[229]

그는 한편으로 외국인으로 인해 생기는 문제를 해결하는 방안 중에 영사재판권의 제약을 피해서 실천할 수 있는 부분에 주목하기도 하였다. 무안 감리로 재직하며 전라남도 각군各郡에 보낸 훈령에서 그는, 개항장 일대 부랑배들이 내지인의 외국인에 대한 두려움을 이용하여 외국인들과 결탁하여 외채外債라고 속이고 가짜 표증標証을 만든 뒤 이들을 대동하여 공갈·협박을 통해 돈을 받아내는 행위를 개탄하였다. 이의 방지를 위해 그는 외국인이 만약 정말로 내지인에게서 정당하게 받을 돈이 있는 경우 우선 해당국 영사가 감리서에 조회하고 감리서에서 증명 가능한 공문을 발급해준 이후에야 외국인이 내지에 들어갈수 있다는 정보를 일반 민들에게 한글로 적어 널리 알리게 하였다. 그리고 만약 그러한 공문 없이 외국인이 관에 부채 상환을 알릴 경우 해당 외국인과 부화뇌동한 본국인 모두를 감리서에 붙잡아 가두고 엄히 처벌하겠다는 훈령을 내렸다. 이는 외국인으로 인해 생기는 자국민의 피해 예방을 위해 당장 실천가능한 방안을 우선 모색하려 한 것으로, 역시 외국인의 횡포에 맞서 한국인의 권익을 보호하기 위해 적극적으로 노력한 좋은 예로 볼 수 있을 것이다.[230]

지금까지 살펴본 몇 가지 사례들이 1903년경에 집중적으로 등장하는 것은 감리가 지방관과 분리되어 지방대외교섭 업무만을 전담하게 되는 상황과 완전히 무관하지는 않을 것으로 추측된다. 즉 '지방대외교섭 업무 전담 관리'로서

官(1903.11.30)」.

229 위의 책, 「報告書 제74호 – 務安監理 金星圭(1903.11.26) → 議政府贊政外部大臣臨時署理 宮內府特進官(1903.11.30)」.

230 金星圭, 『草亭集』 권9, 「公文」, 務安港監理時, '訓令全羅南北道各郡(光武七年十月二十七日)'(『草亭先生文集』 3, 景仁文化社, 1999, 38~39쪽).

처음 부임하게 되는 상황이 이들에게 개항장의 외국인 관련 문제에 관심을 가지게 하였을 것이다. 그리고 당시 제국주의 침략의 현장이었던 개항장에서 한국인들이 외국인들의 횡포에 시달리고 국익이 침해당하는 상황이 이들에게 그러한 문제의 해결을 위한 노력에 눈을 돌리게 만든 동인으로 작용한 측면이 분명히 존재할 것으로 여겨진다.

그렇지만 열강들의 침략 앞에 선 한국의 상황이 만들어낸 '대세'는 이러한 몇 가지 사례들을 '예외적인 것'으로 만들어버리고 말았다. 김성규와 같은 감리도 있었지만, 애초에 일본패 착용을 방관하여 문제를 만들어 낸 전임 감리 민영채나, 잦은 신병으로 사직한 김성규의 뒤를 이어 감리로 부임한 뒤 반일패 투쟁의 결과를 사실상 무위로 만들어버린 한영원韓永源 같은 감리들도 존재했다.[231] 현실적으로는 개항장 내 한국인의 권익 보호에 무관심한 감리가 여전히 다수였다. 그리고 감리가 아무리 열심히 노력해도 정부에서 결국 제국주의 국가들의 위협에 굴복하여 그들의 요구를 들어주는 경우가 대다수였다. 감리가 비록 개항장재판소의 판사를 겸직했지만, 불평등조약상의 치외법권 조항으로 인해 개항장에서의 외국인들의 불법적인 행위에 대한 적극적인 대응이 어려웠다는 제도적인 한계도 무시할 수 없다.

다만 이러한 한계상황 속에서도 비록 많지 않은 경우이긴 하나 감리들이 자국민들의 권익 보호를 위해 힘쓴 흔적을 통해 감리서가 지방대외교섭 업무 전담 관서로 탈바꿈한 것이 단지 관세관리권의 상실만을 의미하는 것만은 아니었음을 알 수 있다. 또한 지방 제도와의 분리 역시 비록 문제점이 없지는 않았지만 단순히 감리·감리서 권한의 축소만을 의미하지는 않았다고 할 수 있을 것이다. 요컨대 상기의 사례들에 대하여 제한적이긴 하지만 감리서의 외국인

---

231 裵鍾茂, 앞의 책, 170~174쪽.

관련 업무 전담기관으로의 전문화가 보여준 순기능으로 역사적 의미를 부여할 수 있을 것으로 생각된다.

4. 감리서의 폐지와 부윤府尹의 업무 인계

1) 을사늑약 이후 감리서의 폐지 과정

1904년 감리서의 마지막 증설이 이루어졌다. 1904년 2월 25일 자로 외부대신 임시서리 이지용李址鎔에 의해 평안북도 의주군義州郡의 개시開市가,[232] 그리고 이어서 약 한 달여 뒤인 3월 23일 자로 외부대신 임시서리인 의정부 참정 조병식의 명의로 평안북도 용천군龍川郡 용암포龍巖浦의 개항이 선언되었던 것이다.[233] 이에 따라 5월 9일 자로 용천과 의주에 감리서가 증설되었고,[234] 9월 13일 자로 경흥 감리 이민보李民溥가 의주 감리에, 영사관領事官 윤용구尹容求가 용천 감리 겸임 영사관에 임명되기에 이르렀다.[235] 이로써 전국의 감리서는 총 13개소로 늘어나게 되었다. 용암포의 개항과 의주의 개시는 열강인 러시아와 일본 사이의 복잡한 이해관계 및 대립 구도가 기반이 된 제국주의적 압력의 소산이었는데,[236] 감리서의 설치 당시에는 이미 그러한 열강 간 갈등이 폭발하여 러·일전쟁이 발발한 뒤였다.

이 러·일전쟁은 결과적으로 감리서의 종말을 예고하는 사건이 되어버리고

---

232 『高宗實錄』 권44, 고종 41년 2월 25일.

233 위의 책, 고종 41년 3월 23일.

234 『官報』 제2823호, 「勅令 제14호」, 1904.5.11.

235 『承政院日記』, 고종 41년 8월 4일. 이민보는 그해 12월 21일에 집무를 시작하였다(『龍川港案』(奎 17874), 「報告書 제1호 原本·副本-龍川監理 尹容求龍川監理 尹容求(1904.12.21) → 外部大臣 李夏榮(1905.1.9)」).

236 용암포 개항 및 의주 개시(開市)의 경위와 더불어 그 배경이 된 러시아·일본간 갈등의 자세한 내용은 孫順睦, 앞의 책, 367~369쪽 참조.

만다. 일본은 러·일전쟁이 아직 진행 중이던 1904년 2월 23일 '한일의정서'의 체결을 강요하여 한국을 보호국화하는 발판을 마련하였고, 러·일전쟁에서 승리한 이듬해인 1905년 11월에는 마침내 을사늑약을 강제로 체결하여 한국의 외교권을 박탈하기에 이르렀다.

을사늑약이 체결되자 일본 정부는 재외 공관에 훈령을 내려 조선에 주재하는 각국 공사관을 철수시키도록 교섭케 해서 미국을 위시하여 청국, 독일, 프랑스가 1905년 말까지 공사관 문을 닫고 한국과의 외교를 단절하였으며, 그 대신 총영사관을 설치하여 자국 거류민 보호에 힘썼다. 한국 정부에서도 일본 정부의 요청에 따라 각국에 주재하는 공관을 철수시켰는데, 이 때 영국주재 대리 공사 이한응李漢應이 치욕과 한을 이기지 못하고, 임지에서 음독 자결하였다.

그런데 늑약의 제3조에는 한국을 보호국으로 만드는 구체적 조치를 규정하면서 개항장의 문제를 거론한 내용이 보인다. 그 내용을 보면 다음과 같다.[237]

> 제3조 : 일본국 정부는 그 대표자로서 한국 황제 폐하의 궐하闕下에 1명의 통감統監을 두되 통감은 오로지 외교에 관한 사항을 관리하기 위하여 경성에 주재하면서 직접 한국 황제 폐하를 궁중에 알현하는 권리를 가진다. 일본국 정부는 또 한국의 각 개항장과 기타 일본국 정부가 필요하다고 인정하는 곳에 이사관理事官을 두는 권리를 가지되 이사관은 통감의 지휘 밑에 종래의 재한국在韓國 일본영사에게 속하던 일체 직권을 집행하고 아울러 본 협약의 조관을 완전히 실행하기 위하여 필요한 일체 사무를 장리掌理할 수 있다.

---

237 『高宗實錄』 권46, 고종 42년 11월 17일. "第三條 日本國政府는 其代表者로하야 韓國皇帝陛下의 闕下에 一名의 統監을 置호되 統監은 專혀 外交에 關호는 事項을 管理홈을 爲호야 京城에 駐在호고 親히 韓國皇帝陛下에게 內謁호는 權利를 有홈. 日本國政府는 又韓國의 各開港場及其他日本國政府가 必要로 認호는 地에 理事官을 置호는 權利를 有호되 理事官은 統監의 指揮之下에 從來在韓國日本領事에게 屬호든 一切職權을 執行호고 竝호야 本協約의 條款을 完全히 實行홈을 爲호야 必要로호는 一切事務를 掌理홈이 可홈."

눈여겨볼 대목은 일본 정부를 대표해 서울에 주재하면서 한국의 외교를 총괄하는 통감직의 설치 규정에 뒤이어 나오는 개항장을 비롯한 요지에 이사관을 둔다는 부분인데, 이사관은 종래 개항장 등지에서 일본 영사가 관장하던 모든 일을 그대로 맡아 집행할 뿐만 아니라 '본 협약의 조관을 완전히 실행하기 위하여 필요한 일체 사무'를 맡아 처리한다고 하였다. 이는 외교권 상실로 그 존립이 불가능해진 조선의 외국인 관할 관서로서의 감리서의 소관 업무도 관장하게 될 것임을 시사하는 대목이라고 할 수 있다. 그러나 동시에 명시적으로 '감리서의 업무를 인계받는다'고 규정된 내용이 없었음도 확인할 수 있다.

을사늑약이 체결된 지 약 1개월이 지나 일본정부는 칙령으로 '통감부급이사청관제統監府及理事廳官制'를 공표하고 이토를 한국 통감으로 임명하였다. 통감은 외교 사무를 감독할 뿐 아니라 조선의 안녕과 질서의 유지를 위한다는 명목으로 일본군대를 지휘해서 한국 정부의 내정을 간섭할 수 있게 했다. 외교권 상실과 동시에 한국 정부의 외부는 사실상 소멸되고 의정부에 외교문서 보존을 맡는 외사국外事局이 생겼으며, 그 청사는 통감부 청사로 바뀌어서 1906년 2월부터 통감부 업무가 개시되었고, 그 직전에 주한일본공사관은 폐쇄되었다.

그리고 각 개항장을 중심으로 지방 요지에 이사청理事廳이 설치되어 외교통상 관계 업무를 관장하게 되었다.[238] 이사청은 곧 이사관을 장으로 하는 관청이라는 뜻인데, 개항장 소재지 대부분과 요지인 대구와 서울에 설치해서 통감부의 지휘를 받으면서 주로 대외적 업무를 총관함으로써 한국의 통치 체제를 무력화시켰다. 이사관의 역할에 대해서는 상기 관제 제24조에 규정되어 있는데, 이에 따르면, "이사관은 통감의 지휘·감독을 받들어 종래 한국 주재 영사에 속한 사무와 더불어 조약 및 법령에 근거하여 이사관이 집행해야 하는 사무를 관

---

238 이사청의 설치 과정은 한지헌, 「理事廳의 설치 과정(1905~1907년)」, 『사학연구』 116, 2014, 구체적인 직제에 대해서는 한지헌, 「이사청(理事廳) 직제와 운영」, 『歷史學研究』 58, 2015 참조.

장한다"[239]고 하여 종전 일본의 영사가 관장하던 업무를 계승하고 있다. 그런데 여기에서도 이사관이 개항장·개시장의 감리서가 하던 업무를 인계받는다는 구체적인 내용은 보이지 않고 있음이 눈에 띈다.[240]

따라서 비록 을사늑약으로 외교권은 박탈되었지만 아직 감리서가 존립하고 있는 상황에서 이사청이 감리서의 역할을 인계받는다는 명시적인 규정이 없었기에 업무의 인수인계 과정에서 다소간의 혼란이 발생하게 된 것으로 보인다. 일본 입장에서는 외교권이 박탈되었으니 응당 외국인 관련 업무 처리 권한이 없어진 것이고, 따라서 한국의 외교권을 인수받는 일본에 의해 해당 지역에 설치되는 이사관이 관련 업무를 인계받는 것이 당연하다고 생각했던 것 같다. 그러나 현지 감리서 입장에서는 상부로부터 업무 인계훈령이 없는 상황에서 함부로 이를 처리할 수는 없는 일이었다. 그리고 상기 제반 조약과 규정들에서 이사관의 감리서 업무 인계를 명시한 내용이 없었기에 상부로부터의 훈령 또한 처음에는 당연히 없었던 것이다.

이러한 상황에서 1906년 초반부터 각지 이사청의 이사관들에 의한 업무 인계 요구가 시작되자 현지 감리서들에서는 당황하여 상부의 처리 방침을 잇따라 문의하였고,[241] 결국 일본통감대리 하세가와 요시미치長谷川好道에 의해 아래와 같은 공문이 발송되어 이를 이첩함으로써 감리서 업무 인계가 본격적으로 시작되게 되었다.

작년 11월 17일 협약의 결과 귀국 각 항 감리서에서 관장하는 사무 중 외국인 및

---

239 '統監府及理事廳官制'(明治38年 勅令 第267號) "第二十四條 : 理事官ハ統監ノ指揮監督ヲ承ケ從來韓國在勤領事ニ屬シタル事務並條約及法令ニ基キ理事官ノ執行スヘキ事務ヲ管掌ス".
240 이사청관제의 초안 작성 과정에서는 관할 업무를 보다 상세히 규정하고자 하는 시도도 있었으나 최종 결과물에서는 상당히 간략하게 표기되었다. 보다 상세한 관제의 제정 과정에 대해서는 한지헌, 앞의 글, 2015, 304~310쪽 참조.
241 위의 글, 322쪽.

외국인 거류지 관련 사무들은 해당 지역 이사관에게 응당 인계해야 하니 귀 대신의 양해를 바라며, 해당 인계의 훈령을 속히 내려주기를 바랍니다.[242]

이사청의 감리 업무 인계는 지역에 따라 순탄하게 이루어진 경우도 있지만 그렇지 않은 경우들도 있었으며, 1906년 초반부터 구체적으로 가계家契·지계地 契 등 각종 증빙문서 발급과 토지 경매, 그리고 외국인 통행증인 호조의 발급 등과 같은 업무가 순차적으로 인계되었다. 아울러 인계의 과정은 강제적이며 무법적으로 이루어진 경우도 적지 않았다.[243]

이후 감리서는 공식적 폐지의 절차를 밟게 되었다. 한국 정부는 을사늑약이 발효되어 외교권을 상실한 보호국으로 추락한 상황에 조응하여 1906년 10월 에 감리서의 폐지와 지방 제도의 변화를 연계시키는 제도적 개편을 단행하였 다. 관계되는 두 가지 법령을 제시하면 다음과 같다.

감리·목사牧使를 폐지하는 건과 그 사무 인계에 관한 건

제1조: 각 항시港市의 감리를 폐지하고 그 사무는 부윤이 인계함.

제2조: 평양시平壤市에는 부윤을 두지 않고 그 사무는 해당 도의 관찰사가 인계함.

제3조: 제주목사濟州牧使는 폐지하고 그 사무는 해당 도의 관찰사가 인계함.

부칙

제4조: 본령은 1906년 10월 1일부터 시행함.[244]

---

242 『仁川港案』(奎17863의 1), 「訓令 9港 3市 - 議政府參政大臣 朴齊純(1906.2.20) → 仁川監理 河相驥」. "以客年十一月十七日 協約之結果 貴國各港監理署所掌事務中 外國人及外國人居留地所關事務 該地理事 官 應行引繼 貴大臣諒燭悉 該引繼訓令 斯速繕發爲盼."

243 한지헌, 앞의 글, 2021, 320~327쪽.

244 『官報』, 附錄 「勅令 제47호」, 1906.9.28, "監理와 牧使를 廢止ᄒᆞᄂᆞᆫ 件과 其 事務를 引繼에 關ᄒᆞᄂᆞᆫ 件 : 第一條 各港市監理를 廢止ᄒᆞ고 其 事務ᄂᆞᆫ 府尹이 引繼홈이라 第二條 平壤市에ᄂᆞᆫ 府尹을 置치 아니ᄒᆞ 고 其 事務ᄂᆞᆫ 該道 觀察使가 引繼홈이라 第三條 濟州牧使ᄂᆞᆫ 廢止ᄒᆞ고 其 事務ᄂᆞᆫ 該道 觀察使가 引繼홈 이라 附則 第四條 本令은 本年 十月 一日로붓터 施行홈이라."

부府를 군郡으로 개칭하고 군을 부로 개칭하는 건과 부청府廳 및 군청郡廳에 관한 건

제1조: 광주부廣州府·강화부江華府·개성부開城府는 모두 군으로 개칭함.

제2조: 인천군仁川郡·옥구군沃溝郡·무안군務安郡·창원군昌原郡·동래군東萊郡·덕원군德源郡·성진군城津郡·삼화군三和郡·경흥군慶興郡·의주군義州郡·용천군龍川郡은 모두 부로 개칭하고, 부청府廳은 전前 감리서로 충당함.

제3조: 제주군청濟州郡廳은 전前 목청牧廳으로 충당함.

부칙

제4조: 본령은 1906년 10월 1일부터 시행함.[245]

위의 인용문은 공식적으로 감리서의 폐지를 선포하면서 그 사무를 설치지역의 부윤에게 인계토록 한다는 칙령 제47호와 감리서 설치지역의 격을 군에서 부로 승격시키고, 옛 감리서 청사를 부청으로 사용케 한다는 칙령 제48호의 내용이다. 전자의 경우 그중 제1조가, 후자의 경우 제2조가 핵심 조항에 해당한다. 즉 거의 모두 군郡이었던 감리서 소재지를 부府로 격상시키고, 감리서를 폐지하면서 그 업무를 바로 그 부윤에게 인계하라는 내용으로, 평양과 제주의 경우 지방의 특성에 비추어 예외 조치가 취해졌고, 그동안의 상황 변화로 특별한 의미를 상실한 광주·강화·개성의 격을 낮추는 조치가 함께 취해진 것이다. 전술하였다시피 1903년에 감리서 소재 개항장·개시장의 행정구역을 군으로 낮추는 조치가 이루어진 것을 상기해보면 어떤 의미에서 이는 원상회복을 의미한다고 볼 수도 있을 것이다.

---

[245] 위의 책, 附錄「勅令 제48호」, 1906.9.28. "府를 郡으로 改稱ᄒᆞ고 郡을 府로 改稱ᄒᆞᄂᆞᆫ 件과 府廳及郡廳에 關ᄒᆞᄂᆞᆫ 件 : 第一條 廣州府와 江華府와 開城府ᄂᆞᆫ 并以郡으로 改稱홈이라 第二條 仁川郡 沃溝郡 務安郡 昌原郡 東萊郡 德源郡 城津郡 三和郡 慶興郡 義州郡 龍川郡은 并以府로 改稱ᄒᆞ고 府廳은 前 監理署로 充當홈이라 第三條 濟州郡廳은 前 牧廳으로 充堂홈이라 附則 第四條 本令은 本年 十月 一日노붓터 施行홈이라."

2) 부윤의 감리 업무 인계 연속성과 단절성

을사늑약의 결과 외교권이 박탈되었고 그의 연장선상에서 감리서의 외국인 관할 업무가 일본 이사청에 이관되었으며, 감리서가 폐지되고 해당 업무를 부윤이 인계받았다는 사실들을 조합해서 생각해보면 부윤의 경우 외국인 관련 업무는 관할하지 못했던 것처럼 생각되기 쉽다. 그러나 실상은 그와는 조금 달랐다. 감리에서 부윤으로의 업무 인계에는 연속성과 단절성이 모두 존재하였다. 먼저 연속성의 측면부터 살펴보도록 하자.

우선 인적인 측면의 계승을 생각해볼 수 있으며, 이는 감리가 폐지된 이후 부윤에 임명된 인물들의 면면을 살펴봄으로써 알 수 있다. 각 개항장·개시장에서 1906년 감리서 폐지 당시 마지막으로 재직 중인 감리들과 그 뒤를 이은 부윤 임명 현황을 살펴보면 〈표 2〉과 같다.

〈표 2〉 감리서 폐지기 감리-부윤의 인수인계 현황[246]

	개항장								
	부산	인천	원산	목포	진남포	군산	성진	마산	용암포
마지막 감리	김교헌 (金敎獻)	서병규 (徐丙珪)	신형모 (申珩模)	안기현 (安基鉉)	심종우 (沈鍾禹)	이무영 (李懋榮)	이원영 (李元榮)	이기 (李琦)	어윤적 (魚允迪)
초대 부윤					변정상 (卞鼎相)				

	개시장		
	경흥	평양	의주
마지막 감리	장기연 (張起淵)	김응룡 (金應龍)	이민보 (李民溥)
초대 부윤		관찰사(觀察使)가 인수	

표에서 보면, 총 12개의 개항장·개시장 중에서 부윤을 두지 않는 평양과 더불어 진남포의 두 곳을 제외한 나머지 모두에서 감리가 그대로 부윤으로 임

---

246 본서 말미에 부록으로 제시된 〈표 1〉(감리서 복설 이후 각 개항장·개시장별 감리 역임 현황)에『高宗實錄』권47, 고종 43년 10월 1일 자의 윤 임명 기사를 참조하여 작성함.

명되었음을 알 수 있다. 따라서 일단 인적 구성으로 볼 때 부윤이 통솔하는 부는 감리서의 연속으로 볼 수 있다.

관할 업무의 측면에서도 마찬가지이다. 앞 절에서 살펴본 감리서 폐지에 대한 칙령과 거의 동시에 개정된 지방 제도의 조항을 보면, 제16조에 부윤의 업무가 다음과 같이 규정되어 있다.

> 제16조 : 부윤은 관찰사의 위탁을 받아 일본국의 이사관과 교섭하고 외국과 외국인에 관한 사항을 처리하며 관계 군수에 대하여 지휘할 수 있다.[247]

결국 감리서가 폐지되었으나 이를 대체하는 부윤의 직무 중 하나로 '외국 및 외국인과 관련된 사항 처리'가 규정되었던 것이다. 즉 실질적으로는 감리의 뒤를 잇게 된 부윤이 감리의 지방대외교섭 업무 역시 관장하는 형태로 양자 간의 연속성이 유지되는 것이라고 할 수 있다. 여기에 그 실제 업무 관장 상황을 살펴봐도 기존에 감리가 담당하였던 업무들을 부윤이 상당 부분 그대로 수행하고 있음을 알 수 있다. 우선 해관의 수출입 관세 총액 보고는 이전처럼 계속 부윤이 담당하였다. 그리고 각 항구에 외국 국적 선박들의 입·출항 실태에 대한 보고 역시 계속되고 있다.[248] 다음 장에서 살펴보겠지만, 일본인 관련 각종 사안에 대하여 이사관과 교섭하는 등 종전의 지방대외교섭 업무 또한 유지되고 있다.

그렇다면 분명히 앞 장에서 살펴보았듯이 외교권 박탈 이후 감리서의 업무가 이사관에게 인계된 상황에서 어떻게 지방대외교섭 업무를 한국 측 부윤이 지속할 수 있었던 것일까? 해답은 해당 외국인의 국적에 있다. 감리서 폐지 이

---

247 『官報』, 附錄「勅令 제50호」, 1906.9.28. "第十六條 府尹은 觀察使의 委託을 受ᄒ야 日本國理事官과 交涉ᄒ고 外國及外國人에 關ᄒ 事項을 辨理ᄒ며 關係郡守에 對ᄒ야 指揮홈을 得홈이라."
248 『仁川港案』,「報告書 제74호 — 仁川府尹 徐丙珪(1906.11.3) → 議政府參政大臣(1906.11.5)」 등 참조.

후 부윤이 담당한 이상의 외국인 업무 관련 사항을 유심히 살펴보면 한 가지 특징을 발견할 수 있으니, 곧 관련된 '외국'이 일본 이외에는 없다는 것이다. 다시 말해 보호국으로 전락한 한국을 '보호'하는 주체인 일본을 제외한 여타 국가 및 그 국민들과 관련된 사항은 부윤의 관할 권한이 아니었던 것이다. 따라서 이전의 감리서 소관이던 외국인 관련 업무 상당수를 부윤이 계속 관할했다고 하지만 일본 이외의 국가까지 관련된 사항, 이를테면 외국인 통행증과 여권인 호조·집조에 관한 사항[249] 및 외국인 조계지와 관련된 업무[250]들은 한국의 부윤이 관할하지 못하고 있다. 더불어 정례적으로 이루어지던 교섭 안건에 대한 보고 역시 부윤이 인계받지 못한 업무였던 것이다.

이상의 내용에서 알 수 있는 사실은, 외교권의 상실로 인해 형식적으로 지방 대외교섭 업무가 모두 일본에게 위임되었고 그 결과 감리서가 폐지됨에 따라 개항장·개시장에서의 외국인 업무가 일본 이사청에 귀속되었으나, 실질적으로는 외교권 접수의 주체인 일본 및 일본인과 관련된 사항은 이전처럼 한국 측 대표인 부윤이 계속 관장하고 있었다는 점이다.

사실 원칙적으로는 외교권이 박탈되어 외부가 없어지고 감리서가 폐지되어 해당 사무를 이사관이 인계하였다면, 일본인과 관련된 업무 역시 응당 이사관이 관할해야 할 것이었다. 하지만 일본으로서는 당시 외국인의 대다수를 점하고 있던 일본인 관련 사안을 모두 이사관이 부담하게 될 경우 이미 인계받은 여타의 외국인 관련 업무에 더하여 지나치게 부담이 될 상황이었다. 한편 한국

---

249 을사늑약 이후 호조 중에서 종전에 발급하던 것은 통감부에서, 감리가 발급하던 것은 이사청에서 발급하게 되었다(위의 책, 「輪訓 9港 3市 – 議政府參政大臣 朴齊純(1906.3.16) → 仁川監理 河相驥」).
250 이를테면 가옥과 토지의 典當에 있어 규칙에 따라 증명하라는 법부의 훈령을 외국인에 대해서 조계 밖 10리 안에서만 적용할지 아니면 10리 바깥까지도 적용할지에 대한 창원부윤 李琦의 문의에 대해 의정부에서는 이런 외국인 관련 사무는 일본 이사관과 의논하라고 지령하고 있다(『昌原港案』(奎 17869-1), 「質稟書 제3호 – 昌原府尹 李琦(1907.2.26) → 議政府參政大臣」).

입장에서 보면, 이미 외교권을 빼앗긴 상황에서 개항장·개시장의 일본인에 대한 통제권마저 완전히 빼앗길 경우 입을 여러 가지 피해를 생각해볼 때 일본인 관련 업무를 부윤이 계속 담당하기를 원했을 것임은 두말할 나위가 없다.

결국 이러한 양자의 이해관계가 맞물려서 일본 측의 일종의 묵인하에 감리서 폐지 이후 일본인에 관한 업무에 한정하여 이전처럼 한국 측 부윤이 계속 관할권을 행사한 것으로 보인다. 일본 입장에서는 이미 늑약을 체결하고 외교권을 빼앗은 상황에서 어차피 한국 측에서 자국민들에 대한 통제권을 제대로 행사하지 못할 것으로 예상되기에 급박하게 나설 필요가 없었다. 그리고 전술했다시피 일본을 제외한 다른 외국과 관련한 사무는 한국이 일체 관할권을 가지지 못하였다는 점에서 부윤의 일본인 관련 업무 관할은 엄밀한 의미에서의 외국인 업무 관할로 보기는 어렵다고 할 수 있다. 따라서 이는 관할 업무의 측면에 있어서 감리와 부윤의 단절적 성격으로 규정할 수 있을 것이다.

3) 부윤의 지방대외교섭과 자국민 보호의 실상

그렇다면 감리서 폐지 이후 업무를 인계받은 부윤의 일본인 관련 사안에 대한 행정 처리의 실상은 어떠했을까? 몇 가지 실례들을 통해 그 일단을 살펴보도록 하자. 먼저 외국인 관련 업무라고 할 때 가장 중요하게 인식되는 것 중의 하나가 범죄에 대한 대응일 것이다. 주지하다시피 동아시아 각국은 서구 열강들과 영사재판권이 포함된 불평등조약을 체결하여 외국인범죄에 대한 심판권이 없었으며, 한국과 일본의 관계 또한 마찬가지였다. 개항장·개시장 재판소 재판장을 겸했던 감리였지만 외국인 관련 범죄에 있어서 그가 했던 역할은 외국인에 대해서는 해당인에 대한 사실 관계를 외국 영사관 등지에 통보하거나 처리를 요청하는 등의 사항에 국한되었으며, 심판할 수 있는 권한은 내국인에 한정되어 있었다.

이러한 외국인 범죄와 관련된 역할은 감리서 폐지 이후 부윤 또한 일본인에 한하여 동일하게 행사하고 있었다. 실제 예를 통해서 부윤의 업무 인계 이후 일본인 관련 범죄의 처리 양상을 살펴보자. 1906년 10월에 무안에서 한국인과 일본인의 치사사건이 벌어졌다. 사건의 전말은 다음과 같다. 후지키 히로스케藤木弘助라는 일본인이 빚을 갚지 않는다는 이유로 무안부務安府의 삼향면三鄕面 오룡촌五龍村에 사는 오경오吳敬五를 마구 구타하여 죽게 만들었다. 이에 대한 보복으로 오경오의 6촌 형으로 삼향면三鄕面 남악리南岳里에 거주하는 오명거吳明擧가 오경오의 아들인 오수민吳守敏을 데리고 후지키의 집에 침입하여 오수민이 후지키를 죽이고 배를 갈라버렸던 것이다.[251]

이 사건에 대한 처리는 이전의 여느 외국인 관련 사안들과 다르지 않았다. 일본 이사청 및 경부警部 등에 알려서 회심會審 등의 절차를 거쳤고, 양측이 모두 사망했으니 재조사가 필요치 않다는 데에 모두가 동의하였으며, 매장의 경우 이사관과 경부의 의향을 물어 가족에게 넘겨 주어 매장하게 하였다. 그리고 형사사건인 관계로 법부에도 보고 절차를 거쳤다.[252] 적어도 일처리의 외형적 형태로만 본다면 을사늑약 이전 감리서 존립 시기와 비교해도 큰 차이점을 찾아

---

251 『務安港案』(奎17864-1), 「報告書 제4호－務安府尹 安基鉉(1906.10.29) → 議政府參政大臣陸軍副將勳一等 朴齊純(1906.11.6.)」. "本月二十六日에 本府摠巡長鍾鳴의 報告를 接準ᄒᆞ온즉 內槪에 本府三鄕面南岳里居民吳明擧發告內에 六寸弟敬五가 涉內里居日人藤木弘助의게 有所債報이던지 無數被打ᄒᆞ야 當下致死이다ᄒᆞ옵기 權任梁麟植으로 率巡檢七人而馳於當地이온즉 日警察署警部部長巡査가 一齊來會이기로 藤木의 幹事人金淳汝를 招質根因이온즉 所告內에 矣身이 日人家幹事가 今四年, 而忽於本月二十五日에 三鄕五龍村吳敬五를 押來渠家ᄒᆞ야 以前債不報事로 無數亂打ᄒᆞ고 追以椽木一簡로 背上叉結ᄒᆞ고 堆石二塊로 壓之水門筒數時頃인즉 命在頃刻, 故哀乞解縛이되 終是不聽, 移時後始乃許釋에 運置房中이러니 今日四點鍾에 仍爲致命이온바 死者敬五諸族이 率其子守敏ᄒᆞ고 來到ᄒᆞ야 犯者藤木을 亂打後 敬五之子守敏이 拔劍剖腹而出五臟裹藁草而去이다이옵기 爲先申告홈을 據ᄒᆞ야 玆에 馳報等因이옵기."

252 위의 책, 「報告書 제4호－務安府尹 安基鉉(1906.10.29) → 議政府參政大臣陸軍副將勳一等 朴齊純(1906.11.6.)」. "吳敬五之被打致死於日人藤木之事와 日人藤木之被割腹死於敬五子守敏之事를 卽行交涉于理事廳及日警部而與警部及憲兵으로 會審嫡奸時에 吳敬五被打致死와 日人藤木割腹被殺를 日警部가 俱爲目擊ᄒᆞ옵고 譚稱曰 藤木屍首는 仍即收去燒火ᄒᆞ엿스니 此獄이 彼我兩沒에 實因的確ᄒᆞ니 不須再查라ᄒᆞ옵ᄂᆞᆫ더러 吳屍段은 日本理事官與警部가 使卽出埋爲好이다 屢至面譚交涉故로 吳屍를 仍筋出給該屍親ᄒᆞ와 使之埋瘞ᄒᆞ옵고 法部에 具由論報ᄒᆞ오며 玆에 報告ᄒᆞ오니 查照ᄒᆞ심을 伏望."

보기 어렵다.

상기 사건은 범죄를 저지른 일본인이 사망한 경우인데, 그렇다면 일본인 범인이 생존한 경우는 어떨까? 이와 관련하여 영종도永宗島 지단地段사건이 그 일례가 될 수 있을 것이다. 1905년 4월에 황석원黃錫元, 이치명李致明 등이 영종도의 황무지에 서양의 우유를 생산하고 돼지·닭 등을 기르는 목장을 개설하려 하니 허가해 달라는 청원을 올렸다. 이에 궁내부에서는 감리에게 해당 토지에 대해 철저히 조사하도록 훈령을 내렸으며,[253] 감리가 해당 토지에 대해 확인 절차를 거친 뒤[254] 궁내부에서 허가하면서 영종도의 두민頭民들에게 번칙翻飭하여 시행하도록 하였다.[255] 그런데 영종도의 송산동장松山洞長 조양심曹良心, 구읍동장舊邑洞長 오선명吳善明, 대비동장大碑洞長 이인형李仁亨 등이 이는 일본인 타케가와 모리츠구武川盛次 등과 결탁한 일이며 일본인 3~4명이 해당 부지에 와서 멋대로 팻말을 세웠다고 고발하여 문제가 생기게 되었다.[256]

이 사건에 대해 조사한 결과, 이는 서울에 거주하는 일본인 스즈키 케이지로鈴木銈次郎가 타케가와 등과 결탁하여 벌인 일로써, 외국인 토지 매매의 제한을 피하고자 황석원와 이치명 등의 이름을 빌려 토지 매입을 시도한 것이었다. 그 과정에서 이들은 유기풍劉基豊이라는 사람을 위임인으로, 그리고 나일영羅一英을 중간 연락책인 거간사환인居間使喚人으로 삼아 일을 진행하였다. 아울러 궁내부 내사과장內事課長 김용제金鎔濟의 친척인 유홍주柳興柱라는 인물을 궁내부 파원으로 위장하여 정식 허가를 받은 것처럼 속이고 토지의 경계를 정하고 표목을 세우는 일에 참여시키는 주도면밀함을 보이기까지 하였다.[257] 인천 감리서에서는

253 『仁川港案』, 「請願書-黃錫元·李致明 등(1905.4) → 宮內府署理大臣」.
254 위의 책, 「訓令 제1호-宮內府大臣臨時署理法部大臣 李址鎔(1905.4.25) → 仁川監理 劉燦」.
255 위의 책, 「訓令 제1호-宮內府大臣臨時署理法部大臣 李址鎔(1905.4.25) → 仁川監理 劉燦」.
256 더구나 이곳은 조사 결과 무주지도 아니고 많은 민유지가 있는 곳이었다고 한다(위의 책, 「照會-仁川監理 徐丙珪(1906.6.1) → 日本理事廳」).
257 위의 책, 「報告書 제38호-仁川監理 徐丙珪(1906.7.18) → 議政府參政大臣(1906.7.18)」. 이 보고서

사건의 처리를 위하여 여러 가지 조치를 취하였는데, 김제용과 유흥주를 유기 풍·나일영과 대질신문하여 진상 조사를 실시하였으며,[258] 일본 이사청에도 교섭을 시도하였다. 이후 의정부에서 통감부와 교섭한 결과 일본 측도 스즈키와 타케가와 등이 궁내부 특허를 참칭하여 사유지를 침해한 사실을 인정하고 표목을 철거시키게 조치하였다.[259]

이 문제에 대한 최종적인 판결은 감리서가 폐지되고 부윤으로의 업무 인계가 이루어진 뒤 내려졌다. 그 결과 유기풍은 『형법대전刑法大全』 제200조 제8항의 '외국인에게 아부하거나 빙자憑藉하여 본국인을 협박 혹은 침해한 경우'에 해당하는 율문을 적용하여 징역 10년, 유흥주는 동 법전의 제355조 '민인이 관원을 사칭하거나 관원의 성명을 거짓으로 칭하거나, 혹은 관사官司로부터 파견되었다고 거짓으로 칭한 경우'에 해당하는 율문을 적용하여 태 100대, 그리고 나일영은 조사 결과 적극적인 가담이 아니었는지 무죄 방면을 선고하였다.[260] 이는 인천부윤 서병규徐丙珪가 재판소 재판장으로 행한 조치로서, 과거 감리가 재판소 재판장을 겸직한 전례와 일치하는 것이었다고 할 수 있다. 일본 측에 대해서는 주범인 스즈키, 타케가와에 대해 일본 이사관에 엄중 처벌을 요청하는 조회를 보내도록 하였는데,[261] 이는 영사재판권에 따른 제약으로 인한

에는 궁내부 파견을 위장한 자의 정계표목한 자의 성명을 '유흥주'와 더불어 '柳泰永'으로도 기재하고 있는데, 유흥주의 異名인지 아니면 유태영이라는 별도의 인물이 존재하는 것인지는 불분명하다. '유태영'이라는 이름이 향후의 보고서에 등장하지 않는 것으로 보아 아마도 '유흥주'의 오기가 아닐까 생각된다.

258 위의 책, 「報告書 제42호－仁川監理署理事 南麟熙(1906.8.9) →議政府參政大臣(1906.8.11)」.

259 위의 책, 「訓令 제50호－議政府參政大臣 朴齊純(1906.8.24) →仁川監理署理 南麟熙」.

260 위의 책, 「報告書 제2호－仁川府尹 徐丙珪(1906.10.21) →議政府參政大臣(1906.10.22)」. "該犯劉基豊은 刑法大全第二百條第八項 外國人에게 阿附ᄒ거나 憑藉ᄒ야 本國人을 脅迫或侵害ᄒ 者律에 照ᄒ와 懲役十年으로 柳興柱ᄂ 同第三百五十五條民人이 官員이라 詐稱ᄒ거나 官員에 姓名을 詐冒ᄒ거나 官司에 差遣이라 詐稱ᄒ 者律에 照ᄒ와 笞一百으로 羅一英은 實無所犯이옵기 無罪放免으로 本月五日에 竝爲 處辦宣告이올견과."

261 위의 책, 「報告書 제2호－仁川監理 徐丙珪(1906.10.21) →議政府參政大臣(1906.10.22)」. "指令 第六十一號 報辭ᄂ 閱悉인바 劉·柳兩姓은 旣經照律ᄒ얏슨즉 鈴木·武川等所犯도 擧照日本理事ᄒ야 俾爲裁處케홀 事 十月卄二日."

것으로서 역시 폐지 이전 감리의 조치와 다를 바 없는 것이었다. 이렇게 감리서가 폐지되고 해당 업무를 인계받은 부윤은 적어도 일본인이 관계된 사건에 한해서는 이전의 감리와 동일하게 업무를 처리하고 있었던 것이다.

꼭 형사적인 사건이 아니더라도 기타 제반 업무에서 부윤은 이전의 일본 영사에 해당되는 일본 이사관과 수시로 교섭을 행하였다. 이를테면 온양의 포사庖肆, 정육점 운영과 관련한 문제가 그러한 경우에 해당된다. 온양군수 권중억權重億의 보고에 따르면, 1906년 6월에 온양군에 보성학교普成學校를 설립했는데 학교 운영 자금이 영세한 탓에 학교 임원들의 요청에 따라 해당 지역 장시場市의 포사 운영권을 학교에 부속시켜서 세금 납부 여분의 수익을 학교에서 쓰도록 하였다. 그런데 이 지역의 일본인 상인인 무라오 타카츠기村尾鷹次, 요네다 카메키치米田龜吉, 다카타 쿠마고로高田熊五郎 3명이 위임 공문도 없이 난입해서 강제로 가게 운영을 주관하여 정기 월납 세금도 연체될 지경에 이르렀다.[262]

이 문제에 대해 군수는 관찰사에게 보고하여 금지시키라는 지령을 받은 뒤 해당 지역 파견 일본 순사와 교섭하고 일본인들을 설득하여 시도하였으나, 도리어 이들은 관찰사 지령 따위로 어떻게 금지시키냐고 적반하장으로 나오면서 심지어 포사의 파원派員을 구타하기까지 하였다. 여기에 일본인 1인이 추가 합세하여 총 4명이 병든 쇠고기를 먹고 싶지 않아서 소를 직접 보고 고기를 먹기 위해 인천이사청의 허가를 받았다는 말과 함께 사환使喚과 피한皮漢, 가죽 벗기는 장인 등 4명을 정식으로 고용하여 급여를 지급하고 도축을 하게 했다고 하였다. 이들은 관청에 난입하여 인천에서 꺼지라고 한바탕 공갈 협박을 일삼았으며 외국

---

262 위의 책, 「訓令 제95호-議政府參政大臣 朴齊純(1907.3.6) → 仁川府尹 金潤晶」, "頃據溫陽郡守權重億報開 本郡의 普成學校를 昨年六月에 設立ᄒᆞ옵고 學資가 窘絀ᄒᆞ와 本郡邑場市庖肆를 依學校任員의 請願ᄒᆞ와 付屬于校中ᄒᆞ고 稅金은 依例收納이옵고 如干剩餘를 取爲學費이올더니 邑下商賈日本人村尾鷹次와 米田龜吉과 高田熊五郎三人이 上年陰曆十月初로 初無任管之公文ᄒᆞ고 橫出强管ᄒᆞ야 正供月稅로 屢月爲欠에 不得收納ᄒᆞ와."

인이 포사를 관할하는 것은 장정에 기재된 내용이라고 강변하였다.[263]

그러나 장정에 존재하는데 정식 공문이 없다는 것은 앞뒤가 안 맞는 설명이었다. 더구나 그들이 정식으로 고용했다는 도축자 편무궁片無窮·편오근片五斤·백인복白仁卜·길천석귀吉千石貴 등 4인을 불러 탐문한 결과도 일본인들의 진술과는 달랐다. 그들은 도리어 자신들이 일본인들에게 세금 명목으로 매월 1인당 50냥씩 바쳤고 쇠고기 현물 또한 매 장시마다 1인당 4근씩 주었다고 하며 정식 고용은 듣도 보도 못한 낭설이라고 일축하였다. 이러한 보고에 근거하여 의정부에서는 일본인들이 포사 운영에 불법적으로 강제 개입한 것으로 판단하고 인천부윤 김윤정金潤晶에게 일본 이사관과 교섭하여 이러한 행위를 엄금시키도록 지시하고 있다.[264]

이는 일본인들이 연관된 경제적 사안에 대하여 부윤이 일본 이사관과 교섭하는 예에 해당한다고 할 것이다. 유사한 예로 경흥의 경우도 있다. 경흥부 내 남서쪽 70리쯤에 약간의 농민들이 거주하는 웅기雄基라는 지명의 황무지가 있었

---

263 위의 책, 「訓令 제95호－議政府參政大臣 朴齊純(1907.3.6) → 仁川府尹 金潤晶」. "此由를 枚報于本道觀察府ᄒᆞ와 指令辭意가 不當截嚴이옵기 交涉于本部分派所日巡査이온 後 宰庖日人等에 對ᄒᆞ야 細細視諭ᄒᆞ오며 據理說明ᄒᆞ오되, 終不聽從에 反肆悖談曰 觀察府指令으로 何可禁止리오ᄒᆞ며 甚至自手殺牛에 庖肆派員을 毆之踢之ᄒᆞ더니 又有日本人屈武一爲名人ᄒᆞ야 合四人이 曰 我止于此ᄒᆞ야 每於食肉에 恒忌病牛肉所致로 由是而見牛食肉次, 領受認許於仁川理事廳이라ᄒᆞ고 又稱渠之使喚皮漢等四名믈 准給雇價而屠牛라ᄒᆞ며 且攔入公堂ᄒᆞ야 恐喝無雙에 至有牽衣執臂, 以去仁川之說노 一場惹鬧之擧이오며 本郡溫泉留駐ᄒᆞ온 巡査部長轟仁作을 又爲請來而挾助日 庖肆믈 外人句管이 已有章程이라ᄒᆞ니."

264 위의 책, 「訓令 제95호－議政府參政大臣 朴齊純(1907.3.6) → 仁川府尹 金潤晶」. "旣有章程ᄒᆞ오면 豈無公文之的據이온지 極切痛恨ᄒᆞ야 渠所謂授雇價屠牛漢等片無窮片五斤白仁卜吉千石貴四漢믈 竝爲招入ᄒᆞ야 其所賣雇之根因을 詳問이온즉 一體所告內에 矣等이 自是賤漢으로 無他生涯ᄒᆞ고 糊口圖生이 係是扣刀이온바 邑底来接ᄒᆞ온 日本人四人許에 月稅金으로 每朔爲名下五十兩式 的定酬給ᄒᆞ옵고 又以賤肉으로 每市每名下四斤式 現給營業이오나 日本人이 於矣等에 雇價準給之說은 前無後無之浪說이오 今始初聞之詑言이라ᄒᆞ온바 聽此四漢에 這這發明之所告ᄒᆞ고 深究日人에 强管庖肆之行爲이온즉 渠捧喫月稅賤肉 而反以爲給雇價屠牛라ᄒᆞ고 無公文行虛强管ᄒᆞ며 假稱以受認許有章程이라 東指西指에 巧飾其非ᄒᆞ고 無所顧忌에 威脅行悖ᄒᆞ야 前後道飭을 歸諸尋常ᄒᆞ고 徒思盈橐에 任意爲之ᄒᆞ야 正供月稅로 尙此愆納케ᄒᆞ온즉 到此地頭에 不勝悚仄ᄒᆞ와 據實報告ᄒᆞ오니 査照處辦ᄒᆞ심을 望홈等情인바 此를 據查ᄒᆞ즉 該日人等의 强管庖肆가 殊涉不理라 駐貴港日本理事官의게 交涉妥正ᄒᆞ야 日人等의 庖肆句管之弊를 嚴行禁止ᄒᆞ야 俾完正供케홀 事로 茲에 訓令ᄒᆞ니 照諒辦理홈이 爲可."

는데, 그 남쪽은 바다로 일본 수비대가 주둔하며 일본 어민들이 붙어 살고 있었다. 이곳은 향후 개척하면 수천의 호구가 정착할 수 있을 만한 땅인데, 1907년에 일본 상민들이 토지와 가옥의 구매를 요청해왔다. 이에 대해 의정부에서는 경흥부윤 장기연張起淵에게 지령을 내리기를, 토지와 가옥의 구매를 부윤에게 요청하는 것 자체를 이해하기 어려울뿐더러, 해당 부지는 향후 유망할 뿐만 아니라 국유지이니 반드시 보존하라는 지시를 내리고 있다.[265] 비록 일본 이사관과 교섭하라는 지시는 없으나, 앞서 언급한 감리서 폐지 이후 당시의 제반 상황상 이 문제의 논의를 위해 이사관과 교섭했을 것임은 어렵지 않게 짐작할 수 있다.

그 밖에도 부윤의 일본 이사관과의 교섭은 다양한 사안에 걸쳐 이루어졌다. 성진의 경우 규정의 제정 문제에 관한 사안의 실례가 있다. 성진항 세관지서장인 호리이케 토라키치堀池寅吉가 성진부윤 이원영李元榮에게 성진항의 포구와 조계에 관한 총 7개 조항으로 구성된 규칙을 제정하여 실시하니 각 선주인船主人과 회사 대리 및 회조점回漕店, 뱃짐 취급소에 널리 알려 달라고 통보하였다. 이에 이원영은 세관장 및 이사관과 회동하여 해당 규정에 대해 심의하였고, 그 결과 성진부의 임호臨湖와 유진楡津은 육로로 치면 20여리이나 해로로 치면 10리가채 안되니, 두 포구를 항내港內 구역으로 편입시켜서 풍범선風帆船의 직행을 금지하는 것이 타당하다는 합의에 이르게 되었다.[266] 이는 마치 감리서 폐지 이전 감리가 조계의 문제에 관하여 외국인들로 구성된 조계 관리 기구인 신동공사에 참여하는 것을 연상케 한다.

이상의 여러 예들로부터 감리서 폐지 이후 업무를 인계받은 부윤이 외국인 관련 업무를 처리했던 구체적인 양상은 감리서 존속 당시의 그것과 별반 다르

---

265 『慶興港案』(奎17870의 1), 「報告書 제2호－慶興府尹 張起淵(1907.2.1) → 議政府參政大臣」.
266 『城津港案』(奎17871의 1), 「報告書 제3호－城津府尹 李元榮(1907.6.12) → 內閣總理大臣勳二等 李完用」.

지 않았음을 알 수 있다. 그러나 앞 절에서도 밝혔듯이 그것은 어디까지나 '일본인'에게만 해당되는 것이었으며, 이는 양국의 특수한 상황에 따른 상호 합의의 결과에 기인한 것에 지나지 않았던 것이다.

한편 앞 장에서 설명한 자국민 보호의 노력과 관련하여 이 시기를 살펴보면, 이때에도 매우 소극적이나마 일본 측에 법을 위반하는 행위에 대하여 이의를 제기하거나 한국인들의 경제적 이익을 옹호하려고 노력하는 사례들이 전혀 없지는 않았다. 감리서 폐지 이후 부윤의 활동에서 이러한 경우들을 찾아보자.

먼저 간석지의 매입 건과 관련한 인천부윤 서병규의 교섭 사례를 보면, 인천항의 일본 이사관 대리인 기베 모리카즈木部守一가 자국 출신 상인인 이나다 카츠히코稲田勝彦와 니시와키 쵸타로西脇長太郎가 인천항 만석동萬石洞의 간석지 200,909제곱미터 14지소地所를 매립하고자 하니 협조를 부탁한다는 공문을 보내왔다. 이에 조사해본 결과, 해당 부지 중 1,968제곱미터에 대하여 전 인천 감리였던 이재정이 1897년 5월 28일에 제방을 설치하고 개간하여 백성들에게 경작하게 하라는 궁내부 훈령을 받들어서 파원派員 김홍규金泓圭에게 인증 문서를 발급해준 일이 있었다. 이 인증서에서는 주석으로 이 땅이 공용지가 분명하므로 향후 만약 상황이 변경될 경우 정부의 명령에 따라 시행한다는 단서를 부기하였다.[267]

그런데 김홍규는 이 인증서를 이나다와 니시와키에게 판 것도 모자라 서리 주사署理主事 김창건金昌鍵과 함께 주도면밀하게 농간을 부려 상기 일본인 2인의 명의로 인증서를 바꿔서 발급하기까지 하였다. 애초에 면적을 명시하지 않고

---

267 『仁川港案』,「報告書 제4호 - 仁川監理 徐丙珪(1906.10.21) → 議政府參政大臣(1906.10 22)」."報告書 第四號 - 現에 日本理事官代理木部守一의 來文을 接據ᄒᆞ온즉 內開 我商稲田勝彦泊西脇長太郎 仁川港萬石洞漲灘貳拾萬九百九米突壹四地所 竣成埋築之意 依別紙分割表 方願分割地契 玆將該舊地券一葉 及分割面積表圖面乙紙送付 速了其手續 回付新券等因을 准查ᄒᆞ온즉 該漲灘三萬一千九百六十八方米突을 建陽二年五月二十八日에 監理李在正이가 以築坰起墾ᄒᆞ야 令民耕作홀 意로 宮內府四次訓令을 奉准ᄒᆞ와 派員 金泓圭에게 發給印契이오되 註明契面ᄒᆞ옵기를 該地가 確係公用之地 日後若至變更 遵政府命令施行이라ᄒᆞ엿습거늘."

다만 사방의 경계 표식만 기입한 결과 이렇게 넓은 지역을 점유하여 매립하기에 이른 것이었다. 또 화상華商 장계평張階平에게 이 인증서를 전당 잡힘은 물론 결국 미국인 데쉴러D. W. Deshler(大是羅)에게 되팔아 넘겨버렸다. 이 위조 건은 1901년경에 비로소 탄로나게 되어 감리 이재정은 체포되어 조사를 받은 뒤 무죄방면되었으며, 김창건과 김홍규는 체포·심문 뒤 구 인천 감리서에 수감되어 5~6년이 되었으나 아직 확정 판결이 나지 않은 상황이었다.[268]

따라서 상기 일본인 2인이 위조 인증서에 근거하여 멋대로 간석지를 매립하는 것은 당연히 허가할 수 없는 일이었으며, 인천부윤 서병규는 이러한 취지로 일본 이사관과 교섭을 시도하고 있다. 이는 일본인의 불법 행위에 대해 항의하고 용인하지 않겠다는 의사표시라고 볼 수 있다. 그러나 서병규 본인이 "형세상 타결하기 어렵다"고 토로하고 있는 데서[269] 알 수 있듯이 기본적으로 외교권 박탈에 따라 지방대외교섭 업무 관할이 중단된 상황에서 바로 그 박탈을 행한 주체인 일본과의 협상은 한계가 분명했다고 하겠다.

또 다른 예로서 성진항의 온천 경영과 관련된 사안을 들 수 있다. 성진항 주재 일본 이사관인 오키 야스노스케大木安之助가 조회를 보내기를, 성진항의 발전을 위해 탕자평湯子坪의 온천에 대객사大客舍와 오락원娛樂園 등을 설치하면 항구 번창의 호재가 될 것인데, 토미유富祐라는 자본가가 40,000~50,000엔으로 온천 경영을 하고자 하니 해당 온천 일체에 대한 지휘·감독을 이사청에 일임하게 해 달라고 요청하였다. 이에 대해 성진부윤 이원영李元榮은 비록 온천 경영은

268 『仁川港案』, 「報告書 제4호-仁川監理 徐丙珪(1906.10.21) → 議政府參政大臣(1906.10.22)」, "該金 泓圭가 仍將該契호야 賣與稻田勝彦西脇長太郞等處이옵다가 猶爲不足호와 與署理主事金昌鍵으로 綢繆 容奸호야 以稻田西脇等名下로 換發印契而初不載明米突호고 只書四標호야 致此廣占域外而埋築이오며 又將一契호야 典負於華商張階平而轉賣於美人大是羅이온지라 該僞券案件이 光武五年份에 始爲綻露호 와 其時監理는 由京院으로 拘拿審査홀 時에 明辦其無罪호와 仍行放免호옵고 金昌鍵金泓圭는 由京院審 問後 還囚本所이온지 于今五六年에 尙未妥決이온바."
269 『仁川港案』, 「報告書 제4호-仁川監理 徐丙珪(1906.10.21) → 議政府參政大臣(1906.10.22)」, "現方 交涉於該理事官이오나 勢不可自此妥案이옵기."

일본인이 하더라도 해당 부지는 분명히 성진부 소속이기 때문에 이사청 요청대로 할 수는 없으며, 자신이 이사관과 협약을 체결하여 공동 감독하는 것이 타당하다는 취지로 상부에 보고하고 있다.[270] 어찌 보면 지극히 당연한 처사라고 하겠으나, 당시 한국이 처한 상황에 비추어본다면 나름 극히 소극적인 차원에서의 자국 이익 보호 노력이라고 할 수도 있을 것이다.

앞의 두 경우를 소극적 차원의 예라고 한다면, 마산포의 간석지 매립 허가와 관련된 창원부윤 이기李琦의 활동은 보다 적극적인 예에 해당된다고 할 것이다. 1899년 10월에 창원부의 동성東城에 사는 김경덕金敬惠이라는 사람이 창원항의 서성리西城里부터 오산리午山里 사이에 위치한 간석지에 대해 최대 50파把의 범위 내에서 확장 매립하는 건을 당시 감리에게서 허가를 받은 뒤 일본인 히로시 세이조弘淸三에게 해당 권리를 이전한 일이 있었다. 이를 1906년 4월 전 감리서리 김병철金炳哲이 보고하였고, 이에 의정부에서 해당 허가를 속히 말소하라고 훈령을 내렸다. 그런데 이후 통감부에서 창원의 상업 발달을 위해 적절하다며 히로시에게 마산포 해면 매축을 허가하면서 한국 정부에도 승인을 요청해 왔다. 의정부에서는 애당초 당시 감리가 상부를 경유하지 않고 김경덕에게 함부로 허가를 해준 것을 문제로 지적하면서, 처음에 허가했던 부지의 넓이와 다른 사람의 소유권에 침해가 있는지 여부 등을 자세히 조사하라는 훈령을 내렸다.[271]

---

270 『城津港案』, 「報告書 제2호－城津府尹 李元榮(1907.2.3) → 議政府參政大臣(1907.2.16)」.

271 『昌原港案』, 「訓令 제30호－內閣總理大臣 李完用(1907.10.5) → 昌原府尹 李琦」. "溯査案檔ᄒᆞᆫ즉 光武三年十月에 貴府東城居民金敎惠이 自本港西城里前으로 至午山里前漲灘을 限五十把退築ᄒᆞᆷ을 伊時監理의게 承認ᄒᆞᆫ 後 日本人 弘淸三의게 移轉ᄒᆞᆫ 事로 光武十年四月에 前議政府에셔 前監理署理金炳哲의 報告를 據ᄒᆞ야 該詣許를 亟圖繳銷ᄒᆞᆯ 事로 指飭在案인바 現接統府來文ᄒᆞᆫ즉 馬山浦在留弘淸三으로부터 舊馬山浦海面埋築ᄒᆞᆯ 事로 請願ᄒᆞ온바 右ᄂᆞᆫ 通商貿易의 便利를 期ᄒᆞ기 爲ᄒᆞ야 港口를 修築ᄒᆞ야 新히 船舶繫溜場共同物貨上陸所等을 設ᄒᆞ고 且埋築地ᄂᆞᆫ 倉庫及共同市場에 所用ᄒᆞᆯ 目的으로써 此에 起工ᄒᆞᆯ 計劃이오니 同地方産業의 發展上 有益ᄒᆞᆫ 事業ᄲᅮᆫ不是라 其埋築區域及設計 等이 適當ᄒᆞᆷ으로 認ᄒᆞ오니 請願을 依ᄒᆞ야 許可等因이라 此를 准査ᄒᆞᆫ즉 該漲灘을 伊時監理가 不由上部ᄒᆞ고 擅行認許si 實所詫惑이건되 金民의게 認許ᄒᆞᆫ 基址의 長廣坪數와 該基址를 認許ᄒᆞᆷ에 對ᄒᆞ야 共同利益과 或他人所有權에 俱無妨害인지 並詳細報明ᄒᆞᆯ 事로 玆에 訓令ᄒᆞ니 照諒遵辦ᄒᆞᆷ이 爲可."

이에 따라 이기가 조사한 결과, 애당초 김경덕에게 허가해 준 문서 자체가 없었다. 설령 전매권典買券이 있다고 해도 이 일 자체가 1899년도의 일인데, 1906년 10월 16일 칙령 제62호에 "각종 허가에 대해 1개년 내 실시하거나 착수하지 못한 경우는 무효로 한다"고 하였기 때문에 그는 이 허가 자체가 이미 무효라는 유권 해석을 내렸다. 거기다가 매립할 지역을 보더라도 동·서 굴강掘江은 포칠리浦七里에 거주하는 백성들의 땅으로 선박이 비바람을 피하는 곳이고, 동성東城의 어선창魚船艙과 오산午山의 선창船艙은 각종 어물을 판매하는 점포를 설치하는 곳으로서 공동의 이익과 타인의 소유권을 침해하는 측면이 크다고 판단하였다. 그는 이러한 내용을 보고하면서 해당 지역의 거리와 면적 등을 기록한 도면을 첨부하였다.[272]

이후 일본인들의 해당 부지에 대한 매립 시도가 알려지면서 지역민들이 반발하였고, 그 결과 창원항 거주민인 박기수朴基洙, 김하수金河守 등이 이 문제와 관련하여 이기에게 청원서를 올리기에 이른다. 그에 따르면 여간한 토지는 거진 철도와 군용에 흡수되고 겨우 남은 땅이 이곳으로, 여기마저 타인에게 매립하도록 양여한다면 수천 명 거주민들은 생업이 가로막혀서 뿔뿔이 흩어질 것이라고 하였다. 따라서 주민들이 힘을 합쳐 자본을 모아 매립하기로 협약을 맺었으니 내각의 승인을 요청한다고 하였는데, 이에 대해 이기 또한 해당 부지의 중요성에 대한 그들의 견해에 동조하면서 주민들의 자치 노력을 '아름다운 행동'으로 평가하였다.[273]

---

272 『昌原港案』,「報告 第2호－昌原府尹 李琦(1907.10.29) → 內閣總理大臣 李完用」, "訓辭을 凜准ᄒ와 該案件을 審査ᄒ온즉 金民에게 認許ᄒ 事가 初無存檔이오며 設有典買券이라도 事在光武三年度샏不是오라 光武十年十月十六日勅令第六十二號欄內에 各種認許에 對ᄒ야 一個年內 實施或 着手치 못ᄒ 時는 該認許는 無效로 홈이라 ᄒ엿ᄉ오니 該人에 此移轉權은 自歸無效이온지라 理無更論이옵고 該漲灘埋築ᄒ 基地로 論ᄒ와도 上年 六月 二日 議政府 指令을 承准ᄒ와 報明ᄒ엿ᄉ온즉 自可洞燭이실건과 海岸一帶에 共同利益과 他人所有權에 妨害有無에 對ᄒ와 東西掘工은 浦七里居民所用之地로 爲其船舶之避風雨이 修築處也오 東城魚船艙與午山船艙은 各魚物販賣設店所이온즉 該漲灘之緊要가 其於商民에 最有關係이옵기 該基址의 長廣把數을 繪成圖本ᄒ와 粘付上送ᄒ오며 玆에 報告ᄒ오니 査照處分ᄒ심을 伏望."

이러한 보고를 받은 의정부에서는 주민들이 원하는 매립 평수는 얼마이고 자본은 어디서 구할 것이며, 언제까지 매축을 마칠 것인지 등을 조사하여 보고하라고 지시하였다.[274] 이에 대해 이기는 주민들이 작성한 예산명세서를 첨부하여 보고하는 등[275] 상당히 적극적으로 이 문제의 해결을 위해 나섰다.

그러나 거기까지였다. 『창원항안』의 가장 마지막에 위치하는 이 문제 관련 이기의 보고서 내용은 다음과 같다.

> 본 창원부 마산항 소재 간석지 부지를 서성에서 오산 선창까지 매립하는 일이 무역항에 있어서의 공공 이익상 좋은 것임은 본 부윤이나 일본 이사관이나 생각이 같습니다만, 매립하는 권리에 있어서는 많은 백성들의 희망을 따르지 않을 수 없어서 이미 보고드린 바 있습니다. 지금 이사관과 이야기해보니 일본 상인 히로시의 청원이 단지 서성 선창에서 동성 선창까지 서굴강 안의 일부분에 불과하다고 하나, 해당 부지가 주민들이 청원한 부지 내에 포함되어 있어서 이미 53호 지령을 받들어 다시 보고드렸습니다. 해당 부지 내의 매립권을 누구에게 허가하는 지는 오로지 내각의 처분에 달린 것이거니와, 주민들의 청원 중에서 "직업을 잃고 뿔뿔이 흩어진다"는 표현으로 인해 통감부에서 이사관이 본 부윤의 동의를 이끌어내지 못한 것으로 생

---

273 『昌原港案』, 「報告 제3호 – 昌原府尹 李琦(1907.11.1) → 內閣總理大臣 李完用」, "以本港海岸埋築事로 羹承第三十號訓令ᄒ와 逐條報明이슬건과 現接港民朴基洙金河守等請願書內開에 (…중략…) 如千田土는 盡入於鐵道及軍用地ᄒᆞᆸ고 資生餘地가 只是自西城船艙으로 至午山船艙까지 內有兩掘江與魚船艙이 다온 此若讓與於他人埋築ᄒᆞ오면 便同塞口之咽喉요 閉戶之門扉라 本港幾千戶居民은 勢將失業渙散乃已ᄋᆞᆸ기 民等循議同一ᄒᆞ와 自西城船艙으로 至午山船艙까지 一帶漲灘을 合力鳩財ᄒᆞ와 埋築營業ᄒᆞᆯ 次로 峻成條約ᄒᆞᆸ고 玆에 請願ᄒᆞ오니 報內閣承認ᄒᆞ시와 使此無辜幾萬生靈으로 俾保喘息케ᄒᆞ시믈 伏望等因이온바 此를 查ᄒᆞ오니 該基址가 港民에게 關係緊重ᄒᆞᆯᄲᅮᆫ不啻오라 以港民共同所有之地로 許港民埋築營業이 寔係美擧ᄋᆞᆸ기."
274 『昌原港案』, 「報告 제3호 – 昌原府尹 李琦(1907.11.1) → 內閣總理大臣 李完用」, "指令第五十三號 – 來報據悉인바 該灘址를 港民等이 埋築營業ᄒᆞᆯ 事로 峻成條約이라ᄒᆞ얏시니 埋築ᄒᆞᆯ 坪數는 幾何이며 所入資本은 幾許인딕 何以辦備이며 埋築畢役э 期限은 以幾許間約定ᄒᆞ얏ᄂᆞᆫ지 此等各件을 一一確細定立ᄒᆞ야 俾無日後違誤然後에 乃可准施이니 築底報明ᄒᆞᆯ 事."
275 『昌原港案』, 「報告 제4호 – 昌原府尹 李琦(1907.12.29) → 太子少師內閣總理大臣 李完用」.

각하여, 이사관이 본 부윤에 대해 유감이 없지 않습니다. 무릇 본 부윤의 보고 내용이 해당 부지의 매립이 불가능하다고 말한 게 아니고 해당 사업의 권리 찬성에 관하여 백성들의 청원 취지에 근거하여 보고한 것이었습니다. 그리고 이사관의 본뜻도 누가 매립권을 얻건 간에 장래 공동의 이익을 진흥시키기 위한 것이니 본래 해당 안건에 대하여 다른 의견이 조금도 없는 것입니다. 이에 보고하니, 사조査照하신 뒤 통감부에 조회하여 이사관과 본 부윤의 본뜻이 동일함을 설명해 주시기 바랍니다.[276]

앞서 살펴보았듯이 분명히 일본인으로의 매립 허가가 원천 무효라고 주장하면서 주민들의 매립권 획득을 옹호했던 창원부윤 이기였지만, 결국 통감부 측에서 비롯된 것으로 보이는 압력에 굴복하여 일본 이사관과 자신이 '의견 차이가 없다'고 한발 물러나는 모양새를 보인다. 말미에는 통감부 측에게 자신에 대한 오해를 잘 변명해달라는 초조함마저 엿보인다.

결국 이는 외교권이 박탈된 상황에서 일본의 필요에 의해 유지되고 있는 부윤의 일본인 관할 권리 행사가 갖는 명백한 한계를 보여주고 있다고 할 수 있다. 일본 측의 부당한 경제적 침탈에 대해 저항을 시도해도 궁극적으로는 외교권 뿐만 아니라 사실상 전권을 휘두르고 있는 통감부가 개입하는 순간 그러한 저항이 바로 의미가 없어짐은 부연 설명이 필요치 않을 것이다. 그러나 동시에

---

276 『昌原港案』, 「報告－昌原府尹 李琦(1908.1.7) → 內閣總理大臣」, "本府馬山港所在漲灘基址 自西城 至午山船艙ᄭ지 埋築ᄒᆞᆯ 事에 對ᄒᆞ야 貿易港岸에 公益上美擧됨은 本府尹이오나 日理事官이오나 同一思想이온딕 但埋築權에 在ᄒᆞ야는 多民에 願을 不可不從ᄒᆞ와 業己報明이ᇸ건이와 現據理事官晤談ᄒᆞᆫ즉 日商民弘淸三請願이 但西城船艙으로 東城船艙ᄭ지 西掘工만在ᄒ헌 一部分에 不過ᄒᆞ다ᄒᆞ나 該基址가 港民에 請願ᄒ헌 基址內에 包涵其內ᄒᆞ와 旣於五十三號指令을 奉承ᄒᆞ와 更報ᄒᆞ얏ᄉᆞᆫ즉 該基址에 埋築權를 誰某의게든지 認許ᄒᆞ심은 惟在內閣處分이ᇸ건이와 港民請願中 失業渙散句語로 統監府에셔 理事官이 本府尹과 同意를 得지 못ᄒᆞᆫ 양으로 該理事官이 本府尹의게 遺憾이 不無이온바 大抵本府尹의 報辭가 該址埋築이 不可로 成言힘이 아니오 該事業之權贊成의 關ᄒᆞ야 人民의 請願辭意를 據報헌 事이오며 理事官의 本意도 無論誰某가 埋築權을 得ᄒ든지 來頭共同利益의 興旺ᄒᆞᆷ을 爲ᄒᆞ미온즉 本來該案件의 岐異ᄒᆞᆫ 意見이 小無ᄒᆞᇸ기 玆에 報告ᄒᆞ오니 査照ᄒᆞ신 後 知照統監府ᄒᆞ오셔 理事官과 本府尹의 同一ᄒᆞᆫ 本意를 辨明ᄒᆞ심을 伏望."

이러한 엄혹한 상황하에서도 극히 소극적일지언정 그러한 저항의 모습이 완전히 소멸되지는 않았음을 보여주는 예이기도 하다는 점에서 국권 침탈기 '자국민 보호'를 보여주는 매우 제한적인 실례로서의 의미 또한 전혀 없지는 않다고 생각된다.

맺으며

이 연구는 19세기 후반 개항 이후 조선이 만국공법적 국제질서로 편입되는 과정에서 새로이 도입된 근대적인 제도 중 하나인 감리서와 관련하여 그 제도적 추이와 관서로서의 성격 등 제반 문제들을 살펴본 것이다. 지금까지의 서술을 간략히 되새기고 추가로 몇 가지 의미를 생각해보며 마무리 짓고자 한다.

중국의 해관은 내륙에 세워진 세금 징수 기구인 관잡과 해상무역의 관리를 위해 설치한 시박사에서 기원하였다. 시박사 제도는 당대唐代에 창설되어 명대까지 지속되었고, 내륙 세금 징수 기구는 명대의 초관을 거쳐 청대에는 상관으로 계승되었는데, 상관 중의 하나로 개설된 해관은 시박사 제도를 흡수·통합하였다. 19세기 중엽의 아편전쟁 이후 상해의 소도회 반란으로 강해관이 운영 불능에 빠지는 사건이 계기가 되어 외국인이 해관 세무사로 임명되는 체제가 처음 도입되었다. 그에 따라 해관은 청국인과 외국인의 이원 체제로 운영되었고, 점차 명목상의 대표자인 청국인 해관 감독 대신에 외국인 세무사가 실권을 장악하였다.

일본의 세관은 19세기 중반 서구 열강의 압력에 따른 개항 이후 자유무역이 허용되고 관세자주권이 상실되는 상황에서 출현하였다. 전근대에 세금의 의미로 사용되던 '운상'이라는 용어에서 기원한 운상소가 관세징수 기구로 처음 설치되었는데, 이것은 중국의 경우와는 달리 전통과는 무관하게 새로 창설된 기구였다. 운상소는 후일 세관으로 명칭을 바꾸었는데, 그 조직 구성 역시 중국과는 달리 세관장 휘하 일원적인 조직구성을 갖추고 있었다.

중국 해관 및 일본 세관의 조직 구성 특징과 비교하면, 외국인과 조선인의 이원 체제로 구성된 조선 해관은 거의 대부분 전자의 영향을 받은 것으로 보인다. 물론 조선은 1881년 일본에 조사시찰단을 파견할 때 세관 제도를 상세히 조사한 적이 있다. 그러나 1883년 해관의 창설 과정이 임오군란 이후 청의 내정간섭기에 묄렌도르프에 의해 좌지우지되며 이러한 경험은 활용되지 못하고 청의 조직과 제도를 거의 그대로 모방하였던 것이다.

해관의 관리·감독을 위한 감리서 제도 역시 이러한 중국 해관으로부터의 절대적 영향에서 자유롭지 못했다. 조선의 감리는 기본적으로 청의 해관 감독에서 유래했는데, 중국의 경우 명목상 총책임자인 감독으로부터 외국인 세무사가 실권을 탈취하는 과정이 오랜 시간에 걸쳐 서서히 진행되었다. 그러한 과정은 총세무사 하트가 세무사 전체에게 보낸 지휘서신에서 단서의 일부를 찾을 수 있으며, 이는 하트의 지시를 받고 파견된 메릴에 의해 조선에 해관과 감리서의 이원 체제가 구축되는 데 일정한 영향을 끼쳤던 것으로 여겨진다.

한편 조선의 감리서 제도에 있어서 중국 해관의 영향과는 구별되는 특수성에 해당하는 측면으로 볼 수 있는 것이 바로 전통시대 왜관 운영 경험과의 연관성이다. 조선이 만국공법 체제로의 이행 과정에서 근대의 개항장과 전근대의 왜관을 동일하게 파악했던 데서 개항장 감리서의 운영 체제에 왜관 운영의 경험이 활용되는 계기를 찾을 수 있다.

1883년 8월 22일에 감리 제도 관련 규정인 '감리통상사무설치사목'이 제정되어 감리의 위상 등이 명문화되었으나 정식 관서로서의 감리서는 명확하게 규정되지 않았으며, 감리는 해관의 총책임자로서 실무 담당자인 외국인 세무사를 지휘하는 위치에 있었다. 감리는 실제로 어느 정도 해관에 영향력을 행사하였지만 이는 제한적이었으며, 주로 해관의 편의를 봐주는 문제들을 처리했고 실제 세무행정에는 관여하지 못했다. 따라서 실질적으로 감리가 세무사를 통제하는 관계로 보기는 어려웠다.

감리의 위상 및 그에 따른 관할 업무를 살펴보면, 우선 기본적으로 감리는 지방관을 겸직함에 따라서 치안 유지 등 지방관의 업무 역시 관할하였다. 다음으로 해관의 총책임자로서 수세 상황의 중앙 보고 및 각종 면세조치를 비롯한 제한적인 관세행정을 수행했다. 마지막으로 외국인 거류지인 조계에 대한 관리와 더불어 중앙정부의 위임을 받아서 영사 등을 상대하는 외국인 관할 업무의 영역이 있었다.

해관과 감리의 관계는 메릴이 해관 총세무사로 부임하면서 변화했다. 그는 청의 속방화 정책의 일환으로서 조선 해관을 청국에 예속시키고자 했다. 이를 위한 조선 해관 장악의 수단으로 그는 청국해관처럼 감리-통서와 세무사-총세무사의 이원화 구조로의 개편을 시도하였는데, 시급했던 것은 묄렌도르프가 임명한 세무사들의 교체와 통제권 장악이었다. 이를 달성하고자 그는 조선정부와 협의하여 총세무사의 세무사 장악과 감리 간섭 배제가 골자인 '세사장정'을 제정했으며, 반대급부로 청국처럼 관세관리권을 감리가 갖도록 하는 구조상 개편을 조선에 제안했던 것으로 보인다.

이러한 감리-해관 관계의 구조적 개편과 더불어 경찰관의 임명 등 인력의 확충도 이루어졌고, 그 외에 건물 부지의 분립 등 조직의 확장과 맞물린 결과, 1885년 말에 감리의 관세관리권 행사를 주 내용으로 하는 '감리서 신장정' 및 봉급 관련 세부 규정이 마련되었다. 그리고 1886년부터 감리서의 관세관할권 행사가 실현되면서 '감리서' 명칭이 공식적으로 사용되기 시작하였다. 이에 따라 개항장 감리서가 직제상 독립 관서화되고 해관-감리서의 이원 체제가 성립되었다.

한편 개항장 이외에 북쪽 국경지대에는 '개시장'이 설정되고 감리서가 설치되었다. 먼저 의주와 회령의 개시장은 전통적인 개시의 연장선상에서 성립되었고 개항장과는 무관함이 강조되었다. 따라서 이들 지역의 감리서는 개항장과는 달리 관세행정에 외국인이 개입하지 않았다. 그런데 의주의 예에서 볼 때 개시장 감리서는 관세 징수·관리의 영역에서 민간 상회에게 자율성을 부여한 독특한 체제였다. 한편 경흥의 경우 러시아와의 육로통상을 위해 마련된 개시장으로서, 역시 관세행정에 외국인이 개입하지 않았다.

개항장 감리서의 조직 기구 역시 확장되었다. 부산의 경우 감리를 부사가 겸직하던 상황에서 동래부·부산항 간 거리가 멀어 업무에 지장이 있기에 1886년경 일본인 거류지 내에 감리분서가 설치되었다. 그리고 감리를 보좌하는 방판이 임명되어 감리분서에 상주하게 되었으며, 방판의 업무 권한을 규정하는 '삼항방판장정'이 제정되면서 '민사 : 감리, 상무 : 방판'의 업무분장 체계가 형성되었다. 이후 각 감리서의 서기관 정원이 확정되는 등 조직 확장과 더불어 제도의 확립도 이루어졌다.

감리서가 독립관서화되고 해관과 이원체계를 구성하게 되면서 그 매개가 되는 관세관리권 역시 행사하였지만, 차관을 매개로 한 청·일본의 압력 때문에 한계가 있었으며, 이원 체제하에서 감리의 고유 권한인 면세조치가 결국 세무사에게 귀결되는 등 감리서의 해관 감독 역할은 한계가 뚜렷했다. 따라서 운수회사의 설립·운영이나 객주 관리 및 상행위 질서 유지 등 개항장과 관련된 통상 관련 영역과 더불어 조계 신동공사에의 참여 및 호조 발급 등 외국인 관할 업무가 그 내용이 다양화되고 감리의 업무에서 비중도 커지게 되었다.

감리서의 역할 증대와 관련하여 중요한 또 다른 부분이 바로 경찰 조직의 확대와 역할의 확장이다. 개항장의 경찰관은 초창기에는 조계와 관련한 각종 사무 및 운송 업무를 위시한 감리서 사무 보조 등의 역할을 수행하였다. 그러나 감리서의 역할이 커지고 조직이 확장되면서 경찰 조직 또한 확장·독립의 과정을 밟게 되어 개항장 내 경찰규칙이 제정되고, 경찰서가 따로 분리되어 자체 내에 죄인 구류시설까지 갖추었다. 그에 수반하여 관할 업무도 개항장에 출입하는 선박에 대한 감시 및 상행위의 질서 유지 등 각종 치안업무에 보다 특화되어 근대적 경찰 조직과 성격이 유사해졌다.

무엇보다 해관 감독 기구에서 변화하게 된 감리서의 기능 중 가장 주목할 부분은 '지방 차원의 외교'를 수행하는 기능이라고 할 수 있다. 즉 지방의 영사와 대등한 입장에서 외국인 관련 사안을 교섭하는 것으로, 이는 중앙보다 한 차원 아래의 외교라고 할 수 있다. 19세기 말~20세기 초의 한국에서는 ① 영사재판권의 존재, ② 외국인 관련 법안의 미비, ③ 교통·통신의 한계라는 요인들로 인해 외국인과 관련된 사안의 발생 시 사건 처리의 주도권을 자국 정부가 행사하지 못하는 상황에서 관할 관리가 기본적으로 중앙 외교 당국의 지시를 받으면서도 불가피하게 일정한 수준의 자율권을 행사하여 교섭을 행할 수밖에 없는 상황이 조성되었다. 그런데 현실적으로 '외교'라는 용어가 국가 단위를 주체로 하여 사용되는 개념인만큼, 이러한 지방 차원의 외교를 본서에서는 '지방대외교섭'으로 규정하였으며, 구체적으로 감리는 이러한 지방대외교섭의 역할을 민·형사사건에 있어서의 청심 관여 등을 통해 수행하였다.

이와 관련된 부산항의 실제 사례를 살펴보면, ① 가급적 조선인들의 이해를 대변하는 방향으로 처리하도록 노력하되, ② 주장의 논거는 반드시 국내법이 아니라 조약이나 국제법전 등의 외교 관련 문헌이어야 한다는 원칙이 발견되며, 지방대외교섭 차원의 대응이 중앙 외교 차원에도 영향을 미치는 측면 또한 존재했음을 알 수 있다. 아울러 당시 감리서는 관찰사와 대등한 위상에서 휘하 지방관아에게 지시를 내리며 지방대외교섭의 허브 역할 또한 수행하고 있었음이 확인된다.

감리서의 이러한 체제는 큰 변화 없이 갑오개혁기까지 유지되었다. 그러나 이후 1895년 6월에 단행된 지방 제도 개혁 당시에 감리서는 폐지되고, 해당 업무는 신설되는 23부의 관찰사에게 인계되었다. 폐지의 배경으로는 우선 갑오개혁기 조선 해관의 구조 개편을 둘러싼 열강 사이의 역학 관계 속에서 탁지부 고문관을 겸임하며 해관의 헤게모니를 잡게 된 총세무사 브라운이 해관의 완전한 지배를 위한 관세관리권 획득을 위해 감리서의 폐지를 주장한 것을 들 수 있다. 이와 함께 김홍집-박영효 연립내각이 예산 절감과 더불어 지방관의 권한 축소 및 행정체계의 효율성 추구 등 당시 지방 제도 개혁을 추진하며 보여줬던 방향성, 그리고 청일전쟁 당시 인천 감리 김상덕의 비협조 경험에서 기인한 일본 측의 감리서에 대한 부정적인 인식 등의 요인 또한 생각해볼 수 있다.

그런데 이러한 감리서의 폐지는 지방대외교섭 관할 관서로서의 위상은 다소 도외시하고 해관 감독기관 중심으로만 이해한 결과 내려진 효용가치가 없다는 결론의 결과로서 조선의 현실을 충분히 반영하지 못한 조치였다. 따라서 이후 감리서 폐지 이후 개항장의 지방대외교섭 행정은 상당한 인력·예산 부족에 시달렸다. 더불어 부가 감리서 폐지 이후 부가 설치되지 않은 지역은 군수가 감리 업무를 담당했는데, 관찰사가 감리 업무를 담당하는 지역과의 관제불일치가 문제였다. 따라서 부가 설치되지 않은 개항장·개시장은 지사를 두고 지방대외교섭 업무상 관찰사와 동일한 권한을 갖도록 했지만 문제가 근본적으로 해결되지는 못했다.

그리고 개항장·개시장 경찰 제도는 1894년 '경무청관제' 제정으로 근대적 경찰 제도가 도입되자 여기에 편입되었는데, 관제 제정 시 기존 감리서와의 지휘 관계가 형식적으로는 단절되었으나 현실적으로는 지속되었다. 이후 1895년에 새로운 경무청관제가 제정되고 이후 지방 제도의 개혁 및 감리서 폐지 등을 거치는 과정에서 다시 개항장 경찰 조직은 관찰사를 필두로 하는 지방행정 조직의 편제하에 편입되었다.

1896년의 아관파천을 계기로 일본과 갑오개화파 세력이 퇴조함에 따라 1895년의 지방 제도 개혁이 일부 수정되어 23부제가 13도제로 개편되었다. 감리서의 복설 역시 이 지방 제도 개편의 일환으로 시행되었으며, '각개항장감리복설관제규칙'이 반포되면서 부산·인천·원산·경흥의 감리서가 복설되었다. 그에 따라 감리서는 해관감독기관의 기능을 상실하고 지방대외교섭 관할 관서로 그 성격이 근본적으로 변하게 되었다.

이후 1899년 5월 1일 자로 개항장으로는 군산, 마산, 성진, 그리고 개시장으로 평양이 추가되고, '각항시장감리서관제급규칙'이 제정되었다. 그런데 여기에 감리의 타군 서리와 사관·검관 수행을 금지하되, 타군의 사무라도 외국인과 관련되어 부득이한 경우에는 내부대신이 외부대신에게 요청하여 수행할 수 있다는 조항이 삽입되었다. 그에 따라 감리의 지방행정 업무 수행에 대한 외부의 관할권이 명백해지고 내부의 감독에 제동이 걸림으로써 지방관 업무 관할의 부분이 약화되었다. 동시에 내부의 관할권에 대한 제한적 인정의 조건을 '외국인 관련 사안'으로 한정하여 감리 업무가 지방대외교섭, 곧 외국인 관할에 특화되는 단초를 열었다. 이러한 감리서의 지방대외교섭 업무 강화 양상은 매월 이루어진 각 개항장·개시장의 교섭 안건에 대한 보고에서도 확인할 수 있다.

감리와 지방관을 분리시키는 조치는 1903년 1월에 이루어졌는데, 표면상의 이유는 관할 교섭 업무가 증가한 감리의 부담 경감이었지만, 실제 이유는 함경도 길주와 성진의 지역 통폐합과 관련된 신향층과 구향층 사이의 진통이었다. 즉 격렬한 시위로 감리서가 점거당하고 감리가 업무를 못 보는 행정 공백이 지속되자 감리의 지방관 겸직 시 생기는 이러한 문제의 개선책으로 해당 조치가 내려진 것이다. 이는 길주·성진의 분리를 계기로 개항장 행정구역이 군으로 개편되는 과정에서 관찰사와 같은 위상이고 부윤을 겸직하는 감리의 군수 겸직시 생기는 명령체계의 혼선 방지를 위한 것이기도 하였다. 이를 통해 감리서는 지방대외교섭 전담 관서로 다시 한 번 성격이 바뀌었다.

감리서의 지방대외교섭 관할 관서로의 성격 변화 이후 그 처리 업무에 있어서 이전과 구별되는 부분은 감리의 개항장 재판소 판사 겸직에 따른 사법권의 행사와 더불어 외국인의 토지 문제 관련 업무의 증가였다. 전자의 경우 영사재판권으로 인해 외국인 범죄에는 영향력을 미칠 수 없다는 한계가 있었다. 후자는 가속화되는 외국인의 토지침탈 및 이를 저지하기 위한 한국의 대응과 연관이 있었다. 그 결과 감리가 개항장·개시장에서 외국인들의 행패를 막고 내국인들의 생명과 재산상의 이익을 보호하기 위해 노력하는 사례가 나타나게 되었다.

러·일의 토지침탈에 맞선 무안 감리 진상언의 경우가 그 대표적인 예이다. 1897년에 러시아가 목포 영사관 부지 매입 과정에서 고하도 구입을 시도하자 그는 조계 밖 10리 이내라도 바다로 둘러싸인 곳은 외국인에게 매매할 수 없다는 이유로 이를 거부하였고 처음에는 중앙의 외부에서도 이에 호응하였다. 그러나 애초에 조약에 해당 조항이 없어서 불리한 입장이었던 한국 정부는 러시아 측의 집요한 요구에 결국 굴복하였다. 이후 러시아 측이 섬의 일부 토지를 매입한 뒤 그에 대한 지계 인증을 요청하자 마찬가지로 진상언은 거부했다, 하지만 매매 과정에서 석연찮은 부분이 있음에도 정부의 입장은 이미 허가해 주는 쪽으로 바뀌어 있었다. 이에 진상언은 자신의 관할구역이 아니라는 다소 억지 논리로 지계 발급을 거부했으나 러시아 측의 계속되는 압박과 외부의 힐책으로 점차 고립되어 갔다.

한편 일본도 러시아에 자극받아 고하도 매입을 추진했는데, 먼저 이윤용 명의로 구매한 뒤 일본인에게 넘기는 형태로 은밀하게 진행하였다. 결국 임대의 형태로 계약을 체결한 뒤 고종의 허락을 받았고, 이를 바탕으로 진상언에게 이 사실을 공개하며 인증을 요구했으나 그는 영사관의 공문 수령 자체를 거부하며 강경하게 나왔다. 이에 일본 측에서 강력하게 항의하며 진상언의 처벌을 요구하였고, 또다시 방문한 러시아 관원의 지계 발급 요청을 마찬가지로 '관할 논리'로서 거부한 그에 대해 러시아에서도 강력히 항의하여 벌봉 처분이 내려지기에 이른다. 이후 그는 러시아 측이 지계 발급을 위해 고하도를 방문했을 때에도 부지의 면적 문제로 대립하다가 결국 면직 처리되고 말았다. 그의 행위는 당시 기준으로 볼 때는 자신의 관할을 남에게 미루는 직무유기였지만, 한국을 둘러싼 러·일 간의 치열한 제국주의 쟁탈전이라는 당시 상황을 놓고 생각하면, 중앙정부가 도와주지 않는 상황에서 나름 자신의 관점에 따라 국가의 미래를 바라보며 외국의 토지침탈을 저지하려는 행동의 일환으로 볼 수 있다.

이와 함께 중국인들의 횡포에 맞서 조선인들의 생명과 재산을 보호했던 회령 감리서의 경우와 같은 갑오개혁 이전의 사례들도 있지만, 동래 감리 오귀영이나 경흥 감리 황우영, 그리고 목포에서 조선인 부두노동자들의 편에 섰던 특히 주목할 만한 사례인 무안 감리 김성규의 경우와 같이 주로 1903년 감리·지방관 분리조치 이후 이러한 사례가 두드러지게 나타나고 있다.

1904년 의주와 용암포에 마지막으로 증설된 개항장·개시장 감리서는 1905년 을사늑약으로 인한 외교권 상실을 계기로 이사관을 수반으로 하는 통감부 휘하의 이사청이 설치되자 그에 외국인 관련 업무를 인계하고 1906년에 폐지되었다. 그런데 외국인 중 일본인 관련 업무만은 그 후임인 부윤이 계속해서 처리하였는데, 이는 일본의 업무 부담 경감과 한국의 일본인에 대한 통제권 유지라는 상호 이해관계가 맞물린 결과였다.

부윤은 어디까지나 일본인에 한하여 기존 감리가 수행하던 업무들을 거의 그대로 수행했는데, 그 구체적인 내용을 살펴보면 범죄, 경제 등 제반 문제에 관하여 일본 측 파트너인 이사관과 교섭한 양상이 기존의 감리-영사 관계와 거의 동일했다. 아울러 개항장에서 자국민의 이익을 보호하려는 노력 또한 매우 미약하나마 몇몇 사례들에서 존재하였음을 알 수 있다. 비록 보호국으로서 외교권이 박탈된 현실에서 매우 제한적이었고 궁극적으로는 실패로 끝날 수밖에 없는 운명이었지만, 그와 같은 엄혹한 현실에서 그러한 노력이 존재하였다는 사실의 확인 자체가 일정한 의미를 지닌다고 할 수 있을 것이다.

결국 조선의 개항장·개시장 감리서 제도는 기본적으로는 청의 해관 감독을 모델로 하고 있으면서도 그와는 다른 방향으로 전개되어 나갔던 것이다. 즉 각 개항장의 외국인 관련 업무를 총괄하는 지방대외교섭관서로 그 성격과 역할이 점차 바뀌어 나갔으며, 그 과정도 '지방관서가 중심이 된 지방대외교섭 업무 겸무' → '지방대외교섭 업무가 중심이 된 지방관서 겸무' → '지방관서와 분리된 순수 지방대외교섭 관련 업무 전담'과 같이 여러 단계를 거쳐서 진행되었다.

이러한 변화는 해관 감독은 끝까지 해관에 대한 관리·감독만 수행했던 중국은 물론, 애당초에 세관이 본국인 세관장에 의해 운영되었고 외국인이 개입되지 않았던 일본과도 다른 조선만의 독특한 특징이었다. 그리고 그러한 변화의 요인은 대내적으로는 지방관과 감리를 별도로 두기 힘들 정도의 만성적인 예산 부족과 더불어 개항장과 유사한 형태의 전근대 부산 왜관 운영 체제의 존재이고, 대외적으로는 청이나 브라운 등 외세의 압박이었다. 이러한 변화의 결과 지방대외교섭 전담 관서로 성격이 바뀐 감리서는 개항장에서 외국인의 행패에 대응하여 자국민들의 생명과 재산을 보호하고자 노력하는 몇몇 사례를 보여주기도 했다. 하지만 불평등조약체계라는 근본적 한계 및 중앙정부 차원의 뒷받침 부재로 인해, 유사한 사례의 지속적 출현을 통한 소기의 목적 달성은 어려웠다고 봐야 할 것이다.

〈표 1〉 감리서 복설 이후 각 개항장·개시장별 감리 역임 현황[1]

		감리명	재임기간	비고	해당 시기 부윤(군수)(府尹(郡守))
동래 (부산)	1	민영돈 (閔泳敦)	1896.8~1897.7		겸임 (동래부윤(東萊府尹))
	2	이종직 (李宗稙)	1897.7~1898.4		
	3	김각현 (金珏鉉)	1898.4~6		
	4	이명상 (李明翔)	1898.6~1899.8		
	5	이준영 (李準榮)	1899.8~1900.5		
	6	윤필은 (尹弼殷)	1900.5~9		
	7	박병익 (朴炳翊)	1900.9~12	밀양군수 (密陽郡守)	
	8	현명운 (玄明運)	1900.12~1902.3		
	9	조종서 (趙鍾緖)	1902.3~11		
	10	김종원 (金宗源)	1902.11~1903.5		
	11	오귀영 (吳龜泳)	1903.5~1904.9	수륜원(水輪院) 서무국장	이하 동래군수(東萊郡守)로 격하·분리
	12	이무영 (李懋榮)	1904.9~1906.7	예식원(禮式院) 번역관(繙繹官)	

---

1   임면 날짜는 관찬 기록상의 시점을 기준으로 하였으며, 문서상 임명만 되고 실제 근무하지 않은 경우 및 서기관 등 직원이 임시로 서리(署理)하는 경우는 가급적 작성 대상에서 제외하는 것을 원칙으로 하였다.

		감리명	재임기간	비고	해당 시기 부윤(군수)(府尹(郡守))
	13	김교헌 (金敎獻)	1906.7~감리서 폐지 시	정3품. 옥구감리(沃溝監理) 역임	
인천	1	이재정 (李在正)	1896.8~1899. 7		겸임 (인천부윤(仁川府尹))
	2	하상기 (河相驥)	1899.7~1902.7		
	3	서상집 (徐相潗)	1902.7~8		
	4	하상기 (河相驥)	1902.8~1905.1 *인천항외국어학지교장 (仁川港外國語學支校長) 겸임	재임(再任)	겸임 (인천부윤(仁川府尹)) (~1903.4) 이후 인천군수(仁川郡守)로 격하·분리
	5	류찬 (劉燦)	1905.1~10 *인천항외국어학지교장 (仁川港外國語學支校長) 겸임	정3품	
	6	하상기 (河相驥)	1905.10~1906.3 *인천항외국어학지교장 (仁川港外國語學支校長) 겸임	2회차 재임(再任)	
	7	서병규 (徐丙珪)	1906.3~감리서 폐지 시 *관립인천일어학교장 (官立仁川日語學校長) 겸임		
덕원 (원산)	1	신태무 (申泰茂)	1896.8~1898.5	원산항지사(元山港知事) 에서 승계	겸임 (덕원부윤(德源府尹))
	2	팽한주 (彭翰周)	1898.5~1898.11		
	3	윤치호 (尹致昊)	1898.11~1900.6		

		감리명	재임기간	비고	해당 시기 부윤(군수)(府尹(郡守))
	4	박승봉 (朴勝鳳)	1900.6~1901.7	1900.6~8 동안은 서리 체제	
	5	윤치호 (尹致昊)	1901.7~1903.4	삼화감리(三和監理)역임 후 재임	
	6	유한익 (劉漢翼)	1903.4~1904.4		이하 덕원군수(德源郡守)로 격하·분리
	7	신형모 (申珩模)	1904.4~감리서 폐지 시	감리서 폐지기에 원산항지사(元山港知事) 역임	
경흥	1	김상진 (金尙振)	1896.8~1898.5		겸임 (경흥부윤(慶興府尹))
	2	박의병 (朴義秉)	1898.5~1899.8		
	3	남명직 (南命稷)	1899.8~1900.8		
	4	심후택 (沈厚澤)	1900.8~1901.8	정3품	
	5	김교석 (金敎碩)	1901.8~1902.9		
	6	황우영 (黃祐永)	1902.9~1904.1	1902년 9월 5일 자로 겸관블라디보스톡통상사 무(兼管海蔘葳通商事務) 임명	겸임 (경흥부윤(慶興府尹)) (~1903. 4.) 이후 경흥군수(慶興郡守)로 격하·분리
	7	남구희 (南九熙)	1904.1~4	종2품	
	8	이민부 (李民溥)	1904.4~9		
	9	권재희 (權在禧)	1904.9~1906.1	전(前)의관(議官)	

		감리명	재임기간	비고	해당 시기 부윤(군수)(府尹(郡守))
	10	장기연 (張起淵)	1906.1~감리서 폐지 시	6품	
삼화 (진남포)	1	정현철 (鄭顯哲)	1897.9~1899.5		겸임 (삼화부윤(三和府尹))
	2	팽한주 (彭翰周)	1899.5~1900.6	덕원 감리(德源監理) 역임	
	3	윤치호 (尹致昊)	1900.6~1901.7	종2품	
	4	김정식 (金鼎植)	1901.7~1902.4	평양 감리(平壤監理)	
	5	고영철 (高永喆)	1902.4~1904.10		겸임 (삼화부윤(三和府尹)) (~1903.4) 이후 삼화군수(三和府守)로 격하·분리
	6	이태정 (李台珽)	1904.10~1906.3	창원 감리 (昌原監理)	
	7	이원긍 (李源兢)	1906.3~1906.4	정3품	
	8	변정상 (卞鼎相)	1906.4~감리서 폐지 시	정3품	
무안 (목포)	1	진상언 (秦尙彦)	1897.9~1900.4		겸임 (무안부윤(務安府尹))
	2	이준영 (李準榮)	1900.5~1900.9	동래 감리 (東萊監理)	
	3	현명운 (玄明運)	1900.9~1900.12	종2품	
	4	조종서 (趙鍾緖)	1900.12~1901.10		
	5	민영채 (閔泳采)	1901.10~1903.3	6품	

		감리명	재임기간	비고	해당 시기 부윤(군수)(府尹(郡守))
	6	김성규 (金星圭)	1903.3~1903.12		이하 무안군수(務安郡守)로 격하·분리
	7	윤치호 (尹致昊)	1903.12~1904.2	문서상으로는 임명되었으나 실제 부임은 하지 않았으며, 감리서의 행정은 서리(署理) 체제로 운영.	
	8	김용래 (金用來)	1904.2		
	9	윤치호 (尹致昊)	1904.2~1904.3		
	10	한영원 (韓永源)	1904.3~1905.11	중추원(中樞院) 의관(議官)	
	11	한창수 (韓昌洙)	1905.11~1906.1	정3품	
	12	김준영 (金準永)	1906.1~1906.6	의정부(議政府) 참서관(議政府)	
	13	안기현 (安基鉉)	1906.6~감리서 폐지 시	종2품	
옥구 (군산)	1	조성협 (趙性協)	1899.5~1900.5		겸임 (옥구부윤(沃溝府尹))
	2	안길수 (安吉壽)	1900.5~1901.7	창원 감리(昌原監理)	
	3	박승봉 (朴勝鳳)	1901.7~1903.4	정3품	
	4	이겸래 (李謙來)	1903.4~1905.1		이하 옥구군수(沃溝郡守)로 격하·분리
	5	김교헌 (金敎獻)	1905.1~1906.7	정3품	
	6	이무영 (李懋榮)	1906.7~감리서 폐지 시	정3품. 동래 감리(東萊監理) 역임.	
창원 (마산)	1	안길수 (安吉壽)	1899.5~1900.5		겸임 (창원부윤(昌原府尹))

		감리명	재임기간	비고	해당 시기 부윤(군수)(府尹(郡守))
	2	한창수 (韓昌洙)	1900.5~1901.7	정3품 외부(外部) 참서관(參書官)	
	3	박승봉 (朴勝鳳)	1901.7~1903.5	덕원 감리 (德源監理)	
	4	이태정 (李台珽)	1903.5~1904.10		이하 창원군수(昌原郡守)로 격하·분리
	5	현학표 (玄學杓)	1904.10~1905.10	종2품	
	6	이재익 (李載益)	1905.10~1906.2	외부(外部) 참서관(參書官)	
	7	이응익 (李載益)	1906.2~1906.3	거창군수(居昌郡守)	
	8	이기 (李琦)	1906.3~감리서 폐지 시	정3품	
성진	1	정현철 (鄭顯哲)	1899.5~1900.9	삼화 감리(三和監理)	
	2	이준영 (李準榮)	1900.9~12	무안 감리(務安監理)	
	3	김교석 (金敎碩)	1900.12~1901.8		
	4	심후택 (沈厚澤)	1901.8~1902.4		
	5	김문환 (金文煥)	1902.4~1902.8	성진부(城津府)의 폐지 및 길주(吉州)로의 병합 조치로 1902년 2월 이후로 길주 감리(吉州監理)로 변경. *심후택(沈厚澤)은 경흥 감리(慶興監理)에서 전임	겸임 (성진부윤(城津府尹) 1902년 2월 이후로는 길주부윤(吉州府尹)으 로 변경)
	6	권익상 (權益相)	1902.8~1903.3 (실제로는 이 기간 동안 길주·성진 간 분쟁의 여파로 감리서가 정상적으로 운영되지 못하여 여러 서기관들이 번갈아가며 감리 서리를 역임함)		

		감리명	재임기간	비고	해당 시기 부윤(군수)(府尹(郡守))
	7	침후택 (沈厚澤)	1903.3~1904.5	재임(再任). 성진(再任)·길주(吉州) 의 분리로 인해 이하 성진감리(城津監理)로 환원.	이하 성진군수(城津郡守)로 격하·분리
	8	홍순욱 (洪淳旭)	1904.5~1905.6	정3품	
	9	조문환 (趙文桓)	1905.6~감리서 폐지 시	전(前) 참서관(參書官)	
평양	1	팽한주 (彭翰周)	1900.8~1903.5	덕원 감리 (德源監理)	겸임 (평양부윤(平壤府尹))
	2	신대균 (申大均)	1903.5~1905.11		이하 평양군수(平壤郡守)로 격하·분리
	3	김응룡 (金應龍)	1905.11~감리서 폐지 시	종2품	
용천 (용암포)	1	윤용구 (尹容求)	1904.9~감리서 폐지 시	영사관 (領事官)	겸임 (용천군수(龍川郡守)) (1904.10~)
의주	1	이민부 (李民溥)	1904.9~감리서 폐지 시	경흥 감리 (慶興監理)	

참고문헌

1. 1차 사료

『朝鮮王朝實錄』『高宗實錄』『承政院日記』『日省錄』『官報』

『統署日記』『增補文獻備考』『漢城旬報』『독립신문』

『稅關事務』(奎2451-2·6888-2·6889-2)『朝鮮國輸出入半年表』(奎3182)

『長崎縣稅關規式抄』(奎7679)『國照會謄錄』(古5710-11)『德源府啓錄』(奎15117)

『朝俄陸路通商章程』(奎15303)『倭使日記』(奎貴16034)『釜山港關草』(奎17256-18077)

『司法稟報(乙)』(奎17279)『奏本』(奎17703)『各部請議書存案』(奎17715)

『內部請議書』(奎17721)『起案』(奎17746)『照會』(奎17754)『外部來文』(奎17770)

『中樞院來文』(奎17788)『議政府來去文』(奎17793)『內部來去文』(奎17794)

『法部來去文』(奎17795)『總關來申』(奎17829)『總關公文』(奎17830)『總關去函』(奎17832)

『總函拾遺』(奎17833)『仁川港案』(奎17863의 1~2)『務安港案』(奎17864의 1)

『務安報牒』(奎17864의 2)『三和港報牒』(奎17865의 2)『德源港報牒』(奎17866의 1)

『德源港案』(奎17866의 2)『東萊港報牒』(奎17867의 2)『沃溝港報牒』(奎17868의 2)

『沃溝訓令』(奎17868의 3)『昌原港案』(奎17869의 1)『昌原港報牒』(奎17869의2)

『慶興港案』(奎17870의 1)『慶興報牒』(奎17870의 2)『城津港案』(奎17871의 1)

『城津報牒』(奎17871의 2)『平壤報牒』(奎17872의 2)『義州訓報』(奎17873의 2)

『龍川港案』(奎17874)『慶尙南北道來去案』(奎17980)『咸鏡南北道來去案』(奎17983)

『江原道來去案』(奎17985)『平安南北道來去案』(奎17988)『訴狀』(奎18001)

『三港設置事目』(奎18013)『京畿關草』(奎18067)『全羅道關草』(奎18068)

『平安道關草』(奎18072)『咸鏡道關草冊』(奎18073)『九道四都關草』(奎18079)

『仁川港關草』(奎18075)『元山港關草』(奎18076)『慶興監理關草』(奎18078)

『三港口關草』(奎18082)『八道四都三港口日記』(奎18083)『內各司(關草)』(奎18086)

『仁牒』(奎18088)『釜牒』(奎18089)『元牒』(奎18090)『東萊統案』(奎18116)『日案』(奎18120)

『監理署關牒存案』(奎18121)『汽船會社章程』(奎18135)『東萊監理署送電存案』(奎18141)

『東萊監理各面署報告書』(奎18147)『釜山港監理署日錄』(奎18148의 1·2·4)

『公文編案』(奎18154)『外衙門草記』(奎19487)『仁川港警察署商船憑票摘奸成冊』(奎20230)

『統理交涉通商事務衙門章程』(奎21783)『中國朝鮮商民水陸貿易章程』(奎23400)

『吉林朝鮮商民陸路貿易章程』(奎23401)『林千甫破船案』(奎24207)『三港幫辦章程』(奎23487)

『暫定船集前往麻浦章程』(奎23488)『麻浦章程』(奎23489)『仁川監理署牒呈』(奎24460)

『關牒』(奎25080)『慶報』(奎25081)『慶牒』(奎25180)

『栅門互市改移中江與朝鮮義州邊民隨時貿易章程』(奎26109)『灣稅規則』(奎26183)
『仁川港警察所商船憑票摘奸成冊』(奎26195)『仁川港警察署商船執照摘奸成冊』(奎26196)

高麗大, 亞細亞問題研究所 編, 『舊韓國外交文書』1~21, 고려대 출판부, 1967~1971.
金星圭, 『草亭先生文集』1~3, 景仁文化社, 1999.
金玉均, 韓國學文獻研究所 편, 『金玉均全集』, 亞細亞文化社, 1979.
李沂, 『海鶴遺書』, 국사편찬위원회, 1956.
李鑢永, 『敬窩集略』, 국사편찬위원회, 2009[『釜署集略』(한古朝51-나3) : 국립중앙도서관 소장].
閔建鎬, 『海隱日錄』I~V(부산근대역사관사료총서 3), 2008~2012.
민족문화추진회, 『(國譯)海行摠載』, 1977[『日槎集署』(古朝63) : 국립중앙도서관 소장].
묄렌도르프, 신복룡·김운경 역주, 『묄렌도르프 自傳(外)』, 집문당, 1999.
서울대 奎章閣 편, 『外部訴狀』, 2000.
魚允中, 『魚允中全集』, 韓國學文獻研究所 편, 『魚允中全集』, 亞細亞文化社, 1979.
陳壽, 김원중 역, 『(正史)三國志』4, 민음사, 2007.
許東賢 編, 『朝士視察團關係資料集』9~11, 國學資料院, 1999.
許愼, 段玉裁 주, 『단옥재주 설문해자』, 자유문고, 2015.

『日本外交文書』
『駐韓日本公使館記錄』
臺北 中央研究院 近代史研究所, 『淸季中日韓關係史料』1~11, 1972.

Park Il-keun, *Anglo-American and Chinese Diplomatic Materials Relating to Korea(1887~1897)*, Pusan National Univ., 1984.

Statistical Department of the Inspectorate General of Shanghai Customs, *Documents illustrative of the Origin, Development, and Activities of the Chinese Customs Service : Volume 1 : Inspector General's Circulars 1861 to 1892,* 1937.

국사편찬위원회 한국사데이터베이스(https://db.history.go.kr)
서울대학교 규장각한국학연구원 규장각 원문검색서비스(https://kyudb.snu.ac.kr)
한국고전번역원 한국고전종합DB(https://db.itkc.or.kr)

2. 연구서

고승희, 『조선후기 함경도 상업연구』, 국학자료원, 2003.

具仙姬, 『韓國近代 對淸政策史 硏究』, 혜안, 1999.

김용구, 『세계관 충돌과 한말 외교사』, 문학과지성사, 2001.

김종원, 『근세 동아시아관계사 연구－朝淸交涉과 東亞三國交易을 중심으로』, 혜안, 1999.

_____·이양자, 『조선후기 대외관계 연구』, 한울, 2009.

김태웅, 『한국근대 지방재정 연구－지방재정의 개편과 지방행정의 변경』, 아카넷, 2012.

도면회, 『한국 근대 형사재판제도사』, 푸른역사, 2014

柳永益, 『甲午更張硏究』, 一潮閣, 1990.

모리야마 시게노리, 김세민 역, 『近代韓日關係史硏究－조선식민지화와 국제관계』, 玄音社, 1994.

朴慶龍, 『開化期 漢城府 硏究』, 一志社, 1995.

박경준, 『한국의 지방외교정책』, 한국학술정보(주), 2006.

朴鐘秀, 『關稅論－理論과 實際』, 法文社, 1992.

裵鍾茂, 『木浦開港史 硏究』, 느티나무, 1994.

부산근대역사관, 『부산항 감리서 방판 민건호와 그의 일기 해은일록』, 2014.

서울본부세관, 『서울세관 백년사』, 2008.

孫禎睦, 『韓國開港期 都市變化過程硏究』, 一志社, 1982.

辛勝夏, 『근대중국－개혁과 혁명』 上, 大明出版社, 2004.

심익섭 편, 『한국 지방정부외교론－이론과 실제에 관한 연구』, 오름, 2006.

연갑수, 『대원군집권기 부국강병정책 연구』, 서울대 출판부, 2003.

延世大學校 國學硏究院 편, 『韓國近代移行期 中人硏究』, 신서원, 1999.

왕현종, 『한국 근대국가의 형성과 갑오개혁』, 역사비평사, 2003.

尹光云·金在勝, 『近代朝鮮海關硏究』, 부경대 출판부, 2007.

李哲成, 『朝鮮後期 對淸貿易史 硏究』, 國學資料院, 2000.

李鉉淙, 『韓國開港場硏究』, 一潮閣, 1975.

전봉희·이규철·서영희, 『한국 근대도면의 원점－서울대학교 규장각한국학연구원 소장 근대 측량도와 건축도(1861~1910)』, 서울대 출판문화원, 2012.

최덕수 외, 『조약으로 본 한국근대사』, 열린책들, 2010.

崔泰鎬, 『開港前期의 韓國關稅制度－1880年代를 中心으로』, 韓國硏究院, 1976.

_____, 『近代韓國經濟史 硏究序說－開港期의 韓國關稅制度와 民族經濟』, 국민대 출판부, 1991.

하영선 외역, 존 베일리스·스티브 스미스 편, 『세계정치론(The Globalization of World Politics : 3rd Edition)』, 을유문화사, 2006.

河元鎬, 『韓國近代經濟史硏究』, 신서원, 1997.

하원호·나혜심·손정숙·이은자·이헌주·홍웅호, 『개항기의 재한 외국공관 연구』, 동북아역사재
　　　단, 2009.
韓國關稅研究所, 『韓國關稅史』, 1985.
韓國關稅協會, 『韓國關稅史』, 1969.
한국역사연구회, 『1894년 농민전쟁연구』 1, 역사비평사, 1991.
韓㳓劤, 『韓國 開港期의 商業硏究』, 一潮閣, 1970.

高柳松一郞, 『支那關稅制度論』, 內外出版株式會社, 1920.
仁川府廳 編, 『仁川府史』, 1933.
外務省百年史編纂委員會 編, 『外務省の百年』上, 1969.
大藏省 関税局, 『税関百年史』上, 1972.
漢語大辭典編輯委員會 編, 『漢語大辭典』, 1994.
岡本隆司, 『近代中国と海関』, 名古屋大学出版会, 1999,
陳時啓, 『中國近代海關史』, 人民出版社, 2002.
川島眞, 『中国近代外交の形成』, 名古屋大学出版会, 2004.
孫修福 主編, 『中国近代海关史大事记』, 中国海关出版社, 2005.
酒井裕美, 『開港期朝鮮の戰略的外交-1882~1884』, 大阪大學出版會, 2016.
森万佑子, 『朝鮮外交の近代-宗屬關係から大韓帝國へ』, 名古屋大學出版會, 2017.

3. 연구논문

가와시마 신, 「중국근대외교사연구의 방법과 과제」, 『이화사학연구』 49, 2014.
강장희, 「宋代 市舶司 制度에 관한 一考-職能과 變化를 中心으로」, 『木浦海洋大學校 論文集』 12,
　　　2004.
姜昌錫, 「統監府 硏究-理事廳의 組織과 性格을 中心으로」, 『釜山史學』 13, 1987.
高柄翊, 「穆麟德의 雇聘과 그 背景」, 『震檀學報』 25·26·27 합집, 1964.
_____, 「朝鮮 海關과 淸國 海關과의 關係-「메릴」과 「하트」를 中心으로」, 『東亞文化』 4, 1965a.
_____, 「海外所在의 近代韓國關係史料 몇 가지」, 『歷史學報』 26, 1965b.
郭東憲, 「統理機務衙門의 設置와 活動」, 단국대 석사논문, 1992.
權善弘, 「東아시아開港期 不平等條約의 한 내용(1)~(3)-領事裁判權」, 『國際問題論叢』 6~8,
　　　1994~1996.
金剛一, 「조선후기 倭館의 운영실태에 관한 연구」, 강원대 박사논문, 2012.
金敬泰, 「開港直後의 關稅權 回復問題-'釜山海關 租稅事件'을 中心으로」, 『韓國史硏究』 8, 1972.

金南信, 「韓末開化推進機構의 設置와 變遷(總理機務衙門을 中心으로)」, 조선대 석사논문, 1988.

김동수, 「갑오개혁기의 지방제도 개혁」, 『全南史學』 15, 2000.

김선민, 「청 제국의 지배이념과 지배 체제」, 『史叢』 88, 2016.

金壽岩, 「韓國의 近代外交制度 研究－外交官署와 常駐使節을 중심으로」, 서울대 박사논문, 2000.

金順德, 「1876~1905년 關稅政策과 關稅의 운용」, 『韓國史論』 15, 1986.

김승래, 「1910년대 上海 公共租界 工部局의 시정 권력 강화 과정－독일·오스트리아 居留民問題를
　　　중심으로」, 『인문학연구』 26, 2014.

金容九, 「외교 개념 연구」, 『학술원논문집(인문·사회과학편)』 50-1, 2011.

金容旭, 「釜山租界考－特히 日本租界의 性格 및 土地所有關係를 中心으로」, 『韓日文化』 1-1, 1962.

金仁順, 「조선에 있어서 1894년 내정개혁 연구」, 『甲申·甲午期의 近代變革과 民族運動』, 청아출
　　　판사, 1983.

김재승, 「부산해관 개청과 초대해관장 W. N. Lovatt」, 『國際貿易研究』 Vol.9-2, 2003.

金正起, 「朝鮮政府의 清借款 導入(1882~1894)」, 『韓國史論』 3, 1976.

金鍾先, 「暗使日商民 務安監理署 闖入 占據에 關한 考察」, 『木浦大學 論文集』 4, 1982.

_____, 「木浦港에 있어서의 露·日間의 租借地 獲得過程－高下島事件을 中心으로」, 『木浦大學 論
　　　文集』 5, 1983.

金昌洙, 「19세기 朝鮮·清 관계와 使臣外交」, 서울시립대 박사논문, 2016.

金泰雄, 「開港前後~大韓帝國期의 地方財政改革 研究」, 서울대 박사논문, 1997.

金漢植·鄭誠一, 「清 前期 常關의 設置와 運用」, 『慶北史學』 21, 1998.

김현석, 「인천항 감리서에 대한 기초적 연구」, 『인천역사』 1, 2004.

金賢淑, 「韓末 顧問官 J. McLEAVY BROWN에 대한 研究」, 『韓國史研究』 66, 1989.

김형주·김상원, 「역사의 기억과 장소성을 통한 도시브랜딩 연구－개항장 인천 감리서와 김구를 중
　　　심으로」, 『문화교류와 다문화교육』 9-1, 2020.

김흥수, 「조일수호조규 부속조약의 재검토」, 『한일관계사연구』 57, 2017.

나애자, 「開港期(1876~1904) 民間海運業」, 『國史館論叢』 53, 1994.

_____, 「開港期(1876~1904) 海運政策과 官營海運業」, 『梨大史苑』 28, 1995.

노호래, 「해양경찰사 小考－한말 개항장(開港場)의 감리서(監理署)와 경무서(警務署)를 중심으
　　　로」, 『한국경찰연구』 10-2, 2011.

董德模, 「東洋에 있어서의 傳統外交의 概念－韓國의 傳統外交를 중심으로」, 『세계정치』 8-1, 1984.

柳永益, 「甲午~乙未年間(1894~1895) 朴泳孝의 改革活動」, 『國史館論叢』 36, 1992.

文竣暎, 「1895년 裁判所構成法의 '出現'과 日本의 役割」, 『法史學研究』 39, 2009.

민회수, 「조선 開港場 監理署의 성립 과정(1883~1886)」, 『동북아역사논총』 36, 2012a.

_____, 「開港場 警察의 설치와 운영(1884~1896)」, 『사학연구』 108, 2012b.

민회수, 「갑오개혁기 개항장 監理署 일시 폐지의 배경」, 『한국근현대사연구』 75, 2015.

_____, 「개항기 査證으로서의 '護照' 제도의 도입과 운영」, 『歷史學報』 229, 2016.

_____, 「개항기 조선의 외국인 통행증[護照] 단속－1887년 '외국인 접객 지침'의 하달을 중심으로」, 『韓國史學報』 66, 2017a.

_____, 「1880년대 釜山海關・監理署의 개항장 업무 관할 체계」, 『한국학논총』 47, 2017b.

_____, 「개항기 海關 감독기관으로서의 조선 監理署의 기원과 특성－동아시아 3국의 稅關 제도에 대한 비교를 바탕으로」, 『韓國史研究』 180, 2018a.

_____, 「대한제국기 兪箕煥의 정치활동과 비밀외교」, 『史林』 64, 2018b.

_____, 「19세기 말 한국에서의 '外交' 용어의 활용 양상」, 『震檀學報』 131, 2018c.

_____, 「1896년 복설(復設) 이후 개항장(開港場)・개시장(開市場) 감리서(監理署)의 관할 업무와 수행 실태」, 『한국연구』 2, 2019.

_____, 「대한제국기 務安監理 秦尙彦의 반침략 외교활동」, 『歷史學研究』 77, 2020a.

_____, 「대한제국기 監理署의 외교전담관서로의 변화」, 『사학연구』 140, 2020b.

_____, 「근대 한국의 '지방대외교섭(地方對外交渉)' 개념에 대한 시론(試論)」, 『韓國史研究』 194, 2021.

_____, 「19세기 말 외국인 관련 사건의 사례로 본 '地方對外交渉'」, 『한국학연구』 64, 2022.

朴慶龍, 「統監府 理事廳연구－京城理事廳을 중심으로」, 『韓國史研究』 85, 1994.

朴九秉, 「李朝末 韓日間의 漁業에 適用된 領海 3海里原則에 관하여」, 『經濟學研究』 22-1, 1974.

박기수, 「근대 중국의 해관과 중국구해관사료(中國舊海關史料)(1859~1948)」, 『成大史林』 37, 2010.

朴奉植, 「'메릴'書翰」, 『金載元博士回甲紀念論叢』, 1969.

박정현, 「19세기 말 仁川과 漢城의 중국인 居留地 운영 체제」, 『東洋史學研究』 113, 2010.

박준형, 「개항기 漢城의 開市와 잡거문제－한성개잔 및 철잔 교섭을 중심으로」, 『향토서울』 82, 2012.

_____, 「개항기 平壤의 개시 과정과 開市場의 공간적 성격」, 『한국문화』 64, 2013.

박철우, 「群山港의 開港에 關한 研究－1897~1910年을 中心으로」, 원광대 석사논문, 1996.

박한민, 「개항장 '間行里程' 운영에 나타난 조일 양국의 인식과 대응」, 『한국사연구』 165, 2014.

_____, 「朝日修好條規 체제의 성립과 운영 연구 (1876~1894)」, 고려대 박사논문, 2017.

_____, 「갑오개혁 이전 조선정부의 검역규칙 제정과 개정문제의 대두－「朝鮮通商口防備瘟疫暫設章程」을 중심으로」, 『史林』 72, 2020.

方用弼, 「上海 海關의 外人稅務司 創設(1854)에 관한 研究」, 『人文論叢』 20, 한양대 박사논문, 1990.

_____, 「上海海關의 臨時制度(1853~54)」, 『東洋史學研究』 39, 1992.

夫貞愛, 「朝鮮海關의 創設經緯」, 『韓國史論』 1, 1973.

徐珍教, 「대한제국기 高宗의 황제권 강화책과 警衛院」, 『한국근현대사연구』 9, 1998.

손성욱, 「'外交'의 균열과 모색-1860~70년대 淸·朝관계」, 『歷史學報』 240, 2018.

孫榮祥, 「갑오개혁 이후 近代的 警察制度의 정립과 운영」, 『韓國史論』 53, 서울대 국사학과, 2007.

손장원, 「인천 감리서 터의 구성과 변천 과정 연구」, 『인천학연구』 27, 2017.

宋炳基, 「'吉林·朝鮮商民隨時貿易章程' 譯註」, 『史學研究』 21, 1969.

송정숙, 「조선 개항장의 감리서(監理署)와 기록-부산항을 중심으로」, 『한국기록관리학회지』 13-3, 2013.

아이 사키코, 「부산항 일본인 거류지의 설치와 형성-개항 초기를 중심으로」, 『도시연구-역사·사회·문화』 3, 2010.

양흥숙, 「17세기 두모포왜관 운영을 위한 행정체계와 지방관의 역할」, 『韓國民族文化』 31, 2008.

왕현종, 「대한제국기 한성부의 토지·가옥조사와 외국인 토지침탈 대책」, 『서울학연구』 10, 1998.

_____, 「한말~일제하 경아전의 관료진출과 정치적 동향」, 『韓國近代移行期 中人研究』, 연세대 국학연구원, 1999.

_____, 「대한제국기 고종의 황제권 강화와 개혁 논리」, 『歷史學報』 208, 2010.

유바다, 「兪吉濬의 贈貢國 獨立論에 대한 비판적 검토」, 『韓國史學報』 53, 2013.

_____, 「1876년 朝日修好條規의 체결과 조선의 국제법적 지위」, 『한국근현대사연구』 78, 2016.

_____, 「交隣에서 外交로-統理交涉通商事務衙門 外交의 국제법적 권능과 한계」, 『韓國史學報』 77, 2019.

尹光云·金在勝, 「舊韓末 開港期 朝鮮海關에 관한 研究-雇聘 外國人 海關員의 任免과 勤務狀況을 中心으로」, 『國際貿易研究』 10-2, 2004.

_____, 「부산해관(1883~1905)에 관한 무역사적 연구」, 『貿易學會誌(Korea trade review)』 31-1, 2006.

尹光云, 「근대 부산해관 운영에 관한 사적 고찰」, 『國際地域研究』 10-1, 2006.

윤광운 외, 「1883~1905년 조선해관의 고빙 해관원에 관한 연구」, 『國際商學』 21-2, 2006.

尹貞愛, 「韓末 地方制度 改革의 研究」, 『歷史學報』 105, 1985.

윤정희, 「1854年 上海 '外人稅務司' 制度 설립 과정에 대한 考察」, 『梨大史苑』 30, 1997.

윤진현, 「진우촌 희곡 연구」, 『인천학연구』 4, 2005.

殷丁泰, 「高宗親政 이후 政治體制 改革과 政治勢力의 動向」, 『韓國史論』 40, 1988.

_____, 「개념의 충돌인가, 해석의 문제인가?-영사재판의 "청심(聽審)" 조항을 중심으로」, 『개념과 소통』 4, 2009.

李光麟, 「統理機務衙門의 組織과 機能」, 『學術院論文集』 26(人文·社會科學篇), 1987.

이동욱, 「1840~1860년대 청조의 '속국' 문제에 대한 대응」, 『중국근현대사연구』 86, 2020.

_____, 「1860년대 조선인의 러시아 유입과 總理各國事務衙門의 조선 사무 개입」, 『중국근현대사연구』 89, 2021.

李敏鎬, 「明代 鈔關稅의 徵收推移와 性格 變化」, 『中國史研究』 21, 2002.

李相燦, 「1896년 義兵運動의 政治的 性格」, 서울대 박사논문, 1996.

이상훈, 「이순신 통제사의 조선수군 재건과 고하도 삼도수군통제영」, 『이순신연구논총』 30, 2018.

李瑄根, 「庚辰修信使 金弘集과 黃遵憲 『朝鮮策略』에 對한 再檢討－金弘集 自筆 寫本 「朝鮮策略」을 보며」, 『東亞論叢』 1, 1963.

李成德, 「영사보호와 관련한 ICJ 관련 판결에 대한 분석 및 검토」, 『國際法學會論叢』 52-2, 2007.

李陽子, 「韓露의 接近과 通商章程의 체결경위에 대하여」, 『東義史學』 창간호, 1984.

_____, 「淸의 對朝鮮經濟政策과 袁世凱－海關·借款·電線·輪船問題를 中心으로」, 『東義史學』 3, 1987.

이영록, 「개항기 한국에 있어 영사재판권－수호조약상의 근거와 내용」, 『法史學研究』 32, 2005.

_____, 「근대 한국에서의 일본영사재판에 관한 연구」, 『한국동북아논총』 39, 2006.

李榮昊, 「갑오개혁 이후 지방사회의 개편과 城津民擾」, 『國史館論叢』 41, 1993.

이원근, 「中國에 있어서 中·近代 關稅制度에 대한 歷史的 考察」, 『국제무역연구』 8-1, 2002.

_____, 「중국 송대 해상무역관리 기구로서의 市舶司에 관한 연구」, 『해운물류연구』 44, 2005.

이윤희, 「淸前期 海關 設置와 그 意味」, 『歷史教育論集』 48, 2012.

李姮俊, 「19세기 中·後半 管稅廳에 대한 정책과 그 성격」, 서울여대 석사논문, 1999.

李鉉淙, 「監理署 研究」, 『亞細亞研究』 11-3, 1968.

林承豹, 「開港場居留 日本人의 職業과 營業活動－1876年~1895年 釜山·元山·仁川을 中心으로」, 『弘益史學』 4, 1990.

張舜順, 「朝鮮時代 倭館變遷史 研究」, 전북대 박사논문, 2001.

_____, 「草梁倭館의 폐쇄와 일본 租界化 과정」, 『日本思想』 7, 2004.

田美蘭, 「統理交涉通商事務衙門에 關한 研究」, 『梨大史苑』 24·25 합집, 1990.

全海宗, 「統理機務衙門 設置의 經緯에 대하여」, 『歷史學報』 17·18 합집, 1962.

정광섭, 「23부제 지방행정제도에 관한 소고」, 『한일관계사연구』 41, 2012.

_____, 「甲午改革期 監理署의 정체성에 관한 연구」, 『한일관계사연구』 56, 2017.

鄭求先, 「개항 후(1876~1894) 일본의 치외법권 행사와 한국의 대응」, 『한국근현대사연구』 39, 2006.

정동훈, 「명초 외교제도의 성립과 그 기원－고려-몽골 관계의 유산과 그 전유(專有)」, 『역사와 현실』 113, 2019.

제장명, 「정유재란 시기 조선 수군의 재건활동과 고하도」, 『島嶼文化』 52, 2018.

조세현, 「『萬國公法』에 나타난 해양관련 국제법」, 『역사와 경계』 80, 2011.

진칭, 「1880년대의 조선해관과 메릴(H. F. Merrill)의 개혁」, 서울대 박사논문, 2020.

최보영, 「개항 초기(1876~1880) 釜山駐在 日本管理官의 파견·활동과 그 특징」, 『동국사학』 57, 2014.

최선우, 「개화기(開化期) 근대 해양경찰의 등장과 역사적 함의」, 『한국해양경찰학회보』 4-2, 2014.

_____, 「개항장 경찰의 근대성에 관한 연구」, 『한국공안행정학회보』 23-4, 2014.

최성환, 「목포의 海港性과 개항장 형성 과정의 특징」, 『한국민족문화』 39(2011), 2011.

_____, 「목포 고하도 일제강점기 역사유적의 내력과 그 성격에 대한 고찰」, 『한국학연구』 61, 2017.

_____, 「목포의 '로컬리티'로서 고하도 이충무공 문화유산의 전승 내력과 가치」, 『지방사 지방문화』 21-2, 2018.

崔泰鎬, 「開化期의 陸接關稅制度」, 『經濟論叢』 6, 1984.

최현숙, 「開港期 統理機務衙門의 設置와 運營」, 고려대 석사논문, 1993.

한지헌, 「理事廳의 설치 과정(1905~1907년)」, 『사학연구』 116, 2014.

_____, 「이사청(理事廳) 직제와 운영」, 『歷史學研究』 58, 2015.

_____, 「1906~1910년 통감부 이사청 연구」, 숙명여대 박사논문, 2017.

韓哲昊, 「統理軍國事務衙門(1882~1884)의 組織과 運營」, 『李基白先生 古稀紀念韓國史學論叢』下, 1994.

_____, 「閔氏戚族政權期(1885~1894) 內務府의 組織과 機能」, 『韓國史研究』 90, 1995.

_____, 「閔氏戚族政權期(1885~1894) 內務府 官僚 研究」, 『아시아문화』 12, 1996.

_____, 「개항기 일본의 치외법권 적용 논리와 한국의 대응」, 『韓國史學報』 21, 2005.

許東賢, 「1881年 朝士視察團의 활동에 관한 연구」, 『國史館論叢』 66, 1995.

鄭光燮, 「開港期における地方制度－監理署を中心に」, 『上智法學論集』 42-2, 1998.

吉岡誠也, 「'安政五ヶ国条約'の締結と貿易業務体制の変容－長崎運上所を事例に」, 『ヒストリア』 245, 2014.

찾아보기

(재)한국연구원 한국연구총서 목록